새로운 통일교육론

새로운 통일교육론

배한동

경북대학교출판부

배한동

저자 약력
· 경북대학교 사범대학 사회교육과 졸
· 경북대학교 대학원 정치외교학과 졸
· 독일 아이히슈로쓰 정치교육원 수료
· 대한정치학회 회장 역임
· 한국 도덕윤리과 교육학회 회장 역임
· 학술진흥재단 남북학술교류 협력위원장 역임
· 전국 국공립대학교수협의회 상임회장 역임
· 6·15 공동선언 실천 남측학술본부 공동대표
· 경북대학교 사범대학 윤리교육과 교수
· 경북대학교 국제대학원 북한학 전공 교수

주요 저서
· 국민윤리(공저, 법문사, 1986)
· 유로코뮤니즘, 로이 가드슨, 스테탄 하슬러 저(역서, 형설출판사, 1987)
· 유로코뮤니즘 연구(형설출판사, 1988)
· 참된 삶의 길(공편, 중앙적성, 1995)
· 북한신론(공저, 대왕사, 2001)
· 한국 대학생의 정치의식(집문당, 2001)
· 도덕과 교육론(공저, 교육과학사, 2002)
· 새로운 북한이해(공저, 경북대학교출판부, 2003)
· 재외 한인 언론의 역사와 현황 기초 연구(공저, 집문당, 2005)
· 민주시민교육론(경북대학교출판부, 2006, 대한민국학술원 우수학술도서) 外 다수

새로운 통일교육론

초판 1쇄 2009년 10월 21일 | **초판 4쇄** 2017년 4월 20일
지은이 배한동
펴낸이 김상동 | **펴낸 곳** 경북대학교출판부
출판등록 1973년 10월 10일 ㉣97호 | **주소** 대구광역시 북구 대학로 80
전화 053-950-6741~3 | **팩스** 053-953-4692 | **E-mail** press@knu.ac.kr
Homepage www.knupress.com

ISBN 978-89-7180-269-4 93370

정가는 뒤표지에 있습니다.
파본은 바꾸어 드립니다.

머리말

우리는 남과 북으로 분산된 민족공동체의 에너지를 총집결하여 민족 통일의 꿈을 반드시 이룩하여야 한다. 일제 식민지배와 전후 청산과정에서 비롯된 남북 분단의 세월은 벌써 60여 년이 지나 버렸다. 우리와 같은 분단의 아픔을 겪었던 베트남, 예멘, 독일은 이미 통일을 이룩하였고, 중국도 대만과 활발한 교류와 협력을 통한 통일의 길로 들어섰는데, 유독 우리만이 분열과 갈등의 역사가 반복되고 있어 안타까울 뿐이다. 우리 민족의 재통일이야말로 화해와 협력이라는 세계사적 대의에 부합하는 일이며 민족의 번영을 위한 시급한 과제이다.

우리가 민족 통일에 대비하기 위해 준비해야 할 과제는 산적해 있다. 우선 남과 북이 대화·화해·협력하여 신뢰의 기반부터 구축하여야 한다. 나아가 남북은 공생·공영할 물질적·경제적 토대도 넓혀 가야 한다. 그러나 무엇보다도 남북 민족공동체 구성원들이 통일의 당위성을 공유하고, 통일에 관한 열망과 의지가 불타올라야 한다. 요즘 젊은 세대들이 통일에 관한 열망은 희박해지고, '우리만 잘 살면 된다'는 편협하고 근시안적인 사고는 심히 우려되는 바이다.

통일교육은 기존의 맹목적 반공·반북 교육에서 과감히 탈피하여 통일의 의지와 실력을 배양하는 '새로운 통일 교육'이 되어야 한다. 교육의 내용도 과거의 진부한 것을 과감히 털어버리고, 통일 문제를 구조적으로 이해하고, 객관적으로 탐구할 수 있는 '새로운 내용'으로 채워져야 할 것이다.

저자는 대학에서 30여 년 동안 통일 문제를 강의하면서 청년들의 통일 의지를 북돋우기 위하여 나름대로 노력하였다. 이 책은 이 분야의 강의를 위하여 그동안 수집한 자료와 연구결과물을 집대성한 것으로, 통일을 준비하는 모든 사람들이 분단의 문제를 자신의 문제로 이해하고, 민족 통일 의식과 의지를 함양하는 데 도움을 주기 위하여 집필된 것이다.

이 책은 6개의 장으로 구성되어 있다. 먼저 통일교육을 이론적 측면에서 개관하고, 교육의 내용을 북한체제의 기본 이해, 김정일 정권의 이해, 남북관계, 통일 문제의 구조적 이해로 나누어 체계적으로 분석하였으며, 마지막 장에 새로운 통일교육의 방법론을 제시하였다. 아울러 통일교육의 내용과 방식도 세계화·개방화·정보화라는 시대정신에 맞춰 개편하고 쇄신하려고 노력하였다.

그러나 저자는 아직도 급변하는 남북 관계와 통일 문제를 객관적 실증적으로 분석하는 데는 자료상의 한계가 있음을 자인하지 않을 수 없다. 독자 여러분들의 넓은 아량을 바라며, 내용에 관한 질책과 비판은 겸허히 수용하고 수정 보완하려고 한다. 이 책은 경북대학교 교수 저술연구비의 지원으로 이루어졌음을 밝혀둔다. 이 책의 교정 과정에 도움을 준 박사 과정의 제자들에게 진심으로 감사드린다. 멀리 떨어져 있으나 나의 학문의 길을 성원하고 있는 아들과 딸에게도 늘 고맙게 생각하고, 손자 손녀들이 통일된 조국에서 살아가기를 간절히 바란다. 부족한 사람이 오직 학문의 길을 걷도록 조용히 내조하고 늘 기도하는 아내에게도 이 기회에 고마움을 전한다.

복현골 우당교육관 연구실에서

저자 배한동 씀

목 차

제4장 통일을 위한 남북관계의 이해

제5장 통일 문제의 구조적 이해

제6장 통일교육의 새로운 방법

부록

제1장
통일교육의 기본 이해

1. 통일교육의 개념

1.1 통일교육의 기본 개념

통일교육은 어떠한 교육이며 무엇을 위한 교육인가? 통일교육은 우리 공동체 구성원들에게 민족적인 과제인 통일에 대한 열망을 배양하고 통일의지를 함양하기 위한 교육이다. 통일교육지원법 2조는 '통일교육이라 함은 국민으로 하여금 자유민주주의에 대한 신념과 민족공동체의식 및 건전한 안보관을 바탕으로 통일을 이룩하는 데 필요한 가치관과 태도를 함양하는 교육'이라고 정의하고 있다. 그러므로 통일교육은 '통일을 위한 시민들의 바람직한 가치관과 태도를 함양하는 교육'이며, 여기에는 '통일을 준비하는 교육, 통일을 이룩하는 과정에 관한 교육, 통일 이후를 대비하는 교육'[1]이 모두 포함된다. 우리는 통일을 위하여 남북 간의 화해·협력·교류라는 정부의 정책적인 과제 수행만이 아니라, 통일을 앞당기고 통일 이후의 삶을 준비하는 교육적인 노력도 병행하여야 할 것이다. 이에 부응하는 교육이 바로 통일교육이다.

넓은 의미의 통일교육은 분단 이후 남북관계와 주변 통일 환경의 변화에 따라 그 교육의 명칭과 내용이 여러 번 변천되었다. 즉 반공 교육, 안보 교육, 승공 교육에서 오늘의 '통일교육'으로 그 명칭이 바뀌면서, 그 교육의 성격도 체제 안보를 위한 소극적 교육에서 적극적인 통일을

1) 통일부, 『2004 통일교육 기본 지침서』, 2003, p. 3.

위한 교육으로 전환되었다.

통일교육의 기본 방향은 통일이 우리 민족이 언젠가는 성취해야 할 민족적인 과제임을 분명히 인식하고, 새로운 민족공동체의 형성을 위하며, 통일 이후의 삶을 대비하는 교육이 되어야 할 것이다.[2] 그러므로 통일교육에서는 북한에 대한 시각도 '북한 당국'은 우리를 위협하는 경계의 대상이지만, '북한 주민'은 우리와 함께 살아야 할 형제임을 구분하는 동포애적 시각을 가져야 한다. 그러므로 통일교육은 우리의 안보를 위협하는 요인에 대해서는 단호하게 대처하면서도 적극적으로 평화를 추구하는 '**안보와 평화**'를 균형적인 시각에서 다루는 교육이 되어야 할 것이다.

1.2 통일교육의 법적 근거

통일교육의 헌법적인 또는 법률적인 근거는 어디에 있는가? 우리 **헌법 전문**에는 "조국의 평화적 통일의 사명에 입각하여 정의·인도와 동포애로써 민족의 단결을 공고히 하고, 자율과 조화를 바탕으로 자유민주적 기본 질서를 더욱 확고히 하여, … 밖으로 항구적인 세계 평화와 인류 공영에 이바지함"을 천명하여[3] 우리 국민의 통일의 사명을 명시하고 있다. 또한 우리나라 **헌법 4조**는 "대한민국은 통일을 지향하며, 자유민주적 기본질서에 입각한 평화적 통일정책을 수립하고 이를 추진한다"고 분명히 규정하고 있다. 또한 **헌법 66조**는 대통령의 평화통일에 관한 성실한 의무를 부여하고 있다. 이는 국가의 통일 추진 임무가 헌법상 분명히 부여되어 있음을 밝힌 것이다.

또한 **교육기본법 제2조**는 "교육은 홍익인간의 이념 아래 모든 국민으로 하여금 인격을 도야하고 자주적 생활능력과 민주시민으로서 필요한 자질을 갖추게 하여 인간다운 삶을 영위하게 하고 민주국가의 발전과 인류공영의 이상을 실현하는 데 이바지하게 함을 목적으로 한다"고 우리 교육의 기본 목적을 밝히고 있다. 그러므로 통일교육도 민족의 공동 발전과 번영을 통해 인류 공영에 이바지한다는 점에서 우리 교육의 당면한 목표가 되어야 할 것이다.

나아가 교육기본법의 정신을 바탕으로 1999년 제정된 **통일교육지원법**은 통일교육을 지원하

2) 배장오, 『통일교육의 새 지평』, 서현사, 2005, pp. 202-203.
3) 통일부 통일교육원, 『통일교육 지침서』, 2008·학교용, p. 7.

는 데 필요한 사항을 명시하고 있으며, **통일교육지원법 시행령**은 통일교육지원법에서 위임된 통일교육 기본 계획을 실천하기 위해 통일교육 심의 위원회 구성 관련 사항을 규정하고 있다. 이처럼 통일교육은 우리나라의 헌법, 교육기본법, 통일교육지원법이라는 법적 토대를 튼튼히 하고 있다.

2. 통일교육의 성격

통일교육은 학교 교육이나 사회 교육을 통하여 이루어지는 교육이다. 통일교육은 과거의 반공 교육이나 반북 교육의 소극성에서 탈피하여, 통일의 필요성을 인식하고 통일의지와 태도를 함양하는 적극적인 교육이다. 그러므로 통일교육은 국민들에게 특정 이념 체계 및 정책을 주입시키는 교육이 아니라, 통일 문제 전반에 걸쳐 합리적이고 올바른 판단을 토대로 실질적으로 통일에 기여하는 교육이 되어야 한다. 우리는 여기에서 통일교육이 지향해야 할 성격을 보다 구체적으로 규명해 볼 필요가 있다.[4]

2.1 균형적(balanced) 성격

통일교육은 '통일에 관한(about)', '통일 내의(in)', '통일을 위한(for)' 교육이 적절히 배분되어 학습자들로 하여금 통일 문제에 대하여 균형 있게 학습하도록 하여야 한다. 여기서 '통일에 관한' 교육이란 통일 문제에 관련된 일반적인 사실이나 가치를 다루는 교육을 의미한다. 한반도의 분단 현실에 대한 객관적인 이해를 바탕으로 통일의 기본 개념, 한반도 통일의 연결 고리인 민족 동질성 회복의 필요성, 한반도의 통일 여건과 현실적 장애 요인, 남북한의 통일 정책에 대한 객관적 정보 등을 제공하는 교육을 의미한다.

'통일 내의' 교육이란 통일이라는 당위적이고 규범적인 개념 속에 내재된 통일 과정상의 복잡하고 어려운 문제들에 대한 사고 기능과 판단력을 증진시켜 주는 교육을 의미한다. 통일과

4) 이하의 내용은 통일부의 『통일교육 기본 지침서』(2004)의 '통일교육 실천 방향'을 저술 취지에 맞게 새롭게 보완한 것이다.

관련된 문제들, 이를테면 안보와 통일 문제, 분단국의 통일 사례, 통일국가의 지향 이념, 통일국가가 당면하게 될 제반 문제점 등에 대한 합리적인 판단과 추론을 통하여 통일에 대한 현실적이고 가능성 있는 대안을 모색할 수 있는 능력과 태도를 길러주는 교육이 포함되어야 한다.

'통일을 위한' 교육이란 남북한 통일을 위하여 학습자로서, 그리고 민족공동체의 일원으로서 어떤 자세로 무엇을 할 것인가에 대한 결단을 촉구하는 교육을 의미한다. 따라서 통일교육은 통일 문제를 자신의 삶의 중요한 문제로 삼아 심사숙고하려는 태도와 경향성, 실천 의지를 함양시켜 주어야 한다. 그러므로 통일교육은 통일을 위한 준비과제뿐만 아니라 통일 이후 남북한 간의 사회 통합 과정에 관한 교육도 반드시 포함하여야 한다. 또한 통일 이후 새로운 민족국가를 건설하는 과정에서 발생할 수 있는 정치·경제·사회적 문제점을 해결할 수 있는 능력을 배양하는 교육이 되도록 하여야 한다. 여기에는 북한 주민의 자유민주주의 체제 적응을 위한 정교한 재사회화 교육 프로그램도 포함되어야 할 것이다.

따라서 통일교육에서는 통일에 관한 전반적인 지식, 통일 과정상의 문제점에 대한 분석, 통일에 대비한 준비 과제 등을 균형 있게 교육하여야 한다. 그리하여 학생들이 한반도 통일 문제의 의사결정자라는 자긍심과 확신을 심어 주어야 할 것이다.

2.2 포괄적 성격

통일교육은 민주시민교육, 민족공동체교육, 다문화 교육, 평화교육, 도덕교육, 안보교육 등을 활용하여 포괄적으로 접근되어야 한다. 훌륭한 통일교육은 통일이라는 말을 적게 쓰고도 실질적 교육의 효과를 거둘 수 있는 교육이라 할 수 있다.

통일교육은 민주시민교육의 토대 위에서 성공할 수 있다. 남북한 간에 교류와 접촉이 빈번해지면 경제력 차이, 문화 수준의 차이, 가치관의 차이로 다양한 갈등이 발생할 소지가 있다. 이를 근본적으로 해결하기 위해서는 장기적인 관점에서 남북한 주민들의 상호 이해와 존중을 도모할 수 있는 민주시민교육적 접근이 요구된다. 통일교육은 갈등의 합리적 해결능력, 비판적·창조적 사고능력, 협동능력 등을 실천해 볼 수 있는 다양한 기회들을 제공해 주어야 한다. 즉 학습자들에게 통일과정에 능동적으로 참여할 수 있는 민주시민교육이 통일교육에서 병행되어야 한다는 뜻이다.

통일교육은 학습자들에게 적극적인 평화의식을 심어 주는 평화교육이 되어야 한다. 진정한 평화란 전쟁이 없는 상태만을 의미하는 것이 아니라, 인간이 자신의 능력을 최대한 계발할 수 있고, 나아가 다른 사람과 조화를 이루면서 갈등과 분쟁을 힘이 아닌 토론과 타협을 통해 해결할 수 있는 인간 공동체를 창조하는 과정을 의미한다. 통일교육은 한편으로는 적극적인 평화를 위한 삶의 조건들[5]에 대한 소양을 높임과 동시에, 그러한 삶의 조건들을 만들어내기 위하여 실제적인 노력을 경주할 수 있는 평화 교육과 연결되어야 한다. 통일교육은 기성세대의 적색 공포증이나 통일에 대한 막연한 향수를 아무런 여과장치 없이 후계 세대에게 전수시켜 주는 것이 아니라, 학습자들의 마음속에 적극적인 평화의식을 함양시켜 그들 스스로 통일과 안보의 중요성을 체감할 수 있는 능력을 길러주는 교육이 되어야 한다.

또한 통일교육은 도덕교육과도 연관된다. 예를 들어 학습자들에게 인간이 추구해야 할 가치를 스스로 탐색하고 이를 존중하며 내면화할 수 있도록 돕는 것, 나보다 못한 사람들과 사귀면서 다소 불편이 따르더라도 그를 돌봐주고 그와 함께 기쁨을 추구해 나갈 수 있는 능력을 키워주는 것도 중요한 통일교육의 일환이기 때문이다.

나아가 통일교육은 남북한 학생 모두가 한 민족임을 느끼고 상호 공통의 가치를 추구해 나가며 이질화된 문화를 극복해 나갈 수 있도록 도와주는 하나의 과정(process)으로서의 민족공동체교육이어야 한다. 동시에 통일과 안보에 대한 균형적인 시각을 가질 수 있는 교육이 되도록 추진할 필요가 있다. 안보교육에만 치중하면 남북 간의 화해와 협력을 소홀히 하기 쉽고, 민족이나 통일 지상주의에 빠지면 안보를 해치기 쉽기 때문이다. 그러므로 통일교육은 안보와 통일을 아우르는 민족 재통일 교육이 되어야 한다.

2.3 통합적 성격

통일교육은 지정의(知情意)가 통합된 교육을 지향해야 한다.[6] 통일교육은 학습자의 머리로만 이해하는 교육이 아니라 마음과 손발을 함께 할 수 있는 통합적 접근을 취해야 한다는 뜻이다.

---

5) 적극적인 의미에서의 평화가 이루어지기 위해서는 기근과 빈곤으로부터의 해방, 전쟁으로부터의 해방, 질병으로부터의 해방, 무지로부터의 해방, 비참한 주거생활로부터의 해방뿐만 아니라 자연환경의 보호, 국가와 사회의 민주화와 같은 사람다운 삶의 조건들이 형성되어야 하는 것이다.

6) 통일부 『2004년도 통일교육 기본 지침서』, 2003, p. 106.

통일교육은 통일이 단기적으로는 나에게 손해가 될지 모르나 장기적으로는 나를 포함한 모든 사람들에게 도움이 될 것이라는 사실을 학습자들이 이해하고 깨달아, 실천하고 행동하게 하는 교육이 되어야 한다. 통일을 이루는 데에는 주민들에게 어느 기간 동안 일정한 정도의 불이익과 희생을 불가피하게 요구하게 되므로, 통일교육은 이를 감내할 만한 인내력과 실천능력을 갖추는 교육이 되어야 한다.

그러나 기존의 통일교육 방법들은 주로 학생들이 머리로 이해하게 하는 교수 모형이나 기법에 국한되어 있어, 학생들이 머리로는 알고 있으나 심정적으로 공감하거나 행동으로 실천하지는 않는 불일치 현상을 보인 것이 사실이다. 따라서 앞으로는 학생들이 가슴으로 느끼고 손발로 실천할 수 있는 교수모형이나 기법을 좀 더 적극적으로 개발하여 활용하여야 한다. 통일교육은 궁극적으로 사회적 행동(social action)을 수반하는 교육이 되어야 하기 때문이다.

결과적으로 통일교육은 분단 과정이나 통일정책에 대한 무기력한 관념(inert ideas)을 지닌 학습자가 아닌, 통일과정에 능동적으로 참여할 수 있는 살아 있는 관념(vital ideas)을 지닌 학습자들을 길러내기 위한 교육이다. 따라서 통일교육은 궁극적으로는 지식과 사고에 바탕한 행동 지향적 교육(action-oriented education)이 되어야만 한다.

2.4 평생 교육(lifelong education)적 성격

학습자들이 통일에 관하여 백지상태에 있다고 가정하는 것은 그릇된 생각이다. 매스미디어를 통하여 그들은 이미 통일 문제에 대하여 어느 정도의 지식을 얻고 사회화되고 있기 때문이다. 지금까지 우리의 통일교육은 초·중·고등학교라는 학령기 교육에만 치중되어 온 것이 사실이다. 그러나 통일교육이 성과를 거두기 위해서는 유아를 대상으로 한 통일교육, 학생을 대상으로 한 통일교육, 성인을 대상으로 한 통일교육이 평생교육으로 지속되어야 한다.[7)]

최근에 일부 시민단체들에 의하여 일반시민 대상의 통일교육이 부분적으로 시도되고 있으나 그 성과는 부진하다. 유아 교육 및 가정교육은 통일교육의 사각지대라고 해도 과언이 아니다. 정부가 통일교육지원법을 제정한 이유도 여기에 있을 것이다. 따라서 앞으로의 통일교육은 가정, 유아 교육기관, 학교, 군대, 사회에서 체계적인 계획에 의해 지속적으로 이루어져야만

7) 통일부, 『2004년도 통일교육 기본 지침서』, 2003, p. 108.

할 것이다.

2.5 테크놀로지에 기초한(technology-based) 통일교육

우리가 가르치고 있는, 그리고 앞으로 가르치게 될 학습자들은 문자 세대와는 다른 가치관과 사고방식을 지닐 것이다. 따라서 교과서에 제시된 문자정보나 낡은 사진정보를 통하여 통일교육을 하는 데에는 한계가 있다. 통일교육에서도 학습자들의 이해를 돕기 위한 인터넷, 동영상 등 다양한 테크놀로지를 활용해야 한다.

최근 교육공학의 눈부신 발전에 따라 멀티미디어를 이용한 다양한 학습방법들이 소개되고 있다. 이러한 첨단기술을 활용한 통일교육이 과감하게 교육 현장에 도입되어야 한다. 컴퓨터 시뮬레이션을 통하여 북한생활을 체험해 본 학습자와 교과서에 나타난 문자정보로 북한을 이해한 학습자 사이에는 엄청난 학습효과의 차이가 있을 것이다.

통일교육에서 테크놀로지의 활용은 학습자들의 흥미와 호기심을 유발시킨다는 점에서도 매우 유용한 수단이다.[8] 우리는 학습자들을 학습과정에 끌어들일 수 있는 흥미로운 유인 체계가 부족한 현실에서 큰 교육적 성과를 기대하기 어렵다는 점을 인식하여야 한다. 우리는 통일교육에서 학습자의 자발적인 참여와 능동적인 학습활동의 전개에 도움이 되는 다양한 테크놀로지를 활용하여야 할 것이다.

3. 통일교육의 필요성

통일교육의 중요성은 누구나 인식하지만, 아직도 일선학교나 사회 단체의 통일교육은 형식적 차원에서 이루어지는 경우가 많다. 이를 개선하기 위해서는 통일교육을 담당하는 교육자부터 통일교육의 필요성이나 당위성을 철저히 인식하여야 한다.[9] 우리나라에서 실시되는 통일교육이

---

8) 위의 책, p. 108.

9) 독일의 통일도 정부의 정책적 노력뿐 아니라 통일을 위한 교육자들의 연수 등 독일 특유의 정치교육(Politische Bildung)의 성과라는 점은 이미 잘 알려진 사실이다. 독일에는 중앙 및 지방 여러 곳에 정치교육연수원이 있으며, 필자도 이 연수원 과정에 참여한 바 있다.

소기의 목표를 달성하기 위해서는 통일교육의 필요성에 대한 합의부터 이루어야 한다. 여기에서 학교 교육이나 사회 교육을 통해서 이루어지는 통일교육의 필요성을 보다 구체적으로 살펴보기로 한다.[10)]

3.1 통일에 관한 관심과 공감대 형성

통일교육은 통일에 대한 관심과 민족적 공감대를 형성하여 궁극적으로 민족 통일에 기여하는 데 필요한 교육이다. 현재 남북의 분단과 통일 문제에 관하여 남북한만이 아니라 남한 내에서도 국민들 사이에 의견차이가 존재한다. 또한 분단의 고통을 직접 체험하고 6·25전쟁을 겪은 세대와 그렇지 못한 세대 간의 통일 문제에 관한 시각차는 상당히 크다.[11)]

그러므로 통일교육은 우리 사회에 존재하는 통일 문제에 대한 시각의 차이를 조화하고 적절한 합의점을 도출하여, 통일에 대한 국민적 공감대를 형성하기 위하여 필요한 학습과정이다. 우리는 통일교육을 통해 우선 정부의 통일 방안이나 대북정책에 관한 국민적인 의견을 수렴하여 통일 문제에 관한 국민적인 공감대를 형성하고, 나아가 통일에 대한 국민들의 무관심을 통일에 관한 관심과 열정, 의지로 승화시켜야 할 것이다.

3.2 남북관계와 통일 환경에 대한 객관적 이해

남북의 통일을 위해서는 변화하는 남북관계와 통일 환경에 대한 객관적인 이해가 선행되어야 한다. 1980년대 후반 국제적인 냉전체제가 무너지기 시작하면서 한반도에도 남북한 간 화해와 협력을 추구하려는 노력이 가속화되었다. 우리는 변화하는 남북관계와 통일 관련 이해 당사국의 입장을 정확히 파악하여 통일에 적극 대비하여야 한다. 통일교육은 우리 국민이 통일과정에서 일어나는 대내외적 통일 환경의 변화를 정확하게 이해하고, 새로운 통일 환경에 적응해 갈 수 있도록 돕는 교육이 되어야 한다. 통일교육은 통일 문제와 관련된 정책과 정보, 자료 등을

10) 통일부, 『2004년도 통일교육 기본 지침서』, 2003, pp. 3-4.

11) 남북의 분단과 관련된 문제들에 관하여 분단을 몸소 체험하고 분단 문제로 고통을 겪었던 기성세대들과 그런 경험이 없는 성장 세대들이 똑같은 방식으로 생각하지 않으리라는 것은 분명한 사실이다. 세대 간의 차이는 단지 연령대의 차이가 아니라 경험과 가치관의 차이를 낳기 때문에 분단에 대한 인식도 차이가 나기 마련이다.

국민들에게 객관적으로 정확하게 알리고, 그 내용에 대한 국민들의 의견을 수렴하는 통로로서 중요한 의미를 지니기 때문이다.

3.3 남북의 화해·협력과 평화 통일의 중요성 인식

통일교육은 평화 통일의 중요성을 인식시키기 위해서도 필요하다. 통일은 평화적인 방법으로 달성되어야 하며, 이를 위해서는 남북 간의 화해·협력과 평화 정착은 필수적인 전제이다. 따라서 이에 대한 교육적 노력으로 통일교육이 요구된다. 그러므로 통일교육은 분단의 역사를 극복하기 위한 과정으로서의 통일인 '사실상의 통일(de facto unification)'[12]에 크게 기여하도록 하여야 한다.

분단 이후 남북은 상호불신과 대립의 상태가 지속되는 가운데 동족 간의 전쟁으로 이질화가 더욱 심화되었다. 통일교육은 이러한 이질화된 민족분단의 역사를 극복하고, 화해와 교류·협력을 통해 상호신뢰를 구축함으로써 평화통일의 중요성을 인식시키는 계기가 되어야 할 것이다.

3.4 통일에 대비한 민족 역량 결집의 필요성 인식

통일교육은 민족구성원 전체의 통일 역량 결집에 크게 기여하는 교육이다. 한반도의 통일은 남북한 주민뿐만 아니라 세계 곳곳에 흩어진 750만 재외동포에게도 민족적 자긍심을 가져다 줄 것이다. 민족의 통일은 남북한 주민뿐 아니라 재외동포 간에 있을 수 있는 통일 문제에 관한 입장을 조절하여 하나의 통일의지로 결집, 새로운 통일된 민족공동체를 이루려는 끊임없는 노력이 필요하다. 이런 점에서 통일교육은 한반도뿐 아니라 세계를 무대로 활동하는 우리 민족구성원 전체의 통일을 향한 역량을 결집하는 중요한 통로이며 유용한 방안이 되어야 할 것이다.

---

12) '사실상의 통일'은 법적·제도적 완전한 통일이 아니라 남북 주민들이 자유롭게 내왕하고, 교류·협력할 수 있는 상태의 통일을 의미한다. EU국가 내의 관계나 미국과 캐나다의 관계 정도가 이에 해당된다.

4. 통일교육의 목표

탈냉전의 국제 질서 하에서 경직된 남북관계를 개선하고 통일지향적인 환경을 조성하기 위하여 통일교육은 다음과 같은 목표를 설정하여야 할 것이다.[13] 우리 공동체 구성원들이 일반적으로 지향하는 통일교육의 목표와 현행 초·중등학교에서 실시되는 학교 통일교육의 목표는 다음과 같이 구분될 수 있다.

4.1 통일교육의 일반 목표

가. 자유민주적 가치와 민족공동체의식에 기초한 통일관 정립

우리는 자유민주주의를 헌법의 기본 원리로 채택하고 있으며, 자유민주적 기본질서는 우리 헌법 제4조가 규정하고 있는 통일 정책의 기본 원칙이다. 자유민주주의는 개인의 자유와 인권의 보장을 바탕으로 구성원 모두가 인간다운 삶을 영위하도록 자아를 실현토록 하는 이념이다.[14]

민족공동체의식은 혈연, 지연, 언어, 문화, 역사 등과 같은 객관적인 요소를 같이하면서 민족의식이라는 주관적 요소가 추가되어 공고하게 결합된 공동체 의식을 말한다. 우리 민족은 수천 년 동안 한민족이라는 공동체를 이루어 왔는데, 현재의 분단은 이러한 민족의 공동체적인 삶을 분리하고 왜곡하고 있는 것이다.

그러므로 자유민주주의에 대한 확고한 신념은 통일과정에서 우리 민족이 선호하는 통일방식을 합의에 의해 스스로 선택할 수 있게 하는 민주적 절차를 보장하고, 민족공동체의식은 통일 이후에 민족구성원이 서로 협력하여 정치·경제·사회·문화적 공동체를 이룩하는 데 크게 기여할 것이다.

따라서 바람직한 통일관은 인류 보편적 가치인 자유민주주의 이념과 우리 민족이 더불어 함께 잘 살아갈 수 있는 민족공동체의식에 바탕을 둔 통일 지향의 가치관 및 태도의 형성에 두어야 할 것이다.

---

13) 통일교육원, 『통일교육 지침서』, 2006, p. 38.
14) 통일부 통일교육원, 『통일교육 지침서』, 2008·학교용, p. 7.

나. 남북에 관한 객관적 이해와 건전한 안보관 확립

통일의 대상인 북한의 실상과 변화를 바르게 이해하는 것도 통일교육의 주요한 목표 중 하나이다. 우리는 아직도 냉전시대의 안보관에 의해 반공적, 반북적 시각에서 북한을 보는 경우가 허다하며, 때로는 좌파적 입장에 편향되어 친북적으로 북한 문제를 보는 경우도 있다. 우리는 통일문제에 대하여 좌우 이데올로기적 편견에서 벗어나 객관적이고 실증적인 시각에서 바르고 정확하게 이해하여야 할 것이다.

이를 위해 우리는 '대결과 협력'이라는 남북관계의 이중성에 대한 이해와 함께 남북한 사이의 '다름'을 인정하여 차별하지 않고, '같음'을 재발견하며 확대·창조함으로써 동질성 회복에 노력하여야 할 것이다. 또한 현재 북한이 처한 대내외적 상황과 북한의 구체적인 실상에 근거하여 '있는 그대로의 북한'을 바라보아야 한다.

나아가 냉엄한 국제 질서와 한반도의 군사적 대치 상황에서 국가의 유지·보존을 위한 안보의 중요성을 인식하고, 튼튼한 안보를 바탕으로 북한의 무력도발을 억제하는 한편, 남북한 화해·협력을 통해 평화를 만들어 가는 건전한 안보관[15]을 지니는 것이 필요하다.

우리는 평화를 지키기 위하여 안보의 중요성도 새롭게 인식하여야 한다. 냉엄한 국제 질서와 한반도의 군사적 대치 상황에서 국가의 유지·보존을 위한 안보의 중요성을 재인식할 필요가 있기 때문이다. 우리는 튼튼한 안보를 바탕으로 북한의 무력도발을 억제함으로써 '평화를 지키고(peace keeping)', 화해·협력을 통해 '평화를 만들어(peace making)' 가야 함을 인식하여야 할 것이다.

다. 통일 문제와 대북정책에 관한 국민적 합의 도출

우리는 통일의 당위성 문제에 있어서는 내부적으로 별다른 이의 없이 쉽게 합의를 구할 수 있다. 그러나 통일 문제를 보는 시각과 그 해법 문제에 대한 생각은 각자의 입장에 따라 다양·다기하다. 그로 인해 정부가 추진하는 대북 정책에 관해서도 국민적 합의를 쉽게 구하기 어렵다. 통일 문제나 대북 정책에 관한 국민적 합의를 구하지 못할 때 대북 정책의 추동력은

15) 건전한 안보관을 확립하기 위해서는 군사적 안보뿐만 아니라 정치적, 경제적, 사회적 안보 요소에 대해서도 철저한 대비를 해야 한다. 정치적 안보는 정부에 대한 국민의 지지도 제고를 통해, 경제적 안보는 국민복지수준을 유지하기 위한 자원·재정·시장의 확대를 통해, 사회적 안보는 국민 갈등 해소와 화합 증진을 통해 이루어지는 것이다.

그만큼 떨어질 수밖에 없다.

그러므로 통일교육의 목표는 정부의 대북 정책에 관한 남남갈등을 해소하여 국민적 합의기반을 형성하는 데 도움을 주어야 한다. 우리는 통일교육을 통해 우선 정부의 통일 방안이나 대북정책에 관한 국민적인 의견을 수렴하여 통일 문제에 관한 국민적인 공감대를 형성하고, 나아가 통일에 대한 국민들의 무관심을 통일에 관한 관심과 열정, 의지로 승화시켜야 할 것이다. 이를 위해 우리는 민족의 염원인 평화통일이 개개인의 이해 관계적 관점이 아닌 합리적 토론과 민주적 절차를 통한 국민적 합의에 의해서만 가능함을 인식하여야 한다. 통일교육은 통일 및 대북문제를 다루는 데 따르는 갈등문제의 해결과 태도를 함양하는 데 목표를 두어야 한다.

라. 평화 통일의 실현 의지와 통일 역량의 함양

통일교육의 목표는 국민들이 스스로 통일 문제 해결의 주인이라는 의식을 가지고 통일의 실현 의지와 역량을 함양하는 데 있다. 통일은 정부나 당국자 간의 통일에 관한 정책적 합의를 통해서만이 아니라, 통일의 당사자인 주민들 사이에 통일에 관한 신념과 의지가 합치됨으로써 이루어져야 한다. 우리는 현실적으로 한 민족이면서도 통일에 대한 꿈과 희망이 사라진 채 중국에 편입된 내몽고와 독립국가 외몽고로 분단된 형태로 살아가는 나라도 볼 수 있다. 이러한 상황에서 우리나라의 젊은 세대들이 통일에 관한 관심과 의지가 점차 약화되고 있어 우리를 실망시키고 있다.[16)]

우리는 남북이 공히 통일에 관한 강한 의지를 육성하여야 한다. 남북한 통일은 현재와 같은 이질적 체제에서 하루아침에 이룩될 수는 없다. 남북한 상호 상대방에 대한 관심과 통일에 관한 공통된 꿈을 가질 때 통일은 이룩될 수 있다. 그러나 남북한 사이에는 아직도 정치·군사적 신뢰가 쌓여 있지 않아 갈등이 계속되고 있다. 독일이 베를린 장벽의 붕괴로 평화통일을 쉽게 달성할 수 있었던 것도, 이미 오랜 기간 동안 쌓아 왔던 동서독 간 평화공존과 화해·협력의 경험뿐만 아니라 양 독 구성원들의 통일에 관한 희망과 의지가 일치하였기 때문이다.

분단은 남북한 모두에게 천문학적인 분단비용의 지출과 필요 이상의 국력 낭비를 야기하였으며, 국제무대에서 한반도의 위상을 더욱 약화시켰다. 따라서 우리는 민족 역량의 선양과 세계 평화에 대한 우리 민족의 적극적 역할을 위해서라도, 통일이 반드시 실현될 수 있다는 자신감과

16) 배한동, 『한국 대학생의 정치의식』, 아산재단 연구 총서, 85집, 집문당, 2001 참조.

통일 의지를 육성하여야 할 것이다. 그러나 통일은 단순히 통일 의지의 표출만으로 성취될 수 없으며, 통일을 위해 필요한 민족적 역량을 지속적으로 길러가야 할 장기적 과제인 것이다.[17)]

4.2 학교 통일교육의 목표

여기에서 말하는 학교 통일교육의 목표란 초·중·고등학교에서 실시되는 통일교육의 목표를 말하며, 범교과 차원에서 실시되는 학교 통일교육이 보편적으로 추구해야 할 목표를 말한다.[18)] 일반적인 통일교육의 목표에 비해 미래사회의 주역이 될 학생들에 대한 학교 통일교육은 다음과 같은 세부목표에 중점을 두고 추진되어야 한다.

가. 통일 문제에 대한 학생들의 관심 제고

학교 통일교육은 미래 통일사회의 주역이 될 성장세대가 통일 문제에 대하여 적극적인 관심을 가질 수 있도록 교육하여야 한다. 통일 문제에 대한 무관심과 방관적 태도는 분단된 나라의 민족구성원에게 맡겨진 통일에 관한 책임과 사명을 저버리는 일임을 환기시켜야 한다. 또한 분단의 장기화에 따른 민족 동질성의 파괴, 민족사와 전통의 단절 가능성, 남북한의 갈등으로 인한 민족공동체 발전의 저해, 이산가족문제 등 분단으로 인한 중대한 문제들을 학생들에게 교육함으로써 통일에 대한 관심과 소명의식을 고취시켜 나가야 한다.

나. 학생들의 공정하고 균형 잡힌 통일 문제 인식

남북한을 둘러싸고 있는 통일 환경은 국내외 정세에 따라 수시로 변화하고 있다. 학생들이 통일 환경과 남북한 실상에 대하여 공정하고 정확하게 이해하기 위해서는 객관적이고 신뢰성 있는 정보부터 제공해 주어야 한다. 객관적이고 신뢰성 있는 정보에 기초한 학생들의 이해와 판단 경험은 그들로 하여금 공정하고 균형 잡힌 시각 속에서 통일 문제를 인식하고, 통일과정에 적극적으로 참여할 수 있게 할 것이다.

---

17) 통일부 통일교육원, 『통일교육 지침서』, 2008·학교용, p. 8.
18) 통일교육원, 『통일교육 지침서』, 통일부, 2005, p. 210.

다. 통일·북한 관련 정확한 지식에 기초한 올바른 통일관 형성

학교 통일교육에서는 학생들에게 단편적인 지식을 제공하는 것이 아니라 학생들의 능동적인 지식 구성 능력을 인정하여 그들이 통일 문제와 북한에 관한 지식을 체계적으로 갖출 수 있도록 도와주어야 한다. 이를 토대로 학생들로 하여금 통일 문제와 북한에 대하여 올바른 인식태도와 합리적인 통일관을 형성할 수 있을 것이다.

라. 민주시민의식에 기초한 통일 국가관 함양

학교 통일교육에서는 학생들이 바람직한 통일 국가관을 정립하도록 하기 위하여 우선적으로 자유민주주의를 강조할 필요가 있다. 이를 위해 단순한 정부형태의 비교를 넘어서 생활 방식으로서의 자유민주주의의 가치에 대하여 학습자들이 확신을 가질 수 있도록 하여야 한다. 이는 우리의 내적 통일역량을 강화하는 데 기여할 뿐만 아니라 통일과정과 통일 이후의 자유민주주의 국가 건설에도 매우 중요한 과제이다.

또한 통일사회를 대비한다는 의미에서 자유민주주의에 대한 확신과 민주시민의식[19]이 사회 성원 간의 갈등을 해결하고 사회 내부의 화합과 단결을 추구하는 데 필요한 자질임을 인식하여야 한다. 따라서 학교 통일교육에서는 학생들이 이러한 자세를 확립할 수 있도록 상대방의 의견을 존중하고, 평화적으로 갈등을 해결하며, 공동의 목표 달성을 위하여 서로 협력할 수 있는 실천 기회를 제공하여야 한다.

마. 민족공동체의식에 기초한 통일의지 형성

민족공동체를 형성하기 위한 통일교육은 북한 주민에 대한 단순한 우월감에 기초한 동정심의 발로이거나 이기적인 관점에서 출발해서는 안 된다. 아울러 맹목적인 민족우월주의나 민족지상주의도 철저히 배제하여야 한다. 북한이 주장하는 '우리 민족 제일주의'와 '민족 공조론'도 비판하여야 하는 이유도 여기에 있다.

민족공동체의식을 함양하기 위한 통일교육은 공동체 발전의 현실적인 장애인 조국 분단의

19) 민주시민의식의 함양에 있어 다음 세 가지 능력 신장은 불가분의 관계를 갖는다. 즉 학생들의 민주시민의식 함양을 위한 자유민주주의의 원리와 절차에 대한 이해, 추론능력에 기초한 민주적 의사결정 능력과 문제해결 능력, 그리고 민주적인 원리와 절차에 따라 행동할 수 있는 능력을 통합적으로 함양시켜야 한다.

비극을 직시하고 적극적으로 그 극복방안을 모색하여, 능동적으로 참여하는 자세를 지니도록 교육하여야 한다. 또한 통일교육은 남북한 간의 이질화와 민족상잔의 불행한 과거를 이유로 공동체의식 형성에 회의감을 가지지 않고 민족적 동질성에 대해 희망을 갖게 하는 교육이 되어야 한다. 통일교육은 궁극적으로 민족공동체의식에 기초한 통일의 당위성을 객관적으로 이해하고, 이를 토대로 적극적인 통일의지를 형성하는 교육이 되어야 할 것이다.

5. 통일교육의 교과별 내용 분석

우리는 각종 정보나 매스미디어를 통하여 통일에 대한 지식을 획득하는데, 그 경로가 워낙 많아 우리들의 통일에 대한 인식 역시 매우 다양할 수밖에 없다. 하지만 우리는 학생들에게 기본적으로 통일 문제에 대한 객관적 이해와 판단능력을 바탕으로 평화적인 통일을 이룩하려는 사명의식을 내면화할 수 있는 교육을 하여야 한다. 이러한 교육이 가능하기 위해서는 체계적이고 실효성 있는 통일교육이 필요한데, 여기에 가장 적합한 교육 기관이 학교이다.

일반적으로 학교의 통일교육은 도덕과나 사회과를 통해 이루어진다고 보지만, 사실은 어느 특정교과에서만이 아니라 여러 교과를 통하여 이루어진다. 즉 통일교육은 사회과나 도덕과를 비롯하여 국어, 역사 교과뿐만 아니라 예체능 교과에서도 이루어지고 있다. 이처럼 범교과적으로 이루어지는 통일교육은 교과내용을 보다 체계적으로 개발하고, 실효성 있는 방법을 구안하여 현장수업에서 적용하여야 할 것이다. 특히 학교에서 교재로 활용하는 교과서는 그 영향력이 매우 크므로 그 내용이나 방법면에서 문제점을 세밀하게 점검하여 개선책이 마련되어야 할 것이다.[20] 통일교육과 관련된 각 교과의 통일교육 내용을 분석하고 지도 시의 유의점을 살펴보면 다음과 같다.

5.1 사회과

사회과는 역사, 지리, 정치, 경제 등이 통합된 교과인 만큼 각 분야에서 통일과 관련된

20) 이근철·오기성, 『차가운 머리와 따뜻한 가슴으로 이해하는 통일교육론』, 도서출판 엑스퍼트, 2000, p. 301.

내용이 다양하게 나타난다. 공통 사회과 교육은 그 목표를 역사, 지리, 일반사회와 관련시켜 통합적 관점으로 사회현상을 이해하는 데 두고 있다. 여기서는 7차 교육과정상 중·고등 사회 교과목에서 제시된 통일교육 연관 내용부터 간략하게 정리하기로 한다.[21)]

가. 교육 내용

〈표 1-1〉 사회과의 통일교육 관련 내용

<table>
<tr><th>학교급</th><th>교과목</th><th>통일교육 관련 내용</th></tr>
<tr><td rowspan="3">중학교</td><td rowspan="2">사회
(사회)</td><td>[1학년]
(4) 북부 지방의 생활
(가) 대륙의 관문
·북부 지방의 위치와 특성을 살펴보고, 국토 통일의 필요성을 인식한다.
(나) 북부 지방의 중심지 관서 지방
·공산화 이후 토지 제도와 농업 방식의 변화를 설명하고, 최근 북한이 당면한 식량 부족 문제에 대하여 조사한다.
(다) 문호를 개방하는 관북 지방
·북한의 개방 정책을 파악하고, 남북 간에 이루어지고 있는 공동 협력에 대해 조사한다.</td></tr>
<tr><td>[3학년]
(7) 지구촌 사회와 한국
(다) 우리 민족의 발전 과제
·남북 분단의 배경과 분단 이후의 남북 관계, 그리고 화합과 협력을 위한 노력을 이해하고 민족 통일 방안을 알아본다.
·국토 통일이 북방 진출, 대외 교역로 확보, 개발 잠재력의 신장 측면에서 가지는 의미를 파악한다.</td></tr>
<tr><td>사회
(국사)</td><td>[3학년]
(10) 대한민국의 발전
(다) 민주화 운동과 통일을 위한 노력
·6·25 전쟁 이후 북한은 1인 독재 체제를 강화하면서 유일사상 체제를 확립하였음을 이해한다.
·정부는 7·4 남북 공동성명의 발표 등 평화 통일을 이루기 위한 노력을 꾸준히 전개하였고, 그 결과 1991년에는 남북한이 유엔에 동시에 가입하게 된 것을 이해한다.</td></tr>
<tr><td>고등</td><td>한국</td><td>(4) 현대 사회의 발전</td></tr>
</table>

21) 차우규, 『중학교 통일교육 교수-학습방법에 관한 연구』, 한국교육과정평가원, 2001, pp. 15-16.

<table>
<tr><td rowspan="2">학교</td><td>근·현대사</td><td>(가) 대한민국의 수립
·8·15 광복과 분단 ·6·25 전쟁
(다) 통일 정책과 평화 통일의 과제
·북한체제의 고착화와 북한의 변화·통일 정책과 남북 대화
·국제 정세의 변화와 평화 통일의 과제</td></tr>
<tr><td>경제</td><td>(5) 세계 시장과 한국 경제의 미래 전망
(나) 한국 경제의 미래 전망
·통일 시대를 위한 경제적 준비를 하기 위하여 우리가 할 일을 찾는다.
·통일이 된 뒤, 한국 경제가 세계 사회에서 차지할 위치를 전망하고, 통일 한국의 경제 선진화와 삶의 질 향상 방향을 설계한다.</td></tr>
<tr><td rowspan="2">고등 학교</td><td>한국 지리</td><td>(6) 국토 통일의 과제와 노력
(가) 북부 지역의 이해
·폐쇄된 사회주의 체제하에서 북한의 산업 구조가 낙후되어 온 과정을 이해하고 남한과의 상호 보완성을 탐구한다.
·나진·웅기(선봉) 지역이 개방된 배경과 이 지역의 입지적 특성을 이해한다.
(나) 국토의 잠재력과 국토 통일
·우리나라가 단일 민족 국가로서 발달해 온 과정을 통하여 국토의 일체성을 이해한다.
·국토 분단에 의한 국토 공간의 왜곡 및 국토 통일의 당위성을 이해한다.
·남북 간의 상호 보완을 통해 이룩할 수 있는 국토의 잠재력을 인식하고, 지리적 교류의 필요성을 이해한다.
·국토 통일을 위한 남북 간 교류의 현황과 문제점을 파악하여 그에 대한 대비책을 모색한다.</td></tr>
<tr><td>정치</td><td>(5) 정치 발전의 과제
(라) 민족 통일의 과제
·통일 문제가 국내 정치뿐만 아니라 국제 정치와도 밀접한 관계가 있음을 이해하고, 이를 바탕으로 통일 문제의 해결 방향과 방안을 찾아본다.
·남북 관계의 현황을 파악하고 이를 바탕으로 통일의 가능성을 탐색해 보며, 통일 후에 발생할 수 있는 문제를 파악하여 이에 대비하는 방안을 찾아본다.</td></tr>
</table>

나. 사회과 지도 시의 유의점

공통사회과 교육은 역사, 지리, 일반사회를 관련시켜 통합적 관점으로 사회 현상을 이해하고 궁극적으로 행동 영역의 목표를 지향하는 교과이다. 따라서 사회과 교육은 남북한의 객관적 이해 자료를 바탕으로 지리적·사회적·경제적으로 접근하고, 남북한의 근현대사를 통해 통일

·북한 관련 문제를 이해하도록 한다.[22]

- 〈인간과 사회〉 영역에서는 남북한 사회의 정치·경제·사회·문화 현실에 대한 기본적 내용을 알 수 있도록 하여야 하며, 특히 북한의 지배체제, 이데올로기 및 사회경제적 상황의 주요 특징들을 다루어야 한다.
- 〈인간과 지리〉 영역에서는 북한 지역의 위치적 특성과 교통망, 자원분포 등을 설명하고, 이를 통해 국토의 효율적인 이용과 지경학적(地經學的)으로 동북아 경제축의 중심인 한반도의 중요성을 인식하도록 하는 데 중점을 두어야 한다.
- 〈인간과 시간〉 영역에서는 우리 근·현대사의 주요 사항들, 예를 들어 근세 민중의식의 성장과 실학사상, 개화운동과 동학 농민운동, 일본 제국주의 침략과 한일병합, 3·1독립운동, 제2차 세계대전과 일본의 항복, 광복과 남북분단 등을 가르쳐야 한다. 특히 공산주의를 다룰 때에는 구소련과 중국의 팽창정책과 그것으로 야기된 남북분단과 6·25전쟁 등이 함께 설명되어야 한다. 광복 이후의 역사는 특히 고학년에서 다루어지는데, 미·소연합군의 점령으로 인한 한반도 분할, 대한민국과 조선민주주의인민공화국(북한)의 수립, 한국전쟁과 남북분단, 남북 긴장관계 속에서 냉전체제(한·미·일 군사동맹과 조·중·러 군사동맹)의 형성 및 그 의미, 1970년대 초 이후부터 현재까지의 긴장완화 노력을 반드시 다루어야 한다.

5.2 도덕과

현행 도덕과 교육에서 통일 관련 내용은 초등학교 각 학년에 주로 1개 단원씩, 중학교 2학년 및 고등학교 1학년 도덕 교과서에 주로 반영되어 있다. 도덕과는 7차 교육과정부터 시수의 감축으로 인해 과거보다 내용 영역이 다소 축소되었으나[23] 통일에 관한 의지 형성과 태도 함양에 주안점을 두고 있다.

22) 통일교육원, 『통일교육 지침서』, 2008·학교용, pp. 67-68.
23) 박찬석 외, 『통일 교육론』, 도서출판 백의, 2000. p. 61.

가. 교육 내용[24]

〈표 1-2〉 도덕과의 통일교육 관련 내용

학교급	교과목	통일교육 관련 내용[25]
초등학교	바른 생활	[2학년] (5) 나라 사랑하기 (다) 통일에 대한 관심 가지기
		[3학년] (4) 국가·민족 생활 (다) 분단 현실과 통일 필요성 인식 ·분단의 아픔과 통일의 필요성을 알 수 있다. ·통일을 이루려는 마음을 다질 수 있다. ·통일을 위해 할 수 있는 일을 찾아 실천할 수 있다.
	도덕	[4학년] (4) 국가·민족 생활 (나) 국가 안보를 위한 바른 자세 ·나라를 지키고 사랑해야 하는 까닭을 알 수 있다. ·나라를 위하는 마음을 다지고, 우리의 생활을 반성할 수 있다. ·나라를 지키기 위해 우리가 할 일을 실천할 수 있다.
초등학교	도덕	[5학년] (4) 국가·민족 생활 (다) 평화 통일의 당위성과 방법 ·평화 통일의 당위성을 알 수 있다. ·평화 통일에 대한 확고한 신념을 다질 수 있다. ·평화 통일을 위해 자신이 할 수 있는 일을 찾아 실천할 수 있다.
		[6학년] (4) 국가·민족 생활 (가) 통일국가의 미래상과 민족 통일의 의지 ·통일 조국의 미래 모습을 알 수 있다. ·평화 통일의 뜻을 지니고, 준비하는 마음을 다질 수 있다. ·평화 통일을 이루기 위해 할 수 있는 일을 찾아 실천할 수 있다.
중학교	도덕	[2학년] (2) 국가·민족 생활 (라) 남북 통일과 통일 실현 의지 ·통일의 의미를 설명할 수 있다. ·통일의 당위성을 설명할 수 있다. ·다른 나라의 통일 과정을 설명할 수 있다. ·통일을 준비하는 마음가짐을 설명할 수 있다.

24) 차우규, 『중학교 통일교육 교수-학습방법에 관한 연구』, 한국교육과정평가원, 2001, p. 14.

고등학교	도덕	(2) 국가·민족 생활 (가) 민족 분단의 원인과 과정 ·민족 분단의 원인을 2가지 이상 말할 수 있다. ·민족 분단의 과정을 설명할 수 있다. ·민족 분단의 교훈을 설명할 수 있다. (나) 남북한의 통일 정책과 통일의 과제 ·우리의 대내외적 통일 환경을 설명할 수 있다. ·남북한의 통일 정책의 차이점을 설명할 수 있다. (다) 민족공동체의 번영과 통일 한국의 모습 ·민족공동체의 당면 과제를 설명할 수 있다. ·통일 한국의 바람직한 모습에 대해서 설명할 수 있다.

나. 도덕과 지도 시의 유의점

도덕교과는 다른 교과에 비해 북한·통일 관련 문제를 비교적 종합적이고 체계적으로 다루고 있는 교과로서, 학교 교육과정에서 통일교육의 기초이면서 태도함양을 위한 교과로서의 특징을 지닌다.[26]

첫째, 도덕과는 도덕적 가치와 인륜에 입각하여 북한 및 통일 문제 전반에 대하여 학생 스스로 판단하고 평가하며 적극적으로 참여하는 태도를 함양하여야 한다.

둘째, 도덕과는 사실을 중요시하는 다른 교과와는 달리 가치의 문제를 중요시하므로, 바람직한 통일의 길, 올바른 북한 이해, 통일사회가 지향해야 할 가치, 통일을 위해 갖추어야 할 덕성 등에 강조점을 두어야 한다.

셋째, 도덕과에서는 분단의 고통에 대해 공감하며, 나아가 한민족으로서 통일을 희망하고 이루려는 마음과 통일의지가 내면화될 수 있도록 하여야 한다.

넷째, 북한 이탈 주민의 우리 사회 적응은 남북한 사회 통합의 중요한 과제이며 통일의 예비 실험적 의의를 지니므로 이들의 삶을 이해하고 정착할 수 있도록 도와야 함을 인식시킨다.[27]

25) 수시 개정체제로 개정되는 도덕과의 새 교육과정에도 영역 III(국가/민족/지구공동체와의 관계)에 통일 관련 내용이 다음과 같이 반영되어 있다.
·5학년(초등): 3. 민족공동체 생활 (가) 남북 분단의 아픔과 통일의 필요성 (나) 북한 동포의 생활 이해하기
·7학년(중1): 3. 나의 삶과 국가 (가) 바람직한 국가의 모습 (나) 국가 발전과 나 (다) 바람직한 국가의 모습과 민족의 통일
·8학년(중2): 3. 통일과 민족공동체 윤리 (가) 민족의 삶과 통일의 필요성 (나) 북한 주민과 민족애 (다) 바람직한 통일의 모습

26) 통일부 통일교육원, 『통일교육 지침서』, 2008·학교용, pp. 66-67.

5.3 국어과

국어과에서는 북한 언어의 특성과 남한 언어와의 차이점, 남북한 문학의 차이점과 유사점 등이 반영되어 있으며, 나아가 문학 작품을 통해 민족 분단의 과정이나 분단 극복의 방안 등이 교육 내용에 포함되어 있다.[28] 국어과의 통일 관련 내용은 다음과 같다.

가. 교육내용

〈표 1-3〉 국어과 통일교육 관련 내용

학교급	과목	통일교육 관련 내용
고등학교	국어	상-1-(2) 그 여자네 집 ·해방 후 민족 분단의 과정을 찾아본다. ·남북 이산가족의 아픔을 이해하고 극복방안을 찾아본다.
		상-2-(2) 나의 소원 ·민족의 개념을 이해할 수 있다. ·독일, 베트남, 예멘 및 삼국시대 통일과정의 특징과 문제점을 파악할 수 있다. ·바람직한 남북통일의 방향을 설명할 수 있다.
		상-7-(1) 장마 ·민족 분단의 극복 방안을 찾아본다. ·안보의식과 화해·협력 방안과의 바람직한 관계를 찾아본다.
		상-8-(준비) 남북한 사전 ·남북한 사전의 표기 방식의 차이를 설명할 수 있다. ·남북한 어휘와 속담의 차이를 설명할 수 있다.
		하-2-(심화) 광장 ·민족의 동질성을 회복하기 위한 방안을 찾아본다. ·북한 청소년들의 생활을 이해할 수 있다. ·민족 화합을 위한 방안을 찾아본다.

나. 국어과 지도 시의 유의점[29]

첫째, 국어과 교육에서는 문학적 차원에서 남북한의 문학과 언어의 특성에 대해 이해하고 그 동질성과 차이점을 이해할 수 있도록 한다.

27) 위의 책, p. 67.
28) 최광익, 「학교 통일교육의 재검토」, 통일교육발전 워크숍 논문집, 통일교육원, 2004, p. 18.
29) 통일부 통일교육원, 『통일교육 지침서』, 2008·학교용, p. 66.

둘째, 남북한 언어 비교를 통한 이질성의 확인에 머무는 것은 바람직하지 않다. 남북한의 언어는 이질성을 지니고 있는 반면, 동질적 측면도 있으므로 서로의 장단점을 취사선택하여 우리말을 발전시킬 수 있는 계기가 되도록 하는 것이 중요하다.

셋째, 통일에 대비하여 남북한 언어의 차이를 극복할 수 있는 방안을 찾도록 한다.

5.4 예체능 교과

가. 내용

초·중등학교 국민공통기본교과 중 예체능 교과의 통일교육 관련 내용을 찾아보면 다음과 같다.[30]

〈표 1-4〉 예체능 교과의 통일교육 관련 내용

학교급	교과목	통일교육 관련 내용
중학교	음악	[1학년] '풍년가' [3학년] 가창 중 '군밤타령' ·북한 지역의 유명한 전통 민요를 부를 수 있다. ·북한의 전통 악기의 특징을 설명할 수 있다.
	미술	[3학년] '계몽 포스터' ·통일을 홍보하는 포스터를 만들 수 있다. ·통일의 의지를 표현할 수 있다.
	체육	[1학년] 민속놀이 ·북한의 민속놀이의 변천을 설명할 수 있다. ·남북의 민속놀이의 차이를 찾아 본다.
고등학교	미술	[1학년] '금강산' ·통일 이후의 삶의 모습에 대해서 설명할 수 있다. ·금강산의 다른 이름을 설명할 수 있다.
	체육	[1학년] 북한 체육의 이해 ·북한 체육 시간의 내용을 찾아 본다. ·남북 체육 시간의 차이를 설명할 수 있다.

30) 차우규, 『중학교 통일교육 교수-학습방법에 관한 연구』, 한국교육과정평가원, 2001, p. 17.

나. 예체능과 지도 시의 유의점

음악과, 미술과, 체육과에서도 통일문제 및 북한과 관련된 주제들은 다음과 같이 다루어져야 한다.[31]

첫째, 북한의 음악·미술·체육에 대한 이해, 남북한 간 예체능 분야의 이질성과 동질성 인식 등을 통해 남북이 공유하고 도움을 줄 수 있는 부분을 탐구하도록 하는 것이 바람직하다.

둘째, 특히 음악과와 미술과에서 남북한의 문예정책에 대한 이론적·제도적 측면보다는 남북한의 미술작품이나 음악을 직접 감상해 봄으로써 동질성과 이질성을 정서적으로 느끼고 이해할 수 있도록 하여야 한다.

6. 통일교육의 지도 지침

6.1 학교 통일교육의 지침

학교 통일교육의 성과는 역량 있는 교사의 질(the quality of empowered teachers)에 달려 있다. 우리는 흔히 "교육의 질은 교사의 질을 넘지 못한다."고 한다. 이 말은 통일교육에서도 결코 예외가 될 수 없다. 통일교육을 제대로 실시하고 있는 학교나 기관에는 언제나 통일교육에 대하여 역량 있는 준비된 교사들이 근무하고 있다.

통일교육을 담당하게 될 교사는 무엇보다도 통일 문제에 대한 확고한 신념과 열의가 있어야 한다. 통일교육은 남북한 동포들 사이에 마음의 통일, 그리고 정신의 통일을 이룰 수 있는 교육적인 투자라는 생각을 지닌 교사가 담당하여야 한다. 통일교육에 대한 애착과 열정을 가지고 있는 교사들은 학교 통일교육을 실행함에 있어서 다음과 같은 점에 특별히 유의해야 할 것이다.[32]

---

31) 통일부 통일교육원, 『통일교육 지침서』, 2008·학교용, p. 68.

32) 아래의 내용은 통일교육원의 『통일교육 지침서』(2005)를 참조하여 본서의 저술취지에 맞게 내용을 수정·보완한 것이다.

가. 학생들의 유의미성(meaningfulness)과 호기심 존중

교사는 학생들이 학습 시 의미를 부여하거나 호기심을 가지는 학습 소재를 꾸준히 제공하여야 한다. 일반적으로 학생들은 새로 배우는 학습내용이 학생 자신이 궁금해 하는 문제를 해결하고, 그들의 경험을 이해해 주고, 그들의 관심사나 가치와도 관련된다고 믿을 때 학습에 더욱 흥미와 의욕을 가지게 된다.

따라서 교사는 학생들이 배워야 할 통일교육의 학습내용이 그들의 실제적인 삶과 어떻게 관련되어 있는가를 보여줌으로써, 학습 주제를 더욱 재미있고 유의미하게 만들 수 있어야 한다. 예를 들어, 통일의 의미와 당위성에 대하여 학습할 경우, 교사는 학생들에게 '분단으로 인하여 여러분 자신은 지금 어떠한 불이익과 제약을 받고 있는가?' 혹은 '통일이 여러분에게 가져다 줄 혜택과 이익은 무엇인가?'와 같은 질문을 던져 학생들이 분단의 실상과 통일의 필요성을 자신들의 삶의 문제로 인식할 수 있도록 해 주어야 한다.[33]

또한 통일교육에서 북한이나 통일 문제에 대한 학생들의 일상적인 질문이나 호기심을 존중해 주는 것이 매우 중요한데, 이때 교사는 학생들이 객관적인 사실이나 정보에 접할 수 있는 자료를 제공하여야 한다. 예를 들어, 북한의 경제에 관하여 학습할 경우 학생들은 '북한의 식량난이 실제로 얼마나 심각한 것인가?'라는 질문을 할 수 있다. 이 때 교사는 최근 북한의 식량 생산 추이 및 인구동태, 천연재해, 북한의 식량 생산 정책 등에 대한 통계 자료들을 학생들에게 제시해 주거나 학생들과 함께 그러한 자료들을 탐색해 볼 수 있는 활동을 구조화하여 지도하여야 한다.[34] 따라서 교사는 교과서에 제시된 고정되고 제한된 정보 속에 학생들을 끼워 맞추려는 시도를 하기보다는 학생들 스스로 그러한 질문이나 호기심을 해결할 수 있도록 발판을 제공해 주는 역할을 하여야 한다.

나. 생활 관련 소재를 통한 흥미를 유도하는 학습

학생들의 관심은 이론적이고 추상적인 데 있지 않고 가까운 현실 속에 있다. 특히 요즈음 학생들의 가치 지향은 상당히 현실적이고 사실적이며 자신의 문제와 직접 관련되지 않는 것에는 흥미를 갖지 않으려는 경향이 짙다. 그러므로 통일교육은 학생들의 생활과 관련된 흥미롭고

---

33) 통일부, 『2004년도 통일교육 기본 지침서』, 2003, p. 110.
34) 위의 책, p. 111.

친근한 소재를 중심으로 다루어져야 한다. 따라서 통일교육은 학생들의 동기를 유발하기 위하여 학생들의 일상생활과 관련된 소재를 될 수 있는 한 많이 활용하여야 할 것이다. 또래 북한 학생의 학교생활, 교육 내용, 취미와 여가 생활, 남녀 교제 등은 학생들이 통일교육에 상당히 흥미를 느끼게 해 줄 만한 소재이다.

이러한 생활 문화적 접근에 의한 흥미를 유도하려는 통일교육은 북한 학생들의 교우 관계의 특징이나 소년단 활동 등 현재 북한에서 실시되고 있는 학생들의 생활과 관련된 참신한 자료를 제공하는 것이 필요하다. 이는 학생들의 관심을 구체적으로 파악하여 그들이 통일교육에 적극적으로 참여하도록 유도하려는 것이다. 그러나 통일교육 프로그램의 초기 단계에서는 학생의 흥미를 유발하는 데 중점을 두지만, 궁극적으로는 통일에 대한 확신과 통일의지를 형성하여 그것을 행동화하고 실천할 수 있도록 하여야 할 것이다.[35]

다. 의사소통을 통한 열린 환경 조성

통일교육은 과거의 일방적 이데올로기적 주입식 교육이 아닌 민주적 · 개방적 환경 하에서 의사소통적 협동 학습이 되도록 하여야 한다. 협동 학습은 상호 존중에 바탕을 둔 사회적 상호 작용의 기회를 제공해 주기 때문에 민주 시민적 자질을 기르는 데 매우 유용한 수단이다. 협동 학습을 통하여 학생들은 공감, 역할채택, 책임감, 갈등의 합리적 해결, 비판적·창조적 문제해결을 위한 기능과 태도를 익힐 수 있다. 이러한 기능과 태도는 북한 동포를 배척이나 경계의 대상이 아닌 실질적인 통일의 파트너로 인식하고, 그들과의 원만한 관계를 형성해 나가는 데 필수적인 사회적 기술(social skills)이라고 할 수 있다.

통일교육에서 열린 의사소통은 매우 중요한 원칙이다. 그러므로 교사는 통일에 관련된 획일적인 이념이나 사상 혹은 정책을 학생들에게 주입하려 해서는 안 된다. 오히려 교사들은 학생들에게 열린 의사소통이 가능한 개방적·탐색적·민주적인 학습 풍토를 조성하여야 한다. 그로 인해 학생들은 갈등 해결을 위하여 여러 주장이나 견해들의 타당성과 신뢰성을 가급적 여러 각도에서 해석해 볼 수 있다. 따라서 협동적인 학습 과제의 제시는 북한이나 통일에 관한 다양한 의견과 주장이 개인, 집단, 국가의 각 수준에서 어떤 방식으로 제기되고 절충·타협되며, 마침내 하나의 사회적 합의를 이루게 되는지를 학생들이 직·간접적으로 체험해 볼 수 있는

35) 통일부, 『2004년도 통일교육 기본 지침서』, 2003, p. 112.

실질적인 기회를 제공해 준다.[36)]

결국 의사소통이 가능한 교실 환경에서는 통일에 관련된 다양한 주장들과 관점이 폭넓게 모색·논의될 수 있다. 따라서 교사는 통일교육 내용을 학생들이 효율적으로 학습하는 데 필요한 정보를 제공하고, 학생들의 의견을 진지하게 들어야 하며, 학생들 간의 토의와 상호 작용을 촉진시켜 주어야 한다. 의사소통이 이루어지는 열린 통일교육에서 교사는 학생들에게 북한이나 통일 문제에 관련된 논의의 결론이나 해석을 일방적으로 주입하려는 시도를 배제하여야 한다. 대신에 교사는 그러한 결론에 이르는 과정과 그 과정 속에서의 다양한 대안이나 관점들에 대하여 학생들이 심사숙고해 볼 수 있는 기회를 주어야 한다.

라. 통일 관련 다양한 학습 보조 수단 활용

일반적으로 학습 보조수단이란 학습을 좀 더 효율적이고 만족스럽게 하기 위한 도움을 주는 장치를 말한다. 학습 보조수단은 복잡한 내용을 단순화시키고 조직화하며 이미 알고 있는 내용과 새로운 내용을 연결시켜 준다. 또한 학습 보조수단은 주의를 집중시키고, 학습을 쉽게 하고, 기억을 용이하게 하며, 전이를 돕고, 가르치는 일을 촉진시켜 주는 역할을 한다.

통일교육에 유용한 학습 보조수단은 무수히 많다. 따라서 교사는 인터넷 자료, 신문 기사, 사진, 그림, 서적, 도표, 삽화, 영상 자료 등 다양한 학습 보조수단을 활용하여 통일교육을 실시해야 한다. 이 경우 교사는 교육과정에 제시된 목표와 내용의 구성 취지를 아예 벗어나거나, 편향된 견해를 가지고 임의대로 교육과정을 재구성해서는 안 된다.

특히 북한의 영상 자료를 소개하는 경우, 북한의 TV 영상 자료들은 주민에 대한 계도와 선전성이 강하므로 자료의 의미를 잘못 해석할 경우 북한의 실상에 대하여 학생들의 불필요한 오해가 생길 수도 있다. 그러므로 교사는 학생들이 비판적인 시각에서 영상 자료들을 볼 수 있도록 사전에 충분한 지도를 하여야 한다.[37)]

마. 통일을 준비하는 적절한 실천 기회 부여

통일교육은 통일 문제에 대한 합리적 이해와 통일의지의 함양 같은 인지적·정의적 학습

36) 위의 책, p. 113.
37) 위의 책, p. 114.

만으로 완성될 수 있는 것이 아니다. 학생들은 그러한 이해와 의지를 생활 속에서 실질적인 행동으로 보여줄 수 있어야 한다. 따라서 교사는 통일 문제와 관련된 학생들의 파지(把持)와 전이(轉移)를 촉진하기 위하여 학생들이 실제 생활 속에서 학습한 내용을 실천해 볼 수 있는 다양한 실천기회들을 제공해 줄 수 있어야 한다. 이러한 실천 기회는 교실에서 이루어질 수도 있고, 현장 방문 등 체험 활동을 통해 이루어질 수도 있다.

예를 들어 남북한의 언어 이질화 현상에 대하여 학습할 경우, 교사는 남북한의 언어 동질성을 확보하기 위하여 우리 사회가 개선해야 할 사항이 무엇인지 학생들이 실제로 실천해 볼 수 있는 다양한 기회들을 제공해 주어야 한다. 교사는 학생들이 역할놀이를 통해 우리 사회에 만연된 무분별한 외래어 사용의 문제점을 실연해 보게 하거나, 남북한의 신문이나 교과서에 나타난 남북한 간의 공통어를 찾아보게 할 수 있다. 또한 교사는 같은 단어이면서도 남북한 간에 의미가 전혀 상이한 언어에 대응하는 새로운 공통어를 만들어 보는 학생들의 창조적인 활동을 유도해 볼 수 있다.

또한, 교사는 학생들이 여러 방면에서 북한 동포 돕기 운동에 적극 참여하도록 권장하여야 한다. 북한 동포 돕기 운동은 북한 주민들을 동포애로 수용하여 적극적으로 배려해 주는 경험을 쌓을 수 있는 소중한 교육 기회이기 때문이다. 학생들은 북한 학생들을 돕기 위하여 학용품, 의류, 도서, 의약품 등을 수집하여 이를 대한적십자사를 비롯한 각종 사회단체에 전달할 수 있다. 이러한 작은 활동을 통하여 학생들은 통일 문제에 대한 자신들의 지식과 태도를 실천에 옮길 수 있게 되는 것이다.[38]

6.2 학교 급별 지도 시의 유의 사항

통일교육은 학교 급별로 적절히 안배되어 학생들의 발달 단계에 따라 효율적으로 지도되어야 한다.

가. 초등학교

초등학교 단계의 통일교육은 우선 학생들이 자신에게 친숙하지 않은 통일 문제에 관심을

38) 위의 책, p. 115.

갖는 정서적 접근에서 출발하여, 통일 문제에 관한 바람직한 이해와 인식을 갖도록 하는 인지적 접근으로 나아가야 한다. 지도 시 유의 사항을 구체화하면 다음과 같다.[39)]

첫째, 초등학생의 통일교육은 개념이나 기능 중심이 아닌 상황이나 생활을 통한 바람직한 정서나 태도 함양 중심으로 이루어져야 한다.

둘째, 학생들이 통일에 대한 감흥과 열의를 고취할 수 있도록 정서적 접근과 통일의 필요성에 대한 실용적 접근을 병행하여야 한다. 즉 초등교육 단계의 학생들에게는 통일이 되었을 경우 발생할 수 있는 긍정적인 일들을 소개하여 흥미를 유도한 후[40)] 그 실용적인 방안을 강구하도록 하여야 한다.

셋째, 분단의 아픔에 대한 감정이입을 통해 분단 극복의 문제를 정서적인 차원에서 인식할 수 있도록 해야 한다. 특히 분단으로 인해 고통을 받는 사람들의 문제가 자신의 문제이자 우리의 문제임을 느끼도록 하는 것이 매우 중요하다. 분단의 고통에 대해 공감하고, 나아가 한민족으로서 통일을 희망하고 이루려는 마음과 기초적인 통일의지가 내면화될 수 있도록 하여야 한다.

넷째, 초등학교를 졸업하면 학생들은 우리나라가 원래 하나의 국가였으나 국제적 요인과 민족 내부적 요인에 의해 분단국가가 되었다는 것을 인식하고, 남북한의 위치와 상징을 알며, 북한 주민은 우리와 같은 민족으로서 언어와 역사 및 전통을 공유하고 있음을 알도록 하여야 한다.

나. 중·고등학교

중·고등학교 학생은 초등학생에 비해 논리적이고 추상적인 사고를 할 수 있는 시기이다. 그러므로 중등학교에서는 초등학교와 달리 통일이나 북한 문제에 관하여 합리적이고 종합적인 이해와 판단을 할 수 있도록 인지적 능력을 기르는 데 초점을 두어야 한다.

첫째, 중·고등학교 단계는 학생들이 통일·북한 관련 문제에 대한 객관적인 지식을 습득하고, 이에 기초하여 통일 문제의 인지적 능력을 기를 수 있도록 해야 한다. 나아가 학생들이 통일 문제에 관하여 보다 논리적이고 추상적이며 체계적인 사고를 할 수 있도록 지도하여야 할

39) 통일부 통일교육원, 『통일교육 지침서』, 2008·학교용, p. 63.
40) 예컨대 북한 이주민 자녀로 친구가 된 학생 문제, 국방비 감소로 인한 복지의 증대, 올림픽이나 월드컵에서 우리의 경기력 상승, 북한 지역으로의 여행 뿐 아니라 종국에는 경의선을 통한 유럽 배낭여행도 가능한 점 등 개개인들에게 주어지는 혜택과 이점을 강조하여 통일의 필요성을 인식하도록 해야 한다.

것이다.

둘째, 중학교 통일교육에서는 남북 분단의 원인과 폐해, 한민족의 유래와 분단의 역사적 전개과정, 북한의 지배체제, 이데올로기 및 사회경제적 상황의 주요 특징들을 이해할 수 있도록 지도한다.

셋째, 고등학교 과정에서는 북한 사회를 심층적으로 이해하고 통일 문제를 종합적인 관점에서 비판하고 조망할 수 있도록 지도해 나가야 한다.[41]

넷째, 고등학교를 졸업하면 체계적인 통일·북한 관련 지식을 토대로 통일 문제를 한반도라는 시각을 넘어 동북아와 국제정세와 관련하여 종합적인 시각에서 조명하고 인식할 수 있도록 지도하여야 한다.

다. 특별 활동 지도 시의 유의 사항

학생들의 통일실현의지와 통일에 대한 관심을 고양하기 위하여 학생회 활동, 계발 활동, 클럽활동, 축제, 현장 체험, 봉사 활동 등 특별활동을 활용하는 것은 통일교육에 있어 매우 의미 있는 일이다. 특히 능동적인 특별활동은 감수성이 예민하고 호기심이 많은 학생들에게 적절한 동기를 유발할 수 있기 때문에 학교는 특별 활동을 통한 통일교육 시 다음과 같은 점에 유의하여야 한다.[42]

첫째, 학생들의 활동 공간인 계발 활동은 통일 문제를 학생들의 관심사로 끌어들여 체험과 실천의 대상이 되게 할 수 있다. 그러므로 통일 관련 시사반, 신문반, 방송반, 연극반 등과 같은 클럽활동을 적극 조직·권장하도록 한다.

둘째, 학교행사에서는 통일·북한 관련 프로그램을 계획하여 통일가요제, 통일축제, 통일 사이버 문예대회 등을 활성화할 수 있도록 여건을 마련하도록 한다.

셋째, 학생회 중심으로 북한 어린이 돕기 운동, 북한 이주민 가족 돕기 운동 등을 전개하여 학생들이 일상생활 속에서 북한 주민을 우리 동포이자 이웃으로서 이해할 수 있는 계기를

---

41) 이를 위하여 기본적으로 학생들의 통일·북한 관련 지식을 체계화시켜야 한다. 북한 이해의 측면에서는 북한 이해의 이중성, 북한 사회가 지향하는 이념과 체제, 북한 사회 통합의 원리와 주민 및 학생들의 생활과 가치관, 북한의 문화예술과 교육 등에 대해 설명할 수 있어야 한다. 독일, 베트남, 예멘 등 분단국의 통일 사례연구를 통해 통일준비 방법, 바람직한 통일국가상 등을 탐구하도록 한다. 아울러 통일 이후 발생할 수 있는 각종 문제들을 예상해 보고 이에 대한 대처방안을 모색하도록 지도한다.

42) 통일부 통일교육원, 『통일교육지침서』, 2008·학교용, pp. 69-70.

만들어 주어야 한다.

넷째, 현장 체험 학습 활동으로 남북 출입 사무소, 판문점, 통일전망대, 땅굴, 통일관, 개성공단, 금강산, 하나원 등을 견학하도록 함으로써 분단이나 통일 문제를 생생하게 체험할 수 있도록 한다.

라. 재량활동에 관한 권고사항

초·중등학교에서는 학교별 재량활동을 할 수 있도록 권장하고 있다. 재량활동시간에는 통일·북한 관련 주제를 탐구하는 활동이나 소집단 공동연구 등을 통해 통일교육을 할 수 있는데 다음과 같은 점에 유의하여야 할 것이다.[43]

첫째, 자기 주도적 학습에서 통일·북한 관련 주제를 다룰 때에는 학생들의 흥미와 관심을 유발할 수 있는 주제, 예컨대 북한 학생의 여가생활, 이성교제 등 학생들이 관심을 두는 주제 가운데 시사성 있는 것을 선정한다.

둘째, 학생들이 재량활동 시간에 통일·북한 관련 주제를 다룰 때에는 반드시 자율적 토론과 대화가 활발히 이루어지도록 충분한 여건을 조성한다.

셋째, 토론의 결과는 가능한 한 학생들의 실생활 속에서 적용할 수 있고, 실천할 수 있도록 기회를 부여하여야 한다.

6.3 사회 통일교육 시 유의해야 할 점

우리나라에서 통일교육에 관한 사회적 요구는 증대되고 있으나 사회 통일교육은 체계적으로 이루어지지 못하는 것이 사실이다. 이는 교육 담당 기관의 부족, 시민들의 무관심에도 원인이 있지만 통일교육 방식에도 문제가 있기 때문이다. 사회 통일교육의 효율성을 제고하기 위해서는 수강자들의 다양한 경험을 존중하고 이를 적극적으로 활용하여 수강자 자신의 필요나 문제해결에 도움을 주고, 동료 집단과의 상호 작용 및 협동의 기회를 부여하여야 한다. 또한 사회 통일교육은 기관별·성별·세대별로 특화된 다양한 자료 및 프로그램을 제공해 주는 동시에 지속적인 사후 관리가 요구된다.[44] 이 교육의 담당자가 특별히 유의하여야 할 점은 다음과 같이 요약할

---

43) 통일부 통일교육원, 『통일교육 지침서』, 2008·학교용, pp. 71.

수 있다.

가. 수강자의 자기 주도적 학습(self-directed learning) 능력 중시

사회 교육의 대상자들은 직장인 등 사회적 역할을 담당하는 일반사회인이며, 대부분의 성인 수강자는 학생들에 비하여 많은 사회활동을 하고 있다. 그러므로 사회 통일교육은 강사의 일방적 주입식 교육이 아닌 수강자의 자기 주도적 학습이 되도록 하여야 한다. 그들은 수강자이기 이전에 다양한 학습 상황에서 스스로 그 상황을 조절하고 이끌어 나가기를 바라는 학습집단이다. 즉, 성인들은 학습의 주체로서 자발적으로 지각된 역할을 수행하는 자아 이미지를 표출하기를 원한다.

따라서 성인 수강자에게는 보다 개방적이고 자율성이 존중되는 학습 자료와 학습 환경을 제공함으로써 수강자가 필요로 하는 학습 목표 및 내용들이 다루어지도록 하여야 한다. 또한 수강자 스스로 수업을 이끌어 가도록 유도하며, 교육자는 단순한 지식의 제공자가 아닌 학습 환경에의 또 다른 참여자로서 존재하면서 도와주어야 한다.[45)]

나. 수강자의 생활 세계와 연계된 통일교육

사회 통일교육은 수강자의 다양한 경험을 존중하고 이를 적극적으로 활용하는 교육이 되어야 한다. 수강자들의 경험은 곧 학습의 자원이 되어 그들의 지각과 학습 기대의 근간이 된다. 다양하고 풍부한 경험은 학습 자원으로써 성인들의 기여도를 높일 수 있으며, 수강자가 보다 쉽게 새로운 경험을 받아들일 수 있는 연결 고리로 작용한다.

따라서 성인 수강자에게는 단순한 정보 제공의 차원에서 탈피하여 그들의 경험을 바탕으로 한 실험적 수업 환경을 제공하도록 하여야 한다. 수강자의 경험을 무시하는 수업은 곧 성인의 인격 자체를 무시하는 수업으로 연결될 수 있다는 점을 명심하도록 하여야 한다. 또한 교육자는 성인 수강자가 풍부하고 다양한 경험을 어떻게 특정 수업에 활용할 것인지를 안내하여 수강자가 자아 성취를 하도록 도와야 한다.

이렇듯 수강자의 경험과 지식을 활용한다는 것은 곧 학습 과정에 적극적으로 그들을 참여시

---

44) 이하의 논의 되는 내용은 통일부의 『통일교육 지침서』(2004)의 내용을 상당 부분 발췌·보완한 내용임을 밝혀 둔다.
45) 통일부, 『2004년도 통일교육 기본 지침서』, 2003, p. 116.

키는 것을 의미한다. 교사는 그들의 능동적 참여를 위하여 다양한 형태의 발표 및 토론의 기회를 제공하여야 한다. 또한 워크숍 등 실험 환경을 마련하며, 상황극과 역할극을 통하여 스스로 발견할 수 있는 기회를 제공하여야 한다.

다. 통일문제 해결을 위한 다양한 논의를 수용

사회 통일교육은 학습자 자신의 필요나 문제해결에 직·간접적으로 도움을 줄 수 있어야 한다. 아동이나 청소년이 학습을 미래에의 준비 과정으로 생각하는 반면, 성인 수강자의 대부분은 현재의 문제를 해결하는 방법을 찾아내는 과정으로 인식한다. 즉, 그들의 경우에는 보다 직접적으로 자신의 경험이나 환경과 관련 있는 통일 교육의 자료나 내용을 요구하고 있다.

따라서 성인 수강자에게는 교육자의 가르침보다는 수강자의 배움에 초점을 맞추어 학습과정을 재구성하여야 한다. 그리고 학습 과정이나 학습 후에 공부한 내용을 즉각적으로 적용할 수 있는 기회를 제공하되 학습자 스스로 선택하고 참여하도록 하여야 한다.

학교교육에서는 교사와 교과서 등이 권위를 가지며 시간표 등에 의한 엄격한 운용 체제가 성립되어 있다. 반면, 사회교육은 교사와 교과서 등과 같은 중심 권위체가 존재한다기보다는 교육자와 수강자가 상호 존중하는 분위기에서 통일 논의를 중심으로 비교적 자유롭게 비형식적 형태로 운영된다. 시간표도 수강자 입장에서 좀 더 편리하게 운영되도록 유연하게 관리된다.

또한 성인 수강자에게는 적절한 주제가 제시되고 다양한 통일 논의를 수용할 수 있는 교실 분위기가 조성되어야 한다. 왜냐하면 학교교육에서는 학생들이 동질적인 집단이고 합의를 이룬 통일교육 교재를 어느 정도 마련할 수 있지만, 사회교육에서는 성인 수강자들이 매우 이질적인 성격을 띠고 있고 합의를 이룬 통일교육 교재를 마련하기도 쉽지 않기 때문이다. 게다가 그들은 다양한 매체로부터 상이한 관점의 통일교육 내용을 접하기 때문에 그들 스스로 통일교육 관련 정보를 보고 비판적으로 수용할 수 있는 능력이 없을 경우 큰 혼란에 빠질 수 있다.

라. 수강 대상자의 특성에 맞는 통일교육

학교 통일교육의 대상자는 학교 급별·학년별 차이를 제외하고는 어느 정도 공통된 특성을 지니고 있으나, 사회 통일교육의 대상자는 기관별·성별·세대별로 매우 다양한 분포를 이룬다. 따라서 사회 통일교육에 있어서는 이들 대상자의 특성에 맞게 특화(特化)된 교육 자료와 표준 교재를 개발하고 가능한 한 최신 자료와 정보를 제공하도록 해야 한다.

예를 들어, 민방위 교육을 통한 통일교육의 활성화를 위해서는 대상자의 다양한 직업을 고려하여 수강자의 일상적인 생활과 관련되는 '북한의 생활 경제', '북한의 직업' 등과 같은 내용을 구성한다. 직업 훈련 기관에서의 통일교육 활성화를 위해서는 직업생활을 포함하는 교양 과목을 운영하고 있는바, 이 직업생활에서 분단으로 인한 남북한 경제의 문제점, 남북한의 직업 생활, 통일 이후 직업 환경의 변화와 같은 내용을 구성할 필요가 있다.

나아가 사회 통일교육은 지도자(leader)로서의 역할 수행 기회를 제공할 수 있어야 한다. 따라서 통일교육의 학습과정에서 학습자 개개인에게 토론의 주제 발표자, 토론의 사회자, 조장 등 그룹 지도자의 역할을 담당할 수 있는 기회를 부여함으로써 스스로 책임감을 가지고 효과적인 학습 계획을 수립하고 추진해 나가도록 유도해 볼 수 있다.

또한 생애교육으로서의 특징을 지닌 사회 통일교육은 교육 종료 후에도 성인 수강자들을 지속적으로 관리하도록 관심을 보여야 한다. 통일교육 전문기관에서 통일교육 연수를 일정 시간 받은 대상자에게 일정 기간이 지난 후 개성과 금강산, 판문점, 평양, 오두산 통일전망대, 전쟁 기념관, 판문점, 땅굴 현장의 체험을 계획할 수 있다. 또한 하나원 방문, 북한 이탈 주민(새터민)들과의 만남, 북한 이주민 초청 특강 등 특화되고 전문화된 연수의 기회를 지속적으로 제공할 필요가 있다.

7. 학교 통일교육의 개선 과제

우리나라에서 현실적으로 가장 체계적이고 종합적인 통일교육을 수행할 수 있는 기관은 학교이다. 따라서 학교에서의 통일교육은 학생들의 통일 문제에 대한 객관적 이해와 판단능력을 제고하고, 민족 통일의 의지를 함양하여 평화적이고 민주적인 통일을 이룩하려는 사명의식을 내면화할 수 있어야 한다. 여기에서 학교 통일교육의 내실화를 위한 과제를 정리하면 다음과 같다.

7.1 통일교육의 내용 설정 과제

통일교육은 아직도 학교 교육과정에서 내용 설정면에서 문제가 많다. 통일교육의 내용이 범교과적으로 흩어져 있고 학교 급별·학년별·교과별로 체계적으로 구성되어 있지 않기 때문이다. 이를 극복하기 위하여 특별히 유의하여야 할 점은 다음과 같다.

첫째, 교과 간 통일교육 관련 내용의 중복을 피하고 학생들의 흥미를 끌 수 있는 소재로 수정 · 보완되어야 할 것이다. 과거 통일교육은 정치 이데올로기 위주의 내용에 지나치게 의존하였다. 또한 위에서 살펴 본 바와 같이 통일교육 관련 내용은 사회과, 도덕과, 국어과 등 여러 교과에 산만하게 흩어져 있다. 또한 교과간의 수록 내용이 중복되고, 내용도 진부하여 학생들의 흥미를 끌지 못한 경우도 많다. 따라서 새로운 통일교육은 요즘 학생들이 궁금해 하거나 흥미를 가질 수 있는 내용을 수록하여 이를 효율적으로 지도하도록 하여야 한다.

둘째, 각 교과는 교과의 성격에 맞는 통일교육 내용을 선정하고 있지만 이를 교육과정의 구성 원리에 따라 재구성하고 재배치할 필요가 있다. 특히 사회과나 도덕과는 통일교육의 내용을 학기말이나 학년말에 다루고 있어 수박 겉핥기식으로 다룰 뿐 깊이 있는 접근을 하지 못하고 있는 실정이다. 종합적이고 거시적 시각에서 그 범위, 계열성 문제를 고려하여 내용을 재배치하고 보완하는 노력이 수반되어야 할 것이다.

셋째, 통일교육의 내용에는 남북한의 이질적인 측면이나 북한에 대한 부정적인 측면보다는 민족공동체의식 형성에 도움이 되는 내용으로 보충하여야 한다.[46] 교육의 내용은 남북한의 체제 비교적인 측면도 중요하지만 민족공동체의 동질적인 측면이 무시되지 않도록 하여야 한다는 뜻이다. 통일교육의 내용에는 학생들에게 나타나는 북한 정권에 대한 '불안감'과 '공포감', 그리고 북한 주민에 대해 느끼는 '혐오감', '멸시감', '이질감' 등을 극복할 수 있는 내용을 적절히 보완하여야 할 것이다.

7.2 통일교육의 자료 개발·보급 과제

학교 교육 현장의 통일 연구 및 통일 관련 교육 자료는 수적으로 많지만 실질적으로 활용할

46) 차우규, 『중학교 통일교육 교수-학습 방법에 관한 연구』, 교육과정 평가원, 2001, p. 20.

자료가 턱없이 부족하다는 비판이 많다. 따라서 앞으로는 현장 교사들이 학교에서 통일교육 시 활용할 수 있는 자료를 개발·보급하는 것이 시급한 과제이다. 이 같은 자료개발은 교원 연수와 함께 이루어지면 더욱 효과적일 것이다. 학생들의 학습 효과에 직접적인 영향을 미치는 자료를 개발할 때 특별히 유의해야 할 사항은 다음과 같다.

첫째, 통일교육을 위하여 학습자의 발달 수준에 비추어 학생들의 관심과 흥미에 부합하면서 손쉽게 구할 수 있는 시청각 자료를 개발하여야 한다. 시청각 자료의 개발은 재정적, 시간적, 기술적 문제 때문에 용이하지는 않다. 그러므로 최소의 비용으로 최대의 효과를 거둘 수 있는 자료를 개발하여야 한다. 신문에 보도되는 통일 관련 기사들을 활용한 니(NIE) 수업은 교육의 효과를 높일 것이다.[47] 또한 학생들의 흥미와 관심을 유도하기 위하여 북한 주민이나 학생들의 일상생활, 학교생활, 가정생활 등의 생활 관련 자료를 개발하여 활용할 필요성은 더욱 증대되고 있다.

둘째, 객관적 사실을 정확히 전달할 수 있는 각종 시사 자료를 개발하여야 한다. 북한 및 통일 문제와 관련하여 최근의 시사 자료를 다양하게 수집하여 활용할 필요가 있다. 통일교육을 할 때는 언론 보도와의 연계를 통한 시사적인 교육이 실시되어야 한다. 최근 많은 조사에 의하면 학생들은 북한 및 통일 문제에 대한 자료 및 정보를 대개 신문이나 TV 매체를 통해 이해하고 있기 때문이다. 남북 분단에서 오는 사회, 경제, 문화적 손실과 낭비, 이산가족의 고통, 북핵문제의 다양한 의견도 수업에 활용할 수 있을 것이다.[48]

셋째, 종합적 네트워크에 기초해 다양한 멀티미디어 자료를 개발해야 한다. 멀티미디어 자료 개발은 우선 통일 관련 기관의 네트워크와 연계하여 이용자의 수준별 특성을 고려하여 자료를 개발하여 제공하여야 할 것이다. 또한 북한 실상이나 주민 생활을 가상 체험할 수 있는 이벤트 요소를 개발하고, 북한문화의 이해를 위한 영상자료의 수집, 남북한의 언어 생활의 이해를 돕기 위한 퍼즐게임과 같은 다양한 자료를 개발·보급하여야 할 것이다.

---

47) NIE를 통한 통일교육 방법에 관해서는 제6장 '통일교육의 새로운 방법'에서 충분히 다루고 있으니 참조하기 바람.
48) 한만길, 『통일교육의 이론과 실천』, 교육과학사, 2001, p. 277.

7.3 통일교육 방법 개선 과제

그동안 학교 통일교육의 방법은 주로 교사 중심의 강의식으로 이루어져 학생들의 관심이나 발달 수준을 고려하지 못하였다는 비판이 많았다. 또한 학교의 통일 안보 교육은 주입식 위주로 이루어져 자칫 학생들의 흥미를 잃게 하거나 통일교육에 대한 불신을 초래하였다는 비판도 있다. 이제 통일교육은 다원화되고 개방화된 시대적 여건을 감안하여 다양한 교수-학습 방법을 활용하여 학습 효과를 더욱 증진시켜야 할 것이다. 여기서는 통일교육의 방법의 개선을 위하여 노력해야 할 점에 대해서만 간단히 언급하고, 구체적인 교수 학습 방법은 제6장에서 심도 있게 논의하기로 한다.

첫째, 학습자 중심의 통일교육 방법을 개발하고 학생들의 눈높이에 맞는 교육이 실시될 수 있도록 하여야 할 것이다. 통일관련 역할극, 사이버 통일교육 방법, 다양한 체험 학습 방법 등을 통일교육에 적극 도입하여 학생들의 수준에 맞추고, 학생들의 관심과 흥미를 끌 수 있도록 하여야 한다.

둘째, 학습 주제를 학습자가 스스로 선택하여 자료를 수집하고 탐구하는 교육 방법을 적용하는 것도 바람직하다. 구성주의 교육원리에 의하면 학습자가 선행지식이나 경험에 의하여 학습 내용을 재구성할 때 학습의 효과가 증진된다. 학생들이 '통일'이라는 주제에 관해 스스로 문제를 제기하고 그 해답을 탐구하여 발표하는 과정 전체가 교육의 효과를 증대시킬 것이다.

셋째, 통일교육에서도 대화와 토론식 학습 방법을 비롯한 다양한 교육 방법과 기법을 도입하여야 한다. 교사와 학생 간의 일문일답식 수업, 집단 토론식 수업, 문제에 대한 판단과 대안 찾기 수업, 찬반 문제에 대한 토의(debate) 등을 가미하여 효율적이고 능동적인 수업이 되게 하여야 한다. 또한 학교 및 사회교육기관의 통일교육은 이론 중심의 교육에서 벗어나 통일전망대, 임진각 등의 현장체험학습을 확대하여 분단의 고통을 경험하고 통일의지를 함양하도록 하여야 한다. 또한 현실적으로 체험이 불가능한 학습내용은 모의실험, 시뮬레이션, 역할극을 통하여 수업의 효과를 높일 수 있다. 이 같은 방식은 민간단체의 통일교육에서 더욱 시도되어야 할 과제이다.[49]

넷째, 북한의 변화 만큼만 우리도 변한다는 수동적인 자세에서 탈피하여 우리가 북한의

---

49) 이우영, 「사회 통일교육의 방향과 과제」, 제7차 통일교육발전방향워크숍, 통일부, 2002, p. 22.

변화를 유도해 나가겠다는 적극적인 자세의 통일교육이 필요하다. 이를 위해서는 학교 통일교육 방식도 능동적으로 변화될 필요가 있다. 수동적인 입장에서 정부의 통일정책을 수용하고 암기하도록 요구하는 '추종자로서의 통일교육'이 되어서는 안 된다. 우리의 통일교육은 남북관계의 변화에 지나치게 민감한 반응을 보이거나 명분만을 좇는 것이 아니라, 우리 민족의 화해·협력과 동질성 회복에 실질적으로 기여하는 교육이 될 수 있도록 방향을 일관되게 잡아나가야 할 것이다.

7.4 통일교육 환경 개선 과제

우리는 복잡한 분단 상황 속에서 어떻게 통일 문제를 해결해 나갈 것인지 스스로 고민하고 해결 방안을 탐색하여야 한다. 우리는 '주인으로서의 통일교육'을 적극적으로 추진해 나갈 교육 환경을 조성하기 위하여 다음과 같이 노력하여야 한다.

첫째, 통일교육은 교육 주체인 교사와 학생의 자율성을 최대한 보장하여야 한다. 교육 주체들이 자유롭게 통일 문제에 대해 자신의 생각과 의견을 피력하고, 그 과정에서 사고의 폭을 넓혀 편협한 시각을 극복할 수 있도록 도와주어야 한다. 과거의 통일교육은 안보 위주의 통일교육이 이루어져 교육과정 재구성 및 상세화 작업 과정에서 교육 주체의 자율성이 극히 제한되었다는 비판이 많았다. 그러므로 학교 현장의 자율적인 교육 활동의 일환으로 논의되거나 표현된 통일교육에 대해서는 정부나 관계 당국이 그 책임을 추궁하지 않아야 한다.

둘째, 학교당국이나 담임의 자의로 통일교육과 관련된 수업 시간을 생략하거나 줄이는 일이 없도록 제도적인 장치를 마련하는 것이 필요하다. 현재 학교 통일교육은 주로 월요일 1, 2교시 애국 조회나 훈화 시간 등으로 운영되고, 통일교육 시간도 학교와 담임교사의 필요에 의해 자의적으로 대체되는 경우가 많은 것으로 나타나 있다. 또한 교과의 통일교육도 학년말에만 다루어 수박 겉핥기식 교육이 된다는 비판도 있다. 이를 개선하기 위해서는 교육정책 당국뿐만 아니라 교육현장에서도 이러한 점을 개선하기 위한 노력이 있어야 할 것이다.

셋째, 통일교육 담당교사나 통일 관련 연수를 희망에 따라 충분히 받을 수 있는 지원체제를 구축하는 것이 필요하다. 학교 통일교육을 이끌어 가는 대부분의 교사들이 분단과 전쟁을 겪어 보지 못한 세대이며 북한에 대한 지식이 부족한 편인데 그들이 통일교육 관련 연수를 받을 수 있는 기회는 매우 부족하다. 따라서 때에 따라 원격 영상 연수나 방송 매체 및 사이버 통일교육 센터를 통해 동시에 많은 교사들이 효과적인 연수를 받을 수 있는 체제를 갖추는 것도 중요할 것이다.

참고 문헌

박찬석 외, 『통일 교육론』, 도서출판 백의, 2000.

배장오, 『통일교육의 새지평』, 서현사, 2005.

배한동, 『한국 대학생의 정치의식』, 아산 복지재단 연구 보고서, 85집, 집문당, 2002.

배한동, 『민주시민교육론』, 경북대학교 출판부, 2006.

배한동, 「한국대학생의 통일의식에 관한 조사연구」, 『한국정치외교사학회보』, 제22집 2호, 2000.

이근철·오기성, 『차가운 머리와 따뜻한 가슴으로 이해하는 통일교육론』, 도서출판 엑스퍼트, 2000.

이우영, 「사회 통일교육의 방향과 과제」, 제7차 통일교육발전방향워크숍, 통일부, 2002.

이우영, 「평화번영시대 통일교육의 방향과 과제」, 통일교육발전방향워크숍, 민주평통, 2003.

차우규, 『중학교 통일교육 교수-학습방법에 관한 연구』, 한국교육과정평가원, 2001.

최광익, 「학교 통일교육의 재검토」, 통일교육발전 워크숍, 통일교육원, 2004.

통일교육원, 『통일교육지침서』, 통일부, 2003~2007.

통일부 통일교육원, 『통일교육 지침서』, 2008 학교용, 2008.

한만길, 『통일교육의 이론과 실천』, 교육과학사, 2001.

제2장
통일을 위한 북한체제의 기본 이해

1. 북한 이해의 기본 관점

우리는 북한을 어떻게 보아야 할 것인가? 북한을 어떻게 인식하는 것이 통일에 도움이 될 것인가? 탈냉전이라는 세계사의 조류에도 불구하고 북한과 우리는 아직까지 적대관계를 청산하지 못한 채 불완전한 관계를 유지하고 있다. 한반도에서 남북 간 평화를 실현하고 궁극적으로 통일을 이룩하기 위해서는, 북한과의 지속적인 협상은 물론 민족공동체의 발전을 모색하기 위하여 북한에 대한 올바른 이해가 선행되어야 한다.

분단 상황에서 북한의 군사위협이 상존하고 있는 것이 사실이지만, 다른 한편 북한은 우리와 함께 민족공동체를 형성해야 할 대상, 즉 우리가 숙명적으로 끌어안아야 할 동포이기도 하다. 우리는 여기에서 북한에 관한 이해관점을 정립해 볼 필요가 있다.

1.1 경계와 협력의 이중성

북한에 대한 오늘날의 인식에는 '경계대상'임과 동시에 '협력의 대상'이라는 이중성이 있다.[1] 냉전시대 우리는 북한을 동족의 반쪽이라고 생각하면서도 우리와 생사를 걸고 대립하고 있는 적대집단 혹은 경쟁대상이라고 하는 상반된 대북인식을 가지고 있었다. 그러나 지금과 같은

1) 통일부 통일교육원, 『통일교육 지침서』, 2008 학교용, 2008, p. 29.

탈냉전 남북화해시대에는 북한이 민족공동번영의 동반자라는 인식이 필요하다. 이것은 북한을 민족의 통일을 위한 숙명적인 동반자로 인식할 필요가 있다는 뜻이다. 아직도 남북은 화해·협력과 평화정착 문제를 제도화하지는 못했지만, 점차 '적대적 대립관계'에서 '호혜적 협력관계'로 발전을 도모해가고 있는 것도 사실이다. 그러므로 우리는 북한 이해의 이중적인 측면을 인정하면서도 서로의 적대의식을 감소시키며 동포애를 증진시켜 북한을 공존과 동반자 관계로 이끌어 가려는 지혜와 노력이 필요하다.

1.2 북한 당국과 주민의 분리 이해

탈냉전 남북화해시대의 북한인식은 정권담당자와 주민을 분리해서 생각해야 할 것이다. 남북한 간 군사적 대결구도에서 볼 때 북한당국은 분명 우리의 경계대상이지만, 북한 주민은 장차 우리와 함께 살아야 할 동포라는 인식이 필요하다. 북한 사회주의 체제를 유지하기 위하여 앞장서는 약 200만 명의 노동당원과 숙명적으로 북한 땅에 태어나 살고 있는 일반 주민을 분리하여 이해하여야 한다. 따라서 우리는 북한 주민을 적으로 인식하기보다는 민족공동번영의 동반자로 인식하는 노력이 필요하다.

1.3 북한 실체에 대한 객관적 이해

우리는 특정 이데올로기적 입장에서 북한을 볼 것이 아니라 객관적 현실에 기초하여 북한의 실체를 파악해야 한다. 현재의 북한이 처한 대내외적 환경과 북한의 구체적인 실상에 근거하여 '있는 그대로의 북한'을 바라보아야 한다. 북한을 이해하는 데 있어 맹목적인 반북적 입장도 문제이지만 친북적 시각 또는 종북적 시각은 더욱 경계하여야 한다. 우리는 북한과 관련한 사안에 대해 무조건 부정적으로 보거나 반대로 무조건 긍정적으로 이해하려는 것이 아니라, 객관적으로 북한의 실체를 이해하고 이를 바탕으로 옳고 그름을 따져보는 현실적 자세가 필요하다.[2)]

---

2) 북한 연구의 방식에 있어서 외재적 접근이 반공적·반북적 입장이라면, 내재적 접근은 친북적·용공적 입장이 되기 쉽다. 이 양자를 극복하려는 것이 객관적·과학적 접근이며 이를 내관적 접근이라고도 한다.

1.4 북한에 관한 종합적·총체적 인식

우리는 통일의 대상인 북한 체제에 대하여 지엽적이고 단편적인 지식보다는 종합적이고 총체적인 이해가 필요하다. 그러므로 우리는 북한체제의 부분적인 이해가 아닌 북한 사회의 전반적인 내적 작동원리를 총체적으로 이해하여야 한다. 이는 북한의 올바른 이해를 위해서 단순한 식량난, 경제난 등 현재 나타난 현상에 머물지 않고, 이러한 현상들을 가져오게 한 '북한적 요소' 또는 '북한적 현상'이 무엇인지 우선적으로 밝혀낸 다음, 자유민주주의, 인권, 복지 등 보편적 가치기준에 비추어 비판적으로 재해석하려는 노력이 필요하다는 뜻이다. 상대를 알고 나를 알면 매사에 성공하지 못할 일이 없지만, 그동안 우리는 통일 문제에 있어서 이 상식을 등한시해 온 측면이 너무 많았다.[3] 우리는 남북관계의 변화에 일희일비하지 않고 북한을 종합적·총체적으로 이해하여 의연하게 대처해 나아가야 할 것이다.

2. 북한 정치체제의 이해

북한에서 정치의 개념은 '계급 또는 사회공동의 이익에 맞게 사람들의 활동을 통일적으로 조직하고 지휘하는 사회적 기능'으로 규정된다. 우리의 정치에 대한 개념 규정은 대체로 '권력의 획득·유지를 둘러싼 투쟁 및 권력을 행사하는 활동'으로 정의된다. 그러므로 북한에서 정치는 당과 정권기관에 의해 일방적으로 수행되는 통치 행위이지만, 자유민주주의 사회에서의 정치는 오직 국가만의 고유한 현상이 아니라 정부, 정당, 의회, 사회 단체, 시민단체, 개인 등의 상호작용 현상이라 볼 수 있다. 여기에서 북한 통치의 이념과 정치체제의 특징을 정리하면 다음과 같다.

2.1 북한의 통치 이념인 주체사상

북한 정치의 기본 통치 이념은 주체사상이다. 이 사상의 특징을 구체화하면 다음과 같다.[4]

---

3) 통일교육원, 『통일교육 지침서』, 통일부, 2005 참조.
4) 통일부, 『2004 통일교육 기본 지침서』, 2003, pp. 26-27.

첫째, 주체사상은 북한의 정치, 경제, 사회, 문화, 군사, 외교, 통일 등 모든 부문의 유일한 지도 이념이다. 따라서 주체사상은 북한의 모든 사상과 정치의 선도적 역할을 한다. 북한 노동당 규약 전문과 북한 헌법 3조에는 주체사상이 북한의 '지도적 지침'임을 분명히 밝히고 있다.

둘째, 주체사상은 '사상에서의 주체, 정치의 자주, 경제의 자립, 국방의 자위'를 표방하면서 상황의 변화에 따라 변모되는 북한의 체제 유지 이데올로기이다. 사실 주체사상은 김일성이 1955년 노동자 선동 선전 대회의 연설에서 '사상에서의 주체'를 강조해 온 이후 계속 수정보완되어 오늘날의 김일성의 지도사상으로 변모하였다.[5]

셋째, 주체사상은 '사회·정치적 생명체론'이나 '수령론'을 통해 북한의 일인 통치의 기반을 제공하고 있다. 북한의 '사회·정치적 생명체론'은 인간은 부모로부터 육체적 생명으로 태어나지만 수령의 올바른 영도를 받아야 완전한 생명인 '사회·정치적 생명'이 부여되며, 수령론은 수령이 인간의 뇌수와 같아 수령의 영도만이 전체 인민들을 올바른 삶으로 이끈다는 것이다.

넷째, 주체사상은 '우리식 사회주의'라는 체제 유지의 방편으로 이용되고, 당초의 성격과는 달리 후계 체제 구축에 이용되었다. 김정일이 주체사상의 해석권을 독점하고, 동구와 소련의 붕괴 이후 북한이 주체사상을 '우리식 사회주의의 기초'라고 주장하는 데서도 잘 나타나 있다. 북한의 '우리식 사회주의'는 소련 해체와 사회주의권의 붕괴라는 도미노 현상을 차단하기 위하여 주민들을 통제 단속하기 위하여 내놓은 주체사상의 하위 개념이라고 볼 수 있다.[6]

2.2 북한 정치체제의 특징

북한의 정치체제의 특징은 다음과 같이 요약할 수 있다.

첫째, 북한 정치체제는 최고 권력자인 수령을 정점으로 최고 권력자의 통치 이념을 실천하기 위하여 움직이는 1인 통치 체제이다. 그러므로 김정일은 조선 노동당의 총비서와 국방위원회 위원장, 인민군 최고 사령관으로서 당, 정, 군을 통합하여 일원적으로 영도하고 있는 것이다.[7]

---

5) 북한이 발간한 '위대한 주체사상 총서'의 철학적 원리에 의하면 주체사상은 '원래 김일성과 김정일의 혁명 사상의 진수를 이루는 사상'만을 의미하지만, 넓은 의미에서는 '김일성과 김정일의 혁명 사상 전반을 의미한다'고 기술하고 있다.

6) 북한은 "사회주의는 지키면 승리이고 버리면 죽음이다"라는 구호아래 수령과 당의 영도 강화를 통한 체제유지에 안간힘을 다하고 있다.

7) 통일부 통일교육원, 『통일교육 지침서』, 2008·학교용, pp. 30-34.

둘째, 북한 정치체제는 권력구조에 있어서 조선노동당이 모든 권력의 원천이고 중핵이다. 그러므로 공산당이 국가기구를 사실상 지도·통제하는 최고 권력기관이며, 당 우위의 국가체제인 '**당-국가체제**'로 운영되고 있다.[8] 조선노동당의 영도적 지위로 말미암아, 북한은 외형상 삼권 분립체제인 최고인민회의(입법기관), 국방위원회와 내각(집행기관, 행정부) 및 중앙재판소와 중앙검찰소(사법부)로 분리되어 있으나, 실질적으로는 조선노동당의 권력독점체제에 지나지 않는다.[9] 북한의 국가기관은 당이 제시한 방향에 따라 일당 독재의 기능을 수행하며 사법정책, 경제정책, 교육정책, 문예정책, 대외정책 등을 비롯한 당의 모든 정책집행을 조직하고 지도하며 감독·통제한다.

셋째, 북한 정치체제는 프롤레타리아 독재체제이며 '수령 중심의 유일체제'이다. 프롤레타리아 독재[10]는 프롤레타리아 혁명 후 과도기적 단계에 '전체 프롤레타리아가 소수의 부르조아'에 대한 독재라고 주장하지만, 북한에서는 '인민민주 독재'로 개칭하여 오늘도 일당 독재, 개인 독재가 계속되고 있다. 당은 프롤레타리아 독재체제에서의 지도적 역할을 수행하며, 국가기관은 당의 노선과 정책을 집행하고 당과 대중을 연결시키는 매개체로서 군중을 교양하고, 당 정책 관철을 위해 군중을 조직 동원하는 역할을 수행한다. 그리고 외곽단체는 각계각층의 광범한 군중을 조직화·의식화하여 당 중심으로 단결시키는 역할을 수행한다.

넷째, 북한 정치체제는 '선군 정치'를 앞세운 군사 우선의 정치체제이다.[11] 국가수반이 국방위원회 위원장이라는 것은 군사우위의 위기관리체제 지속, 즉 '군사국가의 제도화'란 의미가 내포되어 있다고 볼 수 있다. 이렇게 볼 때 현 단계 북한 사회주의체제의 전반적 권력구조는 사상과 정치사업 전반은 조선노동당, 군사사업 및 국정 전반은 국방위원회, 행정경제사업은 내각이 분담하는 통치 권력구조를 구축하고 있다.

다섯째, 북한의 정치는 일당지배 체제이지만 조선노동당의 외곽단체로서 우당(友黨)과 근로단체들[12]을 두고 있는 것이 특이하다. 북한의 정당체제는 지배정당인 조선노동당과 그 우당인

---

8) 북한에서의 당의 영도적 역할은 1998년 9월 개정헌법 제11조에서 "조선민주주의 인민공화국은 조선로동당의 령도밑에 모든 활동을 진행한다."라고 명문화하고 있다.

9) 북한의 국가기관은 외형상 입법기관(최고인민회의), 행정기관(국방위원회, 내각), 사회안전기관(인민무력부, 국가안전보위부, 인민보안성), 재판검찰기관(중앙재판소, 중앙검찰소)으로 분권 형식을 취하나 각 기관의 최고 책임자는 당직을 겸하므로 실질적으로는 당지배 체제이다.

10) 프롤레타리아 독재는 인민민주독재로 개칭되어 북한 노동당독재의 이론적 근거로 작용하며, 북한 헌법과 노동당 규약에도 명문화 되어 있다.

11) 통일부 통일교육원, 『통일교육 지침서』, 2008·학교용, p. 31.

조선사회민주당과 천도교 청우당으로 구성되는 유일당체제로 이루어져 있다. 당의 외곽단체인 근로단체들은 당과 대중을 연결시키는 당의 방조자, 후비대로서의 역할을 한다.

여섯째, 1998년 헌법 개정을 통해 주석제를 폐지하고, 유사 권력 분립 체제의 형식을 취해 통치 권력의 기능적 업무분담을 시도하고 있다. 이는 책임 분산과 추궁을 위한 장치이며 실질적인 권한은 1인에 집중되어 있는 체제이다. 사상·군사사업은 국방위원회 위원장(실질상 국가수반, 김정일), 대외·외교사업은 최고인민회의 상임위원회 위원장(명목상 국가대표, 김영남), 그리고 대내·행정경제사업은 내각 총리(정부대표)가 각각 책임을 지는 업무분담 형태를 취한 것이다.

3. 북한 경제의 구조적 이해

우리는 북한 경제를 보다 정확히 이해하기 위하여 북한 경제의 작동 원리를 구조적으로 이해하여야 한다. 오늘의 북한 경제의 위기 현상을 바르게 이해하기 위해서는 북한 경제의 소유 형태와 경제 정책, 위기 극복을 위한 노력 등도 동시에 검토하여야 한다.

3.1 북한의 경제 제도와 정책

북한 사회주의 경제는 **사회주의적 소유 제도**를 기본으로 한다. 이는 모든 생산수단을 국가와 사회협동단체가 소유하는 제도로, 개인이 받는 임금과 텃밭 경리, 배급 등 소비재 일부만이 개인 소유이다. 생산재의 개인 소유가 엄격히 제한된 경제 운영 방식이 경제 발전의 인센티브를 제공하지 못할 뿐 아니라 상호 경쟁력도 촉발하지 못함으로써 사회주의 경제의 위기를 초래하고 있다는 것은 잘 알려진 사실이다. 북한 경제는 개인 소유가 극도로 제한을 받았기 때문에

12) 김정일은 "사회주의하에서 근로단체들은 광범한 군중에 대한 사상교양단체이며 당의 외곽단체이다."라고 밝혔다. 이는 근로단체의 성격이 대중을 혁명화하고 교양 개조하여 공산주의 혁명가로 만드는 혁명적 정치조직이라는 것을 의미한다. 북한 주민들 대부분은 조선 직업총동맹(약 160만 명), 조선농업근로자동맹(약 130만 명), 김일성사회주의청년동맹(약 500만 명), 조선민주여성동맹(약 20만 명) 등의 근로단체에 소속되어 철저한 조직생활을 하고 있다.

경제활동의 창의성을 기대할 수 없으며 인센티브 결여로 비자발적인 노동현상이 일반화됨으로써 생산성의 저하를 초래하였다.

북한은 분단 이후 현재까지 **사회주의 계획경제** 제도를 유지하고 있는데 이는 경제 활동의 생산과 분배를 당의 계획에 의해 조절·통제하는 경제운영방식이다. 인민들의 소비 수준과 욕구를 국가가 파악하고 이에 대한 생산량도 국가가 결정하고 생산·분배함으로써 소위 '낭비 없는 경제'가 된다는 것이다. 수요와 공급이 시장에서 결정되는 자본주의 경제 운영 방식과는 달리 당과 국가 중심의 경제가 인민들의 욕구 수준까지 파악하기는 힘든 일이며, 이로 인한 파행적인 경제 운용과 생산력의 저하는 경제 위기의 원인이 되고 있다. 북한에서는 모든 제품의 가격이 시장의 수요와 공급에 의해 자율적으로 결정되는 것이 아니라 중앙당국에서 자의적으로 책정함으로써 상품가치와 공식 가격 간에 왜곡현상을 발생시켰다. 또한 자원배분도 인위적으로 행해져 경제의 불균형이 구조적으로 심화되었다. 결국 사회주의 계획경제 제도는 동구권 국가들의 붕괴로 생산성의 저하 등 그 비효율성이 명백히 입증되었다. 북한도 다른 사회주의 국가들과 마찬가지로 모든 경제활동을 1년 단위로 사전 계획에 의해 운영함으로써 급변하는 경제 환경에 신속하게 대응할 수 없어 경제 위기를 자초하였다.

자립적 민족경제란 생산의 인적, 물적 요소를 자체적으로 조달하고, 모든 경제활동을 자기완결적으로 실현하는 자력갱생의 경제정책이다. 자립적 민족경제 건설노선은 내부 자원을 바탕으로 내수 중심의 경제를 운영하면서, 부족한 부분만을 외부로부터 보조적으로 조달받는 자기완결적인 경제 건설노선을 말한다. 그러나 북한경제는 자립적 민족경제 건설노선을 추구할 만큼 내부 자원도 풍부하지 못하거니와 무리한 중공업 우선 정책이라는 불균형 발전전략으로 산업간 유기적인 연계를 상실함으로써 기존의 내부 자원까지 고갈시키기에 이르렀다. 전 세계 경제가 개방화와 협력 네트워크를 구축하는 데 반해 북한의 자립 경제는 북한을 경제적·정치적으로 더욱 고립시켜 외화 위기와 경제 위기를 동시에 초래하고 있다.[13)]

중공업 우선 경제인 군산복합체는 경제의 물적 토대를 중공업 개발에 두고 이를 기반으로 경공업 등 경제전반의 발전을 도모하는 불균형 개발방식이며, 혁명과 경제건설을 함께 달성할

---

13) 또한 자립적 민족경제 하에서의 대외무역은 스스로 생산할 수 없거나 부족한 부분만을 계획적으로 수입해 들여오고, 이 수입에 필요한 외화획득의 방편으로만 수출을 하는 방식이다. 그러므로 대외무역을 통해 조달하는 식량 및 연료자원, 기술 설비능력 등과 같은 물자는 북한이 계획경제를 운영·발전시키는 데 반드시 필요한 요소이지만 외화의 부족은 북한 경제의 위기를 더욱 자초하였다.

목적으로 군수용과 민수용 생산이 동시에 이루어지는 군산복합체의 생산방식을 의미한다. 북한경제는 내각에서 관리하는 **민수경제(제1경제)**와 군부에서 관리하는 **군수경제(제2경제)**로 엄격히 구분되어 있다.[14] 국가 전체경제 약 30% 이상을 차지하는 것으로 추정되는 군수경제는 자원배분에서 최우선이었기 때문에 민수경제의 자원 부족과 분배의 왜곡을 초래하였다. 더욱이 최고지도자의 교시에 의한 지시형의 인위적인 자원배분은 이러한 왜곡을 더욱 심화시켰다.

3.2 북한 경제의 위기 현상

북한 경제의 제도적·정책적 모순과 시행착오는 북한 경제의 침체로 인한 경제 위기의 주된 원인이 되었다. 북한 경제의 위기가 초래된 과정을 구체적으로 살펴보면 다음과 같다.[15]

첫째, 1990년대 초부터 지속되고 있는 에너지 부족은 북한 경제난의 악순환 구조의 출발점이 되었다. 북한은 사회주의권 붕괴로 에너지와 식량을 국제시장에서 경화결제를 통해 직접 조달해야 했기 때문에 외화가 더욱 필요하였다. 그러나 내수 중심의 경제구조로는 외화를 획득할 수 있는 수출상품을 생산할 수 없었다. 석유 등 에너지원을 외부로부터 조달받지 못하면서 전력의 공급이 급격히 약화되고 이로 인해 공장들의 가동률은 30% 이하로 떨어졌다. 이에 더하여 북한경제 전반에 원부자재 부족 현상이 초래되었고, 생산설비의 노후화를 더욱 가속화시켰다. 공장들은 에너지 및 원자재 부족 등으로 인하여 거의 가동 중단에 이르러 노동력 이탈현상은 더욱 증대되었다.

둘째, 북한의 식량부족은 1990년대 중반 '고난의 행군'을 초래하고, 경제위기가 가시화되는 계기가 되었다. 북한 2,400만 인구가 필요한 식량은 약 600만 톤인데 현재의 생산량은 400만 톤 전후에 지나지 않아, 200만 톤은 수입이나 원조에 의존해야 한다. 그로 인해 북한은 전체 식량 소요량의 30%를 외부에서 조달하여야 하는데, 외화 부족으로 이를 조달하지 못해 심각한 식량난이 발생하였다. 더욱이 1990년대 중반에 3년 연속된 자연재해로 자체 생산량도 50% 수준으로 급감하였다. 이로 인해 수십만 명 내지 수백만 명의 아사자가 발생하였다고

14) 통일부 통일교육원, 『북한이해』, 2006, p. 141.
15) 통일부 통일교육원, 『통일교육 지침서』, 2008·학교용, p. 35.

전해지고 있다. 현재도 식량부족 현상은 지속되며 급속히 개선될 전망은 희박하며 인민들의 불만은 증대되고 이에 따라 탈북자의 수도 증가할 것이다.

셋째, 국가의 공급체계가 흔들리면서 북한 주민들의 사회적 일탈 현상도 증가하고 있다. 국가 공급 체계가 공적 분배 기능을 상실함으로써 국영상점은 유명무실해졌으며 국정가격이 무의미해진 것이다. 북한 주민들은 식량난을 가구별 혹은 개별적으로 해결하기 위해 생산현장에서 이탈, 생존 차원에서의 불법적인 경제활동에 더 관심을 두거나 중국 등 외국으로 이탈하는 행렬이 이어지고 있다. 생산현장에서 이탈한 주민들은 장마당에서 부족한 생필품을 조달하고 있으며, 공급부족으로 물가가 치솟았다. 공식적인 월급으로는 생활이 불가능하게 됨에 따라 암시장이 더욱 확산되었고, 화폐는 본래의 교환기능을 상실해 가고 있다. 장마당에서는 달러를 이용한 직접 거래가 가능한 경우도 있으며, 이 과정에서 부를 축적한 사람들도 나타나고 있다.

넷째, 북한 지도부는 경제 위기의 심각성을 인지하고 내부적으로 단편적인 경제 회생 대책을 마련하고 있으나 그 성과는 부진하다. 1994년 김일성 사망 후 3년간 유훈 통치를 하면서, 북한은 경제적 위기를 자인하고 '고난의 행군'을 통해 극복하려고 노력하였으며, 1998년부터는 **'사회주의 강성대국'** 건설을 슬로건으로 내걸었다. 특히 북한 당국은 1차적으로 정치·사상 강국과 군사강국은 이루었으므로 이제는 경제 강국을 건설하자고 선전하고 있다. 그러나 김정일 국방위원장도 '현 시기에 제일 긴급하게 풀어야 할 것은 식량문제'라고 인정하며, 식량문제를 경제문제 해결의 최우선 과제로 삼고 있다.[16] 북한은 2001년 신년 공동사설에서 "과거의 낡은 사고의 틀에서 벗어나자"며 '신사고'를 강조하고[17], 정보기술(IT) 분야의 발전에 강한 의욕을 보이고 있다. 기존에 발전된 중공업을 기반으로 정보기술 분야를 발전시켜 압축 성장을 달성, 빠른 시일 내에 사회주의 경제 강국을 만들겠다는 것이다.

16) 북한은 내부적으로는 생산현장을 이탈한 노동자들을 복귀시키고 있으며, 중소형 발전소 건설 등을 통해 에너지 조달을 강화하고, 농지개간을 통해 식량증산을 독려하고 있다.

17) 2001년 초 김정일 국방위원장이 북한의 지도부들과 함께 중국 상해의 첨단기술단지와 증권거래소를 방문한 후 '신사고'를 강조하였으며, 이는 북한 지도부가 경제문제 해결을 위해 많은 고심을 하고 있다는 것을 단적으로 보여주는 사례이다.

3.3 북한 경제 정책의 변화 모색

북한은 경제 위기의 대응책으로 부분적인 개혁·개방을 시도하고 있으나 아직도 가시적인 성과는 거두지 못하고 있다.

첫째, 북한은 내부적으로 사회주의 계획 경제 시스템을 원칙으로 하면서 일부 경제 정책의 변화를 모색하고 있다. 북한은 1990년대 경제난이 심화된 이후 계획 경제 시스템이 마비되고 자생적인 시장경제 형상이 나타나자 이를 통제하면서도 시장경제 기능을 일부 도입하는 등 정책적 변화를 모색하고는 있다.[18]

둘째, 북한은 자력갱생을 강조하면서도 부분적으로 대외 개방을 시도하고 있으나 체제 붕괴의 위험 때문에 아직도 개방의 폭이 좁고 속도가 느려 문제 해결에는 접근하지 못하고 있다. 북한은 그동안 1991년의 나진·선봉 경제 특구 개설에서 부터 60여 개의 대외 경제 관련법을 제정하거나 개정하였다. 나아가 북한은 개성 공업 지구, 금강산 관광 지구, 신의주 특별 행정구도 신설하려고 하였으나 기대에 미치지는 못하고 있다. 북한이 개방하기 위해서는 외부적으로는 한국을 비롯한 발전된 국가의 자본과 기술을 도입할 수 있는 적극적인 준비와 자세가 선행되어야 한다. 이를 위해서라도 북한은 한반도에서 정치적 군사적 긴장 완화에 적극적인 자세를 보여야 할 것이다.

셋째, 북한은 경제 안정과 회복을 도모하기 위하여 2000년 '7·1 경제 관리 개선 조치'를 취하고 있으나 경제의 부분적 활성화와 동시에 부작용도 나타나고 있다. 2000년 7월의 이 조치는 북한의 계획 경제의 틀 안에 시장경제 기능을 부분적으로 도입한 조치이다. 그 결과 생산성 증대라는 일부 긍정적인 효과도 있었지만, 이와 함께 인플레이션, 빈부 격차, 음성적인 시장경제 등 부작용도 많이 나타나고 있다. 북한 경제의 회생을 위해서는 북한의 경제적 정책 변화뿐만 아니라, 북한의 대외 관계의 개선이 우선되어야 한다. 경제적 차원에서 보면, 북한 경제가 발전할 수 있는 방도는 내부적으로는 경제 구조를 보다 효율적으로 개혁하며, 경제 정책에서는 보다 적극적으로 민수 경제의 회생과 인민 생활 수준 향상에 중점을 두는 방향으로 바꾸어야 할 것이다.

넷째, 북한은 미국과의 관계 개선을 통하여 안보와 경제 회생을 시도하고 있으나, 핵과

---

18) 통일부 통일교육원, 『통일교육 지침서』, 2008·학교용, p. 35.

미사일 문제로 가시적 성과를 거두지 못하고 있다. 특히 중요한 문제는 북한이 핵과 미사일 등 대량 살상 무기를 포기하고, 미국과의 관계를 정상화하는 일이다. 미국과의 관계 정상화가 이루어져야만 북한은 국제 금융 기구로부터 자본을 끌어 쓸 수 있으며, 일본과 관계 정상화를 통해 수교 자금을 획득할 수 있을 것이기 때문이다. 이것이 단기적으로 어렵다면, 북한은 개성공단 사업 추진 등 남북 경협에라도 적극적으로 응할 수 있어야 할 것이다.

4. 북한의 문화·예술 정책

북한은 분단 초기부터 오늘에 이르기까지 그들의 통치이념인 주체사상에 부합되게 문화·예술 정책을 변용하고 있다. 북한의 주체사상에 입각한 당의 원칙, 지도자의 방침이나 노선을 반영한 북한의 예술과 문화 정책의 적용과정을 살펴보면 다음과 같다.[19]

북한은 1960년대 후반 김일성 유일 지배 체제가 본격화될 때까지 **마르크스·레닌주의 원칙에 따른 사회주의적 문화 건설**에 충실하였다. 이 기간 동안 노동신문 등을 통해 일제 치하에서 항일 운동을 하며 사회주의 계열의 민족 문화 창달에 노력했던 카프 계열의 인사를 비롯하여, 6·25전쟁을 전후하여 사회주의 민족 문화 건설의 이상향을 꿈꾸며 월북했거나 북한 당국이 조직적으로 납북했던 인사들이 문화계 각 분야에서 활발한 발자취를 남겼다는 사실로 이를 입증할 수 있다.

1970년대에는 북한 주민이 반드시 지켜야 할 행동 지침인 '**당의 유일사상 체계 확립 10대 원칙**'을 문화계 인사를 대상으로 가장 우선적으로 교육하고, '수령에 대한 충성심'과 '수령의 교시를 신조화'하는 것이 사회주의적 문화 건설의 가장 중요한 요건이라고 강조하였다.[20] 이때부터 '사회주의적 사실주의'를 내세우는 문화적 전통이 퇴조하고, 유일 지배 체제를 정당화하는 '수령 형상 문학'이나 '항일 혁명 문학'이[21] 등장하여 이후 북한 문화를 이끌어 가는 하나의

---

19) 이하의 내용은 통일부의 『2004 통일교육 지침서』상의 이 분야에 관한 내용을 저술 취지에 맞게 상당 부분 발췌·수록한 것이다.
20) 통일부, 『2004 통일교육 기본 지침서』, 2003, p. 37.
21) 1970년대 초반 김정일은 북한 문화 전반에 걸쳐 막대한 영향을 미쳤다. 그는 '피바다'와 '꽃 파는 처녀' 등 김일성이 일제 치하에서 직접 창작·공연하였다고 주장하는 혁명 가극을 영화화하였다.

축이 되었다.

김정일은 1973년 '**영화 예술론**'에서 향후 북한의 모든 문화 예술인이 반드시 따라야 할 규범으로서 '**종자론**'을 제시하였다. 여기서 종자란 "소재와 주제, 사상을 유기적인 련관 속에서 하나로 통일시키는 작품의 기초이며 핵"을 말하는데, "종자의 선택에 있어 가장 중요한 것은 수령님의 교시와 그 구현인 당 정책의 요구에 맞추는 것"이라고 강조하고 있다.

북한 당국은 이와 같은 김정일의 역할을 강조하기 위하여 문학 예술 분야에 대한 김정일의 지시를 종합하여 '**주체의 문예 이론**'이라는 명칭 아래 이른바 '말씀 시리즈'를 발간하여 문화 예술 분야의 종합적인 지침으로 삼고 있다.

3대 혁명이란 사상·기술·문화혁명으로서 '사회주의 건설의 총로선'을 의미한다.[22] 특히 1975년 이후 조선노동당의 결정에 따라 북한 주민 누구나 참가해야 하는 대중 운동으로 급격하게 떠오른 '**3대 혁명 붉은 기 쟁취 운동**'은 북한 주민들의 문화 생활에 중대한 영향을 미쳤다. 북한의 당·국가·군에 속한 모든 기관과 공장은 의무적으로 이 운동에 참여해야 한다. 물론 3대 혁명 붉은 기 판정 시험에 합격하면 표창과 선물을 받는 등 각종 혜택을 누리게 된다. 그런데 판정 시험에 합격하려면 사상 혁명 부분에서는 김일성·김정일의 수십 가지 노작 내용을 다 외워야 하며, 기술 혁명 부분에서는 3년 동안 국가 계획을 100% 달성하고 한두 건 이상의 기술 발명 실적도 올려야 한다. 문화 혁명 부분에서는 조직성원들이 한 사람의 예외도 없이 한 가지 이상의 악기를 다루며 무대에 출연하여 한 시간 이상 공연이 가능해야 하고, 100미터 달리기와 높이뛰기 등 국가 체력 검정 기준에 도달해야 한다.

1980년대 중반 김정일이 '**조선 민족 제일주의**'를 내세우면서 북한 당국은 사회주의 문화 건설에서도 민족 문화가 중요하다는 점을 강조하기 시작하였다. 1988년 북한은 추석을 공휴일로 지정하고, 1989년부터 구정과 한식, 단오도 공휴일로 인정하여 민족 고유의 명절을 부활시켰다. 또한 북한 당국은 1970년대에 허무주의와 복고주의를 표현하였다는 이유로 혹독한 비판의 대상이 되었던 개화기 근대 문학사를 복원하고, 일제 치하에서 온 국민이 함께 불렀던 흘러간 가요를 모아 '계몽기 가요'라는 책자로 펴내기도 하였다.[23] 또한 북한이 사회주의권 이외의

22) 3대 혁명 이론은 1970년 11월 조선노동당 제 5차 대회에서 정식화되었다. 그 이후 조선노동당은 중앙당에 3대 혁명을 조직적으로 지휘하는 부서를 두고 전국적으로 3대 혁명 소조 운동과 3대 혁명 붉은 기 쟁취 운동을 추진하였다.

23) 통일부, 『2004 통일교육 기본 지침서』, 2003, p. 37.

외부 세계와 접촉하기 시작하면서 셰익스피어를 비롯한 서양 문인들의 작품을 다시 소개하는가 하면, 외국의 동화책도 번역하여 출판하기도 하였다.

1990년대에는 영화와 가요 등 대중 문화 분야에서도 '도시 처녀 시집와요', '청춘이여!', '휘파람' 등에서 사상성·혁명성이 다소 약화된 반면 일상적인 정서를 반영하는 작품들도 등장하였다. 그러나 최근까지도 북한 당국은 개방에 따른 외부 문화, 특히 자본주의 문화의 유입에 대해서는 '황색 바람'을 차단한다는 명목으로 **'거미집 이론'**[24]을 통해 경계를 늦추지 않고 있다. 이와 같은 경향은 북한에서 개혁과 개방이 진행되더라도 쉽게 바뀌지 않을 것으로 보인다. 그럼에도 불구하고 산업화의 진전에 따라 주민들의 의식이 변화하고, 점진적으로 외부 문화와 교류하는 기회가 많아지면 결과적으로 이들의 문화적 취향도 달라져 북한 문화 전반에 영향을 미치게 될 가능성이 높다.

5. 북한 교육의 특징

5.1 북한 교육의 목표

북한 교육의 목표는 '공산주의적 새 인간'인 '혁명 투사'의 육성이다. 북한 헌법 제43조는 북한 교육의 목표를 "사회주의 교육학의 원리를 구현하여 후대들을 사회와 인민을 위하여 투쟁하는 견결한 혁명가로, 지덕체를 갖춘 '공산주의적 새 인간'으로 키우는 것"이라고 규정하고 있다.[25]

북한은 1999년 교육법을 채택하여 교육 정책의 방향을 제시하고 있으나, 오늘날 북한 교육의 기본 지침을 이루는 것은 역시 **'사회주의 교육에 관한 테제'**이다.[26] 이 지침은 사회주의 교육의 목표와 내용 등 교육 관련 사항 전반에 관하여 김일성의 연설과 교시를 종합적인 틀에 맞추어 재구성한 것으로, 사회주의 교육의 원리·내용·방법·제도, 교육기관의 임무와 역할 및 교육

24) 자본주의의 병폐이자 독충인 황색 바람을 차단하기 위한 모기장을 치고, 사회주의에 유익한 시원한 바람은 수용한다는 의미이다.

25) 통일부 통일교육원, 『통일교육 지침서』, 2008·학교용, p. 40.

26) 통일부, 『2004 통일교육 기본 지침서』, 2003, p. 41.

사업에 대한 지도와 지원 등의 내용을 전반적으로 담고 있다.

'사회주의 교육에 관한 테제'에 의하면 교육은 "공산주의적 인간을 양성하는 사상·문화교양의 무기"이며, 교원은 "후대들을 혁명의 계승자, 공산주의자로 키우는 직업혁명가"로 규정된다. 또한 사회주의 교육은 "모든 학생들이 개인주의·이기주의를 없애고 집단주의 원칙에 따라 사회와 인민의 리익, 당과 혁명의 과업을 위하여 몸 받쳐 투쟁하도록 교양"하는 것이라고 주장함으로써 교육의 목표가 청소년을 공산주의의 충직한 혁명 투사로 길러내는 데 있음을 명시하였다.

혁명 투사의 육성이라는 북한 교육의 목표는 학교 현장의 교육과정에서도 실질적인 영향을 미친다. 우선 북한의 학교 교육에서 다른 교과목에 앞서 '위대한 수령 김일성 대원수님 어린 시절' 등 혁명 역사 과목에서 좋은 성적을 올려야 하고,[27] 영어를 배울 때에도 "원쑤를 알려면 그 나라 말을 알아야 한다"는 교육 정신이 전제되어야 한다. 또한 북한에서 특수 교육이라고 하면 외국어나 예체능 분야에서 특출한 재능을 나타내는 아동들을 집중적으로 훈련시켜 당과 수령을 위한 혁명 투사로 육성하는 것을 의미한다.

5.2 북한의 의무 교육

북한은 건국 초기부터 '사회의 모든 성원들을 공산주의적 인간으로 키우기 위한 전민교육(全民敎育)'의 시행을 위하여 의무 교육 체계를 확립하는 것에 힘을 기울였다. 1949년 북한의 최고인민회의는 전반적 초등 의무 교육 제도를 실시할 것을 결의했으나 그 이듬해 6·25전쟁으로 미루었다가 1956년부터 단계적으로 시행하고 있다. 그 이후 1967년에는 9년제 기술 의무 교육을 전반적으로 시행하다가, 1975년 9월 이후 유치원 '높은 반' 1년과 소학교 4년, 중학교 6년을 포함하는 전반적 11년제 무상 의무 교육 제도를 실시하기 시작하였다. 북한은 1997년부터 9월 1일부터 시작하던 신학년 제도를 4월 1일로 변경하였으며, 2002년부터는 기존의 인민학교를 '소학교'로, 고등중학교를 '중학교'로 명칭을 변경하여 사용하고 있다.

11년제 무상 의무 교육제도의 실시는 북한당국이 주민들을 향해 북한식 사회주의 체제에

27) 이정미, 「북한 소학교 위대한 령도자 김정일 원수님 어린 시절 교과서 분석 연구」, 춘천교육대학교 교육대학원 석사학위논문, 2007 참조.

대한 자부심을 갖도록 유도하는 요소 중의 하나이다. 자본주의 나라에서는 돈이 없으면 학교를 다니고 싶어도 다닐 수 없는데, 북한의 '좋은 제도'에서는 누구나 배우고 공부하며 돈 한 푼 없어도 마음 놓고 학교에 다닐 수 있다는 점을 내세우기 위함이다.

그러나 현실적으로 11년제 의무 교육 기간을 거치는 동안 돈이 한 푼도 안 들어가는 것은 아니다. 교과서와 학용품, 교복 등은 국정 가격으로 공급하기 때문에 가격이 장마당보다 저렴하다고 해도 돈을 주고 구입해야 하고, 각 학교의 소년단과 청년 동맹 단위로 '좋은 일 하기 운동'을 벌여 학생들이 파철과 폐휴지, 빈병 등을 모아 학교에 제출하기도 하며, 농사철이 되면 농촌 동원을 나가서 노동력을 제공해야 하기 때문이다.[28] 그럼에도 불구하고 북한 당국은 사회주의 체제의 장점을 꼽을 때 '무상 의무 교육'을 반드시 거론한다.

5.3 북한의 정치사상 교육

북한의 모든 교육과정은 정치사상 교육과 기술 교육이라는 양대 과목을 위주로 편성되어 있다. 소학교 4년 동안 학생들은 '경애하는 수령 김일성 대원수님 어린 시절', '위대한 령도자 김정일 장군님 어린 시절', '항일의 녀성 영웅 김정숙 어머님 어린 시절'을 학년마다 한 시간씩 우선 배정 받고, '사회주의 도덕', '국어', '수학' 등 11개 과목을 학습하고 있다.[29]

중학교 6년 동안 '위대한 수령 김일성 대원수님 혁명 활동'을 3학년까지 3시간, '위대한 수령 김일성 대원수님 혁명 역사'를 6학년까지 6시간을 배정하고, 김정일의 혁명 역사와 혁명 활동도 같은 비율로 배정하고 있다. 이 밖에도 '항일의 녀성 영웅 김정숙 어머님 혁명 력사'도 4학년에 1시간, '사회주의 도덕'도 전 학년에 1시간, 현행 당 정책도 4~6학년에 1주씩 배정되어 정치사상 교육이 강화되어 있음을 알 수 있다. 중학교 교과목은 총 23개 과목이며 일과 후에는 하루 1~2시간씩 체육 등 특기 교육을 실시하고 있다. 또한 중학생은 견학 명목으로 공장, 기업소, 협동 농장 등에 파견되어 1주일 노동을 하여야 하며, 방학 기간에는 김일성 김정일의 혁명 전적지와 사적지 등을 답사하기도 한다.

대학에서는 전공 분야와 관계없이 공통 과목으로 '주체 철학', '혁명 역사', '주체 정치 경제학'

---

28) 통일부, 『2004 통일교육 지침서』, 2003, p. 42.
29) 통일부 통일교육원, 『통일교육 지침서』, 2008 · 학교용, p. 83.

등을 이수하도록 되어 있다.[30)]

5.4 북한의 대학 교육

북한의 제1중학교는 북한에서 손꼽히는 좋은 학교이며, 성적이 우수한 학생들을 선발하여 입학시키는 학교로서 각 지역에 하나씩 설립되어 있다. 그 밖에 혁명 유가족 및 특권층 자녀들이 다니는 곳으로서 만경대 혁명 학원이나 강반석 혁명 학원, 해주 혁명 학원 등이 있다.

북한의 대학은 **김일성 종합 대학, 김책 공업 종합 대학, 고려 성균관 등 3개의 종합 대학**을 비롯하여 모두 280여 곳에 이른다. 각 도에서 운영하는 지방 대학으로는 공업 대학과 농업 대학, 의약 대학, 사범 대학, 교원 대학 등이 있고, 특수 대학으로 국방 대학이나 자동화 대학(구 미림 대학) 등이 있다. 그 밖에 주요 공장과 기업소, 협동 농장, 수산 사업소에는 '일하면서 배우는' 각종 공장 대학과 농장 대학, 어장 대학 등이 있으며, 체육·예술 전문학교와 기술 전문학교 등이 있다.

북한에서도 대학에 입학하는 것은 어려운 일이다. 대학에 진학하려면 공부를 잘해 내각에서 실시하는 시험에서 일정한 성적을 올려야 하지만, 무엇보다 출신 성분이 좋아야 하고 각 학교별로 조직되어 있는 청년 동맹 활동에서도 우수한 평가를 받아야 한다. 일단 이와 같은 조건을 갖춘 학생들은 각 도·시·군에 조직되어 있는 대학 추천 위원회의 사상 검토를 거쳐 추천을 받아야 각 대학별로 치르는 입학시험에 응시할 수 있다. 입학시험은 구술시험과 필답 고사를 치르는데 경쟁이 매우 치열하다.

북한에서 학생들이 가장 가고 싶어 하는 대학은 졸업한 후 '공산주의 혁명 투사'로서 정치적인 성공을 보장받을 수 있는 김일성 종합대학 등이었으나 1990년대 이후 외국과의 교류가 활발해짐에 따라 학생들의 대학 선호도에도 변화가 시작되었다. 졸업한 이후 외화벌이를 하거나 외국 나들이를 쉽게 할 수 있고 외국인들을 자주 만날 수 있는 직종에 취업할 수 있는 대학에 진학하려는 경향이 강해진 것이다.

최근에는 북한에서도 이른바 '강성 대국 건설'을 위한 '단번 도약'의 중심 고리로 정보 기술 교육이 강조되면서 김일성 종합대학 컴퓨터 과학대학, 김책 공업종합대학, 리과 대학, 평양

30) 위의 책, p. 85.

전자계산기 단과대학 등 컴퓨터 관련 학과가 단연 인기이다.

6. 북한 가정생활의 특징

6.1 북한 가정의 이중 개념

북한은 가정의 개념을 두 가지로 구분하여 혈연 관계를 기초로 구성되는 '**혈연 가정**'과 수령론에 입각한 '수령-당-인민대중'의 위계적 통일체로 이루어지는 '**사회주의 대가정**'으로 나눈다. 북한은 사회주의 대가정이란 북한 사회 전체를 하나의 유기체적 가정으로 보고 수령-당-인민의 관계가 아버지-어머니-자녀의 관계와 같다고 설명한다.[31)]

북한은 사회주의 대가정론을 통하여 국가라는 2차 집단을 가정이라는 1차 집단에 접목시킴으로써 '혁명의 최고 영도자인 수령'이 각 가정에서 육체적 생명을 준 아버지보다 더 중요한 구심점의 역할을 한다는 논리를 세우는데 이것은 '사회·정치적 생명체론'에 연유하고 있다.[32)]

6.2 남북 가정생활의 유사성

북한은 유일사상 체계를 확립하기 위하여 사회주의 대가정론에 입각한 수령의 인민의 어버이 역할에 대해 특별히 강조하고 있다. 그러나 그것은 가족 구성원 간 갈등의 소지를 남길 뿐 큰 성과를 거두지 못하고 일반적인 북한 주민의 가정생활은 우리와 크게 다를 바가 없다. 아직 남북한에 남아 있는 가정의 유사한 요소를 예시하면 다음과 같다.

첫째, 북한에서도 제사의 절차와 형식은 다르지만 남한과 같이 일반적으로 가정에서 제사를

---

31) 통일부, 『2004 통일교육 기본 지침서』, 2003, p. 48.

32) 이 주장은 1986년 7월 15일 김정일이 당 중앙위 책임 일꾼들에게 한 담화에서 시작되었다. 이 이론에 따르면 각 가정마다 가장 좋은 벽면에 김일성-김정일의 사진을 '모시고' 매일 아침 깨끗이 청소하면서 하루 동안 있었던 일을 다 '말씀 올리는' 생활 방식은 유일 지배 체제의 유지를 위해 수령을 '진정한 아버지'로 인식시키려는 정치 교화 과정이다.

모신다. 북한 당국은 가정생활에서 복고주의 타도를 외치면서도, 가정에서 조상을 모시는 제사를 지내고 제사상 차림에 대하여 자녀들에게 자세히 설명하고 있다.

둘째, 북한 주민들은 장남이 부모를 모시는 것을 당연한 일로 생각하고, 가정에서 조부모와 함께 생활하는 청소년들이 많다. 이와 같은 대가족 제도로 인해 북한의 조부모와 손자·손녀의 관계가 당국이 금지하는 내용까지 서로 이야기할 정도로 가까운 사이라는 점을 짐작할 수 있다.[33)]

셋째, 가정 내에서 아버지와 남편의 위치는 절대적인 가부장적 전통이 그대로 존속하고 있다. 자녀들은 아버지를 어려워하며, 아내는 남편을 잘 모시는 일을 가장 중요하게 여긴다. 자녀의 입장에서 아버지와 의견이 다르거나 아버지께 간청할 일이 있을 때 직접 말씀드리기 어려워 어머니께 부탁하는 경우가 많다.[34)]

넷째, 북한은 남녀평등을 강조하지만 남아 선호 사상은 여전하다. 일반적으로 북한의 가정에서는 딸보다 아들이 훨씬 우대를 받는다. 부모들은 딸보다 아들이 태어날 때 더 좋아하며, 딸을 많이 낳고 아들을 낳지 못한 여자는 남편에게 늘 미안한 마음을 갖는다. 또한 여성 해방 기념일이 있고, 남녀평등 정책도 있지만 가정에서 딸이라는 이유로 오빠나 남동생에 비해 차별을 당하는 여성들이 많다.

다섯째, 자녀에 대한 교육열이 강하고, 부모의 자식에 대한 희생 봉사 정신도 남북이 비슷하다. 부모가 자녀의 대학 진학을 위해 혹은 좋은 직장에 배치 받게 하기 위해서 적극적으로 관계자를 찾아다니면서 집에서 기르던 돼지나 개 등으로 뇌물을 바치는 사례는 흔히 볼 수 있는 일이다. 또한 장래가 촉망되는 처녀나 총각을 자녀의 배우자로 고르기 위해 부모가 적극적으로 나서거나 주변에 널리 부탁하는 모습도 쉽게 눈에 띈다.

그러나 1990년대 이후 경제난이 심각해지면서 북한 주민의 가정생활 역시 중대한 변화의 고비를 맞고 있다. 북한의 어려운 사회 구조 속에서 가족 간의 유대 관계가 한층 강화되어 예전보다 더욱 심리적·정서적으로 밀착하는 경향이 있는가 하면, 도저히 식량을 구할 수 없는

---

33) 이들 중에는 할아버지와 할머니로부터 예전 지주들은 북한당국이 주장하는 것처럼 그렇게 악랄한 사람들이 아니었다는 이야기를 들었거나, 일제시대 때부터 불러왔던 옛 노래를 배우고 기독교와 불교 신앙에 대해 알게 되었다는 사람들이 드물지 않다.

34) 통일교육원, 『2005 통일교육지침서』, 통일부, 2005 참조. 여성들의 희생적인 태도는 노동신문에서도 "우리 녀인들은 한 공기의 죽도 양보하고 나물밥도 남편과 아들들의 밥곽에 담으면서 아무 내색도 없이 빈 밥곽을 감추어 가며" 일터에 나가는 모습을 찬양할 정도이다.

상황에서 생존을 위해 각자 살길을 찾는 과정을 겪으면서 가족의 해체를 경험하는 사례도 적지 않게 나타나고 있다.

7. 북한 사회의 조직 생활

7.1 주민의 조직 생활

북한 주민은 연령과 계층, 직업에 따라 조선노동당을 비롯한 다양한 조직에 의무적으로 가입하여 활동하여야 한다. 그러나 그 활동은 매우 엄격하게 통제되며, 그 내용도 대체로 정치적 성격을 띠고 있다.[35] 북한 주민은 만 18세 이후에는 조선노동당 당원으로 입당할 수 있는데 당조직 생활 중에서 가장 엄격한 것은 조선노동당의 최말단 기층 조직이다. 기층 조직은 당의 조직 생활과 정책 수행의 최소단위인 5~30명의 단위세포로 구성되며, 세포 비서의 지도 아래 철저한 조직 생활을 한다.

물론 남한에서도 정치인이 아닐지라도 정당에 당원으로 가입하여 정치 활동을 하는 경우도 있다. 그러나 많은 이들이 시민 단체에 가입하거나 정치와는 무관한 취미, 친목, 종교 등의 단체에 가입하여 여가 시간을 활용한다. 이러한 단체의 가입과 탈퇴는 남한에서는 자유이지만 북한에서는 그렇지 않다.

북한 주민의 조직생활은 사실상 탁아소나 유치원 시절부터 시작하지만 본격적으로 조직생활을 하는 것은 만 7세 이후 **조선 소년단**(소년단)에 입단할 때부터이다. 그리고 북한의 청소년들은 만 14세가 되면 **김일성 사회주의 로동 청년동맹**(사로청)에 가입한다.[36] 청년동맹의 맹원은 중학교 4학년에 해당하는 만 14세 이후 가입하여 만 30세까지 활동한다.

여성은 청년동맹 맹원으로 활동하다가 결혼 이후 직장에 다니지 않을 경우 **조선민주여성동맹**(여맹)에 가입한다. 만 30세 이후에도 입당을 하지 못한 사람들은 각자의 직장에 따라 **조선직업총**

35) 통일부, 『2004 통일교육 기본 지침서』, 2003, pp. 50-51.
36) 중학교를 졸업한 뒤에는 각자의 직장에 소속한 청년동맹 조직으로 옮겨가게 된다. 북한 사회에서는 청년동맹을 조선노동당의 후비대(後備隊)로 인정하여 중시하고 있다.

동맹(직맹)이나 **조선농업근로자동맹**(농근맹)으로 옮겨가야 한다. 여맹, 직맹, 농근맹의 조직생활은 당 세포의 조직생활만큼 강하지는 않지만 누구나 이 같은 조직 생활을 하여야 한다.

북한 주민들은 자기가 속한 단체별로 **정치 학습, 생활 총화, 기술 학습 등** 각종 모임에 의무적으로 참가하여 임무를 수행해야 한다. 특히 조선노동당이나 외곽 단체의 소속원이 생활 총화에 빠지는 것은 쉽지 않은 일이다. 조직 생활을 기피한 사람은 정치 사상적 측면에서 문제가 있는 사람으로 지목되어 평정서[37]에 그 내용이 기록되기 때문이다.

7.2. 조직 생활의 이탈 현상

북한 사회는 조직에서 시작하여 조직으로 끝나는 통제된 사회이지만 체제의 구조적인 모순에 의하여 조직의 이탈 현상이 두드러지고 있다. 특히 경제난으로 북한 주민들의 조직 생활은 상당히 느슨해진 것으로 알려지고 있다. 이를 구체화 하면 다음과 같다.

첫째, 북한 사회의 많은 주민들이 농민 시장에서 장사를 하거나, 소토지 운영 등으로 생계를 꾸려가고 있기 때문에 조직적 통제가 사실상 어렵고 느슨해져 있다. 북한 당국은 노동자들의 직장 이탈, 관리들의 부정 부패 등이 빈발하고 있는데 이를 강력하게 통제하지 못하고 있다.

둘째, 북한 사회에서는 경제위기로 급격한 인구 이동이 일어나고 있으며 이로 인해 조직 생활은 더욱 느슨해지고 있다. 무엇보다도 식량을 구하기 위한 주민들의 이동이 크게 증가하였는데, 북한 당국도 이를 강력하게 통제하지 못하게 되면서 인구 유동성이 증가되어, 결과적으로 전반적인 조직 생활도 느슨해지고 있다. 2000년대 전후 탈북 주민의 증가도 이 같은 현상을 반영한 것이다.

셋째, 심각한 경제난은 주민들 사이에 부분적이지만 체제에 대한 회의와 비판의식을 발생시켜 전반적인 사회 통제를 이완시키고 있다. 체제 이완 현상으로 대표적인 것은 개인 숭배 사상[38]의 동요이다. 이러한 개인 숭배 사상의 동요 조짐이 1990년대 중반 이후 북한 사회에서

37) 평정서란 의무교육을 시작할 때부터 개인별로 작성되는 문서를 말하는데, 이 문서에 그 사람의 조부모 때부터의 출신성분과 조직생활에 참여한 정도, 평소의 행실 등을 기록해 놓았다가 대학입학이나 군 입대, 직장배치 등 일생 동안 중요한 시기에 그 사람의 행위를 평가하는 기준으로 삼는 문서를 의미한다.

38) 북한체제를 유지시켜 주는 문화적 기초는 수령론이나 사회·정치적 생명체론에 근거하여 대중의 수령에 대한 '충성', '효성'과 수령의 대중에 대한 '사랑', '믿음'의 상호교환이다.

나타나기 시작하였다. 북한 주민들은 사적인 자리에서 조금씩 정치적 불만을 털어놓기 시작했으며, 각 가정에서는 김일성과 김정일에 대한 경배 의식도 약화되고 형식화되는 측면이 나타나고 있다.

참고 문헌

김진향, 「한반도 통일에 관한 담론의 분석」, 경북대학교 정치학과 박사학위 논문, 2000. 8.

배한동 외, 『북한 신론』, 대왕사, 2002.

배한동 외, 『새로운 북한 이해』, 경북대학교출판부, 2003.

배한동, 「한국 대학생들의 통일의식에 관한 조사 연구」, 『한국 정치 외교 사학회보』, 제 22집 2호, 2000. 12.

서재진, 『주체사상의 형성과 변화에 대한 새로운 분석』, 통일연구원 연구 총서 01~13, 2001.

이정미, 「북한 소학교 위대한 령도자 김정일 원수님 어린 시절 교과서 분석 연구」, 춘천교육대학교 교육대학원 석사학위논문, 2007.

통일부 통일교육원, 『통일교육 지침서』, 2002-2007.

통일부 통일교육원, 『통일교육 지침서』, 2008·학교용, 2008.

제3장
통일을 위한 김정일 정권의 이해

1. 김정일의 연보

현재 북한의 최고 통치권자는 노동당 총서기이자 국방위원장인 김정일이다. 우리는 통일을 위하여 김정일 정권의 구축과정과 그의 리더십을 분석할 필요가 있다. 우선 그의 성장 과정을 살펴보기로 한다. 이 연보는 서대숙의 『북의 지도자 김일성』(청계연구소, 1989)과 조영환의 『매우 특별한 인물 김정일』(지식공작사, 1996) 등을 종합하여 작성한 것이다.

1942. 2. 16.	소련의 하바로프스크 부근 소련군 영내 브야츠크에서 출생(북은 백두산 밀영 통나무집 출생으로 선전), 이재덕의 보호 아래 탁아소 생활
1945. 11. 25.	먼저 귀국한 김일성의 뒤를 따라 모 김정숙(회령이 고향이며 빨치산 출신)과 웅기항으로 귀국
1948.	남동생 슈라 연못에서 익사
1949. 6.	유치원 고급반 수료 후 남산 인민학교(소학교) 입학
1949. 9. 22.	7세 때 생모 김정숙 사망
1950. 10.	6·25 전쟁으로 삼촌인 김영주와 길림성으로 피난
1953. 8.	귀국 후 평양 제1초고급중학교 입학
1955.	평양 제1초급중학 소년단 위원장. 중학교 3년 수료 후 남산 고급중학교로 전학
1957. 9.	남산 고급중학교 2학년으로 편입, 민주청년동맹 부위원장

1959. 7.	동독 항공사관학교 유학. 소련에서 헬기 조종술 습득(10개월)
1960. 9.	남산 고급중학교 졸업, 김일성 종합대학 경제학부 정치외교학과 입학
1964. 6.	김일성대학 졸업, 노동당 중앙위원으로 배속(당 조직 지도부 지도원)
1966.	홍일천과 결혼(?), 두 살 위의 김해숙과 결혼설(?), 당조직 지도부 책임지도원이 됨
1964~1966.	『김일성 항일유격대 혁명전통』 외 24권의 책 저술. 김일성의 출장(15회) 및 현지지도 (31회) 동행
1967.	당 선전선동부 문화 예술지도 과장, 김일성 동지 혁명사 연구실 도록 편찬
1969.	당 선전선동부와 조직지도부 부부장
1970.	당 문화·예술담당 부부장
1971.	여배우 성혜림과 동거(아들 김정남 출생), 붉은 청년 근위대 조직
1972.	김일성의 50회 생일에 후계자로 부상
1973.	김영숙과 재혼, 가극 〈피바다〉 제작, 3대 혁명(사상, 기술, 문화) 추진
1973. 9.~1980. 10.	당 조직 및 선전 선동담당비서
1974. 2.	당 정치국원, '당중앙'으로 호칭(후계자로 공인), '지도자' 동지 병행 호칭
1975.	김정일 생일(2월 16일) 공휴일로 지정, 3대 혁명 붉은 기 쟁취 운동 발기
1976.	항일 유격대 출신 김동규의 김정일 정책비판, 판문점 사건 발발과 숙청
1980. 10.	당 정치국 상무위원, 당 비서국 비서, 당 중앙 군사위원, 주체사상의 해석권 독점, 당내 공식 서열 4위
1982.	최고인민회의 7기 대의원 선출(황해북도 송림), 영웅칭호 국가 훈장 1급 수여, 「주체사상에 대하여」 논문 발표
1983.	『혁명적 수령관』 저술, 중국 공산당 초청으로 비공식 중국 방문
1984.	외국기업과 합작 관련 조항 규정인 '합영법' 제정
1986.	백두산 밀영에서 구호 나무 발견 선전, '조선민족 제일주의' 선전
1990. 5.	국방위원회 부위원장, 제9기 대의원에 선출
1991. 12.	당 제6기 전원 회의에서 인민군 최고 사령관으로 추대
1992. 4.	『김일성 선집』 제1집 발간, 인민군 원수 칭호 부여
1993. 4.	최고인민회의 9기 5차 회의에서 국방위원회 위원장으로 선출
1994. 7. 8.	김일성 사망, 유훈 통치 선포(3년상), 나진·선봉지구 경제특구 지정 「사회주의는 과학이다」 논문 발표. '수령'으로 공식 호칭
1995.	노동신문 공동사설 '김정일 동지는 수령님이시다' 발표. 멕시코 쁘에블로 정치자유학교

명예교수 칭호

1997. 9. 22. 평안남도 평성의 노동당 평안남도 당대표 대회에서 당총비서로 추대

1998. 8. 22. 사회주의 강성대국 건설론 발표

1998. 9. 15. 헌법 개정 내각, 국방위원회, 최고인민회의를 당이 장악토록 하고 주석제 폐지

2000. 4. 9. 남북 정상 회담 수용

2000. 6. 15. 김대중 대통령과 1차 남북 정상회담(6·15 선언)

2007. 10. 4. 노무현 대통령과 2차 남북 정상회담(10·4 선언)

2. 김정일의 권력 세습 과정

김정일 체제의 이해에 앞서 김정일의 연보를 바탕으로 북한의 실질적인 통치자인 김정일 국방위원장의 성장 과정과 경력 구조를 살펴보았다. 이는 그의 통치 이념과 정책 방향을 가늠해 볼 수 있는 중요한 자료이다.

김정일 국방위원장의 집권 과정은 정치권력의 세습이라는 시각에서 볼 때 다음과 같이 4단계로 나누어 볼 수 있다. 먼저 출생[1]에서부터 대학 졸업 시까지의 성장기(1942~1964), 대학 졸업 후 선전 선동 담당 비서와 정치국 상무위원을 통한 세습 준비 시기(1964~1994), 김일성 사후 3년간의 리더십 확립을 위한 유훈 통치 시기(1994~1998)를 거쳐, 총비서로서의 당권과 국방위원장으로서의 군권을 완전히 장악하고 실질적인 통치권을 행사하는 세습 통치 시기(1998~)로 나누어 볼 수 있다.

김정일 세습 체제가 구축되는 과정은 20여 년의 기간을 두고 이루어졌다.[2] 김정일은 1964년

1) 김정일 국방위원장의 출생에 대해서는 세 가지 주장이 존재한다. 첫째, 1942년 2월 16일 러시아 연해주의 하바로프스크에서 60km 떨어진, 88특별여단 본부가 있었던 브야츠크(북야영)에서 김일성과 김정숙 사이에서 장남으로 출생했다는 주장이다. 이 주장은 1942년 6월 19일 김일성의 브야츠크 전출에 근거를 두고 있다. 둘째, 재일 논픽션작가 김찬정 씨의 주장으로, 브야츠크에서 남쪽으로 500km 떨어진 블라디보스토크와 볼로시로프 중간 지점인 하마탄(남야영) 부근의 소련 병원에서 출생했다는 것이다. 셋째, 북한은 백두산 밀영지의 귀틀집(통나무집)에서 태어났다고 선전하고 있으나 김일성의 1941~5년 소련 체류와 김정일의 소련 이름 유라를 감안하면 이는 신빙성이 약하다. 김정일의 탄생에 대해서는 위와 같은 여러 가지 설이 있었으나, 실증적인 자료나 관계자의 증언을 통해서 볼 때 1942년 2월 16일 하바로프스크 근교인 브야츠크에서 김일성과 김정숙 사이에서 태어난 것이 유력시된다.

2) 김정일 체제의 구축 과정에 관한 글은 통일부 홈페이지(www.unikorea.go.kr/northkorea-understand.php2003.0520) 참조.

김일성대학을 졸업한 해 곧바로 당 비서처와 내각에서 일을 하다가 1966년 24세의 나이로 당 중앙위원회 조직지도부 책임 지도원이라는 중요한 직책을 맡았으며, 1969년 27세에는 당 조직지도부 부부장 겸 선전선동부 부부장이 되었다.[3)]

김일성 주석은 1970년대 들어 유일 체제가 구축된 이후 장자인 김정일을 후계자로 삼아 부자 세습 체제를 본격적으로 구축하기 시작하였다. 당 조직 지도 부장이었던 김정일은 1973년부터는 '3대 혁명 소조 운동'의 책임을 맡은 데 이어, 동년 9월 당 중앙위원회 조직 담당, 선전 선동 담당 비서로 선출되었으며, 1974년 2월 당 정치국 위원으로 선출되면서 '당중앙'으로 호칭되면서 김일성 주석의 유일한 후계자로 내정되었다.

김정일은 1980년 10월 제6차 당대회를 통해 당 중앙위원회 정위원(서열 4위), 당 정치국 위원과 당 정치국 상무위원회 위원, 당 비서국 비서, 당 군사위원회 위원 등 당 · 군 관련 고위 직책을 갖게 됨과 동시에 김일성 주석의 후계자로서 공식적으로 인정되었다. 제6차 당 대회 이후 김정일은 주요 대외 문제를 제외한 대부분의 대내 정책을 집행하는 실질적인 당·군 책임자이자 후계자의 역할을 담당하였다.

김정일은 1982년 3월 「주체사상에 대하여」라는 논문을 발표하여 주체사상을 심화, 발전시키는 한편, '1980년대 속도 창조 운동', '숨은 영웅들의 모범을 따라 배우는 운동', '전당의 주체사상화', '준법 기풍 앙양', '8 · 3 인민 소비품 생산 운동'(1984) 등을 주도하였으며, '사회 · 정치적 생명체론'(1986)과 '우리식 사회주의'(1991)의 주장 등을 통해 후계자로서의 권위와 권력 기반을 강화하였다.[4)]

김정일은 1990년 5월 최고인민회의 제9기 제1차 회의에서 국방위원회 제1부위원장으로 선출됨에 따라 공식적 군사지도자로 부각되었으며, 1991년 12월 24일 개최된 당 중앙위원회 제6기 제19차 전원회의에서 조선 인민군 최고사령관으로 추대되었다. 김정일은 1992년 4월 20일 '원수' 칭호를 수여받고, 1993년 4월 9일 최고인민회의 제9기 제5차 회의에서 국방위원회 위원장직을 맡게 됨으로써 당 · 정 · 군 등 주요 분야에 걸쳐 통치자로서의 입지를 더욱 확고히 구축하였다.

---

3) 사단법인 공산권문제연구소, 『북한대사전』, 북한대사전 편찬위원회, 1979, p. 282; 대한매일신보사 편, 『북한인명사전』, 대한매일신보사, 2000, p. 385.
4) 이주철, 『김정일의 생각 읽기』, 지식공작소, 2000, pp. 42-56.

1994년 7월 8일 김일성 주석이 사망하자 김정일 위원장은 '조선인민군 최고사령관'의 직함을 가지고 후계세습 체제를 공고히 하는 데 주력하였다. 또한 김일성 주석의 시신을 '금수산 기념궁전'에 영구히 안치하는 한편, 김일성 주석 '영생탑'을 건설하고 '주체' 연호를 제정하였으며 김일성의 생일을 '태양절'로 선포(1997. 7.)하였다.

김일성 주석 사후 김정일 국방위원장은 약 3년간의 유훈 통치 기간을 선포하여 과도 기간 3년을 안정적으로 수습한 후, 1997년 10월 8일 「당중앙위원회 · 당 중앙 군사위원회 특별보도」를 통해 평안남도 평성 당대표대회에서 노동당 총비서로 추대되었다. 1998년 9월 5일 최고인민회의 제10기 1차 회의는 헌법을 개정하고 김정일을 실질적인 국가지도자인 국방위원장으로 재추대하였다. 이로써 본격적인 김정일 시대가 출범하게 된 것이다.

3. 김정일의 통치 이념과 슬로건

김정일 정권의 등장 이후 북한의 각종 정치 슬로건과 노선은 그들의 정책 방향과 통치 방식을 가늠해 볼 수 있는 기본적인 자료이다. 북한은 앞으로도 '우리식 사회주의'를 고수하는 가운데 부분적인 개방과 변화의 속도를 조절할 것으로 보인다.[5] 김정일이 북한의 실권을 장악한 이후 통치이념과 성격을 가늠해 볼 수 있는 정책 노선과 슬로건을 소개하면 다음과 같다.

3.1 붉은 기 혁명과 붉은 기 철학

1996년 1월 9일 북한의 노동신문은 '붉은 기는 조선 혁명의 백전백승의 기치이다'라는 정론을 발표하였는데 이것이 소위 '붉은 기 혁명과 철학'의 근거가 되었다. 북한 당국은 이 정론을 통해 '당, 군대, 인민은 수령 결사의 3대 옹위 기둥으로서 혁명의 영도자에 대한 절대적인 숭배심을 가져야 하며, 수령과 생사 운명을 같이 하는 결사 옹위 정신을 가질 것'을 강조하고 있다. 북한이 붉은 기 철학을 주장하는 것은 김정일 정권을 유지 존속하고 대내외 도전으로부터 북한식 사회주의 체제를 고수하며 북한 주민을 사상적으로 무장시키기 위해 '사상의 강국'을

5) 김연철, 『북한의 산업화와 경제정책』, 지식비평사, 2001, pp. 412-414.

건설하겠다는 의지로 볼 수 있다.

3.2 사회주의 강성대국 건설론

김정일은 김일성 주석이 사망한 바로 그해 1994년 12월 31일 노동당 중앙위원회 간부들과 가진 환담 석상에서 '부강 조국 건설론'을 제시했다. 김정일은 당시 노동당 중앙위 책임 일꾼(간부)들과 '역사적 담화'를 가졌는데, 북한 당국은 이 담화를 '위대한 수령님의 뜻을 받들어 내 나라 내 조국을 더욱 부강하게 하자'는 제목의 '노작'이라고 발표하였다.

김정일의 당시의 담화 내용은 북한이 현재 국정 지표로 내세우고 있는 '강성 대국 건설론'과 흡사한 내용을 담고 있다. 특히 이 환담은 김정일이 김일성 주석 사망의 충격파가 채 가시지 않은 시점에서 새로운 지도자로서 북한 내부의 문제점을 솔직하게 털어놓고 나름대로 대책을 강구하였다는 점에서 주목받았던 것이다. 김정일은 '부강 조국 건설'을 위해 김일성 시대로부터 계승해 온 자립적 경제 노선을 고수하면서도 당원·근로자들의 사상 교양 사업, 당 영도 체계 확립, 과학 기술의 발전, 대외 사업 및 미국과의 대화 등을 강화해 나갈 것을 역설하였다.

이를 토대로 북한은 1998년 8월 22일의 노동 신문 정론에서는 '사회주의 강성 대국론'이라는 북한식 주체의 사회주의 나라 건설 방식을 제시하였다. 여기서 제시한 것이 선(先) 사상·군사, 후(後) 경제 건설이라는 강성대국 건설의 추진 방식이다. 이것은 주체사상, 우리식 사회주의, 붉은 기 철학을 통하여 사상 강국을 우선적으로 건설하고, 소위 총대 철학이나 혁명적인 군인 정신을 바탕으로 혁명의 기둥인 군대를 통한 국방력을 강화하여 군사 강국, 정치 강국을 건설하고, 그 후 자력 갱생, 자립적인 민족 경제를 바탕으로 경제 강국을 건설하겠다는 의지를 천명한 것이다.

그러나 사상(당 우위)과 군사(국방) 우선주의 천명은 위기에 처한 북한 경제를 북한 당국이 경제 논리에 기초하여 회복하겠다는 것보다는 사상과 정치 논리에 근거하여 군사 강국을 통해 경제 건설을 하겠다는 의지로 해석되어야 할 것이다. 그러나 이러한 사상과 군사 우선이라는 방향 설정은 오히려 그들이 말하는 경제 강국의 건설에 지장을 초래하고 그로 인해 경제가 더욱 어려워질 것으로 예측된다.

3.3 선군정치론

북한 당국은 김정일의 선군정치(先軍政治)를 군사를 앞세우고 우선시하는 정치라고 찬양하고 있다.[6] 이는 1988년 강성 대국 건설의 기치 등장 이후 군을 모든 통치의 중심에 두자는 뜻이다. 이로 인해 군부의 권력서열은 상승되고, 경제 건설 및 사회통제에서도 군부의 선도적 역할이 강조되고 있다. 그들은 국방위원회의 권한을 강화하고, 군부 엘리트의 지위를 격상시키는 등 군사 우선주의를 정당화하기 위한 수단을 강화하고 있다.

이러한 선군정치는 북한당국이 2000년대 들어 더욱 강조하고 있다. 김정일 국방위원장은 "경제건설보다 중요한 것은 군대를 강하게 만드는 것이며, 총대가 강하면 강대한 나라가 될 수 있다"는 표현으로 군사 우선 정책의 정당성을 강조하고 있다.[7] 나아가 북한 당국은 김정일 국방위원장이 '군혁명 시대'라는[8] 새로운 역사를 열었다고 선전하는가 하면, "선군은 조선 혁명의 백전백승의 기치이며, 사회주의 미래를 대표하는 정치 방식"이라고[9] 강조하고 있다. 이것은 북한이 대내외적인 어려움을 군대를 통해 해결하고, 심지어 경제 문제까지도 군사를 통해 해결하겠다는 의지의 표현이다. 결국 북한의 선군 사상, 선군 정치는 체제 유지와 정권 보위의 수단이며, 북한의 통치 체제가 군사 우선임을 분명히 보여주는 것이며 그들의 강성 대국 건설의 수단이라고 해석하여야 할 것이다.

3.4 김정일 정권의 통치 슬로건

김정일 국방위원장은 '강성 대국 건설'이라는 기치 하에 '선군 정치', '우리식 사회주의'를 표방하면서 이색적인 통치 슬로건을 통해 자기 나름의 통치 방식을 정립하기 위해 노력하고 있다. 그러나 아직까지는 그 슬로건은 정형화되지 못하고 있는데, 그의 통치 명분으로 사용되는 슬로건은 다음과 같다.[10]

---

6) 로동신문, 1998. 8. 22. 및 1998. 10. 10. 등 참조.

7) 로동신문(1998. 10. 19.)에서는 "인민군대 강화에 최대의 힘을 넣고 인민군대의 위력에 의거하여 혁명과 건설의 전반 사업을 힘 있게 밀고 나가는 특유의 선군 정치"를 선전하고 있다.

8) 로동신문, 2001. 12. 17.

9) 로동신문, 2001. 12. 21.

10) 자료는 통일부 홈페이지(www.unikorea.go.kr/northkorea-understand.php2003.0520) 참조.

〈표 3-1〉 김정일의 통치 용어 슬로건

용어	내용
인덕정치	1993년 1월 28일 처음 제시. 인민에 대한 숭고한 사랑을 상징하는 정치. 인민의 운명을 책임지는 수령의 자애로운 통치 방식을 상징. 대표적 사례는 유공자 환갑상 차려주기, 쌍둥이 축하, 산간오지 환자 특별수송 등임. 이는 수령론의 확대 개념으로 보이며, 봉건 전제 군주 시대의 이상적인 통치 철학인 인자함이 그의 통치철학이라고 상징 조작하려는 의도로 보임.
광폭정치	1993년 1월 28일 처음 제시. 대담하고 통 큰 정치를 상징하는 용어. 전체 인민을 한 품에 안아 주는 정치. 대표적 사례는 주체사상탑, 개선문, 류경호텔, 5·1 경기장 등 기념비적인 대건축물 축조, 남북정상회담 성과 선전 등임. 이는 김정일의 지도자적 자질을 높이 선전하려는 데 목적이 있으며, 북한 주민들에게 약간의 혜택을 부여하여 무조건적인 충성을 유도하는 한편, 체제에 순응하지 않는 복잡한 군중들을 포섭하기 위한 수단이라고 볼 수 있음.
과학정치	1999년 강성 대국 건설의 3대 기둥 중 하나로 과학 기술 중시 노선 제시 후 공식화, 경제 발전과 주민 생활 향상 과학 기술 활용, 정보 산업 육성 등임.
음악정치	2000년 2월 등장, 시련과 난관을 노래로 이겨내며 '강성대국 건설을 힘 있게 다그치는' 통치 행위를 지칭. 대표적 사례는 기업소 등 생산 현장의 공연 활동임.

4. 김정일의 통치 방식

김정일 국방위원장은 권력세습을 전후하여 세습 권력의 안정을 위해 그 나름대로의 다양한 통치 방식을 구사하고 있다. 김일성 사후 그의 통치 방식을 국내 통치와 외교 부문으로 나누어 살펴보면 다음과 같다.

4.1 국내 통치 방식

김정일의 통치 방식은 현재 그가 추진하고 있는 '강성 대국론'을 효과적으로 추진하기 위한 방안과 관련되어 있다. 그간의 김정일의 국내 통치 방식의 특징을 살펴보면 다음과 같다.

첫째, 김일성 사후 3년간의 '유훈 통치'를 실시하였다. 김정일은 갑작스런 김일성의 사망 후 3년간의 정치적 공백 기간 동안 최고 지도자 없는 유훈 통치를 통해 권력을 확고히 하였다.

유훈 통치란 정치적 기반이 확고하지 못했던 김정일이 김일성의 유훈에 의해 통치한 전례 없는 통치방식이다. 김정일은 어릴 때부터 어머니 김정숙으로부터 엄격한 유교식 교육을 받았는데, 김정숙은 김일성의 위대성과 절대 숭배를 주요 덕목으로 가르쳤다고 한다.[11] 김일성이 지난 1889년 강조한 "주체의 모기장식" 개방 정책을 김정일이 재추진하고, 남북 정상 회담을 수락한 이유도 김일성의 유훈 사업 때문이라는 분석도 있다.

둘째, 김정일은 극적(劇的) 통치 방식을 좋아한다. 영화 예술을 좋아하는 김정일은 시나리오 작가처럼 극적으로 상황을 반전시키는 정책 결정을 선호하여 정책의 극적 전환의 묘미를 극대화하기 위해 최대한 보안을 유지한다. 그래서 외부에서는 김정일이 즉흥적이고 예측 불가능한 인물로 비쳐지기도 한다. 북·미 핵문제 일시적 타결, 미사일 시험 발사, 주석제 폐지, 중국 비밀방문, 2차 핵실험 강행 등이 대표적인 사례다.

셋째, 김정일은 충성 경쟁을 유도하기 위해 분할 통치방식을 선호한다. 김정일은 2인자를 두지 않는다. 각종 행사 때 발표하는 축사까지도 당·정·군 고위 관료들에게 기회를 적절히 분배하고 또한 부처 간, 개인 간에 철저히 경쟁하고 상호 감시토록 한다.

넷째, 김정일은 비공개적인 측근통치를 선호한다. 그는 비공개적인 토론이나 모임을 통한 정책 결정을 좋아한다. 김정일은 부엌 관료(kitchen cabinet)들과 비공식 연회를 통해 친목을 다지고 정보를 수집한다. 따라서 북한의 실세는 공식적인 권력 서열이 아니라 비공식 모임에 얼마나 자주 참석하느냐에 따라 결정된다. 김정일은 좋아하는 측근에게는 지위 고하를 막론하고 큰 선물을 주고 집을 직접 방문하며 격의 없이 대한다고 한다.

다섯째, 광폭(廣幅)·인덕(仁德)정치가 도입되고 있다. 신체에 대한 콤플렉스를 가지고 있는 김정일은 가능하면 크게 보이는 행동을 선호하고, 수령다운 인자함을 보이려고 노력한다. 그의 거대 선호 심리는 주체탑, 개선문, 류경 호텔 등 '기념비적 대건축물'을 짓는 것으로 잘 나타났다. 김정일과 한번 맺은 인연은 장기간 지속되고 잘못으로 '철직(撤職)'되더라도 재빨리 복권되는데 과거 오진우, 오극렬 등의 복권이 대표적이다.

여섯째, 김정일은 모든 것을 직접 관할하는 직할 통치를 선호한다. 김정일은 매사를 철저히 하는 것을 좋아한다. 그는 즉흥적인 것 같지만 매우 끈질기고 계획적인 직할 통치를 선호한다.

---

11) 김일성은 친동생인 김영주를 제치고 아들인 김정일에게 권력을 이양하였다. 김정일은 아버지의 유훈에 따라 김일성과 함께 빨치산 투쟁을 수행한 혁명 1세대들에 대한 존경심도 매우 높았다고 한다.

당 선전·선동 담당 비서를 역임한 김정일은 음악 정치를 한다고 할 정도로 음악에 조예가 깊고 합창단이 반음을 틀려도 지적할 정도로 치밀하다고 한다. 그가 컴퓨터를 좋아하는 것도 성격 탓과 관계 깊다. 그는 산더미처럼 쌓여 있는 서류를 새벽 3~4시까지 검토한다고 한다. 그러나 모든 사안을 최종 결정해야 하는 부담감으로 스트레스를 많이 받으며, 이를 해소하기 위해 스피드를 즐긴다고 한다.[12)]

4.2 외교 교섭 방식

북한의 외교정책 결정과정은 잘 드러나 있지 않다. 그러나 김정일 정권의 외교 교섭 방식의 특징은 다음과 같다.

첫째, 강대국 간의 경쟁 유도와 분리 외교방식을 이용한다.

북한은 강대국들을 상호 경쟁시켜 적대적으로 만들어 북한에 유리하도록 하는 외교 정책을 취하는데, 이는 중·소 대립에서 배운 방법이며 강대국이 상호 협조하여 한반도 정책을 펼치지 못하게 하기 위해서다. 다른 한편으로 북한은 간접적인 강대국의 영향력을 통해 상호 견제하는 방식을 취한다. 자주 독립 노선을 외교의 중심으로 하는 북한은 예전부터 중국과 옛 소련 양쪽의 영향력을 경쟁시켜 어느 쪽도 결정적인 영향력을 행사할 수 없도록 견제해 왔다. 옛 소련이 붕괴된 뒤에는 중국과 미국을 경쟁시켰고, 또 미국과 일본 양국의 영향력 또한 견제하려는 외교 방법을 취하고 있다.

둘째, 충격 외교방식이다.

북한은 핵확산방지조약(NTP)과 국제원자력기구(IAEA) 탈퇴, 두 차례의 핵실험 등 예상치 못한 과격한 행동을 취해 상대방이 놀라고 있는 사이에 입장을 갑자기 바꾸는 외교방식을 취한다. 북한의 NTP 탈퇴 직전까지는 유엔 안보리 등에서 최대 문제가 북한에 대한 제재 결의였으나, NTP 탈퇴 후에 놀란 미국은 제재 논의를 뒤로 미루고 미·북 고위급 회담에 응해 버렸다. 또 IAEA 탈퇴도 미·일·한국과 유엔에 의한 제재 움직임에 찬물을 끼얹었다. 북한의 핵실험과 UN의 제재 결의로 남북관계와 북미관계가 경색되어 있지만 북한의 외교 전술상 예상외의 반전이 생기는 경우도 많다. 그러므로 오늘의 경색된 국면도 갑자기 해소될 가능성이 있을 것이다. 이러한

12) 조영환, 『매우 특별한 인물, 김정일』 지식공작소, 1996, pp. 145-149.

북한의 외교 방식을 잘 이해하면 여러 가지 의혹을 이해하거나 풀어내는 데 많은 도움이 될 것이다.

셋째, 벼랑 끝 외교 방식이다.

이것은 북한이 강대국이나 교섭 상대와의 협상에서 결렬이나 제재 직전까지 끌고 가, 이대로 가다간 함께 벼랑에 떨어져 버리겠다는 것처럼 행동함으로써 양보를 받아내는 외교 수법이다. 미·북 회담에서 북한은 항상 이 방법을 사용해 왔다. 약소국인 북한은 강대국과의 협상에서 대등한 교섭을 하기 위해 씨름판의 중앙에서는 승부하지 않는다. 항상 가장자리까지 상대를 끌고 와서는 판이 깨질 상황까지 상대를 몰아세우는 것이다. 이를 위해서는 상대가 양보를 하지 않는 경우 자신이 벼랑에서 떨어질 위험을 감수해야 한다. 그럴 때 사용하는 것이 '일방적 선언 이론'이다. 상대가 양보하지 않는데도 불구하고 일방적으로 '상대방이 양보했다', '북한의 제의를 받아들였다'고 선언한 뒤 스스로 양보하는 방식을 취한다. 북한은 남북 대화 중단 때에도 한국이 북한의 제안을 받아들이지 않았다든가 남북 간의 합의를 위반하였다는 등 갖가지 이유를 붙여 책임을 한국에 전가시키는 방식을 사용한다.

넷째, 맞받아치기 외교 방식이다.

북한은 조그마한 양보나 타협도 허용하지 않고 맞받아쳐 나가는 담담타타(談談打打)식 외교 전술을 사용한다. 지난 90년대 서방과 첨예하게 맞부딪쳤던 핵·미사일 문제에 북한이 구사한 외교 전술이 북한식 표현으로는 '맞받아치기 전술'이었다. 북한은 90년대 초반부터 제기됐던 핵무기 확산 방지가 미국의 최대 관심사라는 것을 포착하고, 지난 1993년 3월 핵확산방지조약(NPT) 탈퇴 선언으로 '드센 타격'을 들이댐으로써 미국이 회담장으로 끌려나오지 않을 수 없게 만들었다고 주장했다. 특히 평양 방송은 제네바 기본 합의문 발표 하루 전인 지난 1994년 10월 20일 당시 클린턴 미국 대통령이 보내온 '담보서한'에 대해 "우리가 현 세기의 최대 적대 국가의 하나인 미국으로부터 이런 공식 담보를 받아냈다는 것은 정치 외교전에서 이룩한 빛나는 승리"였다고 높이 평가했다. 최근에도 북한은 UN과 세계의 여론은 무시하고 핵실험을 강행하고, UN 대북제재 결의에 대해서도 더욱 강경한 맞받아치기 외교 방식을 구사하고 있다. 북한 언론 매체들은 "누가 뭐라고 하든지 나라와 민족의 정치적 자주성을 실현하는 길에서는 추호의 양보나 타협 없이 드센 배짱을 갖고 견결한 투쟁을 벌이는 것"이 '김정일식 외교'라고 주장하였다.

다섯째, 종횡무진 제왕형 외교 방식이다.

김일성 주석 사망 이후 북한 외교 정책 결정의 주요 행위자는 김정일과 김정일 집무실 내 서기실로 나타났다. 김정일 국방위원장은 비서실에 해당하는 서기실의 보고를 통해 정세 판단을 하되 최종 외교 정책 결정은 독단적으로 내리는 것으로 추정된다.[13] 그러므로 북한 외교의 의제 선정과 정책 구상은 김정일의 직접적인 구상에 따른 지시나 외무성의 외상, 부상 등 간부의 아이디어, 개별 담당자의 착상 등 여러 차원에서 이루어진다고 볼 수 있으며, 김일성 사망 이후에는 비공식적 조직을 통한 독단형·독점형·하의상달형 정책 결정이 많은 것으로 분석되고 있다. 김일성 시대 북한의 외교 정책 결정 과정이 '위계질서형 양두제 모델'이라면 김일성 사후 김정일의 외교방식은 독단적인 '종횡무진 제왕형 모델'로 변화되었다.[14]

5. 김정일의 성격과 리더십 분석

인간의 성격과 행동 양식은 일반적으로 유전적인 요인과 생활환경에 의해 결정된다. 우리는 여기에서 김정일의 가족 관계와 가정환경, 학력과 경력 구조, 그동안 나타난 통치행태 등을 통해 그의 성격과 리더십을 분석하기로 한다. 여기에는 긍정적인 측면과 부정적인 측면이 동시에 교차하고 있다.[15]

먼저 김정일의 리더십에는 긍정적 현실주의적 요소가 작용하고 있다. 김정일은 정상적인 공부를 하지 못하고 빨치산 활동으로 일관하다가 북한의 지도자가 된 김일성과는 다른 정상적인 경력 구조를 가지고 있다. 그는 특권층이 다니는 엘리트 교육과정과 정규교육 과정을 거쳐 김일성 종합대학을 졸업하고 당의 주요 요직을 거침으로서 일찍부터 리더로서의 경력을 쌓았다. 김정일은 이러한 당 경력 구조로 인해 남한의 현실에 대해서도 비교적 정확히 이해하고 있으며, 북한의 낙후성과 위기를 인정하여 북한체제의 개혁과 개방을 서두를 가능성도 있다. 그가 실리적인 대미 외교 협상을 추진하고 반세기 이상 열리지 못했던 남북 정상 회담을 수용하는 등

13) 허문영, 「북한의 외교정책 결정구조와 과정: 김일성 시대와 김정일 시대의 비교」, 통일연구원 연구보고서, 2005. p. 56.
14) 위의 책, pp. 24-28.
15) 그에 대한 부정적인 평가가 많지만, 조영환은 그의 성격 분석에서 명석한 두뇌와 빠른 판단력을 소유하고, 때로는 다정다감하면서도 예술적인 감각이 뛰어나다고 평가한다.

전향적인 개방을 서두르는 것도 이와 같은 그의 현실주의적 성격을 반영한 것이라 할 수 있다. 물론 그는 개혁·개방에 따르는 이중적 딜레마인 체제 붕괴의 위험성도 인식하고 있으므로 개혁의 폭과 속도는 느릴 수밖에 없다.

다음으로 그의 성격과 리더십에는 정서상의 불안한 요소가 작용한다는 부정적인 평가도 많다. 그의 출생과 유년기의 성장 과정에는 정서 형성에 부정적인 요소가 많기 때문이다. 유아기의 부모의 빨치산 활동에 의한 분리 불안, 소년기의 생모(母) 김정숙의 사망과 계모 김성애에 대한 증오감, 6·25 전쟁 시기의 길림성 피난으로 인한 심리적 불안, 오이디푸스(Oedipus) 콤플렉스, 김일성의 후광과 과보호, 신체적 불만 등이 그것이다. 그로 인해 그의 성격은 불신과 증오심이 강하고, 피해 의식과 조급성, 무절제, 자제력 부족 등이 나타나고 있다. 그러므로 그의 리더십은 즉흥적이고 독선적이며, 피해망상과 자기 과시적인 성격이 교차한다고 분석되기도 한다.[16] 김정일은 그의 독특한 카리스마를 관리하기 위해 공석에 나타나지 않고 '침묵하는 은둔자'로 잠적하다가 군중집회 시 갑자기 나타나 '우리 인민군에게 영광 있으라.'는 외마디 축사만 하고 떠나기도 한다. 남북 정상 회담 시 그가 보여준 '인간적인 솔직함'은 이러한 카리스마의 관리 차원에서 해석해야 할 것이다.

조영환은 김정일 리더십 형성의 기초인 그의 성격 중 긍정적인 요소와 부정적인 요소를 다음과 같이 분류하고 있다.[17]

〈표 3-2〉 김정일의 성격과 리더십

구분	긍정적 요소	부정적 요소
특징	·인지력, 판단력, 창조력 ·박력, 추진력 강함 ·성취욕구 강함 ·문화 예술적 자질 ·개혁, 개방 성향의 권위주의적 리더십 ·신속 과감한 정책 결정 ·비교적 신속 정확한 민원처리 ·장기간의 정치학습	·감정처리, 갈등처리 미흡 ·의심이 많고, 인내심이 부족 ·정서불안, 냉혹성 ·독선적, 토론기피 ·즉흥성과 자기 과시성 ·기득권 그룹과 군부, 공안 부서를 중심으로 정책 입안 ·감시, 공안기구 팽창

16) 미국 정보 분석에 의하면 그는 외모에 대한 열등의식과 스트레스 때문에 폭음과 담배를 즐기고, 대중 기피증이 강하며 과대망상에 의해 특유의 점퍼와 높은 구두, 안경을 즐겨 착용한다는 것이다.
17) 조영환, 『매우 특별한 인물, 김정일』, 지식공작소, 1996, pp. 172-173.

〈표 3-3〉 김정일 성격의 정신 기능적 특징

구분	내용
인지력	·다양한 교육으로 박식하고, 인지력과 판단력이 민첩함 ·편집적인 사고가 강함
성취욕	·매우 강한 성취욕 보유
창조력	·상상력이 풍부함 ·엉뚱한 발상으로 문제에 접근하기도 함
수용력	·스케일이 크지만 피해망상, 열등의식 등으로 반대의견을 수용하기 어려움
적응력	·현실에 적응하기보다 부단한 변화를 추구
감정	·자신의 존재에 대해 늘 불안해 함(인기 관리, 문학 예술성으로 일부 승화) ·죽음에 대한 공포(위협을 느끼면 잔인무도해짐)
자아(ego)	·자아미숙, 권위 의존적 경향
초자아 (super ego)	·자기통제훈련 부족으로 즉흥적, 저돌적임 ·자신의 도덕률을 정립하지 못함
갈등처리	·조화보다는 극단적 방법 선택 ·공격적 행동(사냥, 사격) ·자기학대적 행동(드라이브, 경비행기 운전)

6. 김정일 체제의 특징

김정일 국방위원장은 당권과 군권을 장악함으로써 북한 통치 구조에서 확고한 일인 통치 구조를 확립하였다. 그가 제시한 정치 이념과 통솔 방식을 토대로 그의 통치 체제의 특징을 요약하면 다음과 같다.[18]

18) 배한동 외, 『북한 신론』, 대왕사, 2003, pp. 136-141.

6.1 유일적인 영도 체제

김정일 체제는 형식적으로는 국가 권력의 분산과 집단 지도 체제의 모양을 갖추고 있으나 사실상 김정일 국방위원장이 국가 최고지도자의 역할을 독점하는 유일 영도 체제이다. 즉, 김정일이 당 총비서 및 국방위원장으로서 당과 군부를 장악하고, 실질적으로 모든 국가 기관이 김정일의 실질적인 지도를 받도록 되어 있다. 이러한 영도 체제는 '수령론(首領論)'이나 '사회·정치적 생명체론'에 의해 이론적으로 뒷받침되고 있다.

김정일 위원장은 1982년 『주체사상에 대하여』를 통해 "수령의 유일적 령도 체계란 수령의 사상을 지도지침으로 하여 혁명과 건설을 수행하며, 수령의 사상과 명령, 지시에 따라 전당·전군·전민이 하나같이 움직이는 체계"라고 규정하였다.[19] 따라서 북한의 모든 정치조직과 기구, 인민들은 수령의 통일적 지휘 아래 하나와 같이 움직이며, 수령의 교시와 명령·지시를 무조건 받아들이고 관철해야 하는 것이다.[20] 더욱이 북한 헌법 서문에서는 김일성 주석이 이미 사망하였음에도 불구하고, 그의 사상과 영도를 국가 통치 원리로 표방[21]하고 있음은 김일성 주석의 혁명적 후계자인 김정일의 유일 영도 체제를 보장하기 위한 장치이다.

6.2 군사 우선 통치 체제

김일성 주석 사망 이후 북한에서 군부의 영향력이 노동당에 비해 상대적으로 강화되었으며, 북한당국이 선전하는 '선군정치'도 이를 잘 입증한다. 북한은 1996년에는 4월 25일 인민군 창건일과 7일 27일 '조국 해방전쟁 승리 기념일'을 공휴일이자 국가적 명절로 지정하였다. 또한 군사 지도자들의 권력 핵심에로의 진출도 두드러진 바, 1998년 7월 26일 실시된 제10기 최고인민회의 대의원 선거에서는 군부 인물이 107명으로 나타나 제9기의 62명에 비해 약 2배 가까이 증가하였다. 또한 군부의 핵심 실세인 국방위원회 위원들의 권력 서열도 2~15위까지

---

19) 김정일, 『주체사상에 대하여』, 조선로동당 출판사, 1982.
20) 연합뉴스, 『2002년 북한연감』, 삼화인쇄(주), 2001, p. 361.
21) 헌법 서문에는 "조선민주주의 인민공화국과 조선인민은 조선로동당의 령도 밑에 위대한 수령 김일성 동지의 사상과 업적을 옹호고수하고 계승 발전시켜 주체혁명위업을 끝까지 완성하여 나갈 것"을 강조하는 이른바 김일성 헌법임을 밝히고 있다.

급격히 부상하였다[22]. 특히 1998년 9월 5일 개정 헌법에서는 국방위원회가 북한의 최고 군사지도 기관으로 격상되었을 뿐만 아니라, 명실상부한 최고 권력 기관이 되었다.

6.3 친정 세력의 강화 체제

김정일 정권 출범을 계기로 김정일 국방위원장 측근들이 주요 권력기구의 핵심을 장악함과 동시에 새로운 테크노크라트층으로 부상하고 있다. 우선, 주요 권력기구의 핵심 중에서 노동당 정치국이 약화된 대신에, 김정일이 직접 장악하고 있는 비서국의 권한이 대폭 강화되어 실질적인 지도·통제 역할을 수행하고 있다. 또한 당·내각·군 등 주요 권력 기관의 인사 개편을 통해 60~70대의 원로 계층이 물러나는 대신에 50~60대의 김정일 측근들이 부상하고 있으며, 경제 부문에 있어서는 40~50대의 새로운 테크노크라트들이 핵심 역할을 담당하고 있다. 특히 2000년 이후 내각의 재정상, 무역상, 중앙은행 총재, 농업상, 경공업상 등 경제부서 책임자를 전격 교체한 것은 그들의 경제 발전과 무역 확대를 위한 포석으로 보인다.[23]

이처럼 김정일 국방위원장은 '영원한 주석'인 김일성의 유훈 통치를 배경으로 당 총비서와 군총사령관이라는 직책을 가지고 당과 국가기관을 지도·감독하고 있다. 요컨대 김정일 지도 체제하의 북한에는 통치권자인 김정일 국방위원장을 정점으로 각 분야의 정책 집행 부서들이 포진하고 있는데, 과거 상층 조직들이 인적 중복을 통해 상호 연계되던 점과는 달리 이들 간의 횡적인 연계가 매우 낮은 것이 또 다른 특징이다.[24] 결론적으로 김정일 국방위원장은 권력의 안정과 개혁·개방에 대비하여 3대 혁명 소조출신과 국방위원회를 통한 군부 관료 중심의 친정 체제를 강화한 것이 사실이다.

6.4 점진적 개혁·개방 체제

김정일 체제하의 북한은 '우리식 사회주의' 원칙을 고수하는 가운데 부분적인 개방과 개혁을 시도하고 있다. 2001년 1월 1일 발표된 당보·군보·청년보의 신년 공동 사설에서는 "21세기는

22) 유석렬, 『혁명에서 생존으로』, 대영정판, 2001, pp. 341-343.
23) 연합뉴스, 『2002 북한연감』, 삼화인쇄(주), 2001, pp. 453-455.
24) 류길재, 「정치체제 : 제도와 정책의 변화」, 『김정일 시대의 북한』, 삼성경제연구소, 1998, p. 71.

거창한 전변의 세기, 창조의 세기"라고 전제한 뒤, "김정일 동지 식으로 싸워 나가는 우리 혁명 전사들은 낡은 관념에서 벗어나 참신하게 사고하고 더 높이 비약해야 한다."며 "새 세기는 혁신적인 안목과 기발한 착상, 진취적인 사업 기풍을 요구한다."고 강조하였다.[25] 김정일이 상해를 방문하여 '천지개벽'할 만한 일이 일어났다고 감탄하면서 '신사고'를 강조한 것도 이러한 개혁·개방의 필요성을 인식하였기 때문이다. 이처럼 북한 당국은 2000년 벽두부터 변화의 의지를 강력하게 표명하고 나섰으나, 대내외 여건의 어려움 때문 아직까지는 가시적인 개혁·개방 조치는 따르지 못하고 있다.

북한은 대내외적 위기를 극복하기 위하여 부분적인 대외 개방과 2002년 7·1 경제 개선 조치 등 대내 개혁을 시도하고 있으나 현재로서는 성공여부가 투명하지 못하다. 북한의 경우 개방이 불가피하다는 점에서 중국이나 베트남식의 위로부터의 개혁을 선택할 가능성이 높다. 그러나 북한은 개혁·개방의 시기를 놓쳐 버린 점과 중공업의 비중이 상대적으로 높다는 점에서 중국이나 베트남과 같은 성공을 기대하기는 어렵다.

7. 김정일 체제의 당면 과제

김정일 국방위원장은 대내적으로 체제의 안전과 경제 위기의 극복 등 어려운 문제에 당면해 있으며, 대외적으로도 사회주의권의 붕괴로 인한 대 서방외교의 적극적인 추진 등 어려운 과제를 동시에 안고 있다. 이를 구체화하면 다음과 같다.

7.1 대내 통치 기반의 확립

김정일은 김일성 사후 3년간의 유훈 통치를 통하여 정권의 안정에 역점을 두고 김일성의 권위를 계승하기 위하여 부단히 노력하였다. 김정일 체제의 최우선 과제는 유례가 없는 세습

25) 로동신문, 2001년 1월 4일자. 이 신문 사설에는 김정일 국방위원장이 "오늘의 시대는 과학과 기술의 시대이며, 지난 시기의 성과에 만족하거나 계속 앞으로 나가지 않으면 조선이 겪고 있는 난관을 성과적으로 이겨내지 못하며 나라 경제를 발전시킬 수 없다"고 지적했다고 밝혔다.

체제를 통해 정권의 안정을 유지할 수 있는 통치 기반을 구축하는 것이다. 북한 주민들은 오랫동안 김일성의 카리스마와 우상화 교육 때문 최고 지도자에게 무조건적 충성을 해왔으나, 김정일 체제하에서는 물질적인 유인(誘因) 없이 주민들의 충성을 장기간 유도하기는 상당히 어려울 것으로 예측된다.

김정일은 김일성에 비해 카리스마가 부족하다는 평가를 받는다. 김정일은 과거처럼 최고 통치자에 대한 개인 숭배를 바탕으로 당·정·군을 모두 장악하는 수령이 되었지만 1인 지배체제를 확립·고수하려 할 경우, 체제의 폐쇄성과 경직성으로 인해 외교적 고립에서 탈피하지 못하고, 경제난을 해결하려는 과정에서 시행착오를 거듭할 것이다. 그 결과 북한 주민들의 생활은 더욱 피폐해지므로 김정일 정권이 주민들의 지속적인 지지를 받기는 더욱 어려울 것이다.[26)]

김정일은 총비서에 추대된 이후 현재까지 뚜렷하게 내세울 만한 업적을 내놓지 못한 형편이다. 사회주의 강성대국 건설에 대한 기본구도만 있지 구체적인 대안조차도 제시한 바 없다. 앞으로도 김정일은 김일성 주체사상과 혁명 전통을 계승하고, 한편으로는 사상 통제를 강화하면서 제한적 범위 내에서 권력 구조를 개편할 것이다. 따라서 북한은 체제 유지와 권력의 승계라는 두 가지 목표를 달성하기 위해 개방과 체제 단속을 병행해 나갈 것이다. 또한 김정일 후계체제 구축과 관련하여 또다시 세습체제를 택하든, 측근에 의한 집단체제로 가든 엄청난 혼란이 예상되므로, 이에 대비한 체제의 안정과 유지라는 대내통치 기반 확립은 북한 당국의 최대 과제가 아닐 수 없다.

7.2 심각한 경제 위기 해결

김정일은 날로 심각해져 가는 북한의 경제난을 우선적으로 해결해야 할 과제를 안고 있다. 내부적으로 자력갱생을 내세워 온 북한의 '주체 경제'는 사실상 파탄 직전에 놓여있다고 해도 과언이 아니다. 공장 가동률은 30% 이하로 떨어졌고, 매년 200만 톤 이상의 식량 부족과 에너지와 외화 부족으로 북한 경제는 총체적 위기에 처해 있으며, 국영 상점의 상품은 고갈되고 농민 시장이나 암시장의 물가는 치솟고 있다. 이로 인해 국가 기강은 해이해지고, 주민들의

26) 배한동 외, 『새로운 북한 이해』, 경북대학교출판부, 2003, p. 107.

유동성과 탈북자는 계속 증가하고 있는 실정이다. 이런 가운데 김일성 부자에 대한 개인숭배에 대해서도 점차 심적 동요가 발생하고 있으며, 일부 주민들에 의한 불만과 반대 의사 표현도 조심스럽게 나타나고 있다.

이러한 북한 경제 위기 심화의 원인은 근본적으로 사회주의적 소유 방식이 주민의 생산 의욕을 감퇴시키고, 중앙 집권적인 계획 통제 경제가 수요 공급의 불균형을 초래하고 동시에 생산의 비효율성을 초래하였기 때문이다. 더욱이 그동안 북한이 의지해왔던 중국과 러시아의 개혁·개방과 대북관계의 변화는 북한 경제를 더욱 어렵게 하였다.[27)]

따라서 김정일은 주민들의 경제 활동을 촉진시킬 수 있는 물질적 인센티브 제도의 도입과 적극적인 대외 경제 개방을 통해서 새로운 기술과 경영 방식 및 해외 자본을 도입하여 경제를 회복해야 할 과제를 안고 있다. 현재 북한은 협동 농장에서 분조 관리제의 관리 인원을 조정 축소하고, 생산 목표를 낮게 부과하고, 초과 생산량에 대해서 자유 처분이 가능한 조치를 취하고 있다. 또한 대외적으로 나진 · 선봉 경제 특구를 설치하고, 금강산 관광 특구, 개성 공단 건설 등 제한적 개방 정책을 추진하고 있다. 그러나 경제 위기 해결을 위한 대외 경제 개방은 주민들의 의식 변화와 맞물려 있기 때문에 북한 당국은 현재 체제의 유지와 경제 개방 속도를 조절하는 문제를 놓고 심각하게 고심하고 있다.

7.3 북핵 문제 해결과 대외 관계의 개선

사회주의 국가들의 냉전 시대 종언과 개혁 · 개방에도 불구하고 북한은 '우리식 사회주의'를 고수함으로써 국제적으로 고립을 자초하였다. 따라서 김정일 체제는 국제적 고립을 탈피하기 위하여 대서방 관계를 개선해 나가야 할 과제를 안고 있다.

김정일은 대외 부분과 관련한 지시에서 "대외 사업을 잘 해 우리 혁명에 유리한 환경을 마련해야 한다."고 당부한 뒤 "미국과의 대화를 잘 해야 한다."고 강조했다. 그러나 그는 "미제에 대해 환상을 가져서는 절대로 안 된다"면서 "미제국주의자들과의 대결에서 양보하거나 후퇴하

27) 1970년대 차관도입 이후 외채의 누증, 동구 사회주의 국가의 몰락으로 인한 교역 상대국 상실, 1992년부터 시작된 러시아의 원유 공급에 대한 국제 가격 책정 및 경화 결제 요구, 1993년부터 시작된 중국의 경화 무역 거래 방식 요구 등이 북한의 경제를 더욱 심각하게 압박해 왔다.

지 말고 당당하게 맞서 나가야 한다."고 강조하고, 이와 함께 "전당·전민·전군이 당의 영도 밑에 하나와 같이 움직이는 체계를 떠나서는 부강한 내 나라 내 조국에 대해 생각할 수 없다"는 등 당의 영도 체계 수립을 튼튼히 할 것을 촉구했다. 이는 '체제 고수'와 '경제난 해결'이라는 두 마리 토끼를 잡겠다는 김정일의 정책 구상을 잘 반영해 주는 것이다.[28)]

북한은 과거 소위 '벼랑 끝 외교'를 통해 미국과 핵 협상을 타결함으로써 국제적 고립이라는 딜레마를 일시적으로 해결할 수 있었다. 그러나 북한은 2009년 핵문제의 근원적 해결점인 '핵 폐기' 문제에 역행하여 국제적 여론을 무시하고 2차 핵실험을 강행하였다. 미·북 간의 핵문제의 해결이 숙제로 남아 있는 한, 북한의 대서방 관계 개선도 용이하지 않을 것이다.

또한 북한의 고립 탈피 문제는 남북 관계의 진전과 긴밀히 연관되어 있다. 현재 북한은 대외적으로 한반도 내의 '하나의 조선 정책'을 포기하지 않고 있다. 우리가 대북 '포용 정책'의 기조를 살려 남북한의 '평화와 번영', '상생과 공영'을 추구하는 데 반해, 북한은 그동안 우리를 '따돌리는 정책'인 통미봉남(通美封南) 정책을 추진하고, 대미 평화 협정 체결을 주장하는 등 계속해서 비현실적인 접근을 함으로써 남북 관계 개선에도 지장을 초래하고 있다.

참고 문헌

김연철, 『북한의 산업화와 경제정책』, 지식비평사, 2001.

김정일, 『주체사상에 대하여』, 조선로동당 출판사, 1982.

김재호, 『김정일 강성 대국 건설 전략』, 평양출판사, 2000.

김진향, 「한반도 통일에 관한 담론의 분석」, 경북대학교 정치학과 박사학위 논문, 2000. 8.

류길재, 「정치체제: 제도와 정책의 변화」, 『김정일 시대의 북한』, 삼성경제연구소, 1998.

박형중, 「비교사회주의적 관점에서 본 '실리 사회주의 론의 위치와 전망' 김정일 정권 10년: 변화와 전망」, 통일연구원 국내 학술 논문집, 2004.

배한동, 「한국 대학생들의 통일의식에 관한 조사 연구」, 『한국 정치 외교 사학회보』 제22집 2호, 2000. 12.

배한동 외, 『새로운 북한 이해』, 경북대학교출판부, 2003.

북한문제연구소, 『북한 365일』, 북한문제연구소, 2004.

서재진, 『주체사상의 형성과 변화에 대한 새로운 분석』, 통일연구원 연구 총서 01-13, 2001.

28) 연합뉴스 민족 뉴스 취재 본부, 『김정일 100문 100답』, 평화당, 2000, pp. 132-134.

연합뉴스 민족뉴스취재본부, 『북한 용어 400선집』, 1999.
연합뉴스 민족뉴스취재본부, 『김정일 100문 100답』, 평화당, 2000.
오승렬, 『북한경제의 변화: 이론과 정책』, 통일연구원, 2002.
유석렬, 『혁명에서 생존으로』, 대영정판, 2001.
이우승, 「정상회담에 나타난 북한과 김정일의 이미지 분석」, 저널리즘평가 제31호, 2000.
이정수, 「북한 정치체제에 관한 연구」, 서울대학교 박사학위논문, 1991.
이종석, 『북한연구방법론, 비판과 대안』, 역사비평, 1990.
이주철, 『김정일의 생각 읽기』, 지식공작소, 2000.
이찬행, 『인간 김정일 '수령' 김정일』, 열린세상, 1994.
임강택, 『북한의 개혁·개방 추진 전망 - 대북 경제 협력 정책에 대한 시사점』, 통일연구원 연구 총서 01-29, 2001.
전현준, 「김정일 정권의 분야별 정책 변화 추이 분석-노동 신문(1994. 7. 4. ~ 2001. 11. 31.) 사설, 정론, 논설을 중심으로」, 2001.
정성장·백학순 공저, 『김정일 정권의 생존전략』, 세종연구소, 2003.
조영환, 『매우 특별한 인물, 김정일』, 지식공작소, 1996.
통일부 정보분석국, 『주간 북한동향』, 제697호(2004. 6. 4. ~ 2004. 6. 10.), 2004.
통일연구원, 「김정일 정권 10년: 변화와 전망」, 국내학술회 발표논문집, 2004.
통일연구원, 「북한의 변화와 남북 관계」, 국내학술회 발표논문집, 2002.
Deutsch, Karl et al, *Political Community and North Atlantic Area*, Princeton, Princeton University, 1957.
Etzioni Amitai, *Political Unification*, New York, Rinehart and Winston, 1966.
Scalapino, Robert A. and Chong-Sik Lee, *Communism in Korea*, part I: The Movement, California: University of California press, 1972.
Taylor, William J., "*North Korea: Steady As She Goes*," Policy Forum Online. 2008.

제4장
통일을 위한 남북관계의 이해

1. 대북 정책의 성격과 방향

통일정책이 통일 문제 및 통일과 관련된 제반 정책을 포괄하는 개념이라면, 대북정책은 통일정책의 기본이 되는 북한을 상대로 한 일련의 현실적인 정책을 말한다. 통일정책이 통일의 전 과정을 포함하는 종합정책이라면, 대북정책은 통일로 가기 위한 어느 단계에서의 특정정책이라 할 수 있다. 통일정책에는 대북정책은 물론이고 통일기반조성을 위한 대내외 정책이 모두 포함된다.

본 절에서는 대북정책의 종류를 살펴본 후 과거 김대중, 노무현 정부 시절의 포용정책과 현 이명박 정부의 대북 정책을 비교·검토해 봄으로써 대북정책에 대한 이해의 폭을 넓히고자 한다.

1.1 대북정책의 분류

대북정책의 우선적인 전제는 한반도 통일을 위한 남북한 간의 평화정착이라 할 수 있다. 통일은 이루기 어려운 과제이지만 평화적인 방법으로 우리가 반드시 실현해야 할 목표이다. 현재의 분단 상황을 고려해 볼 때 남북관계를 관리하는 대북 정책으로는 대체로 다음과 같은 3가지 방안을 생각해 볼 수 있다.[1]

첫째, '대결과 봉쇄 정책'으로 과거 냉전 시대에 서방국가가 공산국가를 대상으로 한 정책으로, 북한에 대해서도 대화와 협력을 거부하고 무조건 반대, 대결, 투쟁하는 정책이다. 그러나 이 정책은 상호 불신감이 깊은 대치상황에서 군비경쟁을 부추기고, 남북 간의 적대감을 더욱 증폭시키는 결과를 낳을 수 있다. 또한 봉쇄 정책이 폐쇄성과 독재체제를 더욱 강화시킨다는 것은 쿠바, 이라크, 북한 등에서 잘 입증된 바 있다.

둘째, '불개입정책' 또는 '무관심정책'으로 북한에 대하여 어떤 상황에 처해 있든 관심을 갖지 않고 문제해결을 위하여 나서지 않는 정책이다. 이 정책은 북한이 상당한 군사력을 갖고 있고 대남 혁명 전략을 포기하지 않고 있는 상황 하에서는 대화와 협상이 필요치 않다는 입장이다. 그러나 이 정책은 자칫 한반도의 안보 불안을 초래하여 한국에 대한 외국의 투자를 저해하는 요인이 될 수도 있다. 또한 현재와 같이 북한 주민이 경제적 어려움을 겪고 있는 상황에서 모르는 척 하는 것은 인도적, 동포애적 견지에서도 옳은 태도라고 할 수 없다.

셋째, '포용 정책'으로 북한의 개혁과 개방을 유도하기 위하여 북측과의 화해와 협력을 강화하는 정책이다. 이 정책은 북한이 대화와 개방의 길로 나올 수 있는 환경과 여건을 만들어 줌으로써 긴장을 완화하고 평화통일의 기틀을 마련하자는 것으로, 현재의 남북관계에도 적용되는 정책이다. '포용정책'은 '햇볕정책'이라고도[2] 불리며 김대중 정권의 '화해·협력 정책', 노무현 정권의 '평화 번영 정책', 이명박 정부의 '상생·공영 정책'이 큰 틀에서는 이에 해당된다.

이러한 대북 포용 정책은 새로운 세계정세와 국내외적 조건을 감안, 분단의 안정적 관리라는 현상유지 과제와 화해·협력을 통해 관계를 개선하고 평화통일로 나아가자는 현상 타개적 과제를 동시에 달성하려는 정책이다. 정부의 대북 포용 정책은 북한에 대한 위기의식과 피해의식에서 벗어나 확신과 자신감에 기초하여 안보와 교류·협력을 병행 추진하는 일종의 '유연정책(flexible policy)'이라 볼 수 있다. 이 정책은 통일과 외교를 포괄하는 정책이자, 안보와 경계를 동시에 고려하는 균형 정책이며, 나아가 정책의 투명성, 국민적 합의, 초당적 협력을 지향하는 참여

1) 통일교육원, 『통일교육기본지침서』, 통일부, 2001, p. 55.
2) '햇볕정책'은 비유법으로 사용된 상징어이며, 포용 정책은 영어권에서는 'Engagement Policy' 혹은 'Sunshine Policy', 중국에서는 '陽光政策', 일본에서는 '太陽政策'이라고 불린다.

지향 정책이라고 볼 수 있다.

1.2 대북 포용 정책의 목표와 방침

대북 포용정책은 정권에 따라 그 명칭은 바뀌었지만 한반도에서 전쟁을 방지하고, 남북관계를 개선하여 평화공존을 실현하고 나아가 분단된 조국을 통일하는 데 목적이 있다. 그러므로 대북 포용 정책은 상대방인 북한을 '타도의 대상'이 아니라 '공존공영의 협력자'로 인정하는데 특징이 있다. 포용정책의 분야별 추진 목표는 다음과 같이 설정할 수 있다.

첫째, 정치·군사 분야의 목표는 남북 간의 화해 교류를 통해 상호 군축을 실현하고 현재의 정전 협정을 평화협정으로 대체시키는 데 있다.

둘째, 경제 분야의 목표는 북한에 대한 지원을 통한 북한의 경제 위기 극복과 남북 간의 경제 교류 및 협력, 지속적인 대북 투자를 통한 '남북 경제 공동체'의 건설에 있다.

셋째, 사회·문화 분야 목표는 남북의 상호 교류와 협력, 사회 개방을 통해 민족의 동질성을 회복하는 데 있다.

넷째, 외교적 측면의 목표는 국제 사회에서 남북이 대결구도를 지양하고 국제기구나 국제사회에서 상호 협력 및 공동보조를 추구하는 데 있다.

이러한 목표를 달성하는 데에는 상당한 시련이 예상되고 있다. 그것은 남북 간의 체제의 이질성에도 기인하겠지만 남북 간의 통일 전략과 정책에도 타협하기 어려운 간격이 있기 때문이다. 김대중 정부의 포용 정책에는 다음과 같은 3대 추진방침이 포함되었다.[3]

첫째, 평화를 파괴하는 일체의 무력도발 불용이다. 한반도에서 평화의 토대를 튼튼히 함으로써 무력충돌을 방지하겠다는 것이다. 이는 안보태세를 확립하고 무력도발에 대해서는 단호한 대응조치를 취하겠다는 입장을 분명히 표시한 것이라 할 수 있다. 이런 점에서 확고한 안보를 통한 평화정착은 포용정책을 추진하는 토대일 뿐 아니라, 실질적인 효과를 거두기 위한 전제이다.[4]

둘째, 흡수통일의 불추구이다. 이것은 우리가 북한을 해치거나 흡수 통일할 의사가 없으며

---

3) 통일교육원, 『통일교육지침서』, 통일부, 2001, pp. 56-57.
4) 동북아평화연구회, 『문답으로 풀어 본 대북포용정책』, 밀레니엄북스, 1999, p. 70.

나아가 북한의 붕괴를 촉진하는 그 어떤 행동도 하지 않을 것이라는 의지의 표명이다. 반세기에 걸친 적대와 반목으로 상호 이질화가 심화된 상태에서 일방적, 급진적 흡수통일을 추진할 경우 엄청난 충격과 혼란을 초래할 수 있기 때문이다.

셋째, 남북의 화해·협력을 통한 평화와 공동 번영의 적극 추진이다. 분단 이후 누적되어 온 남북 간의 적대감을 해소하고 상호이해의 기초를 마련하기 위해 우선 가능한 분야부터 화해·협력을 추진해 나가겠다는 의지의 표현이다. 정부가 민간차원의 교류·협력 활성화를 도모하고, 특히 남북 간 경제협력에 정경분리원칙을 적용하고 있는 것도 이 같은 취지를 반영한 것이다.[5]

1.3 대북 포용 정책의 추진 원칙

남북 간의 화해와 협력을 통한 평화와 번영을 이룩하고 궁극적으로 통일을 이루기 위한 정책 추진의 원칙은 다음과 같다.

첫째, 대화를 통한 문제 해결 원칙이다. 우리는 어떠한 형태의 전쟁도 반대하고, 대화를 통해 평화적으로 남북문제를 해결하기 위해 남북대화뿐 아니라 6자 회담 등 다양한 대화채널을 활성화하려는 것이다. 남북 간의 상호불신과 적대감을 약화시키려면 근본적으로 "보다 많은 대화와 접촉"을 통해 "보다 많은 협력관계"를 형성해야 하기 때문이다.[6] 그리고 이를 실현하기 위해서는 남북한 당국자간의 대화뿐만 아니라 광범한 민간의 교류와 협력도 동시에 필요하다.

둘째, 상호 신뢰 우선과 호혜주의 원칙이다. 남북은 상호신뢰를 기반으로 새로운 회담문화를 창출하고, 남북뿐 아니라 관련국들이 동등한 관계에서 서로 이익을 얻도록 협력해야 한다는 원칙이다.

셋째, 남북 당사자 원칙에 기초한 국제협력의 원칙이다. 한반도 통일 문제는 실질적 당사자인 남북한 간 협의를 바탕으로 국제사회와의 협력을 통해 해결하여야 한다는 원칙이다.

---

5) 동북아평화연구회, 앞의 책, p. 71.

6) 예컨대 두 차례의 남북정상회담을 전후하여 남북장관급회담, 남북국방장관회담, 남북군사실무회담, 남북적십자회담, 남북경제협력추진위원회, 남북경협실무접촉 등 수십 차례의 남북회담을 개최하여 남북관계 개선의 계기를 마련하였다.

넷째, 국민과 함께하는 정책 원칙이다. 우리는 국민적 합의에 의한 정책을 추진하기 위하여 정책 결정 과정에 초당적 협력을 얻어야 하며, 또한 법과 제도에 따라 대북 정책을 추진하고, 시민사회의 참여를 확대하고 정책의 투명성도 보장하여야 할 것이다.

1.4 이명박 정부의 대북 정책

지난 10년간의 대북포용정책은 남북관계를 개선하고 북한의 변화를 촉진하는 데 어느 정도 기여하였다고 볼 수 있다. 그러나 북한의 미사일 발사, 핵실험으로 인해 기존의 정책에 대한 비판이 고조됨에 따라, 대북정책은 다른 어느 분야보다도 국민적 합의의 바탕 위에서 추진해야 할 필요성이 증대되었다. 북핵문제가 한반도 정세를 가름하는 주요 변수가 되자 6자 회담이 북핵문제 해결의 틀인 동시에 향후 한반도 정세에서 중요한 장치로 등장하였다. 이에 따라 우리는 북핵문제 해결 과정과 관련한 정세의 흐름을 정확히 분석하고, 남북관계의 새로운 변화를 능동적으로 창출해야 할 것이다.

그동안 남북관계의 역학 구도도 상당히 변하고 있다. 민주주의와 시장경제의 발전을 통해 우리의 국력이 신장된 가운데 북한 경제의 대남 의존도가 증가하였고, 북한 주민의 대남의식도 변화하고 있는 상황에서 우리 정부는 적극적으로 남북관계의 변화를 견인할 필요성이 커지고 있다.[7]

이명박 정부의 대북정책은 북한의 변화를 사회주의 국가들의 개혁, 개방의 역사적 보편성을 따라가도록 유도함으로써 국제적으로 '정상화된 국가'가 되게 하고, 남북관계도 정상적으로 발전되도록 추구하는 정책이다. 북한의 대미 관계 개선 노력과 국제사회 편입 전략을 긍정적으로 평가하고 이를 촉진, 유도함으로써 남북관계 발전에 기여하도록 하겠다는 입장이다.[8]

가. 대북 정책의 원칙

이명박 정부의 대북정책은 '상생·공영의 남북관계 발전'으로 한반도에 새로운 평화구조를 창출하고, 북한의 변화를 통해 남북경제공동체 형성에 진입하여 한반도 평화통일의

7) 통일부 통일교육원, 『통일교육 지침서』, 2008·학교용, pp. 53-56.
8) 통일연구원, 『이명박 정부의 대북정책 비전 및 추진방향』, (주)늘품플러스, 2008, p. 3.

실질적 토대를 확충하는 것을 기조로 하고 있다. 이를 위한 추진원칙을 구체화하면 다음과 같다.

첫째, 실용과 생산성에 입각하여 국민이 동의하고 국민이 원하는 성과를 내는 정책을 추진하고, 북한 주민의 삶의 개선과 북한의 발전적 변화를 촉진해 나간다.

둘째, 북핵 폐기 원칙을 철저하게 견지하여 원칙 있고 성과 있는 대화를 추진하되, 그 접근방식은 유연하게 대처해 나간다.

셋째, 국민 의견을 폭넓게 수렴하여 투명하게 정책을 추진하고, 초당적인 협력을 상시화하며, 생산적이고 투명하게 남북협력기금을 운용해 나간다.

넷째, 남북관계 개선과 함께 유관국가와 조율을 통해 국제사회의 신뢰와 협조를 확보하고 보편적 가치에 입각한 남북관계 발전을 지향해 나간다.

나. 3대 목표 12대 과제

이명박 정부의 대북정책 패러다임은 새로운 발상의 전환을 요청한다. 여기서 세 측면이 강조될 수 있다. 첫째, 북핵 문제는 결코 낙관적 전망을 허락하지 않는다는 점으로 우리의 치밀한 상황 분석과 예측에 따른 대처방안이 요구된다. 둘째, 북한에 대한 선의의 이해와 접근이 지금의 상황에서 누구에게도 도움이 되지 않는 만큼 북한체제의 고유한 특성과 미래 향방에 대한 '냉혹한' 인식에 기반해야 한다. 셋째, 남북관계는 인류 보편적 가치를 존중하면서 국제적 시야 속에서 접근해야 한다는 점으로 민족화합의 가치와 국제협력의 현실을 적절히 조화시키는 균형감각의 유지가 중요하다.

이러한 배경 아래 정부의 대북 정책은 새로운 패러다임으로 평화구조 창출을 위한 한반도 비핵화, 북한의 개방을 통한 남북경제공동체 형성, 그리고 북한 주민의 삶의 질 개선을 추구해야 한다는 것이다.[9] 이명박 정부는 2008년 남북관계 발전 실행계획의 목표로 '상생·공영의 남북관계 발전' 프로그램을 제시하고, 이를 위해 아래의 '3대 목표', '12대 과제'를 선정하였다.

9) 통일연구원, 위의 책, p. 48.

〈표 4-1〉 3대 목표와 12대 과제

Ⅰ. [비핵·개방·3000] 이행준비 ⇨ 북한의 비핵화 유도	① 남북관계를 통한 북핵문제 해결 촉진·지원
	② [비핵·개방·3000] 이행계획 수립
Ⅱ. 상생의 경제협력 확대 ⇨ 한반도 경제 선진화 기여	③ 남북 경협기업의 애로사항 해소
	④ 산림분야 협력
	⑤ 농수산 협력
	⑥ 자원개발 협력
	⑦ [나들섬 구상] 구체화
Ⅲ. 호혜적 인도협력 추진 ⇨ 남북 주민의 행복 추구	⑧ 이산가족 상시상봉 체계 구축
	⑨ 국군포로·납북자 문제 해결 진전
	⑩ 북한 이탈 주민 정착지원 강화
	⑪ 대북 지원의 분배 투명성 제고
	⑫ 북한 인권 개선 노력

출전: 통일부 통일교육원, 『통일교육 지침서』, 2008학교용, p. 55.

첫 번째 목표는 '비핵·개방·3000 구상'을 통해 한반도의 비핵화와 북한의 점진적인 개방을 유도하는 것이다. 이는 궁극적으로 북한 주민들의 인간다운 삶을 보장하고 남북한 간의 공동번영의 기틀을 다지고자 하는 목표에 기초한다. '비핵·개방·3000 구상'은 북핵문제의 해결, 북한의 개혁·개방, 남북 경제공동체 실현을 위한 포괄적 해법으로 북핵문제의 진전과 북한의 개혁·개방이 진행되는 과정에 발맞춰 한국이 국제사회와 협력, 북한의 1인당 국민소득을 3천 달러 수준으로 향상시키는 등 북한경제가 자립할 수 있도록 돕는 일련의 순차적 프로그램이다.

두 번째 목표는 '상생의 경제협력 확대'로 한반도의 경제 선진화에 기여하려는 것이다.

이를 위해 개성공단의 3통(통행·통관·통신) 문제를 조속히 해결하여 남북경협의 장애물을 제거하며, 황폐화된 북한 산림을 복원하여 환경재해를 예방하며, 북한의 농업생산기반의 복구를 지원한다. 또한 자원외교의 대상을 북한으로 확대하여 북한과의 자원개발 협력을 추진하되 경제성을 고려하여 단계적으로 추진한다. 나들섬 구상의 구체화를 통해서는 지금까지 북한에서 제한적으로 추진되던 남북경협을 남북 간 중립지역(DMZ 등)에서 보다 적극적으로 추진하는 등 실질적인 남북 공동협력 모델을 구현하고자 한다.

세 번째 목표는 '호혜적 인도협력 추진'으로 남북 주민의 행복을 추구하는 것이다.

이산가족 및 국군포로·납북자 문제의 해결을 위해 보다 적극적인 노력을 기울이는 한편,

해외에 체류 중인 북한 이탈 주민의 인권상황 개선 및 국내 수용시설의 확충을 통해 정착지원을 강화하도록 한다. 또한 대북지원의 분배투명성 개선을 통해 북한 주민의 식량난 해소에 보다 실질적으로 기여하며, 북한 인권문제를 국제사회와 함께 지속적으로 제기하여 북한 당국의 인권 개선노력을 유도함으로써 남북관계에 대한 대내외적 지지를 확충해 나갈 것이다.

2. 남북 정상회담과 교류·협력 과제

반세기에 걸친 분단이 가져온 남북의 상호불신과 이질화의 심화문제는 서로 상대방을 인정하고 존중하는 바탕 위에서 대화와 교류·협력을 통해서만 해결할 수 있다. 정부는 1988년 '민족자존과 통일번영을 위한 특별선언'(일명 '7·7선언')을 발표하고 모든 부문에 걸쳐 남북 간에 교류·협력을 강화해 나갈 것을 천명하였다. 이에 따라 1989년 6월 '남북교류·협력에 관한 기본지침'을 제정하였고, 이어 1990년 8월에는 '남북 교류·협력에 관한 법률'과 '남북협력 기금법'을 제정하여 남북 간의 교류와 협력을 위한 법적·제도적 뒷받침을 마련하였다.

그 후 1992년 2월 남북 간에 '남북 사이의 화해와 불가침 및 교류·협력에 관한 합의서'('남북기본합의서')가[10] 체결되면서 교류·협력이 활성화될 것으로 기대하였으나, 북한 핵문제 등으로 남북관계가 다시 경색되었다. 1998년 국민의 정부 출범 이후 화해·협력정책에 힘입어 남북 간에 인적·물적 왕래가 크게 증가하였으며, 2000년 6월에는 역사적인 남북정상회담이 성사되어 6·15 공동선언이 채택되었다. 이어 참여 정부는 2007년 10월 2차 남북 정상회담을 개최하여 10·4선언을 통해 남북교류·협력에 관한 보다 구체적인 청사진을 마련하였다.

2.1 1차 남북 정상회담과 6·15 공동선언

김일성 생존 시 남과 북은 정상회담의 개최를 합의(1994. 6. 28.)하였으나 김일성의 갑작스런 사망(1994. 7. 8.)으로 성사되지 못하였다. 3년간의 유훈 통치 기간을 거친 후 김정일 체제가

---

10) 남북의 총리 간에 합의한 문건으로 부록의 '남북 기본 합의서'(1992년) 내용을 참조하면 제1장 남북화해, 제2장 남북불가침, 제3장 남북 교류·협력에 관한 구체적인 내용이 25개 조항에 담겨 있다.

확고히 된 2000년 6월에야 남북 정상회담은 가까스로 개최되었다. 김대중 대통령과 김정일 국방위원장은 2000년 6월 13일부터 15일까지 평양에서 분단 이후 최초의 정상회담을 갖고 '6·15 남북공동선언'을 발표하였다. 남북정상회담에서 채택된 6·15 남북공동선언은 남북 최고 지도자들이 분단 역사상 처음으로 직접 합의하고 서명한 최초의 문서로서, 남북 관계사의 새로운 장을 여는 의미 있는 문건이라고 볼 수 있다. 분단 이후 최초의 남북 정상의 3일간의 만남과 공동선언문의 발표는 분단의 세월만큼 높아진 장벽을 허무는 계기를 마련하였다. 이 역사적 문건은 민족 공동 과제에 대한 5개의 선언에 불과하지만, 길고 긴 한반도 분단 60년사의 민족 화해와 통일의 새로운 이정표를 내놓았다고 볼 수 있다.

가. 6·15 공동선언의 내용

2000년 6월 15일에 김대중 대통령과 김정일 국방위원장간의 공동 명의로 발표된 6·15 공동선언문의 내용은 다음과 같다.[11)]

먼저 공동선언의 제1항은 통일의 실현을 위한 자주적 해결 원칙을 선언하였으며, 제2항은 남과 북이 서로 다른 체제를 갖고 있는 현실을 인정하고 당장의 통일은 불가능하기 때문에 서로 평화공존하면서 협력하는 것이 통일로 나아가는 길이라는 데 인식을 같이하였다. 남의 국가 연합안과 북의 '낮은 단계의 연방제'안의 공통점을 인정한 점은 특기할 만하다.

공동선언 제3항은 이산가족 재회 등 인도주의적 문제 해결 원칙에 합의하였으며, 제4항은 경제협력 등 사회, 문화, 체육, 보건 분야의 제반 교류·협력문제를 다루고 있다. 마지막 제5항에서는 이상의 합의내용들을 이행하기 위한 당국 간 지속적인 대화의 필요성을 규정하고 있다. 그리고 공동선언의 실천력을 한층 높이기 위해 김정일 국방위원장의 서울 답방을 명기하고 있다.[12)]

나. 6·15 공동선언의 의의

남북 정상이 분단 55년 만에 처음으로 만나 회담을 통해 남북공동선언에 합의한 것은 역사적인 대사건이다. 3일이라는 짧은 일정 속에서도 남북 정상들은 폭넓게 의견을 교환하였고 양지도

11) 상세한 내용은 부록의 '6·15 남북공동선언' 원문을 참조할 것.
12) 통일교육원, 『통일교육지침서』, 통일부, 2001, p. 70.

부 사이의 신뢰구축 노력은 남북 간의 긴장을 완화시켜 협력관계를 구축하는 밑거름이 되었다. 우리는 여기에서 2000년 6월의 남북정상회담의 결과물인 6·15 공동선언의 역사적인 의의를 구체적으로 살펴볼 필요가 있다.

첫째, 이 선언이 조국의 통일을 위하여 통일 문제의 '자주적 해결 원칙'인 당사자 해결원칙을 확인한 점이다. 이 선언은 한반도 통일 문제해결의 주체가 남북 당사자라는 점을 분명히 확인하였으며, 남과 북은 자주적으로 기존의 대결관계를 해소하고 평화와 통일로 나아갈 것을 양 정상이 직접 합의했다는 점에서 커다란 의의가 있다. 한반도 평화와 통일의 과제는 근본적으로 그 당사자인 남과 북이 대화와 협상을 통해 풀어나가야 할 문제이며 국제사회도 지금까지 당사자 해결 원칙을 지지해 왔기 때문이다. 이러한 상황에서 공동선언은 통일 문제를 "우리 민족끼리 서로 힘을 합쳐 자주적으로" 해결해 나가기로 합의함으로써 당사자원칙을 다시 한 번 확인한 데 큰 의의가 있다.

둘째, 이 선언은 남북 정상이 처음으로 남과 북의 통일 방안 중 일부나마 공통점을 상호 인정하였다는 점이다. 그동안 남의 국가 연합안과 북의 연방제 통일 방안은 서로 대립되어 상호 수용될 수 없는 통일 방안이라고만 생각하였다. 그러나 남북의 정상이 공동선언문 2항에서 남측의 '연합제'안과 북측의 '낮은 단계의 연방제'안의 공통성을 인정한 점은 그 의의가 크다고 볼 수 있다.[13)]

셋째, 이 선언이 남과 북의 정상이 남북의 평화 정착과 통일에 필요한 당면 과제를 공통적으로 인식하고 이를 해결하기 위한 방안에 합의한 점이다. 그동안 남북 간에는 1971년의 '7·4 남북공동성명'과 1992년의 남북의 총리 간의 '남북기본합의서'라는 평화 정착에 필요한 합의문건은 남아 있었지만 그것은 이미 사문화되었다. 6·15 남북공동선언은 남북 정상이 직접 만나 현실을 정확히 진단하고 무엇보다도 교류·협력이 중요하다는 공감대를 바탕으로 해결 과제를 설정하였다는 점에서 과거와 그 의미가 다르다. 공동선언 제3, 4, 5항에는 한반도 평화정착을 위한 당면정책과제인 이산가족문제의 해결, 남북 경제협력, 사회·문화교류 등이 명시되어 있다.

---

13) 남측의 국가 연합안이나 북측의 '낮은 단계의 연방제'안이 지역 정부에 독자적인 군사권과 외교권을 인정한다는 점에서 근접하게 된 것이다. 남측은 민족공동체 통일 방안의 제1단계는 남북 간의 적대 대립 관계를 화해·협력 관계로 개선하고, 제2단계는 공존공영 평화 정착을 통한 민족공동체 형성 단계, 3단계는 1민족 1국가라는 통일 국가 완성이라는 단계적·점진적 3단계 통일 방안을 제시하였고, 북측은 통일을 위해 과도 기구를 설정하지 않고 최고 연방 상설 위원회를 설치하는 1민족 1국가 2제도 2정부라는 '연방제'안을 주장하였다.

또한 남북 정상은 앞서 합의한 당면 과제를 "조속히 실천에 옮기기 위하여" 당국 간 상설적인 대화기구를 설치하기로 합의하였다. 남북 장관급 회담을 축으로 하는 여러 대화기구를 마련하여 남북의 당면과제를 해결하기 위한 근거를 마련했다는 점은 그 의의가 크다.

넷째, 남북정상회담과 6·15 공동선언은 대결과 불신의 역사를 화해와 협력의 역사로 바꾸어 나갈 수 있는 계기를 만들어 놓았다는 점에서 그 의의가 크다. 남북 정상들은 현재 적대적 대결상태를 종식하고 평화공존의 새로운 패러다임으로 전환하는 데 사실상 합의하였다. 물론 이 과정에서 일시적인 대화의 단절, 불화와 대결도 예상되지만 장기적인 시각에서 볼 때 평화정착적인 방향으로 나아갈 것은 분명하다. 결국 정상회담은 탈냉전의 국제질서 속에서 한반도 냉전구조 해체를 위한 중요한 계기를 마련하였으며, 그동안의 대결상태를 해소하고 새로운 평화질서를 구축함으로써 한반도뿐 아니라 동북아의 안정과 세계평화에 기여할 수 있는 토대를 마련하였다.

다. 북한의 1차 정상회담 수용 배경

북한이 분단 이후 최초로 남북 정상회담(북측은 '최고위급회담'이라고 부름)을 수용한 배경은 다음과 같다.

첫째, 북한이 남북 정상회담을 수용하게 된 것은 남측의 지속적인 포용정책의 성과라고 볼 수 있다. 북한 당국은 처음에는 우리의 포용 정책이나 햇볕정책을 연공접변(聯共接変)을 통한 흡수통일정책이라고 비난했으나, 그 진의를 어느 정도 파악한 결과라고 볼 수 있다.

둘째, 북한의 식량난 등 경제 위기와 대내적 사정의 어려움이 남북 정상회담의 수용의 계기가 되었다고 볼 수 있다. 북한은 3차 7개년 개혁(1987~1993)의 실패와 외국 자본 유치 노력의 실패, 200만 톤이나 부족한 심각한 식량위기 상황의 타개책으로 정상회담을 수용하였다고 볼 수 있다. 북한은 경제 위기 돌파의 실질적인 파트너를 남측으로 인식하고 사회 간접자본인 전력, 도로, 철도 확충에 필요한 산업 자원 조달 방편으로 정상회담을 수용하였다고 볼 수 있다.

셋째, 동구의 체제 변화, 동독의 흡수 통일, 소연방의 해체, 몽고와 베트남의 개혁 등 사회주의 국가의 환경 변화도 정상회담을 수용하게 된 배경이 되었다. 북한은 사회주의권의 붕괴로 인한 외교적·경제적 어려움의 돌파책으로 정상회담을 수용하였다는 것이다.

넷째, 북한 당국은 동구사회주의 국가들의 붕괴에 자극받아 김정일 체제의 유지 수단으로 남북의 정상회담을 수용하였다. 북한 당국은 체제위기를 극복하기 위하여 대미 관계 개선의 전제로 정상회담을 전격적으로 수용했다고 볼 수 있다. 정상회담은 김정일 정권의 안정과 체제 위기를 극복할 수 있다는 북한 지도부의 판단의 소산이라고 볼 수 있다.

이러한 여러 요인이 복합적으로 작용하여 김정일과 북한 당국의 인식 변화를 초래하고 그것이 정상회담의 수용으로 나타났다. 결국 북한 당국은 북한의 경제 위기를 타개하고 북한 경제의 정상화에 남측의 공적 투자 유치의 불가피성을 인식하여 남북정상회담을 수용하였다고 볼 수 있다.

2.2 2차 남북 정상회담과 10·4 선언

분단 사상 처음으로 노무현 대통령이 육로로 방북하여 이루어진 2차 남북정상회담은 2007년 10월 2일부터 4일까지 평양에서 개최되었다. 김정일 위원장은 노무현 대통령을 4·25 문화회관에서 직접 영접하고, 인민군 의장대를 공동 사열하였다. 노 대통령은 김정일 위원장과 2회의 단독회담을 가졌으며, 김영남 상임위원장과도 한차례 면담하였다. 노무현 대통령과 김정일 국방위원장은 2차 정상회담을 통해 '남북관계 발전 및 평화 번영을 위한 선언'(10·4 선언) 8개항에 합의하였다.[14]

가. 10·4 선언의 내용

6·15 선언에 이어 그간의 남북 간 교류·협력의 성과를 바탕으로 이루어진 10·4 선언의 내용을 요약하면 다음과 같다.[15]

① 6·15 공동선언의 고수와 이를 적극 구현한다.

- 통일 문제의 자주적 해결, 6월 15일을 기념하는 방안을 강구한다.

② 사상과 제도의 차이를 초월하여 남북관계를 상호존중과 신뢰 관계로 전환한다.

---

14) 남북정상회담 준비기획단, 「2007 남북 정상회담 합의」 해설자료(2007. 10. 4.), p. 2.
15) 남북정상회담 준비기획단, 「2007 남북 정상회담 합의」 해설자료(2007. 10. 4.), pp. 3-8.

- 남과 북은 내부 문제 불간섭, 통일을 위한 법률적·제도적 장치 정비, 남북 양측 의회 분야의 대화와 접촉을 계속한다.

③ **군사적 적대관계의 종식과 한반도에서 긴장완화와 평화보장을 위하여 긴밀히 협력한다.**

- 분쟁문제의 대화와 협상을 통한 해결, 한반도의 전쟁 반대와 불가침 의무 준수, 서해 공동어로 수역의 평화 수역화, 남측 국방부 장관과 북측 인민무력부 부장간의 회담을 재개한다.

④ **현재의 정전체제를 종식하고 항구적인 평화체제를 구축한다.**

- 정전 관련 3자 또는 4자 정상의 종전 선언, 핵문제 해결을 위한 6자회담 성공을 위해 공동 노력한다.

⑤ **민족경제의 균형적 발전과 공동의 번영을 위한 경제협력 사업을 활성화한다.**

- 경제협력을 위한 투자 장려, 기반시설 확충과 자원개발 추진, '서해 평화협력 특별지대' 설치, 공동어로구역과 평화수역 설정, 경제특구건설과 해주항 활용, 민간선박의 해주직항로 통과, 한강하구 공동이용, 개성공업지구 건설 완공, 문산-봉동 간 철도화물수송, 통행·통신·통관 문제 완비, 개성-신의주 철도와 개성-평양 고속도로 공동 이용을 위한 개보수, 안변과 남포 조선협력단지 건설, 농업 보건의료 환경보호 등 협력사업, '남북 경제협력 추진위원회'와 '남북 경제협력 공동위원회'를 부총리급으로 격상한다.

⑥ **역사, 언어, 교육, 과학기술, 문화예술, 체육 등 사회문화 분야의 교류와 협력을 발전시킨다.**

- 백두산 관광, 백두산-서울 직항로 개설, 2008년 북경 올림픽경기대회 남북응원단은 경의선 열차를 이용한다.

⑦ **인도주의 협력 사업을 적극 추진한다.**

- 이산가족과 친척들의 상봉 확대, 영상 편지 교환사업, 금강산면회소 쌍방 대표 상주, 자연재해, 재난 발생 시 적극 협력한다.

⑧ **국제무대에서 민족의 이익과 해외 동포들의 권리와 이익을 위한 협력을 강화한다.**

- 10·4 선언의 이행을 위한 남북총리회담 개최, 남북정상들은 수시 현안 문제를 협의한다.

나. 10·4 선언의 의의

10·4 선언은 6·15 공동선언에 비해 남북의 화해와 평화를 보장하고 경제적 협력과 공동

번영을 위한 보다 구체적인 청사진을 마련하였다. 10·4 선언의 의의를 살펴보면 다음과 같다.

첫째, 기존 교류·협력 중심으로 진행되어 온 남북관계를 한 차원 높게 발전시키기 위해 군사적 신뢰 구축과 평화를 제도화하는 틀을 제공한 점이다. 한강 하구, 서해 접경지대로 이어지는 남북 간의 갈등 및 개발소외지역을 '서해 평화협력 특별지대'(합의문 5항) 설치를 통해 평화와 번영이 상호 결합되고 선순환되는 구조를 창출한 것이다.

둘째, 정전체제를 평화체제로 전환시키기 위해 실질 당사자인 남북이 주도하여 관련 당사국 간 협의를 시작하고, 이러한 과정의 일환으로 그간 관계국과 논의하여 온 종전선언을 실현하기 위해 노력하기로 합의한 점이다. 9·19 공동성명과 2·13 합의 이행, 6자 회담과 남북회담이 병행발전하고 선순환할 수 있음을 입증하고, 6자 회담과 남북회담을 통해 한반도의 평화와 번영, 나아가 동북아 평화·번영의 선순환 기틀을 마련한 점이다.(합의문 4항)

셋째, 남북 경협을 '경제공동체'로 한 단계 도약시키기 위해 적극 활성화하고 지속적으로 확대 발전시키기로 합의한 점이다. 남북경협의 차원 높은 발전을 위해 양 정상은 그동안 막혀 있었던 통행·통신·통관 문제 해결 및 경협의 군사적 보장 등에 긴밀히 협력함으로써 그간의 경협 장애요인을 해소해 나가기로 합의하였다.(합의문 5항)

넷째, 그동안 장관급으로 운영되어 온 남북대화 총괄 창구를 총리급으로 격상시키고, 산하에 부총리급 경제 협력 공동위를 비롯하여 분야별로 장관급 또는 차관급 공동위원회를 구성하여 상시적인 남북 간 협의 틀을 만들기로 합의한 점이다. 남북관계 발전을 위해 남북정상이 수시로 만나 현안문제를 해결하기로 합의한 점도 의의가 크다.(합의문 8항)

2.3 남북 교류·협력 현황

6·15 공동선언을 토대로 10·4 선언으로 이어진 남북의 정상 회담을 통한 공동선언은 남북 간의 분야별 교류와 협력을 더욱 확대·강화하였다. 6·15 공동선언 이후 남북교류·협력은 남북 간의 상호불신을 해소하고 민족의 동질성을 회복해 나가는 견인차 역할을 수행하여 왔다. 그간 남북의 다각적 경제 및 사회·문화 교류·협력은 남북 사이의 긴장을 완화하고 평화적 분위기를 조성하는 데 크게 기여하였다. 그동안 남북 간의 합의에 의하여 이루어진 주요 교류·협력 사업을 소개하면 다음과 같다.[16)]

가. 분야별 남북 회담

2000년 남북 정상 회담 이후 남북 간에는 20여 차례의 남북 장관급(고위급) 회담, 여러 차례의 남북 경제 협력 추진 위원회, 이산가족 문제를 해결하기 위한 남북 적십자 회담, 군사적 문제를 평화적으로 해결하기 위한 국방장관 회담에 이르기까지 다양한 회담과 협정이 체결되었다. 또한 민간 차원의 6·15 공동선언 실천을 위한 남측과 북측 위원회의 활동은 여러 갈래의 사업으로 이어지고 남북의 공동 행사로 승화되고 있다. 남북 간 사회문화 교류도 2000년도 남북정상회담을 전후하여 양적으로 급격히 증대하는 추세이며, 내용면에서도 문화, 예술, 체육, 방송, 학술[17], 종교 등 다양한 분야로 확대되고 있다.

〈표 4-2〉 분야별 남북회담 개최 현황 〈단위: 회〉

구분	'71-'99	'00	'01	'02	'03	'04	'05	'06	'07	'08.7.	계
정치	189	18	2	4	5	2	10	5	13		248
군사	0	4	2	9	6	5	3	4	11	1	45
경제	5	3	3	14	17	13	11	8	22	3	99
인도	119	2	1	3	7	2	4	3	3		144
사회문화	34			2	1	1	6	3	6	1	54
합계	347	27	8	32	36	23	34	23	55	5	590

※ 정치(장차관급 회담 등) / 군사(장성급·군사실무회담 등) / 경제(경제협력추진위 등) / 인도·사회(적십자·체육 회담 등)

나. 인적 교류 사업

2000년 남북 정상 회담 이후 남북 간의 인적 교류는 매년 증가하고 있다. 남에서 북한을 방문하는 인원이 현저히 많고 북에서 남한을 방문하는 사람은 극소수에 지나지 않는다. 독일의 통일 과정에 비하면 상호방문 인원이 아직도 적지만 남북 간의 관계 개선 정도에 따라 인적 교류 사업은 증가될 가능성이 있다. 서울과 평양을 오가며 열리고 있는 6·15 공동선언 기념행사, 8·15 광복절 경축 행사, 개천절(단군절) 공동 행사, 아리랑 축전의 대규모 방북은 그간의 불신의 벽을 허물고, 상호이해와 협력의 폭을 넓혀 민족의 자존심을 회복하고 있다.

16) 아래 남북 교류 현황 통계 자료는 www.imyrang.com(2008. 8. 30.)의 자료를 상당부분 전제한 것임.

17) 남과 북의 학술 분야의 교류가 남북이나 해외에서 수십 차례 있었지만 그 교류의 주체인 6·15 공동선언 실천 학술 위원회의 2007년 12월 7일-9일 '남북관계 발전과 학자들의 역할'에 관한 금강산 남북 공동 학술토론회는 필자도 참석한 회의이며, 학술 교류에 관한 합의문도 도출되었다.

〈표 4-3〉 남북 인적 교류 사업 〈단위: 명〉

구분	'89-'99	'00	'01	'02	'03	'04	'05	'06	'07	'08.7	계
남→북	11,321	7,280	8,551	12,825	15,280	26,213	87,028	100,838	158,170	113,899	541,405
북→남	637	706	191	1,052	1,023	321	1,313	870	1,044	223	7,380
계	11,958	7,986	8,742	13,877	16,303	26,534	88,341	101,708	159,214	114,122	548,785

※ 금강산 개성 등 관광인원 제외

다. 남북 교역 사업

1989년 1,872만 달러 규모로 시작된 남북교역은 2005년에 10억 5천만 불에 달하면서 남북교역 1조원 시대를 열고 있다. 2006년의 경우 12월까지의 남북교역 규모는 13억 4,974만 달러로 전년 동기 대비 27.8%의 증가율을 기록하고 있다. 또한 개성에 남북경협사무소를 개설하여 남북 기업 간 직접 상담과 업무협의 등을 가능하게 하였다.

〈표 4-4〉 연도별 남북 교역액 현황 〈단위: 백만 불〉

구분	'89-'99	'00	'01	'02	'03	'04	'05	'06	'07	'08.7	계
반입	1,466	152	176	272	289	258	340	520	765	505	4,743
반출	636	273	227	370	435	439	715	830	1,033	556	5,514
계	2,102	425	403	642	724	697	1,055	1,350	1,798	1,061	10,257

〈표 4-5〉 남북 협력사업 승인 현황 〈단위: 건〉

구분	'91-'99	'00	'01	'02	'03	'04	'05	'06	'07	'08.7	계
경제협력	16	2	5	2	2	26	38	23	176	40	330
사회문화협력	13	5	6	7	13	16	47	26	20	3	156

라. 개성공단 개발 사업

개성공단 개발 사업은 개성시 및 주변 지역을 포함하는 총 2,000만 평의 대지에 800만 평 산업공단과 1,200만 평 배후 도시를 건설하는 것으로 3단계로 나누어 진행되고 있다. 현재는 1단계의 100만 평 개발이 완료된 상태이며, 이미 조성된 2천만 평의 시범단지에는 15개 기업이 입주하여 생산 활동을 수행하고 있다. 3단계 사업까지 완료될 경우 2천여 개의 남한 기업이 진출하여 북측 인력 35만 명을 고용할 것으로 전망되고 있다. 2008년 6월 현재 시범단지에서는

72개 가동기업에 북측 29,489명과 남측 1,147명의 근로자가 함께 근무 중이다. 2009년 1월 현재 93개 기업에 북측의 38,594명의 근로자가 근무하고 있다.

〈표 4-6〉 개성공단 가동 기업 수 및 생산액 현황 〈단위: 개, 만 불〉

구분	'05	'06	'07	'08.6	계
가동기업수	11	30	65	72	72
생산액	1,491	7,373	18,478	11,887	39,229

〈표 4-7〉 개성공단 근로자 현황 〈단위: 명〉

구분	'05	'06	'07	'08.6
북측 근로자	7,621	11,189	22,538	29,489
남측 근로자	490	791	785	1,147
합계	8,111	11,951	23,323	30,636

마. 금강산 및 개성 관광사업

금강산 관광 사업은 1998년 11월 해로관광의 형태로 시작하였으나, 2003년 9월부터는 육로관광으로 전환되었다. 사업 시작 이래 2006년 12월까지 총 30만 명의 관광객 수를 기록하고 있다. 금강산 관광 사업은 남북 교류·협력이 제한적이던 시절 시작된 대표적 사업으로서 남북화해·협력의 상징적 사업으로 자리매김하고 있다.

〈표 4-8〉 금강산/개성 관광객 현황 〈단위: 명〉

구분		'98	'99	'00	'01	'02	'03	'04	'05	'06	'07	'08.7	계
금강산 관광	해로	10,554	148,074	213,009	57,879	84,727	38,306	449	-	-	-	-	552,998
	육로	-	-	-	-	-	36,028	267,971	298,247	234,446	345,006	199,966	1,381,664
	합계	10,554	148,074	213,009	57,879	84,727	74,334	268,420	298,247	234,446	345,006	199,966	1,934,662
개성 관광		-	-	-	-	-	-	-	1,484	-	7,427	76,247	85,158

바. 경의선과 동해선 연결 사업

2000년 남북정상회담 이래 추진된 남북 간 철도·도로 연결 사업은 경의선과 동해선의 단절된 남북한 구간을 연결하는 것으로, 도로의 경우 이미 연결이 완료되어 매월 5천 대의 차량과 3만 명의 인원이 출입하고 있다. 철도의 경우 궤도 부설은 완료되었으며, 역사와 각종 운영설비 등의 마무리 공사를 마치고 개통 중이다.

〈표 4-9〉 남북 차량 왕래 현황 〈단위: 회, 톤〉

구 분		'03	'04	'05	'06	'07	'08.7	계
운행 회수	경의선	2,497	30,442	77,395	94,506	143,450	103,162	451,452
	동해선	6,286	31,072	39,565	29,406	40,053	23,475	169,857
	합계	8,783	61,514	116,960	123,912	183,503	126,637	621,309

〈표 4-10〉 남북 선박왕래 현황 〈단위: 회, 만 톤〉

구분	'94	'95	'96	'97	'98	'99	'00	'01	'02	'03	'04	'05	'06	'07	'08.6	계
운항회수	97	307	322	357	602	1,714	2,073	1,686	1,827	2,022	2,124	4,497	8,401	11,891	4,329	42,249

(편도기준, 분기별 집계임)

사. 인도적 대북지원 사업

남측의 정부와 민간단체는 경제난으로 인해 고통을 받고 있는 북측 주민들에게 1995년 이래 인도주의적 지원을 지속하고 있다. 2006년 말까지 북한에 제공된 인도적 지원 총액은 2억 8천만 불로 이 중 정부차원의 지원액이 2억 불이며, 나머지 8천만 불은 민간차원의 지원액이다. 남측은 매년 식량·비료 등을 지원해 오고 있으며, 2004년 용천재해, 2006년 수해지원 등 긴급구호 차원의 인도적 지원도 이루어지고 있다.

〈표 4-11〉 대북지원 현황 〈단위: 억 원〉

구분		'95	'96	'97	'98	'99	'00	'01	'02	'03	'04	'05	'06	'07	'08.7	합계
정부 차원	무상지원	1,854	24	240	154	339	978	975	1,140	1,097	1,313	1,360	2,296	2,159	116	14,045
	식량차관	-	-	-	-	-	1,057	-	1,510	1,510	1,359	1,787	-	1,649		8,872
	계	1,854	24	240	154	339	2,035	975	2,650	2,607	2,672	3,147	2,296	3,808	116	22,917
민간차원(무상)		2	12	182	275	223	387	782	576	766	1,558	779	709	909	318	7,478
총액		1,856	36	422	429	562	2,422	1,757	3,226	3,373	4,230	3,926	3,005	4,717	434	30,395

아. 이산가족 교류 사업

이산가족교류의 경우 2000년 이후 2006년까지 14회의 대면상봉과 4회의 화상상봉을 통해 총 16,347명이 상봉했으며, 이외에도 39,217명의 생사확인과 679건의 서신교환이 이루어졌다.

〈표 4-12〉 이산가족 상봉 현황 〈건/(명)〉

구분 \ 연도별		'85	'90	'91	'92	'93	'94	'95	'96	'97	'98	'99	'00	'01	'02	'03	'04	'05	'06	'07	'08.7	계
민간차원	생사확인		35	127	132	221	135	104	96	164	377	481	447	208	198	388	209	276	69	74	30	3,771
	서신교환		44	193	462	948	584	571	473	772	469	637	984	579	935	961	776	843	449	413	156	11,249
	제3국상봉		6	11	19	12	11	17	18	61	108	195	148 (383)	165 (471)	203 (592)	280 (662)	187 (465)	94 (256)	50 (86)	53 (164)	21 (67)	1,660 (3,144)
	방북상봉										1 (2)	5 (18)	4 (9)	5 (22)	5 (24)	3 (15)	1 (5)	1 (5)	4 (19)	1 (5)	1 (2)	31 (126)
당국차원	생사확인	65 (157)											792 (7,543)	744 (2,670)	261 (1,635)	963 (7,091)	681 (5,007)	962 (6,957)	1,069 (8,314)	1,196 (9,121)	-	6,733 (48,495)
	서신교환												39 (39)	623 (623)	9 (9)	8 (8)	-	-	-	-	-	679 (679)
	방남상봉	30 (81)											201 (1,720)	100 (899)	-	-	-	-	-	-	-	331 (2,700)
	방북상봉	35 (76)											202 (674)	100 (343)	398 (1,724)	598 (2,691)	400 (1,926)	397 (1,811)	594 (2,683)	388 (1,741)	-	3,112 (13,669)
	화상상봉																	199 (1,323)	80 (553)	278 (1,872)	-	557 (3,748)

2.4 남북 화해·협력을 위한 실천 과제

2000년 남북 정상 회담 이후 남북 간의 교류와 협력은 과거보다는 원활하게 이루어졌으나 아직도 6·15 공동선언과 10·4 선언의 기본정신에는 미치지 못하고 있다. 남북의 모든 겨레와 세계 시민들 앞에 떳떳이 내놓을 수 있는 남북 교류·협력 사업의 성과는 아직도 미진하기 때문이다. 6·15 공동선언 이후 지난 7년 동안 이산가족의 재회, 금강산 관광, 개성 공단 사업 등 가시적인 성과는 거두고 있으나 경제협력은 제한된 통로와 제한된 협력만이 이루어지고 있다. 남과 북이 한반도의 화해와 평화를 위하여 공동으로 노력해야 할 정치·경제·사회·문화적 과제는 아직도 산적해 있다. 남북한이 공동으로 실천해야 할 과제를 정리하면 다음과 같다.

가. 한반도의 항구적인 평화 체제의 정착

6·15 공동선언 이후 남북이 우선시해야 할 과제는 남북 간 화해·협력과 상호 신뢰관계를 바탕으로 한반도의 평화를 정착시키는 일이다. 남북 정상의 역사적인 만남이 남북분단의 두터운 장벽을 허무는 계기는 되었지만 아직도 남북관계는 '긴장과 이완', '갈등과 화해' 현상이 반복되고 있다. 남북 양측은 아직도 막대한 예산을 군사유지비용, 방위비용에 투입하고 있다. 한반도에서 군사적 긴장은 과거보다 해소되었지만 군사적 대치 상황은 아직도 계속되고 있으며 그것이 남북의 교류협력과 공동 번영에 부정적인 영향을 미치고 있다. 남북 간의 인적·물적 교류와 경제협력사업도 상호 신뢰와 평화의 토대 위에서만 가능하다. 그러므로 남과 북은 한반도의 정전체제를 항구적인 평화체제로 시급히 전환하여야 할 것이다. 이를 위한 노력은 아래와 같이 여러 측면에서 이루어져야 할 것이다.

첫째, 남과 북은 정전 협정의 당사자인 미국과 중국을 설득하여 한반도의 평화 선언과 평화 협정을 조속히 체결하도록 공동 노력을 기울여야 할 것이다. 북한은 정전 협정 당시의 '당사자 문제'로 평화 협정에서 남한을 도외시해서는 안 되며, 남한 또한 한미 군사 동맹과 훈련의 명분으로 북측을 군사적으로 압박해서는 안될 것이다.

둘째, 남과 북이 협력하여 냉전의 잔재인 휴전선을 제거하여 평화적으로 공동 이용하는 방안을 마련하여야 한다.[18] 그리하여 우리는 통일 전이라도 남북관계를 내왕이 자유로운 미국과 캐나다, EU 내의 국가 관계처럼 만들어야 한다.

셋째, 남과 북은 상시적인 평화 분위기를 조성하기 위하여 통일 전이라도 과도기적인 조치로 서울과 평양에 상호 대표부를 파견할 필요가 있다. 북한은 미국과의 외교 관계의 수립에 앞서 남북 간의 상주 대표부의 설치에 동의하여야 한다. 그것은 북한이 주장하는 '자주적 원칙'과 '우리끼리 정신'에 합치하므로 어떤 명분으로도 반대해서는 안 된다.

넷째, 남과 북은 정상 간에 합의한 두 개의 공동선언과 여러 가지 협정을 충실하게 이행하여 화해·협력이라는 상호 호혜적인 정책의 기본 틀을 지속적으로 견지하여야 한다. 우리는 통일

18) 분단의 대치 공간인 휴전선을 생태 환경 지역, 평화 공원 지역, 산업 공단이나 경제특구, 평화시 건설 등의 주장이 제기되고 있으나 현재로서는 남북이 합의하여 실천하기 어려운 문제이다.

전 독일이 1972년 양독 기본 협정을 체결하고, 활발한 교섭·교류·왕래를 통해 1990년 역사적인 통일의 위업을 성취하였음에 주목하여야 한다. 또한 우리는 서독의 기민당(CD)과 사회당(SPD)의 정당 간의 여러 차례의 정권 교체가 반복되었음에도 불구하고, 상호 화해와 교류·협력이라는 동방 정책이 지속되었음을 교훈으로 삼아야 할 것이다.[19]

다섯째, 우리는 남북의 평화 체제를 구축하기 위하여 정상 회담을 정례화하여야 한다. 그것은 6·15 공동선언과 10·4 선언의 원칙에도 부합하기 때문이다. 우리는 우리 내부에서부터 정상 회담을 정파적 이해관계로 보는 편협한 시각에서 탈피하여 남북의 교류와 협력을 민족의 공동 번영이라는 대승적 자세로 보아야 하며, 이를 방해하려는 반통일적 세력에는 공동으로 대처하여야 할 것이다.

나. 남북 경제 협력과 경제 공동체의 구현

남과 북은 경제 분야의 교류·협력을 적극 활성화함으로써 두 지역 경제가 하나의 경제공동체로 구현되는 기반을 하나씩 구축해 나가야 한다. 남북경협은 남과 북이 갖고 있는 비교우위 요소들을 상호 보완케 함으로써, 단기적으로는 상생의 이익을 도모하고 장기적으로는 한반도 전체의 민족 경제역량을 높일 것이다. 나아가 남북 경협은 통일 이후 예상되는 막대한 통일비용을 사전에 줄여주는 역할을 할 것이다.

남북 정상은 남북 경제의 협력을 통한 거시적인 민족 경제 공동체 건설의 필요성을 10·4 선언에 담았으나 체제가 다른 남북이 분야별 경제 협력에 쉽게 합의하고 추진하는 데에는 어려움이 많을 것이다. 남과 북의 경제 교류와 협력에는 상호주의 원칙도 존중해야겠지만 민족 내부의 문제이기에 유무상통의 원칙도 필요할 것이다.

우리는 독일 통일이 기본적으로 양독 간의 경제 교류와 협력의 결과임을 되새겨볼 필요가 있다. 독일은 통일 후에도 정치적·경제적 후유증이 잔존하고 있으며 통일독일은 동독의 재건과 경제 회복을 위한 프로젝트도 진행 중이다. 동서독인들 간의 정서적 이질감은 아직도 극복하지 못하였지만, 양독의 통합에 의해 독일인들이 게르만의 자존심을 회복하고 유럽 공동체의 중심

---

19) 서독은 통일의 준비 과정에서 아데나워(기민당)-브란트(사회당)-콜(기민당)로 정권이 교체되었지만 지속적인 화해·협력 정책을 통해 상호 방문 등 인적 교류뿐 아니라, 물적 교류를 활성화하고 TV 상호시청 등 방송 교류를 통해 상호 이해의 폭을 넓혀 갔다.

국가로 우뚝 서 있는 것을 우리는 눈여겨 볼 필요가 할 것이다.

우리의 남북 경협과 경제 공동체 건설은 민족 공영과 번영의 물질적 토대이다. 남북은 각기 통일에 대비한 물질적 인프라를 구축하고, 통일과정과 통일 이후를 대비한 통일 비용[20]을 충분히 마련하여야 할 것이다. 여기에는 통일비용을 자발적으로 부담하고자 하는 공동체 구성원들의 참여의식이 뒷받침되어야 한다.

다. 남북의 동질성 회복을 위한 사회·문화 교류의 활성화

남과 북은 오랜 분단과 체제의 차이로 인해 사회·문화적 측면에서도 매우 이질화되어 있다. 우리는 남북 간의 체제의 차이를 인정하고 통일이 되기 전부터 그 격차를 점차 좁혀 나가야 한다. 지난 세기의 전쟁의 상처로 인해 남북 간에는 상호 적대의식이 아직도 그대로 남아 있다. 이를 극복하기 위하여 우선 남북한 간의 다양한 사회·문화교류와 접촉이 이루어져야 한다. 이 과정에서 우리 민족은 세계에 자랑할 만한 미풍양속과 도덕관념을 회복하고 그 토대 위에서 문화적 이질감을 극복하여야 할 것이다.

민족동질성에 대한 공감대가 부족한 상황에서 이루어지는 남북 간의 물리적 통합과 통일은 큰 혼란과 후유증을 유발할 수 있다. 남과 북은 6·15 화해 정신에 따라 상호 방문과 교류를 보다 활성화하여 민족의 이질성 극복을 위해 꾸준히 노력하여야 한다. 이산가족의 상봉뿐 아니라 남북의 예술, 학술, 방송, 언론, 체육, 종교 분야의 교류와 접촉 및 협력은 조건 없이 이루어져야 한다.[21] 금강산 관광뿐 아니라 개성의 경제인들의 교류, 올림픽의 공동 입장과 공동 응원, 6·15 공동선언 기념행사, 8·15 광복절, 10월 3일 개천절(단군절) 공동 행사 등은 지속되어야 하며, 인적교류가 확대되어 민족의 동질성과 민족 자긍심 회복의 계기가 되도록 하여야 할 것이다.

---

20) 한반도의 통일비용에 관하여 영국 이코노미스트지는 매년 500-600억 달러로 10년간 5천억 내지 6천억 달러가 소요된다고 추정하고, 한국 개발원(KDI)은 9,800억 달러로 추산하고 있다.

21) 학술 분야의 교류를 위한 6.15 공동 선언 실천 남측 학술 본부와 북측 학술위원회의 5차례에 걸친 실무 접촉은 다음과 같다. 1. 2007년 남북학술위원회 실무자회의(4.19-20), 금강산, 금강산호텔/목란각 2. 남북학술위원회 실무자회의(7.26-28), 금강산, 금강산호텔/목란각 3. 남북학술위원회 대표자회의(10.20), 평양, 양각도 호텔 4. 남북학술위원회 실무자회의(11. 3.), 개성공업지구, 봉동관 5. 남북학술위원회 실무자회의(12. 8.), 금강산, 금강산호텔 6. 2008년 남북 실무자 회의(5. 15.) 개성 공업지구, 봉동관.

라. 통일의 정신적 토대 함양

통일의 정신적 토대란 통일의 당위성에 대한 올바른 인식을 바탕으로 통일을 이루려는 민족 구성원들의 강력한 의지뿐만 아니라, 통일과정에서 발생하는 어려움을 극복하려는 의식과 태도를 포함한다. 우리가 통일의 필요성을 인식하고 이에 수반된 통일의지가 확고할 때 통일 조국은 현실화될 수 있을 것이다. 민족의 통일을 위해서는 한반도의 평화 체제 구축과 남북 간의 사회·문화적 교류, 민족 경제 공동체 건설이라는 통일의 환경적·물질적 토대 형성도 중요하지만 그에 못지않게 남북 양측의 통일에 대비한 튼튼한 정신적 토대도 중요하다. 레이 클라인(Ray Cline)이 국력 형성에 있어서 영토와 경제력 등 물질적 토대도 중요하지만, 국가의 전략적 목표와 국민들의 의지 등 정신적 토대를 더욱 중요시 한 것도 이 같은 이유에서다.

통일은 국가적 민족적 차원의 문제일 뿐 아니라 개인적 차원의 이해관계와도 직결되어 특정 계층이나 집단만의 임무가 아니라 민족 구성원 개개인 모두의 책임이자 권리이다. 우리의 통일 과업은 민족공동체의 과제일 뿐 아니라 자신의 문제이기도 함을 깊이 인식하고, 통일 사업에 자주의식과 주인의식을 가지고 동참하여야 한다. 그러므로 민족공동체 구성원들은 통일이 가져다주는 열매나 권리에만 집착하지 말고 통일의 과정에는 의무와 책임도 따른다는 것을 반드시 명심하여야 한다.

또한 통일은 남북 간 체제통합인 동시에 사람과 사람의 통합, 의식의 통합이다. 지난 60여 년 동안 다른 가치관과 의식구조, 생활습관 속에서 살아온 남북한 주민들은 통일을 이루는 과정에서 동서독처럼 사회적 갈등과 문화적 충돌을 겪을 것이다. 따라서 우리는 평소 다른 사회 구성원들이 가지고 있는 사회문화적 가치관의 차이를 인정하고 포용하는 자세를 배워야 한다. '다름'을 배제하거나 갈등의 시각으로만 바라볼 것이 아니라, 다양성을 수용하는 관용의 시각으로 보아야 할 것이다. 우리는 '차이'에 의한 갈등을 상호 의사소통을 통해 '합의'의 공동체가 형성되도록 민주시민의식부터 함양하여야 할 것이다.

현재와 같은 대립과 갈등의 분단 상황 하에서는 남한의 '선진 한국'도 북한의 '강성 대국'도 독자적으로 이루기 힘든 과제이다. 민족공동체 구성원들이 의식적으로 하나를 갈망하는 정신적 토양이 배양될 때 통일이 가능하고, 강하고 선진적인 '통일 코리아'는 탄생될 수 있을 것이다.

3. 대북 정책의 국민적 합의 기반 강화 방안

남북한 사이에는 빈번한 교류·협력이 진행되다가도 대화의 단절 등 경색국면이 조성되는데 이는 반세기 이상 된 분단의 상처가 아직도 아물지 않았기 때문이다. 그로 인해 남한 내부에서도 정부의 대북 정책에 관하여 상당한 시각의 차이가 있고, 그것이 구성원들 간의 갈등과 대립의 불씨가 되고 있다. 이러한 통일 문제를 둘러싼 남한 내의 분열은 정부 당국의 대북 정책의 결집력과 추진력을 떨어뜨리고 있다. 그러나 정책에 관한 국민적인 합의[22]는 정책의 추진을 용이하게 하지만 반드시 올바른 정책을 보장하지는 않는다.

독일의 하이데(Heider) 교수가 '한국은 남북통일에 앞서 동서 갈등부터 해소하여야 한다'고 말한 것에 우리는 귀를 기울일 필요가 있다. 여기에서는 정부가 추진 중인 대북 포용 정책의 주요 쟁점을 여러 측면에서 검토하고, 그 갈등의 원인과 배경을 구조적인 측면에서 분석하고, 이를 토대로 국민적 합의 기반 강화를 위한 구체적인 방안을 마련하고자 한다.[23]

3.1 대북 정책의 주요 쟁점

남북한 간의 교류와 협력이 원활히 추진되지 못하는 것은 정부의 대북 정책에 관한 국민적인 합의의 실패로 정책의 추동력을 얻지 못한 데에도 원인이 있다. 중앙일보의 통일 포럼이 실시한 여론조사에서 응답자의 78.6%가 정부의 포용 정책은 지지하면서도 과반수가 넘는 50.7%가 "통일 문제로 인해 남한 내의 의견 갈등이 심해졌다"고 답한 조사결과도 있다.[24] 사실 우리 사회 내부에서는 대북 포용 정책에 관해 아직도 의견의 대립과 갈등이 있으며, 그것이 여론으로 표출되는 경우도 있지만 잠재화되어 있는 경우도 많다. 여기에서는 대북 정책에 대한 정부의 주요 쟁점부터 점검해 보기로 한다. 이는 정부의 대북 포용 정책에 대한 시민들의 여론의 동향을 반영한 것인데, 대북정책의 피드백 자료로 활용될 수 있을 것이다.

---

22) 이 글에서 말하는 대북 정책에 관한 '국민적인 합의'란 반대 의견이 전혀 없는 이견(異見)의 부재나 의견의 일치가 아니라 대다수 국민들이 동의하는 정도로 해석하여야 할 것이다.

23) 이 글은 저자가 『정치학회보』 제10집 3호(2003)에 게재한 논문 「대북 정책의 국민적 합의기반 강화 방안」을 이 책에 재편집하여 사용한 것임을 밝혀 둔다.

24) 중앙일보, 2000. 8. 14.

가. 교류·협력 원칙

대북 포용 정책에 있어서 상호주의 원칙 적용에 관한 문제가 쟁점이 되고 있다. 상당수 여론이 대북 포용 정책은 대체로 지지하면서도 정부의 대북 교류 방식을 비판하는 것은 상호주의 원칙 적용 문제 때문이다. 반대론자들은 우리 정부가 북한에 대하여 '일방적인 시혜'를 베풀고, 무조건 '퍼주기 식' 지원을 하는 것은 국제적 상호주의 외교 관례에 어긋난다고 포용 정책을 비판한다. 이에 반해 대북 포용 정책의 지지론자들은 남북문제는 국가 간의 문제이기보다는 동족 내부의 문제이며, 현실적으로 남북한 간에는 엄청난 국력 차이 때문에 북한이 남한에 대하여 반대급부를 해 주기 어려우므로 남한의 북한에 대한 지원과 협력은 당연하며 이것이 종국적으로 북한의 개방을 유도한다는 입장이다.

전자는 북한에 대한 식량 지원이 특권층에 우선 배정되고 북한의 군량미로 전용되는 등 지원의 투명성이 의심된다며 포용 정책에 반대하고, 후자는 남북 간의 긴장으로 인한 안보 비용이 오히려 북한에 대한 식량이나 비료 등 인도적인 지원비용보다 더 소요된다며 포용 정책을 지지하는 입장이다. 전자는 보수적인 입장에서 식량 지원과 금강산 관광비용마저도 군사비로 전용된다고 보고 정책을 비판하는 입장이며, 후자는 진보적인 입장에서 정부의 지원 방식을 지지하고 북한을 인도적인 차원에서 계속 지원해야 한다는 입장이다.[25] 북한에 관한 인도적 지원문제는 국민 상당수의 지지를 얻고 있으나, 그 투명성 보장에 있어서는 여전히 불신하는 경향이 강하다.

나. 교류·협력 속도

남북 정상회담 이후 정부의 남북 관계의 교류·협력 속도가 너무 빠르다는 주장과 그렇지 않다는 주장이 대립되고 있다. 한 여론조사에 따르면 정부의 대북 정책의 추진 속도가 '너무 빠르다'(42.3%)는 주장과 '적당하다'(51.9%)는 주장이 대립되고 있다.[26] 전자는 정부의 대북 교류 정책의 조급성과 무분별성이 북한의 전술에 끌려가고 있으며 이러한 종속적인 대북 정책이 결국 우리의 안보 위험을 초래한다는 입장이다.[27] 이에 반해 후자는 현재의 대북 정책이 결코

---

25) 이러한 문제를 의식한 정부가 선별적 상호주의 원칙, 신축적인 상호주의 원칙을 천명하고 정부의 지원이 인도적 분야의 물자 지원에 한정하고, 북한 지원 물자에 대한 분배과정의 투명성 보장을 요구하는 이유도 여기에 있다.

26) 동아일보, 2001. 3. 30. A8.

27) 그동안 정부의 대북 정책에 상당한 혼선이 있었으며 때로는 정부 내의 부처 이기주의와 실적주의가 과속을 부추

과속이 아니며 북한의 개방 개혁을 촉진하기 위해서는 교류·협력의 속도를 좀 더 가속화하여야 한다는 입장이다.

그러나 정부의 대북 정책의 교류 속도 문제에 관해서는 입장과 정도의 차이는 있지만[28] 그렇게 우려할 문제가 아니라고 본다. 우리 정부도 장기적인 안목에서 교류의 폭이나 범주문제로 인해 속도 조절의 필요성을 인정하고 있기 때문이다. 한편 북한 당국도 체제 유지와 개혁·개방의 위험으로 인한 속도 조절의 필요성을 인식하고 있다. 결국 대북 정책의 추진 속도 문제는 우리 정부의 정책 의지에 의해서만이 아니라 상황에 따라 결정될 문제이다.[29]

다. 교류 대상 : 북한 당국에 대한 평가

교류 대상에 대한 평가는 북한 당국과 김정일 정권에 대한 평가와 직결된다. 교류의 대상인 북한의 정체를 어떻게 평가할 것인가에 대한 국민들의 여론도 양분되어 있다.[30] 아직도 우리 사회에는 북한을 안보의 가장 큰 위협 대상으로 보는 적대적인 시각과 북한을 통일의 대상으로서 동반자적 관계로 보는 시각이 대립되고 있다.[31] 사실 김정일 정권은 법적으로 대한민국의 국민과 영토의 일부를 불법적으로 점유하고 있는 반란 단체인 동시에, 사실상 독립 국가로서 유엔에 가입하고 국제적으로 인정받는 주권 국가라는 양면성을 띠고 있다.

전자는 분단 이후 냉전논리에서 굳어져 있는 북한에 대해 부정적이며 비판적인 보수적 시각이며, 후자는 탈냉전 화해 시대에 북한을 같은 민족으로서 통일의 동반자이자 화해와 협력의 대상으로 보는 진보적 시각이다. 그러므로 북한은 현실적으로 대한민국에 최대의 위협을 가하는 주적인 동시에 우리 민족의 일원으로서 포용과 공존공영의 대상이기도 하다. 그 결과 정부와

긴 경우도 있었던 것이 사실이다.

28) 냉전 시대에 내면화된 반공 이데올로기에 의한 공산 국가인 북한과의 교류에 대한 원천적인 거부감에서 비롯된 경우도 있고, 북한의 대남 정책에 말려든다는 북한 당국에 대한 불신감에서 나온 경우도 있고, 국가보안법 등 법제의 정비 없이 이루어지는 남북 교류에 대한 당혹감이나 우려에서 나타난 경우도 있다. 한편 대북 화해와 협력의 속도를 더욱 가속화하여야 한다는 입장에서도 급진적 입장과 온건한 입장의 차이가 있다.

29) 그동안 북한 당국이 남북 정상 회담 날짜의 하루 연기, 남북 적십자 회담이나 고위급 회담의 돌연 연기, 고위급 회담의 장소 변경 등은 그들 나름의 속도 조절의 필요성에서 비롯되었다고 평가하기도 한다.

30) 민주 평통 사무처가 16개 시도에서 개최된 대학생 통일 문제 토론회에 참가한 1,879명을 대상으로 한 여론조사에서 69.7%가 북한에 대하여 '잘 모르고 있다'고 응답한 사실을 주목할 필요가 있다.(민주평통, 2000. 3. 15)

31) 이교덕, 「대북 정책에 대한 국민적인 합의 기반 조성방안」, 통일 연구원 연구총서 2000-08호, 2000. 북한에 관한 인식에 있어서 약 30%의 국민이 북한을 의심하고 있으며, 북한에 관한 긍정적인 인식과 부정적인 인식은 6 : 4로 나타나는데 그것이 대북 정책의 평가에도 영향을 미친다.

국민은 북한을 때로는 타도의 대상으로, 때로는 협력의 동반자로 인식하는 이중성을 지니고 있으며, 여기에 현상 유지 정책과 현상 변경 정책기조에 따른 보수와 진보 세력의 갈등이 심화되고 있다.[32]

라. 교류 효과 : 북한의 변화에 대한 평가

우리의 대북 포용 정책은 화해와 협력을 통해 북한의 개방을 유도하여 궁극적으로 통일로 나아가자는 데 궁극적인 목적이 있다. 그러나 우리 사회에는 대북 정책의 효과로 북한의 변화를 평가하는 시각도 양분되어 있다. 북한의 변화에 대해 보수적인 입장은 북한 공산주의자들은 대남 적화 통일이라는 근본적 혁명 전략에는 변화가 없다는 점에서 부정적·비판적으로 본다. 이에 반해 진보적인 입장은 북한도 변화할 수밖에 없다는 변화 불가피론에서 북한의 변화에 상당한 의미를 부여하고 긍정적으로 평가한다. 그러므로 전자는 최근 북한의 변화는 형식적인 생존적 차원의 전술적 변화이며 본질적인 변화는 있을 수 없다는 입장이고[33], 후자는 북한이 자신의 어려운 현실을 인식하고 상당한 정도의 변화를 보이고 있으며 북한의 개혁과 개방은 과거로 회귀하기 힘든 실질적인 변화라는 입장이다.[34] 정부의 대북 정책을 비판하는 입장에 선 사람은 북한에 대한 지원은 북한을 변화시키기보다는 정권을 안정시키고 핵무기를 개발하는 결과를 초래했다며 대북 포용정책 폐기론까지 주장하고, 포용 정책을 지지하는 입장에 선 사람들은 북한의 변화에 상당한 긍정적인 의미를 부여하고 있다.

김대중 정부의 대북 포용 정책과 북한의 변화 효과에 대한 여론조사에서 북한이 '변하고 있다'가 78.8%, '변하고 있지 않다'가 21.2%라는 반응을 보였다.[35] 이 같은 반응 결과는 대북 정책에 관한 국민적 합의를 위해서는 상당히 고무적이기는 하지만, 여론 조사 대상이 한국의 교수, 고위 공무원, 대기업 간부 등 여론 선도 층에 국한하였기 때문에 일반 주민의 여론과는

---

32) 한종기, 「햇볕정책의 정치동향」, 세종정책연구, 세종연구소, 2001, p. 28.

33) 황장엽의 월간 조선 인터뷰 「자유민주주의의 승리를 위하여 - 독재와 민주주의는 양립할 수 없다」, 월간 조선 2000년 12월호 참조.

34) 윤대규, 「남북 화해시대 국가적 과제 - 대북 정책에 관한 국민적 합의 도출 문제를 중심으로」, 한국언론재단, 『남북화해시대의 국민적 과제와 언론의 역할』, 커뮤니케이션북스, 2000, p. 230.

35) 이교덕, 「대북 정책에 대한 국민적인 합의 기반 조성방안」, 통일 연구원 연구총서 2000-08호, 2000. 북한이 정상 회담과 각급 회담을 수용하고 있음에도 북한의 변화 성격에 관한 여론 조사에서 국민의 60% 이상이 '북한체제의 변화가 근본적인 변화'라기보다는 '임시방편적인 변화'로 보고 있음은 북한에 대한 국민들의 경계심이 상당히 높다는 것을 보여 준다.

다소 차이가 있을 수 있어 여전히 쟁점의 소지가 있다.

마. 교류 환경 문제 : 국가보안법과 주한 미군 철수

① 국가보안법 문제

통일 환경 조성 문제와 관련하여 국가보안법의 개폐 문제는 우리 사회에서 합의하기 힘든 주요 쟁점이 되고 있다. 북한 공산 집단을 고무 찬양하는 경우 사형까지 처할 수 있는 국가보안법은 남북 화해 시대에 응당 폐지해야 한다는 주장에서부터 시대정신에 맞게 개정하여야 한다는 주장, 북한의 변화가 없고 북한의 노동당 규약이나 사회 안전법이 존속하는 한 그대로 존속하여야 한다는 주장이 대립되고 있다.[36)]

각기 주장에는 타당한 이유와 근거가 있다. 보안법의 개·폐론자들은 북한을 실질적인 대화의 대상으로 인정한 현실에서 북한을 적으로 규정하여 대화나 협력까지 금지하는 보안법은 폐지하거나 개정되어야 한다는 입장이다. 이에 반해 유지론자들은 북한에도 보안법과 유사한 법제가 그대로 존치하고 그들의 혁명 적화 노선의 변화가 없는 이상 우리의 안보를 위하여 국가보안법은 그대로 존속하여야 한다는 입장이다.

이 문제에 관한 한 우리 사회는 정당 간의 입장이 대립되고, 통일 관련 시민단체의 보수와 진보 진영의 입장이 상충되고 있다. 오히려 김정일 국방위원장이 지난번 남한 언론 사장단과의 간담회에서 '남한의 보안법은 남쪽의 문제이므로 굳이 반대할 이유가 없다'는 입장을 피력한 적도 있으나, 북한의 공식적인 입장은 그들의 공동 사설의 내용처럼 여전히 국가보안법의 철폐를 주장하고 있다.[37)]

② 주한 미군 철수 문제

통일 환경으로서 주둔군 지위에 관한 협정 문제(SOFA 개정)와 주한 미군 철수 문제도 우리 사회의 주요 쟁점이 된 적이 있다. 주한 미군의 철수 문제와 관련하여 실시된 여론 조사는 현재 수준 유지(48.1%)와 감축(45.2%)이라는 입장이 대립되고 있다.[38)] 그러나 대학생들은 절대

---

36) 한겨레신문은 '국가보안법 폐지가 옳다'라는 제하의 사설(2000. 7. 12.)을 통해 진보적 입장을 대변하여 국가보안법 폐지의 이유를 밝히고, 조선일보는 '보안법이 유례 없다?'라는 제하의 사설(2000. 7. 19.)을 통하여 국가보안법을 자체를 폐지할 수 없다는 보수적 입장을 분명히 하였다.

37) 민주 평화통일 자문회의, 정책자료집 「2002년도 북한 신년 공동 사설 분석」, 2002, p. 11.

38) 동아일보, 2001. 3. 30. 통일문제에 관한 여론조사 결과 기사 참조.

다수가 '철수해야 된다'는 원칙에는 찬동하고, 다만 단계적 철수(73.6%)를 지지하고 있다.[39] 언론 재단의 설문조사에서도 주한 미군 철수 문제에 관하여 45.5%가 통일의 장애요인이 될 것으로 보았는데, 그 이유 중 하나는 미군의 철수가 한반도의 안보 상황의 불안을 조성하여 남북문제 해결의 장애로 작용한 것이라고 보는 시각이고, 다른 하나는 주한 미군의 주둔이 오히려 남북문제나 통일 문제 해결의 장애 요인으로 작용하고 있다는 시각으로, 각자 상반된 입장을 보이고 있다.[40] 한편 정부는 통일 이후에도 미군의 계속적인 주둔 필요성을 주장하는 데 반해 대다수 국민들은 주한 미군의 시한부 필요성을 인정하고 있어 앞으로 계속 쟁점화될 소지가 있다.[41]

결론적으로 이러한 쟁점들은 정부의 대북 정책이나 통일 정책에 관한 국민들의 여론을 반영한 것이다. 대북 정책 옹호론자들은 포용 정책이 세계사적인 흐름과 민족사적인 당위성을 반영하여 북한의 개혁·개방을 이끌 수 있는 가장 합리적인 정책이라고 주장하며, 이에 반하여 반대론자들은 북한은 변하지 않는데 정부가 북한에 끌려 다니는 일방적인 대북 지원이 우리의 경제적 부담을 가중시키고 국가보안법의 개정 추진 등을 통해 우리의 안보 의식을 약화시킨다고 주장한다. 우리는 양측의 입장을 변증법적으로 조절 · 극복하여 대북 정책의 효율성과 신뢰성을 동시에 높여 가야 할 것이다.

3.2 대북 정책의 갈등 변수

위에서 대북 정책의 주요 쟁점을 정리해 보았다. 통일 문제에 관한 국민적인 합의를 저해하는 쟁점의 원인과 그 배경은 여러 측면에서 찾아야 할 것이다. 대북 정책의 갈등 변수란 정책에 대한 국민적 합의를 어렵게 하는 배경 변수를 말한다. 여기에서는 정책 갈등을 초래하는 변수를 구체적으로 분석해 보기로 한다.

---

39) 배한동 외, 『새로운 북한 이해』, 경북대학교출판부, 2003, p. 325.

40) 윤대규, 「남북 화해시대 국가적 과제 - 대북 정책에 관한 국민적 합의 도출 문제를 중심으로 -」; 한국언론재단, 『남북화해시대의국민적인 과제와 언론의 역할』, 커뮤니케이션북스, 2000, p. 214.

41) 윤대규, 위의 논문, 2000, p. 216. 정상 회담 후(2000. 8. 22.) 언론 재단의 남북문제 전문가 225명에 대한 여론 조사에서 34.2%가 통일이 되기 전까지 미군이 주둔해야 된다고 보았고, 42.6%가 평화 정착 후 철수해야 한다는 입장을 보여 결국 대상자 76.8%가 주한 미군의 한시적 주둔이 필요하다는 반응을 보였다.

가. 이데올로기적 변수

우리 사회에는 냉전 시대의 반공·반북이라는 보수적 이데올로기와 화해 시대의 개방적이고 진보적인 이데올로기가 대립되고 있다. 탈냉전 시대에도 한반도에는 통일 문제를 보는 시각에 있어서 여전히 냉전적 이데올로기와 탈냉전적 이데올로기가 혼재되어 대립하고 있다. 이러한 이데올로기적 대립이 한반도 전쟁과 분단 구조라는 특수 상황과 결합하여 극한적인 대립 구도를 형성함으로써 정책 갈등을 증폭시키고 있다. 그 결과 통일 문제에 있어 진보 진영에서는 자신과 다른 상대 입장을 반민족, 반통일, 냉전 수구 세력으로 간주하며, 보수 진영에서는 상대를 친북, 좌익, 용공 세력으로 매도하기도 한다.

과거에 비하면 이러한 이념적 색깔 논쟁은 희석되는 경향이 있으나, 아직도 우리 사회에는 대북 정책에 관한 한 이념적인 갈등 구조는 그대로 온존해 있다. 어느 연구에서는 이러한 이데올로기적 대립이 세대별, 지역별, 성별, 학력별 배경과 결합하여 다양한 형태로 남아 있음을 밝히고 있다.[42] 대체로 20~30대의 신세대들과 청년층은 노년층에 비해 북한에 덜 적대적이고, 북한의 대남 도발의 가능성에 대해서도 부정적이며, 북한의 변화를 긍정적으로 보는 개방적인 태도를 보이고 있다. 학력별로는 대재 이상의 고학력층이 저학력 층에 비해 정부의 대북 포용 정책에 긍정적이고, 북한의 전쟁 도발 가능성에 대해서는 부정적이다. 성별로 볼 때 여자는 남자에 비해 보수적이어서 북한을 경계 대상으로 인식하는 경향이 높고, 북한의 변화에 대해서도 회의적이다. 지역별로는 강원도가 북한의 변화, 북한의 적화 위협 및 전쟁 도발 가능성에 대하여 가장 보수적인 태도를 보인 반면, 전라도는 북한에 대한 태도, 북한 개방의 전망에 대하여 가장 긍정적인 반응을 보여 지역 간 대북 정책 지지도의 상당한 차이를 보였다.

이러한 이데올로기적 대립 성향이 시민 사회 단체의 노선경쟁과 결합하여 남북문제나 통일 문제에 관한 상반된 여론을 형성하고 그것이 대북 정책의 가장 큰 갈등 요인이 되고 있다.

나. 정당 간의 정책 대립 변수

정당 간 정책의 대립 변수란 정당 간의 통일 문제에 관한 노선이나 입장 차이가 정책 결정 과정뿐 아니라 정책에 대한 평가에도 영향을 미치는 변수를 말한다. 정당 간 대북 정책에 관한 입장의 차이가 시민사회의 여론형성에 영향을 주고 그것이 또 다른 정책 갈등의 변수가

42) 이교덕, 「대북 정책에 대한 국민적인 합의 기반 조성방안」, 통일 연구원 연구총서 2000-08호, 2000, pp. 2-7.

된다. 대북 정책은 어떤 정책보다도 여야 정당 간의 정책적 합의가 전제되어야 한다. 대북 정책 수행 과정에서 나타나는 여야 정당 간의 갈등 현상을 구체화하면 다음과 같다.

첫째, 대북 정책에 관한 여야 간의 인식과 노선의 차이가 갈등을 유발하고, 그것이 시민사회의 합의도 어렵게 한다. 정당에 따른 보수적인 강경 정책과 개방적·화해적인 정책은 대립되기 쉬운데 양자의 갈등을 조절하기는 상당히 힘들다. 또한 여야가 대북 정책을 공히 선거시뿐만 아니라 평시에도 정치적으로 이용할 경우 더욱 정책갈등을 유발시킬 수 있다.

둘째, 분단국의 대북 정책에 관하여 정당 간의 국가 중심 패러다임과 민족 중심의 패러다임이 갈등을 초래할 가능성이 있다.[43] 정부의 대북 정책은 '현상 유지적 이념·정책·세력'과 '현상 변혁적 이념·정책·세력' 간의 갈등으로 전이되기 쉽다.[44] 또한 정부의 대북 정책은 이념적으로는 보수적 자유민주주의와 개혁적 참여민주주의, 제도적 차원에서는 냉전 법령의 존치와 개폐, 지배 연합적 차원에서는 개혁적인 진보 세력과 일부 보수 세력 간의 정략적 연합이 정책 과정의 일시적인 봉합을 이루고 있지만 정책 갈등의 소지는 항상 존재하는 것이다.

셋째, 대북 정책 결정과정에 있어 한국 정당 정치의 파당적이고 지역적인 구도가 정책 갈등을 유발하여 대북 정책에 관한 합의를 저해하고 있다. 대북 정책에 관한 정당 간의 입장과 차이는 당연시되어야 하지만, 한국 정당정치의 파당적 모순 구조가 남북문제에까지 파급되는 데 문제가 있다.[45]

이러한 정당 간의 대북 정책에 관한 정견이나 입장 차이가 선거 과정에서 지지 확보라는 정략적 문제와 맞물려 정책 갈등 구조를 더욱 증폭시키고 있다.[46] 이러한 정책결정 과정의 갈등 구도가 여론에도 영향을 미쳐 대북 정책이나 통일 정책에 관한 국민적 합의를 더욱 어렵게 한다.

---

43) 대북 통일 정책은 '1민족이 2개 국가'로 분열되어 있는 현실을 관리하는 성격과 '통일된 민족 국가형성'을 위하여 노력하는 이중적 성격 때문에 주권 국가가 가지는 '국가 이익'과 통일 국가의 '민족이익'을 내세우는 이중 구조를 가질 수밖에 없다.

44) 한종기, 앞의 책, 2001, p. 25.

45) 배한동 외, 『새로운 북한 이해』, 경북대학교출판부, 2003, p. 321. 김대중 정부의 대북 정책에 관한 대학생의 정치의식 조사에서도 호남지역 대학생들이 영남지역 학생들에 비해 적극적인 지지를 보인 것도 이를 잘 반영하고 있다.

46) 한국언론재단, 『남북화해시대의 국민적 과제와 언론의 역할』, 커뮤니케이션북스, 2000. 광주와 호남 지역 주민들의 90.0%가 정부의 대북 정책을 적극적으로 지지하고, 부산·경남 지역 주민의 77.4%가 소극적으로 지지하고 있는 것은 정책의 지역별 지지율의 차이를 잘 드러내고 있다.

다. 시민 사회의 대립 변수

우리의 대북 포용 정책은 정부 정책 결정이라는 공적 갈등 구도를 넘어 점차 사적 영역에서 시민 사회 단체 간의 조직, 이익, 노선, 가치 사이의 갈등으로 전이되고 있다.[47] 즉 시민사회 영역 내의 정치적 성향을 달리하는 사회 세력 간의 대북정책에 관한 긴장과 갈등은 정부와 시민사회 간의 갈등으로 증폭되고 쟁점화되어 균열이 깊어지고 있다.

2000년대에도 한국의 민간 통일 운동 단체는 「민족 화해·협력 범국민 협의회」(민화협)측과 「6·15 남북공동선언 실현과 한반도 평화를 위한 통일 연대」(통일 연대)측으로 양분된다. 민화협은 1989년 이후 한국 보수적 통일 운동 단체와 문익환 목사가 창립한 민족회의, 7개 종교단체로 구성된 연합체적 성격의 단체이다. 후자인 통일 연대[48]는 2001년 3월 범민련 남측 본부와 전국연합, 한총련, 민주노동당과 민주노총, 민족화해 자주 통일 협의회(민자통) 등 30여 개의 진보 단체가 참여하고 있는 연합체적 성격의 통일 운동 단체이다.[49]

이러한 시민사회 내의 보수적 통일 운동 단체와 진보적 통일 운동 단체 간의 갈등뿐 아니라, 진보적 통일운동 단체 내의 이념갈등 또한 통일운동의 폭을 넓힌다는 측면에서 긍정적인 측면도 있지만[50] 정부의 대북 정책에 관한 이념 갈등을 유발하고, 통일문제에 관한 남남 갈등의 소지를 제공하는 부정적 측면도 있다. 특히 진보적인 통일 운동 단체 간의 선명성 논쟁은 진보 진영의 분열로 연결되어 민족 통일운동의 전체 역량을 소모시킨다는 비판도 있다.[51]

결론적으로 우리나라의 시민사회의 민간 통일운동 단체 간의 분열과 갈등은 정부의 대북 정책 갈등의 원인이 되며 시민적 합의 기반 형성에 장애 요인이 되고 있다. 이처럼 민간 통일 단체 간의 정책에 관한 갈등 구조가 대북 정책 갈등의 또 다른 요인이 되고 있다.

---

47) 한종기, 앞의 책, 2001, p. 20.

48) 통일 연대는 이념상 1980~90년대 학생 운동권을 지배한 민족해방(NL)파와 민중민주(PD)파의 흐름 중 NL계열이 주도한 급진적인 '통일 지상주의'적 입장을 견지한다.

49) 손기웅 외, 『한반도 통일대비 국내 NGOs의 역할 및 발전방향』, 경제·인문사회 연구회 협동연구총서 07-10-02, 통일연구원, p. 21.

50) 보수적인 민족 통일 추진 협의회나 중도적인 경실련 통일 협회, 범민련, 전국연합 등 재야 진보적 통일운동 단체 간의 운동의 방향이나 목적에 관한 노선상의 갈등이 통일운동의 지평을 넓히기 때문이다.

51) '해방 50주년 범민족 대회'는 5,000명 규모로 서울대에서 개최되었고, '통일 민족대회'는 보라매공원에서 50,000명이 참여하여 통일 운동 단체 간의 갈등 양상을 극명하게 드러내었다.

라. 국제적 환경 변수

한반도 문제를 중심으로 한반도 정책에 관한 미국, 일본, 중국, 러시아 등 주변 국가의 정책의 차이는 국내 여론에 영향을 미치고, 그것이 종국적으로 대북 정책에 관한 갈등구조로 연결되어 국민적 합의를 어렵게 한다.

부시 행정부 초기의 동북아 정책이나 대북 정책은 보수 회귀적 강경정책으로서 우리의 대북 포용 정책과는 사실상 상반되었다. 부시 대통령은 빌 클린턴 시대와는 달리 북한에 대한 뿌리 깊은 적대감과 불신감에서 한국의 대북 포용 정책에 불만을 가지고 제동을 걸었다. 부시의 대북 강경 정책은 정부의 대북 정책에 불만을 가진 한국의 보수층에게 반정부 감정을 자극하였다. 결국 미국의 대북 정책은 한미 간의 정책 갈등뿐 아니라 국내 진보층의 반미 감정을 자극하고, 보수층의 미국 지지와 북한에 대한 불신을 고무시켜, 대북 정책에 관한 한국의 시민사회의 합의를 어렵게 하였다. 그러나 부시 미대통령의 후반기 대북 정책은 이라크 문제와 맞물려 초기의 강경 정책에서 상당히 후퇴하여, 북한을 대화의 파트너로 인정하고 북핵 문제에 있어서도 6자 회담을 통한 해결 방식을 선택하였다. 미국의 대북 정책은 미국 대통령 선거의 주요 쟁점이 되고 그것이 국내 정책 결정에도 영향을 미치는 변수가 되고 있다. 일본, 중국, 러시아의 대한반도 정책 역시 우리의 대북 정책에 영향을 미치고, 정책갈등의 요인이 된다.

결론적으로 우리 사회의 이념적·정치적 갈등이 정당 간의 대북 정책 갈등으로 비화하고, 사회 내부의 민간 통일 운동 단체 간의 이념 갈등으로 연결되고, 이것이 주변 4강의 대북 정책에 영향을 주고받아 정책 갈등을 유발하여 국민적 합의를 더욱 어렵게 한다.

3.3 대북 정책의 합의 기반 강화 방안

대북 정책에 관한 완전한 국민적 합의는 사실상 불가능하다. 따라서 대북 정책에 관한 국민적인 합의란 남남 대화를 통해 정책상의 쟁점을 가능한 줄이고, 국민 다수의 여론상의 지지를 획득하는 것을 의미한다. 국민적 합의란 사회적 영향력이 큰 여론을 선도할 수 있는 특정 집단이 정부의 정책에 적극 반대하지 않고, 설사 반대한다 하더라도 그것이 언론에 의한 비판에 그칠 뿐, 집단 시위와 같은 과격한 행동으로 나타나지 않는 것으로 이해하여야 할 것이다.[52)]

그러므로 국민적 합의란 국민의 완전한 합의가 아닌 대체적인 합의이며, 정책 추진의 효율성은 높이지만 정책의 정당성은 보장받지 못한다.

여기에서는 정책 갈등의 원인 변수인 정책 결정 과정, 시민 사회, 국제적 환경 등을 고려하여 국민적인 합의기반의 강화 방안을 모색하려고 한다.

가. 대북 정책의 신뢰성 확보

한반도의 냉전구조를 해체하고 평화 공존과 통일을 이루기 위하여 추진하는 대북 정책은 정책 자체의 신뢰성부터 확보하여야 한다. 대북 정책은 과거처럼 정권 안보에 이용하기 위한 일시적 임기응변적 정책이 아닌 포괄적이고 합리적인 정책 목표가 설정되어야 한다. 정부의 대북 정책은 50여 년 동안 유지되어온 한반도의 냉전 구조를 지나치게 의식하여 보수적이고 폐쇄적인 정책을 펼 때 시민사회의 저항에 부딪치고, 한편 이를 무시하고 급진적인 개방적인 대북 정책을 추진할 때 우리 내부의 갈등이 초래될 수 있다. 대북 정책이 신뢰성을 확보하기 위한 과제를 정리하면 다음과 같다.

첫째, 정부는 그동안의 대북 정책의 문제점을 피드백하여 과학적으로 분석함으로써 합리적이고 효율적인 정책을 마련하여야 한다. 정부는 대북 정책의 쟁점이 된 교류의 원칙, 교류의 속도, 교류의 효과 등에 관한 여론을 수렴하고 피드백하여 대북 정책 개선의 자료로 활용하여야 한다. 교류 원칙에서의 상호주의를 보완 강화하고, 북한 지원 물자에 관한 분배과정의 투명성을 보장하며, 교류 속도를 조절하라는 비판을 겸허하게 받아들여 대북 정책을 수정, 보완한다면 정책의 신뢰성을 확보할 수 있을 것이다.

둘째, 남북 교류와 협력에 있어서 정부는 대북 저자세를 지양하고, 확고한 장·단기적 프로그램과 원칙에 입각한 당당한 협상을 전개하여야 할 것이다. 사실 그동안 정부의 대북 포용정책을 두고 지나친 양보라는 비판적 시각이 많았다. 정부는 대북 정책의 조급한 가시적인 성과만을 위한 '저자세'와 '일방적 퍼주기 식' 방식에서 벗어나, 민주주의와 시장경제의 원칙에 토대한 정책 연계 전략을 프로그램화 하여야 한다. 정부는 이제 대북 지원의 대가로 북한의 인권문제, 정치적 민주화, 사회 경제적 개혁요구 등도 당당하게 협상의 의제로 삼아야 할 것이다.

셋째, 대북 정책도 다른 대내적인 정책의 성공을 토대로 추진되어야 소기의 성과를 거양하고

---

52) 이교덕, 「대북 정책에 대한 국민적인 합의 기반 조성방안」, 통일 연구원 연구총서 2000-08호, 2000.

지지 기반도 확대할 수 있을 것이다. 정부의 대내 정책 실패는 종종 대북 정책의 성과마저 반감시키고 국민적 합의 기반을 약화시켰기 때문이다. 대북 정책은 대내적인 정책의 성공을 바탕으로 합리적으로 추진할 때 정책에 대한 신뢰도를 높이고 국민적인 합의기반을 강화할 수 있을 것이다.

나. 정책 결정 과정의 투명성 확보

정부의 대북 정책은 대외 정책이면서도 분단 모순 극복을 위한 통일 정책이며, 한편으로는 대내 정책이라는 삼중의 복합적 성격을 가진다. 그러므로 대북 정책도 정부의 공공 정책으로서 투입, 전환, 산출, 환류라는 정책 결정의 메커니즘에 충실하여야 한다. 대북 정책은 정부의 정책 의지, 국민들의 요구, 정당간의 합의, 시민 단체의 지지 등이 그 정책 결정과정에 투명하게 반영되어야 한다. 또한 결정된 정책은 일관성 있게 추진되어야 정책의 신뢰성이 확보될 수 있다.[53] 이러한 정책 결정과정에서 개선되어야 할 과제를 구체화하면 다음과 같다.

먼저 대북 정책의 결정과 집행 과정에서 비밀리에 추진되어야 할 일부만을 제외하고 정책 결정 과정의 공개 등 투명성이 확보되어야 할 것이다. 정부의 소수 비선 조직에 의한 대북 정책 결정은 오류에 빠질 위험이 크다. 민족의 운명이 걸린 대북 정책을 일부 대통령 측근관료에게만 의존하지 않고 정당과 국회가 정책 결정과정에 공적으로 참여하여야 하며, 정책의 산출 집행과정에도 국회의 사전 동의나 사후 인준을 충분히 얻어야 한다.[54]

둘째, 대북 정책 수립 및 집행에 있어서 부처 간 사전 정책 조율과 대북 정책 추진기구의 유기적 통폐합이 필요하다. 통일부, 외교 통상부, 국정원 등의 대북 정책에 관한 입장은 사전에 충분히 조율되어 결정하여야 할 것이다. 대북 정책에 있어서 실적 위주의 부처 이기주의는 대북 정책의 졸속을 초래하고 그것이 정책에 대한 신뢰를 저하시키기 때문이다.

셋째, 정부의 대북 정책은 이해 당사자의 합의 하에 이루어져야 할 과제임으로 그 결정과 집행과정에는 국민적인 동의를 구하려는 노력을 하여야 한다. 대북 정책은 초기의 순수한 의도와 달리 시간의 경과에 따라 대통령의 정책 의지가 독점되고, 그에 따라 정책의 유연성을 잃은 채 업적 쌓기 위주로 흘러갈 가능성이 있다. 대북 정책은 시민사회의 여론 조사, 공청회, 광범위한

53) 이교덕, 『대북 정책에 대한 국민적인 합의 기반 조성방안』, 통일 연구원 연구총서 2000-08호, 2000, p. 135.
54) 위의 책, 2000, p. 120.

정책 토론회 등을 통해 국민적인 합의를 구하여야 한다. 정부의 대북 정책이 정치적 반대 세력을 설득하는데 실패할 경우 내부의 정책 갈등은 더욱 증폭되기 때문이다.[55)]

넷째, 대북 정책에 관한 한 여야가 정치적으로 이용하거나 정쟁으로 삼는 것을 방지하기 위하여 초당파적인 대북 정책 협의 기구가 필요하다. 과거에는 대북 정책이 정치에 악용되거나, 대내 정책 실패의 국면 전환용으로 이용되어 정책에 대한 불신이 커졌던 경우도 많다.[56)] 그러므로 정부는 대북 정책을 정치에 이용해서는 되지 않으며, 원칙에 충실한 정책을 꾸준히 추진하여 국민들의 오해의 소지를 없애야 할 것이다. 정부는 대북 정책을 합리적으로 조정·결정하여 정권 교체와는 상관없이 장기적이고 일관성 있는 정책이 되도록 노력하여야 할 것이다.[57)]

다. 대북 정책의 교육 홍보 강화

대북 정책에 관한 정부나 각급 기관의 교육과 홍보는 정책의 산출과 침투 기능으로서 국민적인 지지 기반을 확대할 수 있다. 대북 정책의 홍보는 일차적으로는 정부의 대북 정책에 관한 국민들의 관심과 인식을 제고하고, 나아가 우리 사회 구성원들의 지지를 획득하려는 데 목적이 있다. 현행 통일 홍보 교육이 개선하여야 할 과제를 제시하면 다음과 같다.

첫째, 각 급 학교나 사회 교육기관의 대북 정책의 홍보 교육은 내용과 방법이 전면 개선되어야 한다. 1998년 통일교육지원법이 제정되어 통일교육이나 정책 홍보 교육이 시행되고 있지만 그 교육 내용과 교수 방법은 일방적인 주입식 교육이 대부분이며, 일부 교사들의 의식과 태도도 과거의 고정 관념에서 탈피하지 못하는 데 문제가 있다. 이제 정책 홍보 매체는 TV, 라디오, 신문, PC, 서적, 영상 자료, CD-ROM 등 영상 매체를 통하여 특히 신세대들이 쉽게 접근할 수 있도록 구성하여야 한다. 또한 홍보 대상을 세대별, 성별, 집단별로 세분화, 차별화하여 교육 홍보하는 방안도 강구되어야 할 것이다.

둘째, 초·중등학교나 사회 교육 기관에서 정책 홍보 교육에 관한 효율적인 교수 학습 모듈이

---

55) 한종기, 앞의 책, 2001, p. 16.

56) 과거 군부 권위주의 정권 시절부터 정부의 대북정책이 정치적으로 이용되어 대북 정책의 신뢰성을 잃게 하고, 국민적인 정책 결집력마저 떨어뜨려 정치적 갈등이 심화되었다. 대선 과정에서의 빈번한 '북풍 사건'의 조작은 대북 정책의 신뢰성을 더욱 떨어지게 하였다.

57) 어느 설문조사에서 일반 시민의 77.4%가 대북 포용정책이 국내 정치의 수단으로 이용되고 있다는 반응을 보였고, 일반 시민 85.9%가 대북 정책이 국내 정치에 이용되는 것을 막기 위해 국회 특별 위원회와 같은 '초당적인 협력기구가 필요하다'고 응답하였다. 중앙일보, 2001. 8. 14-15.

개발되어야 한다. 각급 기관이나 단체에서 실시하는 정책 홍보를 포함한 통일교육의 내용과 방법을 재점검하여 그 교육의 효율성을 제고할 필요가 있다. 시민 단체나 재야 단체의 통일교육 프로그램과 교육의 내용은 그 시각의 차이가 너무 커 이들 단체 간의 불신과 배척의 원인이 되고 있다.

셋째, 정부는 북한과 통일 문제에 관한 지식과 정보를 시민들에게 충분히 개방하여 국민의 대북 정책에 관한 관심과 합리적인 판단을 유도하여야 할 것이다. 지금도 북한 관련 정보는 그 특수성을 이유로 접근상 제약이 따르고 있는데, 그 제약의 완화 · 개방조치가 대북 정책에 관한 국민적 논의를 활성화시키는 계기가 될 것이다. 시민들의 지적 능력과 판단력을 과소평가하는 비밀주의는 통일정책에 대한 불신과 의혹만 가중시킬 뿐이다. 특히 정보 통신 수단의 발달에 따른 북한 관련 정보의 공개는 정부의 과보호와 비공개를 무색하게 하는 것이 현실이다.

라. 언론의 공정하고 객관적인 대북 관련 보도

대북 정책과 북한에 관한 정확한 정보의 제공 없이는 국민적인 합의가 도출될 수 없다. 그러나 일부 언론의 대북 정책뿐 아니라 북한에 관한 무책임한 추측 기사와 오보, 왜곡 보도 등은 남남 갈등을 더욱 증폭시켰으며 그러한 보도 관행은 현재도 여전히 존속되고 있다.[58] 이러한 대북 정책이나 통일 문제에 관한 언론의 보도 태도는 남한 내의 이데올로기적 갈등에 못지않게 국민적인 합의 기반을 저해한다. 언론은 여론을 반영하면서도 여론을 형성하고 계도하는 통일교육의 사회적 기능도 수행한다. 언론이 객관적이고 공정한 보도를 위해 수행할 과제를 정리하면 다음과 같다.

첫째, 언론은 대북 정책에 관한 여러 집단의 주장과 의견을 편향되지 않도록 공정하게 보도하여야 한다. 언론은 국민적인 합의 기반을 저해하는 언론사의 이념적 '편향성'이나 '정향성' 이라는 자기 속박에서 해방되어야 한다. 언론이 특정의 이념적 성향에 사로잡혀 있다면 다양한

---

58) 장호순, 「남북 화해 시대의 언론의 역할」, 한국언론재단, 『남북 화해 시대의 국민적 과제와 언론의 역할』, 커뮤니케이션북스, 2000, p. 241. 언론의 무책임한 추측 보도는 과거 김일성 사망설이나 북한의 쿠데타설, 김정일의 중병설, 핀란드 주재 대사 김평일의 망명설 등이 있으며, 김일성의 사망을 묘향산에서 김부자 간의 격론에 의한 충격 졸도로 보도한 적도 있다.(관훈클럽, 2001, 『한국언론 보고서』) 더구나 김 대통령의 방북 기간에 기자의 판단이나 추측성 기사가 무려 1,912건에 이른 것으로 조사되었다.(연합 뉴스, 2001. 1. 27.) 과거 우리 언론의 김정일 위원장에 대한 부정확하고 왜곡된 추측 보도는 정상 회담 시 '김정일 쇼크'의 원인을 제공하였는데도 언론이 솔직히 그 점을 인정한 사례는 드물다.

대북 정책이나 통일 논의를 수용할 수 없고, 의견 취합보다는 오히려 분열을 초래할 수밖에 없다. 언론은 대북 문제나 통일 문제에 관한 한 세대 간·지역 간·계층 간·정파 간의 시각 차이를 객관적으로 보도하고 상호 조정할 수 있는 역할을 수행하여야 할 것이다. 그러므로 우리 언론은 새롭게 전개되는 남북 관계 속에서 독일 통일을 주도한 서독의 언론처럼 차분하고 냉정하고 공정한 보도 자세를 지녀야 할 것이다.[59)]

둘째, 언론은 북한에 관한 객관적인 사실보도에 충실하여야 한다. 언론의 사실 왜곡보도는 정치적 목적이나 냉전적인 사고방식에 젖은 서방 언론의 북한 헐뜯기에서 비롯되었다고 볼 수 있다. 한국의 보수적인 언론은 위험한 용공 성향의 기사보다는 북한에 관한 안전한 보호막이 처져 있는 반공 논조의 글을 많이 써 왔다.[60)] 또한 권력과 언론의 유착은 남북 관계를 정치적으로 이용하거나 정권 안보를 위하여 북한에 관한 왜곡 · 추측 보도를 가능케 하였다.[61)]

셋째, 언론은 북한이나 통일 관련 기사의 오보나 왜곡 보도를 지양해야 한다. 언론의 오보나 왜곡 보도는 근본적으로 정부의 정보 독점에도 원인이 있다. 우리 언론은 북한에 관한 정보가 전적으로 내외 통신이나 외신, 나아가 통일부나 국가 정보원에 의존해 있어 우리 측에 유리한 보도와 피상적인 기사만이 전달되어 현실을 왜곡시킬 취약점을 구조적으로 지니고 있다.[62)]

넷째, 안보 상업주의를 배격하려는 언론의 자정 노력이 있어야 한다. 우리 언론은 종종 안보 문제를 상업적으로 이용하는 이중적인 태도를 보였다.[63)] 한국 언론의 북한 관련 보도의 오보나 과장 보도에는 사후 철저한 책임 추궁이 따르지 않았다. 우리 언론의 상업주의에 입각한 추측 보도나 왜곡된 보도는 사후 확인을 통하여 오보에 대한 책임을 지는 언론의 윤리가 정착되어야 할 것이다.

---

59) 1970년 동서독 신문은 정상 회담 보도를 '역사적'이라는 수식어도 자제할 정도로 냉정하면서도 차분하게 접근하였다. 방송 역시 통일 관련 프로그램을 객관적 시각에서 꾸준히 방영하면서 서독 주민에게는 통일에 관한 의지를, 동독 주민들에게는 서독에 관한 신뢰감을 심어 주었다.

60) 관훈클럽, 『한국언론 보고서』, 2000, p. 20.

61) 장호순, 앞의 논문, p. 242. 국민일보 김성기 논설위원은 '김정일 쇼크'와 같은 혼란과 우려는 그동안 왜곡된 정보 전달과 상호 비방전이 가져온 결과란 점에서 '진실 보도'라는 언론의 정도가 무엇이며 정부와 권력에 의한 정보의 왜곡, 간섭이 가져오는 폐해가 어떠한지 시사해 주는 바가 적지 않다고 지적하기도 하였다.

62) 조선일보가 [만물상]을 통해(2000. 6. 14.) '북한 기사는 거의 발표용 기사이고, 허가된 기사이며 인상기일 수밖에 없다'고 하여 대북 보도의 부정확성과 왜곡성을 간접 시인한 것만 보아도 알 수 있다.

63) 이종석, 『신문과 방송』, 권두 칼럼, 2000년 8월호. 한국 언론은 대북 문제에 관하여 보다 철저한 검증이 요구되는 국익이 관련된 중대 사안인데도 판매 부수만 늘어날 수 있다면 무책임한 추정 보도를 특종인 양 보도하기도 하였다.

다섯째, 우리 언론은 북한에 관련한 익명의 보도를 가급적 지양하고, 대북 정책의 투명성을 도모하기 위해 대북 문제나 통일 문제에 관한 정보의 공개를 요구하여야 할 것이다. 정부의 충분한 정보 제공은 다양한 형태의 보도나 프로그램의 구성을 가능케 하고, 북한이나 통일 문제에 대한 국민의 올바른 여론을 형성하고 수렴하는 데 크게 기여하기 때문이다.

4. 북한의 개혁 · 개방 현황과 전망

김정일 정권하의 북한의 체제는 어떠한 정책적 변화를 모색할 것인가? 오늘날 북한을 연구하는 학자들의 관심은 북한의 개혁과 개방이라는 체제 변화에 모아지고 있다. 그 북한체제의 변화는 부분적인 정책의 변화에서 출발한다. 북한의 정책 변화를 가늠해 보는 것은 북한의 향후 체제 변화 방향과 가능성, 그리고 개혁과제를 분석하기 위한 매우 중요한 작업이다. 북한은 특정 단계마다 분야별로 체제적·이념적 정합성이 존재하며, 이 때문에 당면 개혁과제나 정책 변화의 가능성은 달라질 수 있다.[64] 따라서 우리는 김정일 정권하의 북한의 대내 정책 변화의 실태와 그 원인을 분석하고 이를 토대로 북한 개방 · 개혁의 가능성을 예측하기로 한다.

4.1 북한의 정책 변화 과정

북한의 정책 결정 과정과 절차는 최고 지도자의 지시 및 연설이나 당의 강령, 지침 등에 근거하여 소수 핵심관료에 의하여 비공개적으로 이루어지므로, 서방의 체제 기능주의적 접근방식으로는 분석하기 곤란하다. 그러므로 북한의 대내외 정책 결정 과정과 그 변화 및 장래를 진단하고 예측하는 데는 더욱 많은 어려움이 따른다. 이 때문에 남한의 상당수 북한 연구자들은 북한 정책 변화를 체계적이고 종합적으로 분석치 못하고, 남한 중심적 시각이나 잣대를 가지고 즉흥적으로 성급하게 진단하는 경우가 많다.

김일성 사후 3년간의 유훈통치가 끝나고 김정일은 1998년 조선노동당 총비서로 추대됨으로써 북한의 실질적인 최고 지도자가 되었다. 북한의 우리식 사회주의론, 붉은 기 철학, 강성대국

64) 박형중, 『북한의 경제관리체계』, 해남, 2002, p. 20.

건설론, 선군정치론은 북한이 대내외적 환경 변화에 적응하고 북한식 체제를 유지하려는 목적에서 설정된 통치이념이다.[65] 이 통치 담론 혹은 정치학은 수사학적 차원을 넘어 북한 정치체제에 권위를 부여하고 권력 및 자원의 분배 양식을 정당화하는 핵심적인 매개 역할을 한다. 북한은 이 통치 담론을 근거로 체제 유지를 위한 보수적인 정책을 펴다가 때로는 북한식의 '작은 정책 변화'를 시도할 것이다. 북한 당국은 체제 안정이 담보될 때 중국식 개혁·개방 정책을 과감하게 추진할 것이지만 현재로서는 가시적인 정책 변화를 기대하기 어렵다.

일반적으로 북한의 대내외 정책은 소수 당고위층의 건의와 자문을 수용하여, 최고 지도자의 정책 의지에 따라 결정되고, 그것을 국가기관인 내각이 추종 집행하는 행태를 취한다. 즉 북한의 정책 결정 과정의 메커니즘은 공개되지 않고 있으나, 여전히 노동당 핵심부가 결정하고, 최고 지도자가 인준하여 그것을 내각이 이행하는 방식을 취한다는 것이 정설이다. 물론 북한의 소수 핵심부에 의한 개혁·개방을 위한 정책 변화도 체제 유지나 생존을 위한 방편으로 이루어지고 있다. 여기에서 북한의 정치적·경제적 측면의 근년의 개혁·개방을 위한 '작은 정책 변화'들을 살펴보기로 한다.

4.2 북한 정치 분야 정책 변화

북한체제는 친족 및 족벌 중심의 지도부 구성과 권력의 왕조적 승계라는 측면에서 볼 때 왕권주의의 핵심적 특징을 갖춘 왕조적 전체주의 국가라 할 수 있다. 북한 체제는 이러한 왕권주의 하에서 원래의 전체주의적 지배의 지향점이 이데올로기적 목표인 공산주의 건설로부터 지도자 개인에 대한 충성으로 변화하였다. 북한의 전체주의적 공식 이데올로기는 지도자에 대한 극단적 충성과 복종을 강조하는 방향으로 변용되었다. 북한에서는 이미 1960년대 후반기에 들어서면서 당시 마르크스-레닌주의와 공존하고 있던 주체사상이 '수령절대주의'로 전환되기 시작했다. 특히 김정일이 실권을 장악하기 시작한 때로부터 수령의 유일사상체계와 유일적 영도체계를 세우는 작업이 당사업의 기본 과업으로 선포되었다. 이와 함께 간부 및 일반주민

65) 북한의 붉은 기 사상이나 강성대국 건설, 선군정치 등은 모두 그들의 통치 지침이며 '우리식 사회주의' 건설을 위한 계산된 정치 전략이라고 볼 수 있다. 그에 비해 '인덕 정치'나 '광폭 정치'는 김정일의 카리스마를 보완하기 위한 정치 선전적 슬로건이라고 볼 수 있다.

사이에서의 지도자 개인에 대한 충성심을 극단적으로 강조하고, 간부의 임명과 승진에서 지도자에 대한 개인 충성심이 준거가 되는 경향으로 나타났다.[66]

그러나 이러한 북한식 전체주의 정치체제하에서도 미세한 변화는 감지되고 있다. 정치 분야의 부문적인 정책 변화현상을 살펴보면 다음과 같다.

가. 헌법 개정을 통한 권력 구조 개편

김일성 사후 1998년 9월 5일의 북한 헌법 개정은 과거의 헌법에 비해 권력 구조면에서 변모를 보였다. 주석제와 인민 위원회의 폐지 등 정권기관의 구조 변화, 국방위원회의 권한 강화, 외국 자본을 도입하기 위한 합영법의 도입 등 헌법의 조문상 상당한 변화를 보였다.

특히 북한 당국은 헌법 개정을 통하여 정권기관의 권한을 외형적으로 노동당 산하의 정권기관인 내각, 국방위원회, 최고 인민 회의, 사법기관에 분산시키는 조치를 취하였다. 그러나 북한 사회주의 정권의 기능과 역할은 '노동 계급의 당의 노선과 정책의 집행자'이므로 모든 권한은 당에 집중되어 있다.

나. 유사 권력 분립 정책

북한의 '유사 권력 분립'이란 자유민주적 권력 분립이 아닌 모양만 갖춘 형식적인 권력 분립 장치를 의미한다. 김정일은 집권 이후 당의 영도는 계속 강화하면서 외형적으로는 권력의 분산 정책을 펴고 있다. 그는 1998년 헌법 개정을 통해 주석제를 과감히 폐지하고 외형적으로는 노동당, 국방위원회, 최고인민회의, 내각, 사법부라는 5권의 유사 권력분립 장치를 마련하였다.

그들은 국방위원회의 권한을 강화하고 국방위원회 위원장은 일체의 무력을 지휘 통솔하며 국방 사업 전반을 지도하고, 최고인민회의 상임위원장이 대외적으로 국가를 대표하고 대외 문제를 맡도록 하고 있다. 정무원은 내각으로 개편하면서 경제 문제는 내각에 이관하고 집중하여 '경제 조직자적 기능과 역할'을 부여하고 내각이 경제 사업 전반을 통일적으로 장악하고 조직하여 내각의 주관 하에 풀어가도록 하였다.[67] 이는 외형적으로는 북한체제하에서 정부의 권한 분산으로 비쳐지지만 사실상 모든 업무는 노동당의 통제 하에 놓여 있기 때문에 유사 권력

66) 박형중, 앞의 책, p. 103.
67) 김재호, 『김정일 강성 대국 건설 전략』, 평양출판사, 2000, pp. 64-74.

분립 정책에 지나지 않는다. 이는 김정일에게 부여되는 과중한 책임을 분산하고, 이를 통해 경제 위기에 대한 책임 회피를 위한 장치라는 비판도 따른다.[68]

결국 김정일 시대 북한은 당적 영도를 약화시키는 것이 아니라 오히려 강성대국 건설의 기치 아래 당의 영도적 역할을 높이고 있다. 즉 북한은 실질적 권한이 노동당으로부터 출발하고 궁극적으로 당에 귀속되는 장치는 그대로 존속되는 유사 권력 분립 정책을 채택한 것이다.[69]

다. 엘리트 충원 정책의 변화

김정일 체제는 과거의 김일성 시대의 이데올로그 중심의 권력 엘리트의 충원 방식을 탈피하고 그의 측근 테크노크라트들을 중심으로 충원하였다. 북한 사회에서 사회적 성공과 신분상승에 필요한 결정적 요인은 당원이 되는 것이다. 이를 위해서는 본인 자신의 생래적 성분이 좋아야 하지만 사회주의청년동맹, 군대 등 소속단체의 추천과 소속단체 간부의 입당보증서를 받아야 한다.[70]

김정일 체제하의 권력 엘리트 충원 정책이 과거와 다른 점은 다음과 같다.

첫째, 간부의 교체 폭이 과거보다 넓어졌다. 간부 교체는 1998년 7월 26일에 실시된 최고인민회의 10기 대의원선거에서부터 교체 폭이 넓어지기 시작하여 2009년 3월 8일 제12기 687명의 대의원 중 45%인 310명 내외의 인물이 대폭 교체되었다.[71]

둘째, 과거에 비해 청장년층의 기용 폭이 넓어졌다. 북한 권력엘리트 내부에 변화가 시작된 것은 1997년 초 각 도의 농정 책임자인 농촌경리위원장을 식량 생산 문제로 전격 교체하면서부터이다.

셋째, 전문 관료들인 테크노크라트의 대거 기용이다. 이는 김정일의 등장 이후 충원 방식이 생래적 성분과 함께 일정 범위 내에서 전문성을 중시하는 경향도 나타났기 때문이다. 중앙간부들은 1998년 9월 5일 출범한 1차 내각에서부터 50~60대 신진 전문 관료들이 대거 승진·등용되었다.

---

68) 정성장·백학순 공저, 『김정일 정권의 생존전략』, 세종연구소, 2003, p. 39.

69) 위의 책, p. 34. 북한은 구소련 헌법에서 공산당 영도 역할이 보장된 헌법 제6조가 폐기됨으로써 선거에서 경쟁하는 일반 정당의 처지로 전락하여 결국 당이 해산된 사례를 주목하고, 북한 사회주의 개정 헌법 제11조에 당의 영도 역할을 분명히 보장하고 있다.

70) 이정수, 「북한 정치체제에 관한 연구」, 서울대학교 대학원 박사학위논문, 1991, pp. 56-59.

71) 통일부, 『월간 북한 동향』(2009. 3. 2.~2009. 3. 29.) pp. 10-11.

넷째, 김정일 측근 세력의 기용이다. 새 인물들은 김정일과 함께 만경대혁명학원과 김일성종합대학을 나온 '혁명 2세대'가 많으며, 특히 그가 1970년대에 주도한 '3대 혁명 붉은 기 쟁취운동'에서 두각을 나타냈던 인물들이 많다.[72)]

다섯째, 군부 인사들의 대폭 약진 현상이다. 1994년 7월 김일성 장의위원회 서열을 보면 조명록을 비롯한 군부 인사들이 국방위원회의 권한 강화 이후 불과 몇 년 사이에 그들의 서열이 급상승한 것으로 나타났다. 2009년 3월 8일의 12기 대의원에서도 군부 출신이 대거 발탁되었다.

이러한 북한의 충원 정책의 배경에는 대내외적으로 위기에 처한 북한체제에 친위 세력을 중심으로 한 개혁을 시도하면서 정권 안보적 차원에서 안정적으로 운영하려는 의도가 깔려 있다고 볼 수 있다.

4.3 경제 분야 정책 변화

북한은 정치적 측면보다는 경제적 측면에서 상당한 정책 변화를 보이고 있다. 그것은 급박한 북한 경제 위기에 대한 대응책이며, 나아가 정치권력의 안전을 보장받을 수 있기 때문이다.

1980년대 중반부터 시작된 사회주의 개혁·개방 사조에 따라 북한의 동맹국인 중국이 사회주의적 시장경제 체제를 채택하기 시작하였으며, 러시아를 비롯한 독립국가연합에 속하는 국가들과 동유럽 국가들까지도 시장가격구조와 원리의 부분적 도입으로 자유 시장 경제체제로의 전환을 모색해 왔다. 그러나 북한은 이러한 시대적 조류를 무시한 채 여전히 중앙집권적 계획 경제의 제도적 틀 내에서 당과 행정부로 구성되는 중앙기구에 의한 통제경제를 고수해 왔다.

그러나 북한당국은 최근의 식량부족, 외화의 고갈, 에너지 사정 악화 등 경제 위기를 맞고 있는 상황에서 이를 극복하기 위한 방편으로 불가피하게 대외 경제협력을 모색하는 등 정책 방향을 전환시키지 않을 수 없었다.[73)] 그들의 경제 정책 변화는 위기를 해소하기 위한 부분적인 개방·개혁정책에 초점이 모아져 있다. 경제적 당위성보다는 정치적 당위성이 우선시 되는

72) 최근 떠오른 인물들은 일부 노년층 간부들을 제외하고는 해외유학 경험이 없으며, 1960년대에 김정일 위원장과 같이 대학을 다녔거나 노동당 조직지도부에서 그와 인연을 맺었던 인물들이 대부분이다.

73) 박명서, 『통일시대의 북한학 강의』, 돌베개, 1999, p. 122.

북한 체제하에서 적극적인 개혁·개방을 모색하는 데에는 한계가 있지만 다음과 같은 정책의 변화를 모색하고 있다.

가. 합영법 도입

북한은 김일성 사망 전에도 합영법의 제정 등 경제적 위기를 극복하려는 노력을 시도하였다. 1991년 12월 북한 당국은 나진·선봉지구를 경제특구로 지정하기 위한 외국인 투자 유치 법을 제정하고, 나아가 1993년 자력갱생의 원칙에 배치되는 외국기업과의 합작법을 제정하였다. 북한은 김일성 사후인 1995년에 민간사업의 주체를 인정하고, 합영 투자 기업의 독립 채산제를 인정하였다. 또한 합영 공장 종사자에게 소득세를 부과하는 합영법의 시행 규정까지 제정하였다. 이러한 정책 변화를 반영하여 1998년 9월 5일 개정된 북한 헌법은 시장 경제적 요소를 수용하는 합영법을 조문화하고(헌법 37조), 내각 중심의 실용주의적 경제정책 추진의 바탕을 마련하였다. 이로 인해 북한은 기업 합영과 합작을 포함하여 특수 경제 지대에서의 기업의 창설을 가능하도록 하였다.

북한은 이러한 경제 개방에 대한 대비책으로 우리식 사회주의와 자력갱생 원칙을 표방하면서 자본주의와 제국주의의 침투에 대한 강력한 경계 노선을 견지해 오고 있다. 북한은 1999년 신년 공동 사설에서 "사회주의 사회는 자본주의 황색 바람도 사소한 비계급적 요소도 허용될 수 없다. 우리는 제국주의자들의 사회·문화적 침투에 모기장을 든든히 치고 적들의 내부 와해 책동에 최대한 경각심을 높여야 한다"는 소위 주체의 '모기장 이론'을 통해 개방에 대비하였다.

나. 경제 개방 특구제

이러한 합영법의 토대 위에서 북한은 1991년 나진·선봉 특구를 시발로 하여 2002년 신의주, 개성, 금강산을 연결하는 '사각의 개방 벨트'를 구축 완성함으로써 대외 개방정책을 가시화하고 있다. 나진·선봉 자유경제무역지대(1991. 12.)는 함북 동북부 746㎢, 신의주 특별 행정구 기본법에 의한 신의주 특별 행정구(2002. 9.)는 평북 동북부 약 132㎢, 금강산 관광 지구법에 의한 금강산 관광지구(2002. 11.)는 강원 동남부 100㎢이며, 개성 공업 지구법(공업 지구 개발 규정, 기업 창설 운영 규정)에 의한 개성 공업 지구(2002. 11.)는 황남 동남부 66㎢에 건설 중이다. 북한은 이 밖에도 10·4 선언에서 북측 백두산을 관광지구로 개방할 것을 합의하였다.[74]

이러한 개방 조치는 북한이 '우리식 사회주의'를 표방하여 체제의 유지를 우선하면서도 중국식 개방 정책을 추종하고 있음을 보여 준 것이다. 이러한 특구 정책이 상당한 성과를 거둘 때 북한 경제의 개방의 폭은 넓어지고 속도는 가속화될 것이다.

다. 7·1 경제 관리 개선 조치

북한의 경제 위기는 총체적 위기이며 그 정도는 심각하다. 북한의 『김정일 강성대국 건설 전략』의 저자 김재호는 "오늘 북한에서는 여러 가지 요인에 의하여 공장, 기업소들이 조업을 중단하였다. 그 생산 공정들을 다시 살려내야 한다. 타산을 바로 하고 실리를 추구하는 원칙을 견지해야 경제를 살려 나갈 수 있다"고 주장함으로써[75] 북한 경제의 위기를 실토하고 경제 관리 비상조치의 필요성을 역설하고 있다.

이에 따라 북한은 2002년 7월 1일 획기적인 경제 관리 개선 조치를 단행하였다. 이는 북한 당국이 북한식 사회주의 체제를 유지함과 동시에 경제 회복도 동시에 꾀하려는 일종의 긴급 조치라고 볼 수 있다.[76] 이처럼 북한의 경제 관리 개선 조치는 경제 위기를 극복하기 위한 실리주의 원칙을 정책 기조로 한 자구책이며 임기응변적인 개선책[77]이라 볼 수 있다. 이 조치는 김정일이 당과 내각의 경제 관리 일군들에게 내린 획기적인 지시 형태로 하달되었는데 북한 경제 개혁을 위한 불가피한 조치이지만 전향적 조치라는 평가도 따른다. 그 내용을 구체화하면 다음과 같다.

① 물가와 임금 현실화 조치

북한 당국은 7·1 경제 관리 개선 조치의 하나로 국정 가격과 농민 시장 가격을 비슷하게 하는 물가 단일화 조치를 취하였다. 즉 그들은 생산 원가와 국제 시장 가격 및 국내 수요 공급 등을 고려하여 시장 가격을 현실화하고, 실제 가격과 판매가의 차이를 국가가 보상해주는 '가격 편차 국가 보상금 제도'를 과감하게 폐지하였다. 한편 임금의 인상은 이러한 물가 인상에

74) 중앙일보, 2004. 4. 6.
75) 김재호, 『김정일 강성 대국 건설 전략』, 평양출판사, 2000, pp. 104-110.
76) 통일부 통일연구원, 『2007 북한이해』, 2006, p. 168.
77) 북한은 2005년 10월부터 식량 사정으로 폐지된 배급제를 부분적으로 부활하는 등 계획 경제를 강화하는 측면도 있다.

따른 생활비를 보전하기 위하여 노동자의 월 평균 임금을 2,000원 내외로 인상하는 조치를 취했다.[78)]

이러한 물가 현실화 조치는 수요와 공급에 의해 가격을 결정하는 자본주의적 시장경제 논리를 부분적으로 수용한 것이라고 볼 수 있다.[79)] 이 같은 조치는 북한이 경제 상황의 변화에 따라 쉽게 후퇴하기 힘든 선택이다. 외부에서는 북한의 이러한 조치에 대하여 '시장경제의 도입'이라는 해석도 하지만, 북한은 7·1 조치에서 "생산 수단의 전 인민적 소유에 기초한 계획 경제의 테두리 속에서 진행된다"고 강변하면서 임금과 가격 인상에 대한 사전의 예방 조치를 취한 바 있다.

② 성과급제인 '번 수입' 평가 방식

북한은 과거의 '로력일에 의한 평가 방법'에서 탈피하여 '번 수입에 의한 평가 방법'을 제시하였다.[80)] 각 공장 기업소의 실적 평가는 '벌어들인 수입'을 기준으로 능력급을 강화하고, 수익이 좋은 공장 기업소에 더 많은 수익 성과급을 분배하고, 노동자에게 추가 노임인 상여금도 지급하겠다는 것이다. 그들은 "많이 번 사람은 많이 분배하고 적게 번 사람은 적게 분배하는 사회주의 분배 원칙이 경제 관리 개선의 중요한 담보라고 강조"함으로써[81)] 노동 집단의 열성을 떨어뜨리는 사회주의의 평균주의 분배 방식을 배격하는 조치를 취한 것이다. 또한 유휴 노동력을 국토, 농촌 건설 등에 동원하되 작업 수행 정도에 따라 보수를 지급하는 조치도 취하였다.[82)]

③ 종합 시장의 설치

북한은 2003년부터 농민시장을 국영 기업소인 종합시장으로 전환하는 등 시장을 양성화하기 위하여 매대의 공식 대여, 징수료 부과, 농산품 외의 공산품 거래도 허용하였다. 북한의 종합시장인 통일시장에는 식료품 외의 중국산 공산품이 거래되고 있으며, 그 부산물로 빈부 격차와 부정부패가 만연되고 있다.

---

78) 물론 이러한 조치는 갑자기 이룩된 것이 아니라 김정일에 의해 미리 예고되었다. 김정일이 2001년 10월의 "앞으로의 식량과 소비품 문제가 풀리면 근로자들은 자기 수입으로 식량도 제값으로 사먹고…… 상품 가격과 생활비를 고쳐 정해야 한다."

79) 정성장·백학순 공저, 『김정일 정권의 생존전략』, 세종연구소, 2003, p. 48.

80) 박형중, 앞의 책, 2004, p. 10.

81) 조선신보, 2002. 7. 19, p. 26.

82) 통일부 통일교육원, 『2009 북한이해』, 2009, pp. 159-165.

북한 당국은 2003년부터 평양 40여 개, 시군별로 1~2개씩 약 300개의 종합시장을 조성하여 개별 주민, 국영 기업소, 협동 단체도 참여 가능하도록 하였다. 또한 원부자재 시장을 개설하여 일정 비율의 생산물을 시장에 납품하도록 시장의 범위를 확대시키고 있다.[83] 그들은 무역에 관해서도 과거에 비해 긍정적 개념을 가지고 있으며, 소비 물자 수입에 대한 전향적인 태도를 보이고, 원자재의 수입 등 생필품의 수입 방침도 천명하고 있다. 이는 자본주의적 시장경제를 금기시하던 북한 경제의 획기적인 개편·전환 과정이라고 볼 수 있다.

라. 경제계획의 분권화 조치

북한 당국은 '계획경제라 하여 모든 단위의 생산 활동을 세부에 이르기까지 중앙에서 계획하여야 한다는 법은 없다'고[84] 주장하면서 생산관리 계획 권한을 지방과 하부기관에 이양하는 조치를 취하여 기업의 자율권도 강화하였다.

7·1 경제관리 개선 조치에서는 국가계획위원회가 국가적이고 전략적인 중요 사업, 도별 공업 총생산액, 기본 건설 투자액 등만 결정하고, 세부 사업은 해당 기관 기업소, 지방 행정 기관이 수립하도록 하여 중앙집권적 계획경제의 분권화 조치를 취했다. 또한 지방 공장에 대한 가격 설정 재량권도 제한적으로 부여하였다. 그들은 "지방에서 생산한 상품의 가격을 지방공장이 자체 결정하는 등 경제 관리에서 혁신을 일으키지 못하면 경제 강국을 건설할 수 없다…사회주의 원칙을 확고히 지키면서 가장 큰 실리를 얻도록 하는 것이 중요하다…변화 발전하는 현실에 맞게 경제 관리에서 고칠 것은 대담하게 고치고 새롭게 창조할 것은 적극 창조해야 한다"고 강조하고 있다.[85]

나아가 공장과 기업소 경영에 있어서 독립 채산제 강화, 원가 개념 도입, 생산의 전문화 유도 등의 조치를 취하고, 협동 농장에서도 분조원수를 줄이고[86] 조합의 생산량에 따라 인센티브제를 강화하는 등 경제의 분권화 조치를 뒷받침하였다.[87]

---

83) 배한동 외, 『새로운 북한 이해』, 경북대학교출판부, 2003, p. 187.
84) 조선신보, 2002. 7. 19.
85) 중앙일보, 2002. 8. 2.; 노동신문 2001. 10. 22 참조.
86) 북한 농업 분야의 분조원의 수를 10~25명에서 7~8명으로 줄이고 생산 목표 초과 수확량에 대해서는 분조원이 직접 처분 가능하도록 분조 책임 관리제를 채택하였다. 또한 주민들이 야산이나 하천 변의 빈터나 황무지를 개간하는 것에 대해 묵인하고, 소농지나 텃밭 경리를 장마당에서 자율 처분하도록 하는 등 나름대로의 위기 극복을 위한 경제 개혁조치들을 취하였으나 현재로서는 큰 성과를 거두지 못하고 있다.
87) 통일부 통일교육원, 『2009 북한이해』, 2009, p. 160.

마. 평가와 전망

최근 북한의 경제적 상황 중 두드러진 특징 중의 하나는 빈부격차가 확대되고 새로운 계층구조가 생성될 가능성이 확대되었다는 점이다. 또한 당국의 의지와는 관계없이 '자연발생적인' 지역별 경제적 격차도 발생하고 있다. 북한에서 '국경연선지대'라고 불리는 평북 신의주, 자강도 만포, 양강도 혜산, 함북 무산, 회령, 온성 등의 지역은 장마당의 번성으로 내륙지역보다 상대적으로 경제적 여건이 나은 것으로 알려져 있다. 이에 대비하여 북한 당국은 경제난에 대응하기 위한 신사고를 강조하고, 무역법·갑문법 등 경제 관련 법률의 정비도 추진하는 한편, 경제 관련 사범에 대한 경고, 단속, 처벌 등을 강화함으로써 사회 경제 부문에 대한 통제 노력도 병행하고 있다.

북한의 7·1 경제관리 개선 조치와 관련된 일련의 정책들은 장기적으로는 북한 경제 구조의 변화를 초래할 수도 있겠지만, 단기적으로는 가시적인 성과를 기대하기 어려울 것 같다. 북한 지도부는 기존의 자립적 민족 경제 건설 노선과 계획경제를 기본적으로 유지하면서, 임기응변식의 문제점만 조금씩 개선하려는 소극적 방어적인 정책 의지를 보이기 때문이다.[88]

4.4 대외 분야의 정책 변화

가. 대남 관계

먼저 북한의 대남 관계의 변화부터 살펴보자. 냉전시기에 있어서 북한의 대남정책은 "**남조선 혁명론**"이라는 공세적인 적화전략이 중심이었다.[89] 그러나 1990년대에 들어서면서 북한은 기존의 대남전략을 전반적으로 재검토하면서 노선의 변경을 시도하였다. 1990년대 들어 북한은 대남정책은 '남조선 통일'보다는 '북한 사회주의 유지'라는 방어적 목표에 초점을 두었다. 북한은 경제난 극복을 위한 경제협력과 대외관계 개선을 위해 불가피하게 먼저 거쳐야 하는 통로로 대남관계를 인식했기 때문이다.

이러한 맥락에서 북한은 남북대화를 통해 1991년 12월 '남북기본합의서'를 채택하였으며, 유엔에도 남한과 동시 가입하였다. 나아가 북한은 2000년 남북정상회담을 통해 6·15 공동선언

---

88) 정성장·백학순, 『김정일 정권의 생존전략』, 세종연구소, 2003, p. 41.
89) 통일교육원, 『통일교육지침서』, 통일부, 2005, pp. 33-34.

에서 남북 화해와 통일을 위한 기본 원칙에 합의하고, 2007년 10월 2차 남북 정상회담을 통한 10·4 선언에서 남북의 평화 체제 정착과 경제 협력 방안에 대하여 구체적 합의를 이루었다.

그러나 북한은 이명박 정부 등장 이후 비핵·개방·3000정책을 문제 삼아 남북 당국 간의 대화를 단절하고, 6·15 선언과 10·4 선언의 철저한 이행을 촉구하고 있다. 남북 관계의 큰 흐름으로 보면 남북 당국 간의 대화는 조만간 재개될 것이지만, 북한이 여전히 통미봉남(通美封南)이라는 과거의 대미 우선 정책으로 회귀하고, 남한이 대북 무시 정책이나 강경 정책을 고수하는 한 그 전망은 밝지 않다.

나. 서방 관계

북한은 서방과의 관계 개선에도 적극적인 개선의지를 보이고 있다. 북한이 공식적으로 표방하는 외교 이념과 원칙은 '자주·평화·친선'이다. 냉전체제 붕괴가 본격화되면서 1990년대부터 북한은 구(舊)사회주의권과 비동맹 중시 외교에서 벗어나 미국 등 대서방관계 개선을 위하여 노력하고 있다. 특히 북한은 1999년부터 전방위 대외관계 개선에 적극 나섰으며, 이 과정에서 대미관계 개선, 대중·대러 관계의 복원, 대EU관계 정상화를 적극 추진하였다. 이 과정에서 북한은 대남관계와 대 중국 관계, 대미관계를 3개의 중심축으로 발전시키는 전략을 시도해 왔다. 예컨대, 북한은 대미관계 개선을 통해서 체제안전보장과 경제회생을 위한 환경 조성, 외교적 고립 탈피 등을 실현할 수 있다고 간주하며, 중국에 대해서는 자신의 생존을 위한 최후 안전판이자 정치적 우호 세력으로 인식하여 전통적인 유대를 강화하고 있다.

북한과 미국은 북·미관계를 적대 관계에서 평화관계로 전환시키기로 합의한 북미공동성명을 계기로, 북핵 문제와 미사일 문제를 북한에 대한 테러 지정국 해제, 대북 경제 제재 문제 해결과 연계하여 협상을 전개하였다. 그러나 북핵 문제가 해결되지 않는 상황에서 북미관계는 개선되기 어려우며, 이것이 부시에 이은 오바마 행정부의 확고한 외교적 과제이다.

북·일 관계는 아직도 외교적 정체상황을 벗어나지 못하고 있다. 일본에 대한 북한의 관심은 매우 크지만 북한이 일본인을 납치했다는 의혹문제가 해결되지 않는 한 양국 간의 관계 개선은 쉽지 않을 것이다. 북한은 북·일 관계 개선을 통해서 북·일 수교 시 받게 될 식민지지배 배상금의 유입을 바라고 있으며, 일본자본의 북한진출이 북한경제를 회복시키는 데 중요한 역할을 할 것이라고 생각하고 있다.

북한은 미국 부시 행정부가 북한을 불량국가(rogue state)로 규정하고 미사일방어(MD)체제를 구축하자, 이에 대한 대응 차원에서 중국, 러시아와의 전통적인 우호관계를 복원하려는 모습을 보였다. 그러나 새로운 북·중, 북·러 관계는 냉전 시기의 관계와는 그 성격에 차이가 있다. 냉전기의 이들 국가 관계는 사회주의 이데올로기에 기초한 군사적 동맹관계라는 특징을 지녔다. 그러나 지금은 러시아의 시베리아 개발의지, 중국의 사회주의 강대국 건설의지, 북한의 경제난국 타개의지와 같이 실리에 기초한 경제적 이해관계라는 특징을 보이고 있다.

북한은 북방 삼각협력 관계를 복원하는 동시에 유럽연합(EU) 국가들과 수교하기 위하여 대표단을 초청하여 관계 개선도 적극 추진하고 있다. 북한은 2000년 이후 이탈리아, 호주, 필리핀, 영국, 독일 등 총 17개국과도 새로이 수교하였다.[90)]

4.4 북한 개혁·개방의 요인 분석

앞에서 본 바와 같이 북한은 정치·경제·외교 분야에 있어서 작지만 의미 있는 정책적 변화를 보이고 있다. 북한의 체제의 근본적 변화는 북한의 개혁·개방이라는 정책의 변화가 전제되어야 한다. 우리는 여기에서 북한의 체제 변화의 가능성과 그 장래를 타진하기 위하여 개혁·개방의 촉진 요인과 억제 요인을 점검해볼 필요가 있다.

가. 북한의 개혁·개방의 촉진 요인

북한의 개혁·개방을 가능하게 하는 긍정적 촉진 요인은 다음과 같다. 물론 이러한 요인이 일시적으로 내부 체제를 통제하는 폐쇄적 기제로도 작용될 수 있지만, 장기적인 시각에서 보면 개방의 촉진 요인이 될 것이다.

첫째, 대내적인 총체적 경제 위기가 개혁·개방의 촉진 요인이 되고 있다. 북한은 사회주의 계획경제나 자립 경제노선만으로는 북한의 식량난과 에너지난, 소비재의 절대적 부족, 외화난 등 경제의 총체적·구조적인 모순을 해결할 수 없다. 북한 당국이 합영법을 제정하고 나진·선봉지구 자유 경제 무역 지대를 설정하고, 최근 개성 공업 지구에 관한 특별법을 제정하고,

90) 통일부 통일교육원, 『2009 북한이해』, 2009, pp. 61-82.

7·1 경제 관리 개선 조치를 취하는 것도 그들의 경제 위기를 극복하기 위한 조치라고 볼 수 있다.

둘째, 북한 주민들 내부의 잠재된 불만이 개혁·개방을 촉진시킨다. 북한의 식량난은 주민들의 생존권 문제이며, 주민들의 체제에 대한 직접적인 불만 요인이 될 수 있다. 북한 당국은 그들 스스로 경제적 어려움을 실토하여 '고난의 행군' 과정임을 선포하였다. 그러나 통제 사회의 특성상 주민들의 내부적인 불만은 노출되지 않고 누적될 뿐이다. 이러한 잠재된 불만이 체제 위기로 이어지기 때문에 이를 위한 대책으로 그들은 경제 개혁과 개방 등 경제회생 대책을 서두르지 않을 수 없는 것이다.

셋째, 사회주의권의 붕괴 등 외교·환경적 압력이 개혁·개방을 촉진시킨다. 북한은 구소련과 동구권의 붕괴로 외교적·정치적 고립이 심화되면서, 생존을 위해서는 외부, 즉 남한이나 서방국가로부터의 지원이 불가피하다는 점을 인식하였다. 북한은 이처럼 외부 지원의 필요성 증대로 대외 개방이라는 대서방 외교를 적극화할 수밖에 없었다. 이는 북한 당국이 탈냉전과 개방화의 주변 환경 변화에 적절히 부응해 개혁·개방을 하여야 생존할 수 있다는 자각을 하게 되었음을 의미한다.

나. 북한의 개혁·개방 억제 요인

북한의 개혁·개방을 어렵게 하는 부정적 억제 요인은 다음과 같다.

첫째, 군부 우위의 정치는 북한의 개혁과 개방의 억제 요인으로 작용한다. 북한은 체제 유지와 결속을 위해 보수적인 군부가 정치의 중심에 서서 주민생활을 철저히 통제하는 선군 정치를 시행하고 있다. 북한이 강성 대국 건설이라는 슬로건 하에 국방위원회가 중심이 되어 '총대 철학'을 강조하고 '사상 강국', '군사 강국'을 통한 경제 건설을 다짐하는 것도 이 같은 맥락에서 이해하여야 할 것이다. 북한이 계속적으로 군부 중심의 '선군 정치'를 앞세우는 한 개혁과 개방은 늦어질 수밖에 없다.

둘째, 북한의 주민들의 각종 사회 통제 장치가 개혁·개방의 억제 요인이 되고 있다. 북한의 국가 안전 보위부나 사회 안전성을 통한 주민 통제 감시 장치가 조직적으로 작동하는 한 북한의 아래로부터의 변화 요구는 사실상 관철될 수 없다. 경제 위기로 인해 주민들의 대내 이동현상이 증대하고 탈북 주민이 증가되고 있지만, 북한체제 내에서의 아래로부터의 개혁

요구는 각종 통제장치에 의해 아직도 묵살되는 현실은 개혁·개방의 억지 요인으로 작용하고 있다.

셋째, 북한의 최고 지도층의 개혁과 개방에 대한 부정적 인식은 개혁·개방의 걸림돌이 되고 있다. 김정일 국방위원장은 2000년 5월에 이어 8개월 만인 2001년 1월 다시 중국을 방문하여 '신사고'의 모색을 주창하였다. 그러나 '강성대국 건설'을 국가부흥의 슬로건으로 내걸고 있는 북한당국이 모든 부문, 모든 분야에서 '종자론'[91]을 관철하는 것을 '노동당의 방침'이라 지적한 것은 북한 개혁·개방의 한계를 나타내는 것이라고 하겠다. 특히 북한이 2002년도 신년 공동사설에서 '수령·사상·군대·제도'의 4대 제일주의를 제시한 것도 대내외 정세가 전반적으로 어렵다는 인식 하에 체제 결속을 강조한 것으로 평가된다.[92] 이처럼 북한이 모든 부문·분야에서 신사고에 입각한 획기적 변화를 모색하려고 하지만, 개혁과 개방이 체제 붕괴로 연결된다는 최고 지도층의 부정적 인식은 정책 변화의 억지요인이 된다.

결국 북한의 변화는 개혁과 개방의 촉진 요인과 억제 요인 중 어느 요인이 상대적으로 강하게 작용하는가에 따라 정책 변화의 폭과 속도가 달라질 것이다. 북한의 이러한 현실적인 압력 요인이 북한 최고 지도층의 인식 구조에 어느 정도 영향을 미치느냐에 따라 개혁·개방의 범주는 달라질 것이다.

5. 북한의 정책 변화의 변수와 그 전망

김정일 정권의 대내외 정책의 변화의 폭과 범위는 제한되어 있다. 그러나 과거 김일성 시대에 비해 상당한 변화를 보이는 것은 사실이다. 북한의 이러한 정책 변화의 요인은 무엇일까? 여기에서는 북한 정책 변화의 요인을 세 개의 변수로 나누어 분석하려고 한다. 북한의 대내외 정책은 대체로 이러한 제 변수들의 적절한 조합에 의하여 결정될 것이다.

---

91) '종자론'은 1973년 4월 김정일 비서가 논문 「영화예술론」을 발표하면서 제시한 이론으로 "작품의 핵인 종자를 바로 설정하고, 그에 기초해 소재를 잡고 주제를 설정하며 사상을 세워야 한다"는 사상 중시의 논리라 할 수 있다. '종자'란 수령의 교시나 당의 방침을 말한다.

92) 통일교육원, 『주간북한동향』, 제572호, 통일부, 2002. 1. 4.

5.1 체제 내적 변수

북한체제 내의 개혁·개방을 촉진하거나 억지하는 정책 결정의 주요 내적 변수를 검토하면 다음과 같다.

가. 경제적 위기

북한 경제의 위기는 식량난뿐 아니라 에너지 고갈, 달러의 부족, 기간산업의 미비 등 총체적 위기의 결과이다. 북한의 경제 위기는 일시적으로는 체제 단속과 폐쇄 정책으로 나타나지만 장기적으로는 위기 극복을 위한 개혁·개방으로 나아갈 것이다. 북한 당국은 종래의 중앙집권적 계획·통제 경제, 폐쇄적인 자립적 민족 경제, 중공업 위주의 정책만으로 위기를 극복할 수 없다는 사실을 어느 정도 인식한 듯하다. 위에서 언급한 경제에 대한 북한 당국의 권한이나 책임 분산이나 2002년 7·1 경제관리 개선 정책도 이러한 경제 위기를 극복하기 위한 불가피한 정책 전환이라 볼 수 있다. 북한 경제의 위기의 심화 정도, 위기의 극복 여부, 정상 회복 정도 등에 따라 북한 당국의 경제정책은 신축적으로 변화될 가능성이 있다.

나. 정권의 안정성

김정일 정권의 안정성 문제는 그들이 정책 결정 과정에서 우선적으로 고려해야 할 변수임에 틀림이 없다. 권력을 세습한 김정일 정권의 안정성과 내구성 여부에 따라 대내외 정책은 변화될 것이다. 현재 김정일 정권은 군부 중심의 선군 정치를 통해 외형적으로 정권의 안정성을 회복했다고 볼 수 있다.[93] 북한 당국은 식량난 등 경제 위기가 내부 주민들의 불만을 누적시키고 이것이 정권 안보의 위협이 된다고 판단하여, '강성대국 건설'이라는 거창한 슬로건을 내걸고 군부에 힘을 실어주는 '선군 정치'를 실시하고 있다. 선군정치는 외부 적에 대한 체제 안보와 내부 적에 대한 안전장치라는 양면적 목표를 가진 정책이다. 그동안 북한 당국이 대남 관계에 있어서 적극적인 협상과 교류에 응한 것은 김정일 정권의 안정성을 보장하기 위한 수단으로 볼 수도 있다.

---

93) 김정일은 현재 국방위원장 자격으로 군 통수권을 확보하고, 당 총서기로서 당권을 완전히 장악함으로 외형적으로는 최고 권력자로서 정치권력의 안정성을 획득하였다.

다. 테크노크라트의 역할

북한의 권력 구조 내에서 개혁·개방적인 테크노크라트가 차지하는 비중은 북한의 정책 결정과 남북관계에 상당한 영향을 미칠 것이다. 현재 북한체제 내의 당과 내각, 국방위원회에는 부장급 이상은 투철한 이념형의 관료와 테크노크라트인 전문가형 관료가 김정일의 리더십과 정책을 뒷받침하기 위하여 포진하고 있다.[94] 북한의 권력 엘리트의 충원 방식에서 경제 전문가인 테크노크라트들이 어느 정도 당이나 정책부서에 충원되고 정책 결정에 참여하느냐에 따라 개혁·개방 정책의 폭과 속도가 달라질 것이다.[95] 이러한 최고위 테크노크라트 관료들의 정책 건의나 주장이 북한의 정책 결정이나 결심에 어느 정도 영향을 미치기 때문이다.

라. 주민의식 성향

북한 주민들의 개방적인 의식 성향과 수준이 북한 정책 변화의 압력요인이 될 수 있다. 북한 사회에서는 식량난의 장기화에 따른 가족 구조와 이웃 관계의 해체, 극빈 상태의 만연, 꽃제비와 유랑 걸식민의 증대, 영양 상태와 보건 의료 체계의 약화, 초·중등 교육 체계의 마비, 공무원의 부패 만연 등이 주민들의 불만 요인으로 작용한다. 다만 그것이 조직화되거나 집단화되지 못하고 있을 뿐이다. 북한 사회는 내부적으로 주민통제가 조직적으로 이루어지며, 전 매스컴이 그들 정책 선전의 도구가 되어 있기 때문이다.

그러나 북한 주민들의 정권에 대한 불만은 표출되지 않고 잠재화되어 누적되고 있을 뿐이다. 북한 주민들의 의식은 공식적으로는 당과 수령에 대한 충성심을 표현하면서도, 비공식적으로는 실리적 물질주의적 경향을 추구하는 이중적 의식 구조가 팽배하다는 주장도 있다. 나아가 북한 사회에서는 김정일과 관료들에 대한 조심스러운 부분적인 비판과 적개심이 증대되고, 일반 주민들의 당-국가에 대한 의존성과 정치 이데올로기에 대한 충실성이 약화되었다는 주장도 있다.[96] 결국 북한 주민들의 불만적인 의식 성향은 북한의 개혁과 개방의 주된 압력 변수이지만,

---

94) 과거 김일성 정권하의 북한체제 내 권력구조에서는 혁명 전통을 고집하는 이데올로기적 관료가 테크노크라트인 실용주의적 관료보다 상대적 우위를 점했다. 혁명 전통을 고집하는 원로 이데올로그들이 포진한 상황 하에서 북한체제의 개혁과 개방은 한계에 부딪칠 수밖에 없다.

95) 지난번 김정일이 대규모 전문가들과 함께 상해를 방문하여 '천지개벽'할 만하다고 감탄하면서 '신사고'를 강조한 것은 중국식 개혁·개방을 따르려는 인식의 변화라고 보아야 할 것이며, 관료들에게 개혁·개방의 필요성을 인식시키려는 의도라고 분석할 수 있다.

96) 박형중, 『북한의 변화 능력과 방향, 속도와 동태』, 통일연구원, 2004, p. 151.

그것이 조직화되어 폭발하지 못하도록 차단·방지하기 위한 북한 당국의 통제 정책은 북한 개혁·개방이라는 정책 변화의 억지변수가 될 수 있다.[97]

5.2 체제 외적 변수

북한의 개혁이나 개방을 촉진 또는 억지하는 국제적 환경 등을 체제 외적 변수라 할 수 있다. 분단 이후 냉전 구조 하에서 오랫동안 북한체제가 외부의 영향을 거의 받지 않고 체제 방어나 체제 구축에 치중할 수 있었다. 그러나 탈냉전, 탈공산, 탈분단이라는 개방적인 국제정세는 북한체제를 긴장시켰고 그들의 개혁이나 개방 정책의 압력 변수로 작용되고 있다. 이를 구체화하면 다음과 같다.

가. 사회주의권의 탈공산화

북한의 전통적인 맹방인 구소련과 동구의 붕괴, 동독의 흡수 통일, 중국과 러시아의 체제 개혁과 개방으로 인한 특히 사회주의권의 북한에 대한 전통적인 우호 관계의 붕괴는 북한 정책 변화의 압력 변수가 되었다. 소연방의 붕괴와 탈공산화 선언은 러시아가 북한에 대해 식량과 에너지 공급을 중단하는 결과를 가져왔으며, 이로 인해 북한은 심각한 경제적 위기를 맞이하게 되었다. 중국 역시 남한과의 정식외교 관계를 수립하고 인적, 물적 교류를 확대하고 있어 북한으로서는 큰 부담이 되지 않을 수 없었던 것이다. 중국과 베트남의 개혁·개방 정책 역시 북한의 대내외 정책 변화에 영향을 미치고 있다.

동구와 모스크바에서 불던 개혁·개방이라는 자유화의 바람은 탈 공산화와 시장 사회주의 체제로의 전환을 낳았고, 이제 울란바토르, 북경, 하노이를 거쳐 세계에서 가장 폐쇄적인 평양의 문까지 노크하고 있다. 북한은 이에 대응하여 '우리식 사회주의'나 '사회주의 강성대국 건설'을 통해 북한식 체제 고수의 원칙을 밝히고 있으나, 한편으로는 그들 나름대로 개혁·개방을 모색하지 않을 수 없는 것이다. 결국 사회주의권의 붕괴와 개혁이라는 외부 환경 변수는 북한의 대내외 정책 결정의 중요한 변수가 되고 있다.

97) 북한 당국이 김정일의 카리스마를 상징·조작하기 위한 인덕정치, 광폭정치를 표방하면서도 한편에서는 강력한 주민 통제 정책을 펴는 것도 이러한 입장을 반영한 것이다.

나. 미·일의 대북 외교

최근 북한은 미·일과의 관계 정상화를 시도하고 있으나 그들의 핵실험이나 미사일 발사라는 장애물로 인하여 해결의 실마리가 풀리지 않고 있다. 특히 미국의 대북 경제 제재 조치는 북한의 외자 도입이나 상품의 수출, 시장 개척에 많은 지장을 초래하였다. 이러한 미·일의 제재와 공세에 대한 북한의 '피포위 의식'은 북한식 '강성대국 건설'이라는 정책을 표방하게 하였다.[98] 미·일은 북한과의 관계 정상화의 전제로 북한에 대해 핵개발 포기와 미사일 시험 발사 금지, 남한과의 관계 정상화를 거듭 강조하고 있다. 이러한 미·일의 대북 압력은 북한의 대외 정책 변화에 상당한 압력요인이 되고 있으며, 북한이 '벼랑 끝 전술'을 통해 지연전술을 펴는 것도 이들의 압력에 대응하는 방식이다.

한편 북한의 유엔 및 국제기구에의 가입 또한 역설적으로 북한 정책변화의 압력요인으로 작용되고 있다. 북한은 대외 관계 개선이 경제적 위기를 극복할 수 있는 기회는 되지만, 그것이 역으로 체제 붕괴의 위험이 된다는 것을 잘 알고 있다. 그러므로 이에 적절히 대응하는 것이 북한의 당면한 외교 정책의 과제이다.

다. 남한의 북방외교

우리의 대중·대러 북방외교의 성공은 북한을 상대적으로 긴장시키고 고립화시키는 계기가 되었지만, 그것이 그들의 대외정책을 변화시키는 촉진제가 되었다. 북한은 남쪽의 북방외교를 처음에는 '조국의 분열책동'이라고 비난하다가 남한이 중국, 러시아, 동구권 국가들과 정식 국교를 수립하자 초조해지지 않을 수 없었다.

북한은 우리의 북방외교의 성과를 상쇄하기 위해서라도 서구와 미·일에 대한 남방외교를 적극적으로 추진하지 않을 수 없었던 것이다. 북한은 중국을 통해 미·일에 간접적으로 접근하던 태도를 바꾸어 그들과의 직접 관계 개선에 주력하였다. 근년 핵문제를 둘러싼 북·미 협상과 6자 회담을 통한 미국과의 접촉, 경제적 배상 문제를 위한 일본과의 교섭 등이 그것이다. 이처럼 남한의 북방외교는 북한의 대외 정책 변화의 중요 변인이 되고 있다.

---

98) 북한 당국은 부시 정권의 대북 압력에 대해 '정치 군사적 압력, 끈질긴 경제 봉쇄, 비열한 사상 문화 책동'이라고 비판하면서 이에 대응하여 역공 전략적 차원의 '선군정치' 방식을 선호했다고 볼 수 있다.

라. 남북 관계의 변화

남한의 지속적인 대북 포용 정책에 따른 남북관계의 변화는 북한의 대내외 정책 변화를 초래하는 또 다른 변수이다. 특히 남한의 개성 공단 등 대북 투자의 증대는 북한의 합영법이나 경제특구법의 보충 등 경제 정책 변화의 요인이 되었다.

남북관계가 순조롭고 정상화될 때는 북한의 개혁·개방이라는 정책의 변화도 순조롭게 되었다. 예컨대 남북 경제 실무 회담을 통한 대북 투자 여건 조성을 위한 관계 법령의 제·개정, 개성 공업 지구법의 제정 및 공포 등은 북한 경제정책의 변화의 증거가 되었다. 남한의 북한에 대한 다방면의 경제 지원과 교류는 북한의 '남한 의존적 경제 구조'를 심화시키고, 이에 대처하는 대응책이 북한식 경제 정책의 변화를 촉진할 것이다.

반대로 북한이 남북관계의 긴장으로 무력을 증강하고 고도의 군사비를 계속 유지해야 할 경우도 예상해 볼 수 있다. 북한은 국방비 확보를 위해 경제의 신규 투자와 소비 지출은 가능한 축소하고 과거처럼 주민들의 노력 동원과 희생을 강요하는 억압 정책을 계속 추진할 것이다. 또한 남측과의 긴장의 고조 상태 하에서는 북한의 서방과의 관계 개선은 사실상 불가능할 것이다.

결론적으로 남북한의 관계 정상화와 비정상화라는 변수는 북한의 대내외 정책 변화에 상당한 영향을 미칠 것이다. 그러나 남북 관계의 정상화와 외부 환경이 북한에 우호적으로 조성된다고 하여 북한의 왕조적 전체주의 체제가 개방적인 자유민주주의 체제로 진전되는 것은 아니다. 북한은 개혁·개방의 폭이 넓어지는 것에 비례하여 체제 분열이나 붕괴의 위험성도 가중되기 때문이다. 북한이 주변국가와 얼마나, 또 어느 정도 빠르게 관계 개선을 하는가에 따라 대내외 정책도 변화될 것이다. 대체적으로 북한의 외부 체제가 우호적인 환경이 조성될 때 그들의 개방 확대, 대외 원조 수용, 자본과 기술의 도입 등이 빠른 속도로 추진될 것이다.[99] 이에 반하여 적대적 환경이 조성될 때 그들의 개방의 폭은 좁아지고 속도는 느릴 수밖에 없을 것이다.

99) 박형중, 『북한의 변화 능력과 방향, 속도와 동태』, 통일연구원, 2001, p. 134.

5.3 돌발 변수

이 변수는 체제 외적·내적 변수가 아닌 북한 내외에서 발생할 수 있는 예측이 불가능한 갑작스럽게 발생하는 변수를 말한다. 북한 사회 내의 돌발적인 사건이나 사고 등은 북한 정책 결정이나 변화에 상당한 영향을 미칠 것이다. 1994년 김일성의 사망이라는 돌발 변수는 북한의 대내외 정책에 상당한 변화를 초래하였다. 김일성 최고 지도자의 갑작스런 공백으로 인한 '유훈 통치'라는 이상한 통치 형태의 등장, 북한 헌법상의 주석제 폐지, 남북정상회담의 개최, 경제 위기 타개를 위한 7·1 경제 개선 조치 등이 이루어졌다.

현재로서 예상해 볼 수 있는 북한체제 내외의 돌발 변수는 북한의 완전한 핵 폐기 조치, 북·미 수교, 김정일의 남한 방문, 남북관계의 획기적 개선, 대량 탈북자의 속출, 북한 내부의 주민 소요, 주민들의 식량 폭동 및 아사자의 속출, 군부의 소요, 권력 내부의 심각한 갈등, 최고 지도자 김정일의 사망, 김정일의 권력 이동 등을 들 수 있다. 다른 내외 변수는 북한 당국이 사전 대비 등으로 적절히 대처하겠지만, 이러한 돌발 변수는 대응과정에서 시행착오를 겪을 가능성이 많으며 내부의 혼란으로 인해 체제 붕괴의 위험을 초래할 수도 있다.

앞의 돌발 변수 중 김정일의 남한 방문과 3차 남북 정상회담, 북한의 핵 폐기 선언, 북·미 관계의 정상화, 남북 관계의 획기적 개선 등은 북한의 개혁·개방 정책에 대해 순기능으로 작용하겠지만, 식량 위기의 증폭이나 주민 폭동, 북한 내부의 권력 갈등과 같은 돌발 변수는 역기능적이며 폐쇄적인 정책 결과를 초래할 수도 있다.

여기에서 돌발 변수로 인해 북한 주민들이 기존 체제에 도전할 수 있는 시나리오를 몇 가지 예측하면 주민들의 일부가 물질적 환경 개선을 요구하며 일으키는 소요, 지식인 일부가 새로운 강령을 요구하며 일으키는 소요, 지배 엘리트 일부가 사회적 요구를 반영하여 제도 개혁 차원에서 일으키는 소요 등이 있다. 물론 이러한 요구가 일부 주민, 일부 지식인, 관료가 결합하여 소규모로 표출되다가 폭넓은 주민들의 폭동화로 이어지는 경우도 배제할 수는 없다.

그러나 일부의 경미한 소요일 경우 북한 지도층은 이에 대한 대응책으로 주민들을 강력하게 통제·탄압하면서도 한편으로는 대증요법인 민심 수습용 개혁 정책을 가속화할 것이다. 그러나 북한의 식량 폭동이나 정치적 소요는 현재로서는 중앙 정치권력을 심각하게 위협하지 못한 채 군부 등 통제 장치에 의해 조기에 진압될 가능성이 높다. 그러나 그것이 계기가 되어 또 다른 사태를 초래할 가능성은 항상 있으며, 북한이 개혁·개방하는 와중에 동독이나 소련처럼 체제 자체가 붕괴될 가능성도 배제할 수 없다.

5.4 변수 간의 상관관계와 정책 변화 전망

북한의 개혁·개방이라는 정책 변화는 체제 내외의 단일 변수에 의하기보다는 여러 변수의 결합이나 조합에 의해 촉진되기도 하고 억제되기도 할 것이다. 각 변수의 조합이 북한의 정책 변화에 미칠 가능성과 영향을 살펴보면 다음과 같다.

첫째, 북한 체제의 내외 변수는 그 복합적 작용에 의해 북한의 개혁·개방이라는 정책 변화에 긍정적 혹은 부정적 영향을 동시에 미칠 것이다. 변수 조합의 역작용에 의해 북한체제가 단기적으로는 개방이 아닌 통제나 경직화의 길로 갈 가능성도 배제할 수 없다. 그러나 북한체제의 내외의 변수는 장기적·거시적으로 보면 세계사적 '개방과 개혁'이라는 조류에서 지속적으로 정책 변화에 영향을 미칠 것이며, 그 속도와 폭의 문제만 남아 있을 뿐이다.

둘째, 북한의 정책 변화는 체제 내부의 문제나 자체 발전의 논리에 의존하는 내적 변수보다는 주변 국가의 대북 정책 등 체제 외적 변수에 더 영향을 많이 받을 것이다. 주변 국가의 대북 개방적인 환경 조성 능력은 상당히 제한되어 있지만, 주변 국가의 정책 의지와 목표는 북한의 대내외 정책에 상당한 영향을 미치기 때문이다. 북한 정책 변화의 양상은 체제 외적 여러 변수와 돌발 변수의 결합으로 증폭되어 다양한 갈래로 나타날 수 있다.

셋째, 북한은 체제 내외의 돌발적인 사태나 사건이 발생하는 경우 북한의 정책은 시간적 연계 고리를(reactive sequences) 형성하여 연쇄적인 반응을 초래할 것이다.[100] 변수들 간의 조합이 연계적으로 정책의 방향을 결정하고, 그것이 선순환이나 악순환의 고리를 형성하는 경우를 상정해 볼 수 있다. 북한의 경제 위기가 군부를 앞세우고 통제하는 선군정치로, 그것이 대외 지원을 얻기 위한 개혁·개방 조치로, 이에 적응하기 위하여 '7·1 경제 관리 개선 조치'로 이어지는 것은 좋은 예이다.

넷째, 북한 정책 변화는 나쁜 변수의 조합보다는 최선의 변수의 조합으로 인해 안정적이고

---

100) 박형중, 『북한의 변화 능력과 방향, 속도와 동태』, 통일연구원, 2001, p. 140.

평화적이며 또한 번영하는 가운데 일어날 가능성도 배제할 수 없다. 좋은 변수의 조합은 위기 상태의 북한을 연착륙시킴으로써 장기적 시각에서 보면 통일비용을 줄이고, 한반도의 혼란 없이 남북한의 안정과 통일에 관한 준비로 이어질 수 있다. 반면 가장 나쁜 변수의 조합은 북한이 정치·경제적으로 극심한 내부 혼란에 빠져 주민들의 봉기로 이어지고, 북한 당국의 대내외 봉쇄나 통제로 인해 북한 지도부가 정치·군사적으로 위협 요소로 남을 때이다. 이러한 경우 북한의 남한에 대한 흡수 통일도 어렵고, 주변 4강의 북한 사태 진압을 둘러싼 헤게모니 쟁탈의 갈등 상황이 장기간 연출될 경우도 상정해 볼 수 있는데 이렇게 될 경우 그 해법 또한 어려울 것이다.

6. 북한의 개혁 · 개방의 성격과 전망

김정일 집권 이후 북한 정책 변화의 특징을 사회주의권의 개혁·개방이라는 시각에서 살펴볼 필요가 있다. 이를 위해 북한의 개혁 · 개방의 성격을 정책 결정의 주체, 정책 변화의 단계와 유형, 범주와 성격으로 나누어 살펴보려고 한다.

6.1 개혁·개방의 주체

일반적으로 사회주의 체제의 개혁 · 개방 정책의 특징은 개혁 주체에 따라 지배층의 선택에 의한 변화, 의도되지 않았지만 어쩔 수 없이 일어나는 변화, 사회의 불만과 투쟁의 결과인 인민들의 아래로부터의 변화를 들 수 있다. 이러한 기준에서 보면 북한의 정책 변화는 아래로부터의 압력에 의한 변화가 아닌 지배층의 선택에 의한 위로부터의 변화이다. 위기에 처한 북한체제는 어떤 방향으로든 변화가 불가피하며 이를 위해 권력 상층부로부터 정책 변화를 시도하고 있기 때문이다.

그러므로 북한 정책 변화의 주체는 당분간 김정일을 중심으로 한 상부의 권력 핵심층으로부터 추진될 수밖에 없는 것이다. 이처럼 북한 당국은 하부 주민들의 불만과 요구에 의한 양보가 아닌 위로부터의 경제위기 타개를 위한 개혁 · 개방 정책을 채택하고 있다. 이는 북한체제의 특성이 최상층부의 의지나 결심이 당-국가 계선별 통제를 통해 아래로 관철될 수 있기 때문이다. 각 부문별 당-국가-군부-외교-관료 사이의 다소간의 이익 갈등이 존재할 수도 있지만, 김정일은 아직도 모든 정책을 중앙집권적으로 통제하고 관리하고 있다. 이처럼 북한 최고 지도층의 의지가 정책 결정의 핵심 요인이 되기 때문에 북한 개혁 · 개방의 주체는 최고 지도부일 수밖에 없다.

북한은 권력 최상층부의 상황 인식과 지시가 정책 변화로 바로 연결되기 때문에 정책 변화 과정이 권력구조 내의 의회나 정당, 시민 단체 등 여러 분야에서 견제를 받는 자유주의 체제보다도 상대적으로 단순하고 빠르다는 평가도 가능할 것이다.[101]

6.2 개혁·개방의 유형과 단계

사회주의 체제의 변화 유형은 결과적으로 볼 때 체제 붕괴적 유형과 체제 변화적 유형으로 나누어지기도 하는데 전자는 사회주의 체제의 본질적 특성을 포기하거나 소멸시키는 변화를 말하고, 후자는 사회주의 체제를 유지하면서 개혁과 개방을 선택하고 적응하는 유형을 말한다. 전자는 사회주의 체제를 페레스트로이카와 글라스노스트[102]를 통해 개혁하는 과정에서 붕괴된 구소련 및 동구 공산권 국가의 쇠락을 말한다. 후자는 사회주의 체제의 본질적 특성을 유지하는 가운데 개혁을 추진하는 유형으로서 자본주의 체제와 교류·협력하면서 자본주의적 방식을 부분적으로 도입하는 유형을 말한다. 이는 중국이나 베트남, 몽고식의 개혁·개방을 말하는데, 북한도 여기에 해당된다.[103] 혹자는 북한의 개방 개혁을 '사회주의 시장경제' 방식을 채택하는 중국, 베트남, 몽골식의 변화와 구분되는 '사회주의 원칙하의 실리 추구적 성격'이라고 설명하지만, 전반적인 흐름은 이들 국가의 변화 행태와 비슷하다.

사회주의 체제의 개혁·개방을 통한 변화 과정을 탈스탈린주의에로의 이행이라는 시각에서 보면 4단계로 나누어 설명할 수 있다. 즉 경제체제를 중심으로 한 스탈린적 중앙집권적인 명령 경제 체제, 부분 분권화된 명령경제 체제, 사회주의 상품 경제체제, 사회주의 시장 경제체제로 전환되어 간다고 볼 수 있다. 이러한 분류 기준에 의하면 북한의 1991년 합영법의 도입,

---

101) 역설적으로 말하면 북한은 김정일이나 당 고위층의 의지나 정책적 결심이 정책으로 결정되기 때문에 체제의 안전만 보장된다면 정책변화의 범위와 속도가 급물살을 탈 수도 있다.

102) 구소련의 페레스트로이카(Perestroika)는 개혁 정책을, 글라스노스트(Glasnost)는 개방 정책을 뜻한다.

103) 배한동 외, 『새로운 북한 이해』, 경북대학교출판부, 2003, p. 120.

2002년 7월의 물가 및 임금 인상 조치, 2003년의 '종합 시장 개설', 경제 분권화 조치 등은 부분 분권화된 명령 경제 체제라 할 수 있다. 북한은 아직 사회주의 계획경제의 기본 틀을 유지하면서 그 채산성과 효율성을 위한 '부분 분권화된 개혁 체제'로 진입한 것으로 볼 수 있으며, 이는 중국의 개혁·개방의 초기 단계인 1979년부터 1984년까지의 부분 개혁 단계에 비견된다.[104)]

6.3 개혁·개방의 범주

북한의 개혁과 개방의 범주는 다음과 같이 정리할 수 있다.

우선, 북한의 정책 변화는 이데올로기적이고 정치적인 부문보다는 경제적 부분의 개혁·개방이 선행되고 있다. 북한은 주체사상, 우리식 사회주의, 선군정치 등의 통치 이데올로기를 그대로 둔 채 생존과 체제 유지를 위한 경제 분야 정책의 변화가 부분적으로 가시화하고 있기 때문이다. 북한이 체제 유지를 위한 고정된 형태의 '우리식 사회주의'와 '사회주의 강성대국 건설'을 반복 주장하는 목적도 북한의 불안한 체제 붕괴에 대비하면서 조심스러운 개혁·개방을 시도하기 위함이다.

북한의 경제 분야의 개혁·개방의 범주는 전 지역이 아닌 부문적인 지역적인 개혁·개방인데 이를 흔히 '점 분산형' 개방이라고 부른다. 북한이 '라선', 신의주, 금강산, 개성의 특정 지구를 개방하는 것도 이러한 '점 분산형' 개방의 전형에 따른 것이다. 이들 일부 제한된 경제 특구에서는 부분적이지만 자본주의식 생산과 교환활동이 성립되고 있다. 북한의 이러한 제한적 형태의 개혁·개방은 시간이 경과됨에 따라 지역이나 직종으로 확대, 심화, 발전될 가능성도 배제할 수 없다.

6.4 개혁·개방의 속도

북한의 개혁·개방은 속도면에서 급진적이 아닌 조심스러운 점진적 방식을 채택하고 있다.

---

104) 박형중, 「비교사회주의적 관점에서 본 '실리 사회주의론의 위치와 전망」, 『김정일 정권 10년: 변화와 전망』, 통일연구원 학술회의 총서 04-01, 2004, p. 149.

그러므로 북한에 대해 단기간에 체제 전반의 개혁과 개방을 기대하기는 어렵고 그 가능성도 희박하다. 북한이 수령중심의 유일체제를 고수하는 한 시장경제 체제로의 급진적인 전환에는 한계가 있기 때문이다. 북한 당국은 북한의 체제 개방과 개혁이 자칫 체제 붕괴로 이어질 위험이 크다는 점을 잘 알고 있다. 여기에 북한식 개혁·개방의 딜레마가 있다. 오늘의 북한은 이처럼 '우리식 사회주의'라는 체제 고수의 원칙과 대외 '개방과 개혁'이라는 당위성 사이에서 이중적인 딜레마에 처해 있는 것이다.

북한은 이미 중국식 개방과 개혁 방식의 채택 기회마저 놓쳐 버렸다고 볼 수 있다. 북한 당국이 주민들의 물질에 대한 관심은 증가하고, 주민들의 사회적 일탈은 빈번하여 이에 대비하여 '위로부터의 혁명'과 '사상의 공고화' 등 선군 정치를 강조하는 이유도 여기에 있다.

6.5 북한 개혁·개방의 특성

북한식 개혁·개방의 성격을 현재로서는 단정 짓기 힘들지만 개혁의 주체와 방식, 개혁의 속도 등을 감안할 때 다음과 같이 규정해 볼 수 있다.

첫째, 북한의 개혁·개방 정책의 성격은 집권층의 기득권을 보장하기 위하여 내부 세력관계에 영향을 미치지 않는 일종의 보수적 위기 타개 전술이라고 볼 수 있다. 북한의 개혁·개방 정책은 당분간 북한 주민들을 위한 것이라기보다는 북한 지도부의 안전을 보장하는 차원에서 추진될 수밖에 없기 때문이다.

둘째, 북한의 개혁과 개방은 내외적 요인의 영향을 받은 수동적인 결과이며 결국 생존을 위한 불가피한 변화라고 할 수 있다.[105] 북한의 변화는 지도부의 적극적인 정책 의지를 가진 능동적인 변화가 아니라, 마지못해서 대응하는 수동적이고 생존적인 차원의 변화이다. 이러한 현상은 북한의 정책 변화가 북한 지도부의 선택이긴 하지만, 그들의 주관적 의지 영역을 넘어선 구조적 조건에 의해서 결정되는 불가피한 선택의 결과임을 보여주는 것이다.

셋째, 북한의 개혁·개방은 법이나 제도 개혁을 통해 이루어지기도 하지만, 주로 최고 통치권자의 결심이나 지시, 상부의 지침이나 방침의 형태로 결정된다. 북한이 개혁·개방 관련 법제를 제정·개정하는 경우도 있지만 대부분은 최고 지도자의 명령에 따라 결정된다. 우리의 대북

---

105) 박형중, 『북한의 변화 능력과 방향, 속도와 동태』, 통일연구원, 2001, p. 144.

포용정책을 북한 당국이 자기 체제를 붕괴시키려는 '평화적 이행 음모'라고 비난하다가, 최고 지도층의 지시에 의해 역사적인 남북 정상회담 수용 쪽으로 정책의 대전환을 결정했던 것만 보아도 알 수 있다.[106)]

6.6 북한 개혁·개방의 전망

북한의 개혁·개방을 정책의 변화 과정과 연계하여 장·단기적 시각에서 검토해 볼 때 다음과 같이 전망할 수 있다.

첫째, 북한은 단기간에 체제 전반의 개혁과 개방이라는 급진적 변화를 기대하기 어렵고 그 가능성도 희박하다. 북한은 단기적으로 볼 때 불안정한 현 체제를 유지하면서 급진적 변화와 개혁은 기대할 수 없지만, 중장기적으로 볼 때 점진적인 개혁·개방의 길을 선택할 것이다. 우리의 대북 인식과 대북 정책이 조급해하지 말고 과잉 기대를 하지 말 것을 요구하는 이유도 여기에 있다.[107)]

둘째, 북한의 개혁·개방은 경제 분야에서 출발하여 궁극적으로는 정치·사회 분야로 상호 연계되어 확산될 것이다. 사회주의 변화 과정을 볼 때 정치·경제·사회 각 분야의 변화 과정은 경제 분야의 정책 변화가 선도하며 타 분야에 영향을 주고받으면서 변화하기 때문이다. 즉 국가의 정치권력인 당-국가 독점 정치권력의 이완 해체 과정, 경제적 소유권과 결정권의 변화과정, 개인과 집단의 종속과 해방 과정이 상호 영향을 주고받으면서 변화를 모색하지만 그 성공은 보증할 수 없다.[108)] 북한은 중국식의 정책 변화를 모방하면서 제한적 형태의 개혁·개방을 추진하지만 여전히 중공업의 비중이 상대적으로 높고, 자원이 부족하기 때문에 성공할 가능성은 희박하다.

셋째, 북한의 개방 개혁은 궁극적으로 민주주의와 시장경제를 지향하지만 그 과정에서의 개혁·개방의 딜레마를 겪을 것이다. 비교 사회주의적 관점에서 볼 때, 북한의 변화는 사회주의 체제 성립 이전의 근대화 수준, 서방 세계와의 근접성과 친소성, 지정학적 위치 등을 생각하면

106) 통일교육원, 『통일교육지침서』, 통일부, 2005, p. 97.
107) 우리는 북한의 변화 속도에 대한 기대 수준을 낮추어야 하며, 우리의 대북 정책 목표는 대북 화해와 협력을 통해 북한의 변화를 장기적으로 추구하는 것이어야 한다.
108) 박형중, 『북한의 변화 능력과 방향, 속도와 동태』, 통일연구원, 2001, p. 38.

개혁·개방의 진전 속도가 늦을 수밖에 없다.[109] 북한의 개혁·개방 과정에는 '체제 유지 발전'과 자본주의 침투에 의한 '체제 붕괴'라는 '개혁·개방의 딜레마'가 공존하고 있다.

넷째, 북한은 개혁·개방 과정에서 붕괴할 것이라는 북한 조기 붕괴론자들의 예측과는 달리 북한체제의 독특한 '관성의 법칙'에 의해 상당 기간 존속·유지될 것이다. 북한 조기 붕괴론자들은 북한의 상황이 '경제 위기 ⇨ 정치 위기 ⇨ 정권 붕괴 ⇨ 체제 붕괴 ⇨ 국가 붕괴'로 이어질 것으로 예측하였다. 북한은 경제 위기에도 불구하고 '고난의 행군' 정책을 통해 이를 잘 극복하여 상대적으로 정권이 안정되어 있고, 주민 통제가 언제나 가능하기 때문에 정치 위기로 나아가지 않았으며, 설령 정권의 붕괴가 현실화되더라도 대체 세력에 의해 체제 붕괴나 국가 붕괴로 이어지지 않을 것이라는 주장도 있다.[110]

다섯째, 북한은 이러한 조심스런 개혁과 개방의 와중에 지도부의 분열이나 주민들의 불만 등의 돌발 변수에 의해 체제 붕괴의 위기를 맞을지도 모른다. 북한식 사회주의라는 경직된 체제는 과거 동구권 국가들처럼 체제 내부 주민들의 불만을 증폭시켜 체제 붕괴로 나아갈 수도 있다. 북한이 개혁과 개방을 추구하더라도 경제성장이나 정치적 안정을 도모하지는 못하고, 이 과정에서 내부 주민들의 욕구 분출과 그 에스컬레이션에 의해 주민 폭동이나 내란이 일어나 체제 붕괴의 가능성도 배제할 수도 없기 때문이다.

북한 지도부는 이러한 위험을 인식하기 때문에 정치개혁보다도 경제적 개혁·개방을 우선시하고 있다. 그것은 경제위기를 해소하면서 동시에 체제를 안정시키고 유지하려는 입장에서 비롯된 결과이다. 특히 북한 집권층은 동구사회주의 국가의 붕괴가 사상 문제를 잘못 다룬 결과라고 판단하고 사상 사업을 소홀히 하면 인민대중이 자본주의에 대한 환상을 갖고 사회주의를 배반할 것으로 보고 있다. 그러므로 북한은 경제난과 외교적 고립을 동시에 탈피하기 위해 정책적인 결단을 해야 하지만, 여전히 자신들의 독자성을 유지하는 '우리식 사회주의'를 표방하면서 개혁·개방을 미루고 있는 것이다.

109) 북한은 수령 중심의 유일체제를 고수하는 한 시장경제 체제로의 적응이 어렵다는 점을 인식하고 있지만, 조급한 체제 개방 개혁이 체제 붕괴의 위험을 가져올 수 있다는 점에 대해서도 잘 알고 있는 듯하다.

110) 정성장·백학순, 『김정일 정권의 생존전략』, 세종연구소, 2003, p. 11.

7. 북한 주민의 의식과 가치관의 변화

북한 체제는 사회주의 국가에서 찾아보기 힘든 북한식의 독특한 이데올로기가 지배하는 사회이다. 북한 주민들의 의식과 가치관을 지배하는 북한의 핵심적인 이데올로기는 무엇일까? 북한 주민들의 의식과 가치관은 고정된 것일까, 아니면 시대의 상황에 따라 변화되는 것일까? 여기에서는 이러한 북한 주민들의 가치관의 변화 문제를 검토하려고 한다.

7.1 북한 주민의 이데올로기적 가치 기준

한반도의 통일을 이룩하기 위하여 우리는 통일의 당사자인 북한 주민들의 의식과 가치관부터 객관적으로 분석하고 이해하여야 한다. 그러므로 우리는 북한 주민의 가치관 형성에 지대한 영향을 미치는 지배 이데올로기부터 살펴볼 필요가 있다. 북한 주민들의 의식 형성에 영향을 미치는 북한 특유의 이데올로기는 주체사상, 수령론, 사회 정치적 생명체론, 집단주의, 우리식 사회주의, 우리 민족 제일주의 등이다. 북한에서 당이나 조직을 통하여 지시하고, 통제하여 반복적으로 교육하는 이 같은 이데올로기와 사상은 북한 주민들의 가치관의 내면화에 직·간접적인 영향을 미치고 있다. 이를 소개하면 다음과 같다.

첫째, 북한의 통치 이념인 주체사상은 일인 지배를 정당화하고, 북한의 정치, 경제, 사회, 문화, 군사, 외교 등 전 분야의 활동 지침이 되고 있다. 북한의 주체사상은 사회주의 이념의 보편성에서 일탈하여 김일성주의화 되어 북한 주민들의 가치 기준이 되고 있다. 북한의 일인지배를 정당화하는 지도자관은 주체사상[111]에 이론적 근거를 두고 있다. 주체사상은 북한 당국이 김일성-김정일 가계(家系)를 미화하고 인민들의 수령에 대한 충성심을 고취하기 위하여 만든 이론이며, 전 분야의 생활 지침이 되고 있다.[112]

---

111) 주체사상은 1955년 김일성이 당 선전 선동 일꾼 대회에서 사상에 있어 '주체'를 강조한 이후, 정치에서의 자주, 경제에서의 자립, 국방에서의 자위를 강조하는 사상으로 보완되어 간다. 1980년 10월에 개정된 조선노동당 규약 전문에는 "조선로동당은 오직 위대한 수령 김일성동지의 주체사상, 혁명사상에 의해 지도된다."고 규정하고 있다. 그리고 1998년 9월에 수정 보충한 북한 사회주의헌법 제3조에서는 "조선민주주의인민공화국은 사람중심의 세계관이며, 인민대중의 자주성을 실현하기 위한 혁명사상인 주체사상을 자기 활동의 지도적 지침으로 삼는다."고 밝히고 있다.

112) 통일부, 『2004 통일교육지침서』, 2003, pp. 27-28.

둘째, 혁명적 수령론은 '인민대중이 사회역사의 주체'가 되려면 '혁명의 중심인 수령의 영도'를 받아야 한다는 것이다. 북한 지도부는 수령이 인간의 '뇌수'의 역할을 담당하며, 다른 구성원에게 사회·정치적 생명체를 부여하는 존재로서 의미를 갖는다고 설명한다.[113] 인민은 수령의 영도에 의해 조직적으로 결합하여 수령을 보위하는 역사의 주체가 되어야 한다는 것이다.

셋째, 사회·정치적 생명체론에 의하면 사회 공동체도 사람과 같은 유기체적 속성을 지니고 있어, 사회의 모든 구성원이 신체의 어느 한 부분과 같은 역할을 맡아야 한다. 이에 따르면 수령의 영도를 받지 않으면 사람이 사람으로서 존재의 의미를 잃어버리게 되며 사회적 존재인 사람의 '제1생명'도 잃어버리게 되어 단순히 육체적 존재에 머무르게 될 뿐이라고 한다. 즉, 모든 것에 있어 어버이 수령(김일성-김정일)의 뜻에 따라야 함을 뜻한다.

넷째, 북한 사회에서 집단주의란 "사회와 집단의 리익을 귀중하게 여기고 그 실현을 위하여 모든 것을 다 바쳐 투쟁하는 공산주의적 사상과 도덕"을 의미한다. 이와 같은 집단주의 정신은 북한의 헌법 제63조인 〈하나는 전체를 위하여, 전체는 하나를 위하여〉라는 규정에 잘 나타나 있다. 집단주의 원칙은 북한 주민들로 하여금 "사회의 매개 성원은 누구나 자기에게 맡겨진 특정한 사업을 잘 해야 할 사명을 지니고…자기의 궤도에서만 달려야" 한다는 현실을 '사회와 조직의 요구'로 받아들여 숙명적으로 따르게 만드는 원동력으로 작용한다. 이 집단주의는 북한이 강조하는 '민주적 중앙 집중제 원칙'과 연결되어 상부의 지시와 명령은 하부에서 무조건 복종하는 북한식 '인민민주독재'의 근거가 되고 있다.

다섯째, 우리식 사회주의[114]와 우리 민족 제일주의는 주체사상에 뿌리를 두고 북한식 체제를 고수하기 위한 이념이다. 우리식 사회주의는 전 세계 사회주의가 몰락하고 붕괴하여도 북한식 사회주의와 북한식 유일 영도 체제는 멸망하지 않고 보위할 수 있다는 자신감을 심어 주기 위한 통치 이데올로기이다. 동구 사회주의가 몰락하고 소련이 해체되자 북한은 충격을 받고 체제유지에 총력을 집중하지 않을 수 없게 되었다. 이때 북한 정권이 사회주의 몰락의 도미노

113) 사회주의권에서 개혁·개방이 시작될 무렵인 1986년 7월 김정일은 사회·정치적 생명체론을 통해 '수령·당·대중의 통일체가 혁명의 주체'라고 하면서 인민대중은 수령과 당의 옳은 지도를 받을 때만 역사의 자주적인 주체가 될 수 있다고 주장하여 주체사상을 '수령중심의 철학'으로 변질시켰다.

114) 등소평이 표방했던 '중국 특색적 사회주의'가 체제 개혁과 개방을 위한 것이라면 북한의 '우리식 사회주의'는 체제 고수를 위한 통치 이데올로기이다.

현상을 차단하고, 변화의 물결이 북한 사회에 침투하지 않도록 주민들을 단속하기 위하여 내놓은 통치 이데올로기가 '우리식 사회주의'이다. 이를 성취하기 위하여 북한은 우리 민족의 우수성과 자긍심을 고취하기 위한 '우리 민족 제일주의'와 '사회주의 강성 대국'[115] 건설 노선을 설정하였다.

7.2 북한 주민의 가치관 변화 양상

북한에서 주체사상이 본격화되는 1970년대 이후 북한 당국은 '당의 유일사상 체계 확립 10대원칙'에 따라 그들이 제시하는 공식이념 이외에 다른 어떤 이념과 가치관도 허용하지 않았다. 그러나 1990년대 이후 북한 주민들은 전반적인 경제난을 겪으면서, 당국이 제시하는 공식규범과 일상생활의 비공식규범[116] 사이에 괴리 현상에 부딪치게 되었다. 오늘날의 북한 주민 중 상당수가 당국의 공식적 가치규범을 무조건 받아들이지 않고, 겉으로는 공식적 규범에 순응하는 태도를 보이면서도 일상생활에서는 자신과 가족의 생존규범인 비공식적 규범체계에 따르고 있다.[117]

그러나 이러한 혼돈된 상황에서도 북한체제가 쉽게 붕괴될 것으로 판단하기 어려운 이유는 북한 주민은 누구나 조선노동당과 그 외곽단체의 구성원으로서 철저한 조직생활을 강요당하면서 감시와 사상무장 교육을 받고 있고 조직적인 저항이 어렵기 때문이다.

외부인의 입장에서는 북한 주민들과의 직접적인 접촉이 어려운 현실에서 북한 사회에서 살아가는 주민들의 내면적 심리상태를 반영하는 의식이나 가치관의 변화를 감지하기는 결코 쉽지 않다. 그러나 북한 주민의 가치관도 시대에 따라 변화해 왔으며 앞으로도 변모해 갈 것이라는 점은 분명한 사실이다.[118] 여기에서 북한 주민들의 비공식적인 규범 체계인 가치관이나 의식 성향을 살펴보면 다음과 같다.

---

115) 북한은 '강성대국 건설'을 위하여 사상과 군사 건설을 앞세우고 경제 건설을 후위에 두고 있다. 여기에 북한의 체제 개방과 개혁의 한계가 있다.

116) 이는 당이나 국가에서 제시하는 공식적인 규범에서 일탈하는 주민들의 비공식적인 선호 의식이나 의식 성향을 말한다.

117) 이와 같은 규범의 혼란이 있지만, 북한 주민의 공식규범과 관련된 가치관은 여전히 일인지배를 정당화하는 지도자관이나 집단주의 원칙을 강조하고, 사회주의 체제에 대한 우월의식을 강조하는 조직생활의 특성 때문에 쉽게 무너져 내리지는 않고 있다.

118) 통일부 통일교육원, 『2008 통일교육지침서』, 2008·학교용, pp. 38-39.

첫째, 북한 주민들은 '사회주의 이상'에 기초한 공식적 규범에 따라야 하지만 식량 문제도 해결하지 못하는 '냉혹한 현실'에서 비공식적 규범에 따르려는 경향이 나타나고 있다. 고난의 행군을 거치면서 식량문제도 해결치 못하는 북한체제나 지도자에 대한 회의감이 증대되어, 겉으로는 당과 수령에 대한 충성을 표현하나 내부적으로는 불만을 표출하면서 경제적 이익을 위한 자구적 노력을 병행하고 있다. 따라서 북한 주민들이 그들 체제에 대한 자부심의 표현은 현재의 생활에 만족한다는 의미라기보다 오히려 자본주의의 낯선 생활방식에 대한 두려움으로 이해해야 할 것이다.[119]

둘째, 북한 주민들 사이에 당 간부나 지도층의 권력 남용과 부패[120]에 대하여 반감이 증대되고 있으며, 이것은 당이나 수령을 향한 충성심에 대한 회의로 나아갈 가능성이 높다. 국가 기강이 붕괴될 정도는 아니지만, 김 부자에 대한 개인숭배가 외형적으로는 절대적이어도 내부적으로 동요하고 있는 점이 감지되며, 일부 주민의 반대의사 표현도 증대되고 있다. 북한이 2008년 신년 공동사설에서 "우리의 제도, 우리의 사회주의 도덕과 문화, 우리의 생활양식을 좀먹는 그 어떤 요소도 허용하지 말아야 한다"고 주장한 것도 이러한 맥락에서 이해하여야 할 것이다.

셋째, 남북한 교류와 협력으로 남한 사회의 문화를 접하게 되면서 부정적이던 대남인식이 상당히 변화하고 있다. 그들은 남한을 '헐벗고 굶주리는 사람'들이 사는 곳에서 개혁·개방에 성공하여 '경제적 풍요를 누리는 중국보다 잘 사는 곳'이라는 점을 인정하는 상황에 이르렀다.[121] 북한에서 중국으로, 또 제3국으로 이탈한 탈북자가 궁극적으로 한국을 보금자리로 택하는 것이 이를 잘 입증한다.

넷째, 북한 주민들은 경제적인 실리를 위하여 통상적인 직업관과 선호도를 바꾸고 있다. 당 일꾼이나 교사 등 안전적인 직업보다는 무역일꾼이나 상업 등 경제적 실리를 중시하는

119) 북한 주민들은 남한의 자본주의체제는 미국 제국주의의 지배를 받고 있다는 점과 지나친 생존경쟁이 치열하다는 점을 들어 거부감을 나타내면서, 자신들이 북한의 사회주의 체제 속에서 잘 사는 것은 아니더라도 '무료교육, 무료진료'와 '남녀평등의 실현'과 같은 '사회주의 이상'을 실현하고 있다는 점을 내세워 아직도 자부심을 표현하기도 한다.

120) 탈북자들의 증언에 의하면 뇌물 상납에 대하여 당 간부는 '당당하게' 먹고, 보위부 간부는 '보이지 않게' 먹고, 안전부 간부는 '안전하게' 먹는다는 말이 북한 사회에서 유행하고 있다고 한다.

121) 북한 주민의 대남인식은 1990년대 이후 중국을 왕래하는 사람이 늘어나고 외국인의 유입이 많아지는 한편 위험을 무릅쓰고 라디오를 통해 남한방송을 듣는 사례가 급증하면서 상당한 변화를 겪었다. 최근에는 대다수 북한 주민들이 '남조선이 중국보다 더 잘 산다'는 사실을 알고 있으며 간혹 남한의 경제적 발전을 같은 민족이 이루어낸 성과로서 자랑스럽다고 말하기도 한다.

직업을 선호하고 있다.

다섯째, 최근 북한 주민의 가치관은 일정 부문 개인주의적이고 자본주의적인 성향으로 변화되고 있다. 경제위기 이후 자력으로 생계를 꾸려가면서 북한 주민들의 의식은 자신과 가족의 생존을 우선시하는 가치관으로 바뀌기 시작한 것이다. 주민들은 협동 농장이나 기업소에서 일하는 것보다 텃밭에서 일하거나 장마당에서 개인 장사를 하는 데 더 힘을 기울인다. 그로 인해 사회주의에 대한 신념이 약화되고 혁명적 의리보다는 금전적 인간관계가 우선시되며 돈을 중시하는 풍조가 확산되고 있다.[122)]

참고 문헌

권장언, 「통일시대를 맞기 위한 우리 언론의 보도 태도」, 저널리즘평가 제 31호, 2000.

김연철, 『북한의 산업화와 경제정책』, 지식비평사, 2001.

김영욱·김택환, 「남북 문제 보도의 새로운 모색 - 독일 사례가 주는 시사점과 함께」, 한국언론재단 2001.

김정일, 『주체사상에 대하여』, 조선로동당 출판사, 1982.

김재호, 『김정일 강성 대국 건설 전략』, 평양출판사, 2000.

김해식, 「언론에 대한 국가 개입 구조 및 그 전개 과정」, [신문 연구소 학보] 서울대학교 신문 연구소, 1992.

박명서, 『통일시대의 북한학 강의』, 서울: 돌베개, 1999.

류길재, 「정치체제 : 제도와 정책의 변화」, 『김정일 시대의 북한』, 삼성경제연구소, 1998.

박형중, 『북한의 변화 능력과 방향, 속도와 동태』, 통일연구원, 2001.

박형중, 「비교사회주의적 관점에서 본 '실리 사회주의 론의 위치와 전망' 김정일 정권 10년: 변화와 전망」, 통일연구원 국내 학술 논문집, 2004.

박형중, 『북한의 개혁·개방과 체제변화』, 서울, 해남, 2004.

배한동, 「대북 정책의 국민적 합의기반 강화 방안」, 『대한정치학회보』, 제10집 3호, 2003.

배한동, 「한국 대학생들의 통일의식에 관한 조사 연구」, 『한국 정치 외교 사학회보』 제22집 2호, 2000. 12.

배한동 외, 『새로운 북한 이해』, 경북대학교출판부, 2003.

북한문제연구소, 『북한 365일』, 북한문제연구소, 2004.

서재진, 『주체사상의 형성과 변화에 대한 새로운 분석』, 통일연구원 연구 총서 01~13, 2001.

연합뉴스 민족뉴스취재본부, 북한 용어 400 선집, 1999.

122) 통일부 통일교육원, 『2008 통일교육지침서』, 2008·학교용, p. 38.

연합뉴스 민족뉴스취재본부, 「김정일 100문 100답」, 평화당, 2000.
오승렬, 『북한경제의 변화: 이론과 정책』, 통일연구원, 2002.
유석렬, 『혁명에서 생존으로』, 대영정판, 2001.
유선영, 『남북한 문화 차이와 언론』, 한국언론재단, 2000.
윤대규, 「남북 화해시대 국가적 과제 - 대북 정책에 관한 국민적 합의 도출 문제를 중심으로 -」, 커뮤니케이션북스, 2000.
이교덕, 「대북 정책에 대한 국민적인 합의 기반 조성방안」, 통일 연구원 연구총서 2000-08호, 2000.
이우승, 「정상회담에 나타난 북한과 김정일의 이미지 분석」, 저널리즘평가 제31호, 2000.
이정수, 「북한 정치체제에 관한 연구」, 서울대학교 박사학위논문, 1991.
이종석, 『북한연구 방법론, 비판과 대안』, 역사비평, 1990.
이주철, 『김정일의 생각 읽기』, 지식공작소, 2000.
이찬행, 『인간 김정일 '수령' 김정일』, 열린세상, 1994.
장호순, 「남북 화해 시대의 언론의 역할」, 커뮤니케이션북스, 2000.
전현준, 「김정일 정권의 분야별 정책 변화 추이 분석 - 노동 신문(1994. 7. 4. ~ 2001. 11. 31.) 사설, 정론, 논설을 중심으로」, 2001.
정성장 · 백학순 공저, 『김정일 정권의 생존전략』, 세종연구소, 2003.
조영환, 『매우 특별한 인물, 김정일』, 지식공작소, 1996.
통일부 통일교육원, 『2008 통일교육 지침서』, 2008.
통일연구원, 「북한의 변화와 남북관계」, 국내학술대회 발표논문집, 2002.
통일연구원, 「김정일 정권 10년: 변화와 전망」, 국내학술대회 발표논문집, 2004.
한종기, 「햇볕정책의 정치동향」, 세종정책연구, 세종연구소 2001-11, 2001.
Scalapino, Robert A. and Chong-Sik Lee, *Communism in Korea, part I : The Movement*, California : University of California press, 1972.
Taylor, William J., *North Korea: Steady As She Goes*, Policy Forum Online, 2008.

제5장
통일 문제의 구조적 이해

1. 통일 문제의 기본 인식

1.1 통일의 개념

통일의 개념은 분단국 상황에서 규정할 때 대체로 '같은 민족이 분단으로 인해 서로 상이한 체제 속에서 살고 있는 현재의 상태를 극복하여 하나의 민족공동체나 국가 공동체를 형성하여 살아가는 상태'라고 정의할 수 있다.[1)]

통일의 개념 설정에는 다음과 같은 복합적인 의미가 내포되어야 한다. 먼저 **지리적**으로는 하나의 영토적 공간의 통일을 말하고, **정치적·법적**으로는 대립되었던 두 개의 제도를 하나로 만들어 단일 체제를 형성하는 것이며, **경제적**으로는 서로 다른 경제 체제를 하나로 거듭나게 하는 민족 경제 공동체의 형성을 의미한다. **사회·문화적**으로는 이질화된 문화를 우리 민족의 동질 문화로 재탄생시키고, **심리적**으로는 갈라진 주민을 하나의 국민으로 정신적으로 통합하는 과정이며 궁극적으로는 남북의 주민이 '우리는 같은 국민'이라고 느끼게 되는 상태이다. 이렇듯 통일은 남북의 주민이 여러 방면에서의 다양성에 기초하여 동질적인 삶의 양식과 정신문명을 공유하는 것을 의미한다.

우리는 여기에서 우리가 추구하는 통일의 과정에서 특별히 유의해야 할 점을 구체화하면

1) 통일교육원, 『통일교육 지침서』, 통일부, 2004, p. 17.

다음과 같다.

첫째, 통일의 성격은 민족 분단의 재통일(re-unification)이며, 또한 새로운 통일(new-unification)이다. 두 개 이상의 국가가 단순히 하나로 통합되는 국가 통합이 아니라 분단국가가 하나로 통일되는 민족의 재통일이며, 서로 다른 역사의 길을 걷고 있는 남북한이 현재의 조건과 상황을 고려하여 다시 하나의 공동체로 태어나는 새로운 통일을 의미한다.

둘째, 통일은 일시에 이루는 완전한 의미의 통일이 아니라 통일의 가능성을 높여가는 과도기적 단계를 거쳐야 한다. 그러므로 통일을 '실현', '미실현'의 이분법적 개념으로 보기는 어렵다.[2] 남과 북이 상호 적대성을 감소시키고 평화정착을 실현하여 국가연합을 형성했을 때 우리는 그것을 과도기적 단계의 통일로 볼 수 있다.

셋째, 통일은 남북이 평화를 정착해 가는 '사실상의 통일' 상태를 거쳐서 점진적·단계적으로 '완전한 통일'로 가는 과정이다. 남북이 제도와 사상, 영토는 다르지만 사실상의 통일(defact unification) 상태를 거쳐 완전한 통일로 나아가자는 것이다. 사실상의 통일을 지향하는 이유는 서로 상이한 제도와 사상을 가진 채 반세기 이상 적대적 대립관계를 지속해 온 남북이 단시간 내에 평화적 방법으로 통일을 이룩하기는 어렵기 때문이다. 사실상의 통일 상태는 남북 간에 정치, 경제, 사회문화, 외교 등 모든 방면에서 교류·협력이 제도화되고 군사적 긴장이 해소되어 평화체제가 공고화되는 상황을 말한다.[3] 사실상의 통일 상태를 달성한 뒤 남북 간의 합의를 통해 법률적·제도적인 통일을 이루는 것이 가장 바람직한 통일 방법일 것이다.

넷째, 통일의 방식은 외부에서 주어지는 것이 아니라 우리 민족 스스로 자주적·평화적·민주적 방식으로 이루어야 한다. 우리가 전쟁을 통한 통일을 바라지 않는 한 평화정착을 거치지 않고 통일을 이룬다는 것은 사실상 불가능하다. 이를 위해 남북 간의 군비통제를 통해 안보위협을 해소함으로써 남북한 사이에 평화를 정착시키고[4] 나아가 통일에 유리한 국제환경을

---

2) 이렇게 보면, 오히려 통일을 이분법적 개념이 아니라 "몇 % 달성되었다"는 식의 지속적인 발전 과정으로 파악하는 것이 더 합리적이다.

3) 사실상의 통일 상태를 보다 구체적으로 그려본다면 그것은 정치, 군사적으로 신뢰관계가 구축되고 남북 간 군비축소 및 통제가 실현됨으로써 정전체제가 공고한 평화체제로 전환된 상태이다. 그리고 경제·사회적으로 남북 간에 호혜적 경제관계가 구축되고, 남북한의 주민이 자유롭게 상대방 지역을 방문할 수 있는 정도의 상황이 되었음을 의미한다. 아울러 국제사회에서 남과 북이 소모적인 대결을 지양하고 민족(남북)공동이익을 모색하는 상황이 되는 것이다.

4) 우리가 적대적 관계를 해소하고 평화정착을 실현하여 공존상태에 이르면, 남북연합이라는 국가연합단계로 나아가게 될 것이며, 궁극적으로 하나의 민족공동체를 형성할 수 있을 것이다.

조성하여야 한다. 통일을 성취하는 데 있어 우리 민족의 자주적 노력 못지않게 주변국들을 꾸준히 설득하여 국제적 지지를 확보하는 것이 중요한 이유도 여기에 있다.

결국 통일은 남북이 '함께 행복할 수 있는 통일'이 되어야 한다. 남북한에 갈라져 살고 있는 한민족 구성원 누구도 희생되지 않는 통일, 민족 사회 구성원 모두가 더 행복해질 수 있는 통일이 되어야 한다. 통일은 만남의 기쁨이 충만하고, 이를 토대로 또 다른 더 나은 행복한 삶을 위한 주춧돌이 되어야 한다.[5]

1.2 한반도 통일 문제의 성격

우리는 한반도의 통일 문제의 성격을 정확히 인식하여야 통일 문제의 올바른 해법을 찾을 수 있다. 한반도의 분단은 제2차 세계대전의 종식과 일본의 패망에 따른 미·소의 한반도 분할점령으로 시작되었다. 분단 이후 1950년 한국전쟁으로 인해 냉전구조가 한반도에 더욱 공고화되었으며, 이 과정에서 주변국들의 이해가 첨예하게 맞서게 되었다. 여기에서 한반도 통일 문제의 성격을 구체화하면 다음과 같다.[6]

첫째, 통일 문제는 기본적으로 우리 민족의 내부 문제인 동시에 국제문제라는 이중적인 성격을 띠고 있다. 민족 분단은 해방 이후 정부 수립 과정에서의 좌우익의 대립으로 인한 민족 내부의 분열에 기인하면서도, 한편 미국과 소련의 얄타(yalta)협정에 의한 분할 점령이라는 외세에 기인하는 이중적 성격을 지닌다. 그러므로 통일 문제의 해법도 독일의 통일 과정에서 보듯이 민족 내부의 교류와 협력을 통한 역량결집과 함께 주변국가와의 통일을 위한 외교적 노력도 병행하여야 한다.

둘째, 통일 문제는 한반도의 평화를 유지하는 현상 유지적 성격과 분단체제를 해체하고 평화통일을 이루어가는 현상 타파적 성격을 동시에 가지고 있다. 우리는 현상 유지적 입장에서 안보를 튼튼히 하여 평화공존을 실현하면서도, 현상 타파적 입장에서 평화통일을 위한 합리적 대안을 만들어 북한과 합의를 도모해가야 한다. 이를 위한 민족 내부적인 대화와 교류·협력이라는 노력이 외교적 노력에 선행되어야 한다.

---

5) 오기성, 『통일교육론 - 사회문화적 접근』, 양서원, 2005, p. 33.
6) 통일부 통일교육원, 『통일교육 지침서』, 2008·학교용, pp. 21-22.

셋째, 통일 문제에 있어서 남북은 통일의 성격, 통일의 접근 방식, 통일의 방안에 이르기까지 아직도 입장과 시각의 차이가 크다. 남한은 통일을 단일 민족으로서 동질성을 회복하여 민주 복지 국가의 건설로 보는 데 대하여, 북한은 계급투쟁에 입각한 한반도의 사회주의 건설로 보고 있으며, 통일의 접근 방식도 남한은 두 개의 정치 실체를 인정하는 현실적 평화적 접근을 시도하지만, 북한은 남한의 존재를 부인하는 남조선 혁명론적 접근을 포기하지 않고 있다.[7] 근년 남북한 간의 화해·협력으로 그 간격은 좁혀지고 있으나 우리는 북한이 평화통일의 길에 적극 동참해 나올 수 있도록 남북의 관계개선에 더욱 노력하여야 할 것이다.

넷째, 한반도 통일 문제에 대한 주변국 간의 관심과 해법이 일치하지 않고 있다. 주변국가가 한반도의 안정과 평화를 바라고 있는 점에서는 일치하나, 한반도 통일에 관해서는 나라마다 자국의 이익확보라는 입장이 다를 수 있고, 심지어 한반도 분단의 고착을 바라는 입장도 배제할 수 없다. 따라서 우리는 한반도 통일의 당위성과 그로부터 얻을 수 있는 이익을 미국을 비롯한 일본, 중국, 러시아 등 주변 국가들에게 잘 이해시켜 한반도 통일에 대해 협조적 분위기를 조성해 가야 할 것이다. 평화통일은 한반도 통일로 인해 북한과 주변국이 누릴 수 있는 실질적인 이익을 합리적으로 인식할 때 가능하기 때문이다.

1.3 민족 분단의 배경과 폐해

가. 분단의 배경

통일을 위하여 우리는 먼저 우리 민족의 분단 원인과 그 배경을 살펴보아야 한다. 남북 분단은 다음과 같은 배경이 중첩적으로 작용하여 고착화되었다.[8]

먼저, 일본의 식민지 통치와 뒤이은 미·소의 한반도 분할 점령으로 지리적 분단이 이루어졌다. 남북의 분단은 얄타 협정에 의하여 1945년 8월 15일 미군과 소련군이 일본군의 무장해제를 명분으로 북위 38도선을 기준으로 한반도를 각각 분할 점령함으로써 시작되었다. 결국 분단은 일본 제국주의의 식민통치와 제2차 세계대전 종결과정에서 미·소의 동북아 지역에 대한 영향력

---

7) 남북은 공식적인 통일 방안에 있어서 남한은 국가 연합 성격의 민족공동체적 통일 방안, 북한은 고려 민주 연방제적 통일 방안을 내세워 서로 다르지만, 6·15 공동선언에서 그 공통점을 일부 인정한 점은 상당한 의미를 지닌다.

8) 통일부 통일교육원, 『통일교육 기본 지침서』, 2008·학교용, pp. 22-23.

확대 경쟁이 낳은 부산물이다.

둘째, 해방 후 남북은 통일 정부를 수립하지 못하고 각각 독자적 정부를 수립함으로써 정치적 법적 분단이 이루어졌다. 1945년 12월 신탁통치 논쟁을 계기로 남북 간에는 찬탁, 반탁 등 계급적·이념적 분열이 심화되었고, 1946년 3월부터 북한에서 시작된 토지개혁, 중요산업 국유화 등의 제반 조치는 정치적 분단을 더욱 촉진하였다. 또한 정부 수립 방안을 둘러싼 논쟁이 민족 내부의 이견 조정과 노선 통합에 실패함으로써 더욱 내쟁형 분단으로 진전한 것이다. 1948년 8월 15일 대한민국 정부와 9월 9일의 조선 민주주의 인민공화국이라는 상이한 정부가 수립됨으로써 정치적 분단은 고착화되었다.

셋째, 6·25 전쟁은 동족 간의 전쟁으로 많은 상처를 남기고, 이념적·심리적 분단을 더욱 심화시키는 계기가 되었다. 한국전쟁은 1950년 6월 25일 북한의 남침으로 동족상잔의 비극을 겪게 함으로써 민족구성원들에게 상호 증오와 적개심을 갖게 하는 심리적·이념적 분단을 야기하였다. 결국 한국전쟁은 분단을 고착화하는 계기가 되었고, 이후 남과 북은 동족임에도 불구하고 상대방을 '괴뢰'와 '원수'로 규정하는 적대적인 냉전문화를 더욱 확대 재생산하였다.

분단이 이렇게 복잡하고 중층적인 성격을 지녔다는 사실은 그 해소 과정인 통일의 어려움을 시사한다. 우리 민족이 통일을 진정으로 바란다면 이와 같은 중층적 문제의 해결에 더욱 다각적인 노력을 하여야 한다. 국토 통일과 체제 통일, 그리고 마음의 통일을 이룩하여야 진정한 남북통일을 이룩할 수 있을 것이다.

나. 분단의 문제점과 폐해

1945년 해방에 이은 남북 분단의 역사는 이미 반세기가 훨씬 넘었다. 분단은 개인적 차원에서 정신적·물질적 고통과 희생을 강요하고, 민족적 차원에서는 민족의 역량을 낭비하고 공동번영을 가로막는 장애물이다. 우리는 여기에서 분단이 초래한 문제점과 그 폐해를 구체적으로 점검해 볼 필요가 있다. 이는 분단의 극복과 통일의 당위성을 도출하기 위한 기본 전제이기 때문이다.[9)]

첫째, 분단은 인도주의적 측면에서 평화적이고 자주적이며 자유롭게 살아야 할 우리 민족의 삶을 제약해 왔다. 현재의 분단 체제는 남북한의 1,000만 이산가족의 생사 문제를 해결하지

9) 통일교육원, 『통일교육 지침서』, 2005, p. 23.

못하고, 아직도 상호 자유로운 왕래도 불가능하게 함으로서 남북 공히 엄청난 고통이 되고 있다. 남북한의 적대적인 대결체제는 결국 남북한 주민의 자유와 존엄성을 속박하고, 평화롭고 창의적인 삶을 펼칠 기회를 제한하였다.

둘째, 분단은 정치 사회적 측면에서도 남북한 모두의 민주주의와 사회발전을 제약하고 지체시켰다. 분단구조와 냉전은 안보를 명분으로 한반도에 권위주의적 독재정권을 수립, 유지하는 명분과 계기가 되었다. 7·4 남북 공동성명 발표 후 남북은 공히 헌법 개정을 통해 박정희의 유신체제와 김일성의 주석 수령체제를 확립하여 권위주의적 독재 정권을 더욱 강화시켰다. 이로 인해 남북관계는 더욱 단절되고, 남의 '반공과 안보', 북의 '반제와 보위'가 독재 체제의 유지 명분이 되었다.

셋째, 경제적 측면에서도 분단은 남북의 종합적이고 균형적인 발전을 저해하고, 특히 남북 공히 국방비의 과다한 지출은 경제발전에 걸림돌이 되었다. 분단으로 인해 우리가 치르는 부정적인 대가를 '분단비용'[10]이라고 하는데, 그동안 누적된 분단 비용은 엄청난 액수에 달한다. 분단 해소 과정은 바로 이러한 비용을 줄여가는 과정이다. 완전한 분단의 해소는 이러한 비용을 지출하지 않는 상태를 말하며 그것은 곧 통일 실현을 의미한다. 더욱이 분단은 남한을 대륙으로 통하는 통로에서 차단함으로써 지리적 섬으로 남겨 대륙 진출과 경제 발전의 걸림돌이 되고 있다.

넷째, 외교적으로도 남북의 분단체제는 민족의 외교 역량을 감소시키고 국제무대에서도 우리 민족의 위상을 저하시키고 있다. 남북한의 외교 경쟁은 다른 국가들로 하여금 분단 상황을 이용하여 이익을 추구할 수 있는 기회를 제공하였다. 또한 동족으로써 민족의 분단은 외교적으로도 민족의 자긍심과 위상에도 상당한 손상을 초래하였다.

이렇듯 분단은 우리의 정치적·경제적·사회적·외교적 측면뿐 아니라 현재의 우리 삶을 왜곡하는 부메랑으로 작용하고 있다. 분단으로 인해 초래되는 불필요한 민족적 역량의 소모가 21세기 정보화·산업화 시대의 국제사회에서 한민족의 역동적 발전을 저해하고 있음은 안타까운 일이다.

---

10) '분단비용'이라는 개념에는 통일 상황과 비교할 때 훨씬 많은 액수를 지불해야 하는 국방비 등과 같이 계산이 가능한 유형의 비용도 있지만, 이산가족의 고통, 민주화의 지체, 국제무대에서의 우리 민족의 위상 저하 등 그 영향을 수치로 계산하기 어려운 무형의 비용도 포함된다.

1.4 민족 통일의 당위성

우리는 왜 통일을 하려고 하는가? 통일교육에 있어 민족 구성원 모두가 특히 통일의 주역이 될 젊은 세대들이 통일을 이룩해야 할 이유를 명확히 인식하는 것은 기본 과제이다. 통일의 당위성은 아래와 같이 여러 측면에서 논의될 수 있을 것이다.

가. 민족사적 측면

우리 민족은 반만년의 유구한 역사적 전통을 이어 왔다. 우리 민족은 수많은 외세의 침범과 수탈, 삼국시대의 분열도 굳건히 극복하여 단일 민족 국가를 형성한 역사적 전통을 이어 오고 있다.[11] 그러므로 우리의 남북 분단 현실은 단일 민족국가를 형성해 온 역사적 정통성에 부합하지 않는 부자연스러운 현상이다. 우리가 통일을 이룩하여 새로운 민족공동체를 재창조하는 것이야말로 진정한 민족사의 복원이기 때문이다. 나아가 통일은 민족공동체의 복지를 신장하고, 민족문화의 보존과 민족의 자유, 번영, 행복을 실현하기 때문이다.

나. 인도적 측면

한반도의 통일은 분단으로 인하여 고통을 겪고 있는 이산가족 문제의 해결뿐 아니라 북한의 인권 상황이나 탈북자 문제 등 인도적 문제를 해결할 수 있다. 이를 구체화하면 다음과 같다.

첫째, 통일을 이룩하여 이산가족의 고통과 한을 해소하는 것은 인간의 기본적 권리를 실현하는 길이다. 분단으로 인한 이산가족의 아픔과 고통은 분단의 세월만큼이나 깊어지고 있다. 많은 이산가족이 분단의 한을 품고 세상을 떠났지만 아직도 생존해 있는 약 700만 이산가족의 재결합을 위해 통일은 반드시 이루어야 한다.

둘째, 통일은 북한의 식량 문제를 해결하고 날로 증가하는 탈북자 문제를 해소하기 위해서도 반드시 이루어야 한다. 중국이나 제3국을 통해 남한에 정착하는 탈북자는 1만 명을 넘어선지 오래다. 북한의 심각한 식량문제를 원천적으로 해결하고, 아직도 제3국 땅에서 고통의 세월을

11) 그러나 구한말 국권의 쇠약과 정치적 혼란이 일본의 침략을 초래하여 20세기 초반 국권을 상실하였고, 제2차 세계대전의 종결 과정에서 강대국의 의사에 따라 인위적으로 분단이 이루어짐으로써, 민족과 국가가 남북으로 나뉜 채 60여 년의 세월이 흘렀다.

보내고 있는 탈북자 문제를 해소하기 위해서라도 통일은 조속히 이루어져야 한다.

셋째, 통일은 북한의 심각한 인권 문제를 해결하기 위해서도 필요하다. 북한에서는 북한체제에 반대하거나 비판하는 인사나 주민들은 반동분자라는 낙인이 찍혀 노동 교화소에 감금되거나 격리되어 엄청난 고통을 겪고 있다. 냉전 시대가 끝난 이 시점에도 북한에서는 여전히 수많은 사람들이 특별 구역에 감금되어 고통을 당하고 있는데 이를 시급히 해결하여야 한다.

다. 정치·외교적 측면

한반도의 통일은 정치적·안보적·외교적 측면에서도 국가의 위상을 강화하고 국력을 신장시키는 계기가 될 것이다.

첫째, 통일은 한반도에서 인간의 존엄성을 보장하고 민주주의를 발전시키는 계기가 될 수 있다. 남북의 분단은 남북한 공히 정치발전을 가로막고 권위주의적 독재 체제 유지의 명분으로 이용되었기 때문이다. 통일은 남북한의 민족구성원 모두에게 자유로운 정치참여와 의사결정 기회를 제공하여 민주 정치 발전의 계기를 만들 것이다.

둘째, 통일은 민족의 역량을 결집함으로써 국제적으로도 국가의 위상을 높일 수 있다. 한반도는 아직도 전쟁의 공포에서 완전히 자유롭지 못한 상태에 놓여 있다. 한반도의 불안정 정세는 안보의 위협 요인이며 남북한 모두에게 민족 발전의 장애요인이 되고 있다.

셋째, 통일은 동북아 지역에서 안보상 전쟁위협 요인을 해소할 뿐만 아니라, 동북아 평화에 기여할 것이다. 통일은 동북아시아 지역의 안정과 세계평화에 기여하고 우리 민족공동체의 위상을 높일 것이다.

라. 사회·경제적 측면

남북의 지리적 분단은 사회적·경제적 측면의 발전에서도 막대한 지장을 초래하였다. 한반도의 통일은 국토의 종합적 개발을 통한 민족의 공동 발전과 번영에 크게 기여할 것이다.

첫째, 한반도의 통일은 장기적 시각에서 보면 21세기 국제경쟁 시대에 있어 우리 민족의 경제 발전과 번영을 약속하는 계기가 될 것이다. 통일은 남북한 경제의 균형적 발전, 북한의 풍부한 지하자원 개발, 북한의 우수한 노동력 활용, 남한 대륙진출 도로 교통망의 확보를 통한 경제의 지속적 발전을 담보할 것이다.

둘째, 통일은 분단으로 인한 과도한 군비 지출 등 소모적인 자원 낭비를 막아 분단 비용을 절감할 수 있다. 분단 상태에서의 불균형 발전과 자원 낭비를 막고 통일로 인한 분단 비용을 절감하는 것은 우리의 경제발전 역량을 증대시키는 계기가 될 것이다.

셋째, 통일은 사회적으로도 민족의 분단으로 인한 불신과 갈등, 반목과 대결을 해소해 주어 민족의 총체적 역량을 결집하는 계기가 될 것이다.

마. 미래 발전적 측면

통일은 우리 민족의 장래에 새로운 도약과 발전의 기회가 될 것이다. 통일이 한민족공동체 발전에 미치는 영향을 요약하면 다음과 같다.

첫째, 남북한 통일은 단일 국가를 통한 인구의 증가, 영토의 확장, 물적 자원 확보 등으로 민족 발전의 시너지 효과를 가져올 것이다.[12] 통일은 우리 민족의 발전무대를 한반도와 대륙 전역으로 확대시켜 줄 것이며, 나아가 민족역량을 결집시킴으로써 우리 민족의 번영과 발전을 한층 가속화하는 계기가 될 것이다. 따라서 21세기 태평양 시대에 우리 민족이 세계 일류 선진 국가로 도약하기 위해서는 민족 분단을 종식시키고 통일된 새로운 통일국가를 이룩해야 한다.

둘째, 통일국가는 우리 민족의 국제적 지위와 영향력을 향상시킬 수 있기 때문이다. 통일국가는 동북아 지역 새로운 질서 확립의 중심 국가로서 적극적인 역할을 담당할 뿐만 아니라 인류의 공동번영에도 크게 기여할 수 있을 것이다. 분단된 상태에서는 우리가 실질적인 동북아의 중심 국가가 될 수는 없다. 한반도가 통일 되었을 때 우리는 미·일·중·러의 중심 국가, 완충국가로서의 역할과 임무를 충실히 함으로써 어느 때보다 국력을 배가할 수 있을 것이다.

---

12) 레이 클라인(Ray Cline)의 가설에 의하면 영토의 확대와 적정 수의 인구 증가, 경제력, 군사력의 증강은 국가공동체 발전을 위한 국력의 핵심 요소이다.

1.5 한민족 통일의 촉진·장애요인

한반도 통일에는 통일을 촉진하는 긍정적인 요인도 있고, 통일을 저해하는 부정적인 요인도 있다. 이에 대한 올바른 분석과 처방은 통일 과정을 효과적으로 이끌어가는 데 핵심 과제일 것이다.

가. 통일의 촉진요인

먼저 남북관계 개선과 민족의 재통합에 긍정적으로 기여하는 통일의 촉진요인부터 살펴보자.[13]

첫째, 국제 환경면에서 탈냉전의 세계사적 추세는 남북한 관계개선과 한반도 통일에 기여하는 요인으로 작용할 것이다. 탈냉전의 세계는 비록 복잡한 불안정성을 수반하고 있지만 과거 냉전시대와 달리 국가 간 개방과 협력을 촉진하고 대결과 갈등을 축소시킬 수 있다. 남북 분단이 냉전의 산물인 만큼 한반도 주변상황의 탈냉전화는 분단을 극복하는 데 긍정적 요인으로 작용하고 있으며, 오늘의 남북 간의 대화와 협력도 이를 잘 반영한 것이다.

둘째, 서방 국가들의 대북 관계 개선은 남북통일을 촉진시키는 긍정적 요인으로 작용한다. 특히 서방 국가의 대북 관계 개선과 미국과 일본의 대북 관계 정상화 노력은 북한 체제의 폐쇄성을 완화시키고 개방화를 이끌어내는 데 영향을 미칠 수 있으며 그것이 통일의 긍정적인 요인으로 작용할 것이다.

셋째, 남북 간의 활발한 교류·협력도 북한 사회의 변화 및 남북한 간의 화해와 신뢰 구축에 긍정적인 영향을 미칠 수 있을 것이다. 그동안의 남북 간의 대화와 사회경제적, 문화적 교류·협력의 확대는 북한의 변화를 촉진하였으며, 장기적으로 보면 통일을 위해서도 매우 긍정적으로 작용할 것이다. 북한은 경제 위기를 해결하기 위해 대남·대외 개방과 협력을 모색해야 하는데 이것이 통일의 긍정적 요인이 될 것이다.

넷째, 우리 사회의 경제 발전과 민주화의 성숙은 통일을 촉진시키는 요인이 될 것이다. 남한 경제의 성장과 발전은 통일의 토대 구축에 긍정적으로 작용할 것이다. 또한 민주화의 신장은 대북·통일정책 결정의 개방화를 가능케 하고, 대북·통일정책에 대한 폭넓은 국민적

13) 통일교육원, 『2004 통일교육 기본 지침서』, 2003, pp. 82-83.

지지를 확보하는 데 기여할 것이다.

나. 통일의 장애요인

남북 관계 개선과 통일에는 이러한 긍정적·촉진 요인뿐만 아니라 부정적인 장애 요인도 있다. **통일의 장애요인**을 구체화하면 다음과 같다.

첫째, 북한의 변치 않는 대남 혁명 전략은 통일의 심각한 장애요인이다. 비록 남북기본합의서뿐만 아니라 6·15 공동선언과 10·4 합의문이 서로 공존과 협력의 원칙들을 선언하고 있지만, 북한의 남한에 대한 적대적·부정적 입장은 아직도 변하지 않고 있다. 북한 당국이 주체사상에 입각한 남조선 혁명 전략을 고수하는 한 통일의 길은 멀고도 험할 뿐 아니라 그것이 오히려 통일에 걸림돌이 된다.

둘째, 한반도를 둘러싼 동북아 지역의 세력균형 구조가 남북관계 개선과 통일을 저해하는 요인이 될 수 있다. 동북아 지역 내 국가들 간의 관계는 통일이라는 '현상변화'보다는 분단이라는 '현상유지'에 초점을 두고 전개될 가능성이 있다. 미·일·러·중의 대립구도는 한반도 통일 문제에 관한 완전한 합의를 어렵게 하기 때문이다.

셋째, 남북한 간 이질화 현상의 심화 문제는 통일의 장애 요인이다. 남한 사회는 민주화로 인해 더욱 다원화되는 반면 북한 사회는 여전히 경직된 유일 독제 체제를 고수하고 있다. 이런 사회구조적 차이에 의한 이질화의 심화는 결국 남북 간의 민족적 통합을 점점 어렵게 한다.

우리는 통일을 위해서 장애요인을 약화·해소하려는 노력과 함께 통일의 촉진요인을 강화시키기 위하여 노력하여야 한다. 우리는 기본적으로 우리 사회 내부의 통일 문제에 관한 소모적 대립과 갈등부터 해소하여야 한다. 나아가 우리는 남북관계 및 통일과정에서 발생 가능한 위기 상황에 대한 총체적 관리 능력을 더욱 키워가야 할 것이다.

2. 대학생의 통일 의식 비교

오늘날 청년·학생들의 통일에 관한 의식은 어떠한가?

효과적인 통일교육을 위해서는 학생들의 통일에 관한 의식 조사가 선행되어야 한다. 아래의 통일 의식 조사는 아산 재단의 연구비에 의하여 서울·경기지역, 광주·전남지역, 대구·경북지역 4년제 대학생 1,626명을 대상으로 실시된 것이다.[14]

먼저, 서울·경기지역은 585명을 대상으로 조사를 실시하였는데, 조사대상 대학교는 서울대학교, 연세대학교, 인천대학교, 성균관대학교, 서울교육대학교이며 분석에 사용된 표본은 이 가운데 560부이다. 광주·전남지역은 전남대학교 재학생 530명을 대상으로 실시하여 이 가운데 510부를 표본으로 사용하였다. 한편, 대구·경북지역 대학생은 경북대학교 재학생 530명을 대상으로 조사를 실시하였으며 이 가운데 510부를 분석에 사용하였다. 이 조사에서 회수된 설문지를 검토하여 분석에 사용된 표본은 3개 지역 총 1,580부이며, 조사기간은 2000년 6월 10일부터 7월 30일까지 50일간 실시하였다.

대학생들의 통일 의식 조사의 개요는 아래 표와 같다.

〈표 5-1〉 통일·안보에 대한 의식 구조도

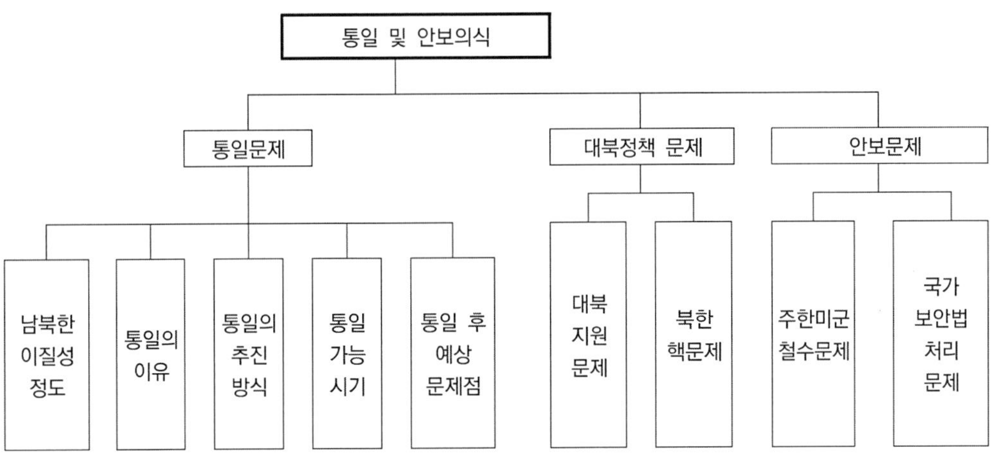

2.1 통일 문제에 관한 의식 구조

가. 남북한 주민 간 이질성 정도 평가

설문 1 남한 사람들과 북한 사람들의 가치관/사고방식, 생활방식, 언어생활이 얼마나 다르다

14) 배한동, 『한국 대학생의 정치 의식』, 아산재단 연구총서 제85집, 2001, pp. 165-185.

고 생각합니까? 아래의 문항별로 응답자와 가장 가까운 것을 선택하여 ○표 또는 ∨표해 주십시오.

〈표 5-2〉 남북한 주민 간 이질성 정도 평가

응답 항목	가치관/사고방식		생활방식		언어생활	
	빈도수(명)	비율(%)	빈도수(명)	비율(%)	빈도수(명)	비율(%)
전혀 다르다	915	57.9	614	38.9	271	17.2
어느 정도 다르다	568	35.9	701	44.4	927	58.7
어느 정도 비슷하다	87	5.5	248	15.7	353	22.3
매우 비슷하다	3	0.2	8	0.5	19	1.2
무 응 답	7	0.4	9	0.6	10	0.6
합계	1,580	100.0	1,580	100.0	1,580	100.0

먼저 남북한 주민간의 가치관이나 사고방식의 이질성 정도에 대하여 대학생들은 대부분이 '이질감을 느끼고 있다'는 반응을 보이고 있다. 특히 남북 주민들의 가치관이나 사고방식에 있어 전체 응답자의 93.8%가 이질감을 느끼고 있는 것으로 나타나 있다. 그러나 언어생활의 이질성 정도(75.9%)는 생활방식(83.3%)에 비해 상대적으로 낮게 나타나고 있다. 이러한 인식 경향은 앞으로 통일교육에 있어 유념하여야 할 부분이라고 할 수 있다.

응답자의 특성별 교차분석 결과를 보면, 먼저 가치관/사고방식의 이질성 정도에 대한 평가는 지역 변수만이 유의미한 관계가 발견된다. 대구·경북지역 대학생들이 이질성에 대한 정도가 가장 높으며(96.3%), 다음으로 서울·경기지역(94.8%), 광주·전남지역 학생(91.8%) 순으로 나타났다. 대구·경북지역 대학생들의 경우 다른 지역 학생들에 비해 상대적으로 이질감을 더 많이 느끼는 것은 당시 김대중 정부의 정책수행 능력, 특히 대북 정책과 관련한 비판적 경향과 무관하지 않다고 볼 수 있다. 그리고 통일 문제가 집권층에 대한 지지 여부에 의존한다면 향후 이러한 문제에 대한 대응적인 통일교육이 필요할 것이다.

나. 통일의 이유

설문 2 통일이 되어야 할 이유로서 가장 적절하다고 생각하는 것은 어느 것입니까?

〈표 5-3〉 통일의 이유

응답 항목	통일이유	
	빈도수(명)	비율(%)
국제사회에서 우리나라 영향력 제고	712	45.1
전쟁의 위험 제거	332	21.0
경제적 부강	163	10.3
이산가족문제 해결	127	8.0
기타	224	14.2
무응답	22	1.4
합계	1,580	100.0

대학생들은 통일이 되어야 할 이유로 '국제 사회에서 우리나라 영향력 제고'(45.1%)를 가장 많이 들고 있다. 그 다음으로 '전쟁의 위험 제거'(21.0%), '경제적 부강'(10.3%) 등의 순으로 응답하고 있다.[15)]

응답자의 특성별 교차분석 결과 모든 변수들이 유의미한 관계를 나타내고 있다. 먼저, 지역 변수를 보면, '전쟁의 위험 제거'는 서울·경기지역 학생들 사이에서 응답비율(24.1%)이 다소 높게 나타나고 있으며, '국제사회의 영향력 제고'(49.0%), '경제적 부강'(12.5%)은 광주·전남지역의 대학생들 사이에서 응답 비율이 다소 높게 나타나고 있다. 다음으로 성 변수에서는 남녀 대학생 공히 '국제사회의 영향력 제고'를 통일 이유의 우선 항목으로 보면서도 '전쟁위험 일소', '경제적 부강'의 응답 항목에서는 남학생(22.2%)이 여학생(12.0%)보다 응답비율이 더 높게 나타나고 있다. 그리고 '국제사회의 영향력 제고'(49.0%)와 '이산가족문제 해결'(10.4%)에는 여학생의 응답 비율이 상대적으로 높게 나타나고 있다.

---

15) 배한동, 『민주시민교육론』, 경북대학교출판부, 2006, p. 176. 어느 조사에서 한반도 통일의 필요성에 대해 한·중·일 대학생들의 60.2%(867명)가 필요한 것으로 인식했고, '그저 그렇다'라는 답변은 24.3%(350명)이었으며, 14.3%(206명)가 불필요한 것으로 인식하고 있었다. 한편 한국 대학생들(318명, 68.9%)이 가장 높은 비율로 한반도 통일의 필요성을 인식했으며, 중국(284명, 56.8%)과 일본(265명, 55.4%) 대학생은 상대적으로 그 필요성을 낮게 인식하고 있는 것으로 드러났다.

다. 통일의 추진 방식

설문 3 통일 문제의 접근 방식에 관한 생각 중 자신과 가장 가까운 항목은 어느 것입니까?

〈표 5-4〉 통일의 추진 방식

응답 항목	통일의 추진 방식	
	빈도수(명)	비율(%)
통일은 민족적 과제로 시급히 추진해야	260	16.5
통일은 원하지만 신중하게 접근해야	1,180	74.7
통일의 필요성을 느끼지 못 한다	93	5.9
통일 문제에 별 관심 없다	45	2.8
무응답	2	0.1
합계	1,580	100.0

통일 문제의 추진 방식과 관련한 질문에서 대학생들은 '통일은 원하지만 신중하게 접근해야 한다'는 의견(74.7%)이 가장 많았다. '민족적 과제이므로 시급히 추진하여야 한다'는 의견은 전체 응답자의 16.5%에 그치고 있다. 이는 현실적으로 통일 후 발생하게 될 통일비용을 마련하는 데 남한의 경제력이 뒷받침되어야 한다는 인식이 저변에 깔려 있어 신중하게 접근해야 한다는 반응이 많은 것이다.

응답자의 특성별 교차분석에서는 지역과 성별 변수만이 유의미한 관계를 나타내고 있는데 특히 광주·전남지역 및 남학생층에서 통일에 대한 열망이 상대적으로 강하게 나타나고 있다. 보다 구체적으로 보면, '시급히 통일되어야 한다'는 항목에서 광주·전남지역 학생들의 응답비율(23.6%)이 다른 지역 학생들보다 월등히 높게 나타나고 있다. 그리고 통일에 관하여 소위 신중론을 펴는 응답자 중 대구·경북지역의 대학생들이 가장 높은 응답비율(80.0%)을 나타내고 있다. 이는 광주·전남지역 학생들이 대구·경북지역 학생들보다 이념적으로 보다 진보적 성향을 띠는 데 기인한다고 볼 수 있다.

성별로 보면, '시급히 통일을 이루어야 한다'는 의견은 남학생(19.5%)이 여학생보다 높은 응답비율(13.9%)을 나타내고 있으나, '통일은 불필요하다'는 의견과 '통일 문제에 대해 관심 없다'는 부정적인 의견은 여학생(11.6%)이 남학생(5.5%)보다 더 높은 응답비율을 나타내고 있다.

라. 통일 가능 시기

설문 4 앞으로 얼마 후에 통일이 가능하다고 생각합니까?

〈표 5-4〉 통일 가능 시기

응답 항목	통일 가능 시기	
	빈도수(명)	비율(%)
5-9년	328	20.8
10-14년	571	36.1
15-19년	264	16.7
20년 이후	360	22.8
통일은 불가능할 것이다	53	3.4
무응답	4	0.3
합계	1,580	100.0

향후 통일이 가능한 시기에 대한 질문에서 대학생들은 '10~14년' 정도 걸릴 것이라는 의견(36.1%)이 가장 많은 것으로 조사되었다. 그 다음으로 '20년 이후'가 될 것이라는 응답(22.8%)과 '5~9년' 정도 걸릴 것이라는 응답(20.8%) 순으로 나타났다.[16]

응답자의 특성별로 보면 통일에 대한 의지가 강한 광주·전남지역 대학생들의 경우 통일 가능 시기의 문항에서도 조기 통일을 선호하고 있는 것으로 나타나 있다. 지역 변수와의 교차분석에서는 조기 통일('5~9년')에 대한 응답이 광주·전남지역 대학생들에서 다소 높게(20.5%) 나타나고 있으며, 대구·경북지역에서 대학생들이 '20년 이후'(27.0%)나 '통일은 불가능하다'는 비관적인 응답비율(5.9%)은 타 지역에 비해 다소 높게 나타나고 있다. 교차분석 결과를 보면, 입학연도와 지역 변수에서 유의미한 관계가 발견되고 있다. 저학년 학생일수록 조기 통일에 대한 의견이 강하게 나타나고 있는 반면 고학년 학생일수록 통일 가능 시기에 대해 장기적인 전망을 하는 것으로 나타났다.

16) 한국대학신문의 '한·중·일 대학생의 의식 조사(2003. 9. 1.)'에서는 한국의 통일이 '20년 이상' 걸릴 것이라는 답에 한국(155명, 33.5%)과 중국(164명, 32.8%) 대학생들의 응답 비율이 일본 대학생들(113명, 23.4%)보다 높았지만, '불가능하다(69명, 14.3%)'의 비율은 일본 대학생들이 다른 국가에 비해 상대적으로 높은 것으로 나타나 있다.

마. 통일 후 예상되는 문제점

설문 5 만약 통일이 된다면 통일 후에 발생하게 될 가장 큰 어려움은 무엇이라고 생각합니까?

〈표 5-5〉 통일 후 예상되는 문제점

응답 항목	통일 후 예상되는 문제점	
	빈도수(명)	비율(%)
경제적 부담	503	31.8
가치관과 생활방식의 차이	572	36.2
정치적인 혼란	226	14.3
빈부격차의 심화	258	16.3
언어생활의 차이	13	0.8
모르겠다	5	0.3
무응답	3	0.2
합계	1,580	100.0

통일 후 초래될 문제점에 대한 대학생들의 응답 경향을 보면, '가치관과 생활방식의 차이'(36.2%), '경제적 부담'(31.8%), 및 '빈부격차의 심화'(16.3%), '정치적인 혼란'(14.3%) 순으로 나타나고 있다. 따라서 대학생들은 통일 후 사회통합과정의 문제점을 어느 정도 예측하고 우려하고 있는 것으로 나타나 있다.

응답자의 특성별 교차분석에서는 모든 변수에서 유의미한 관계가 발견되고 있다. 전체적으로 보면, 서울·경기지역, 인문사회계열, 고학년 및 남학생일수록 '가치관이나 생활방식의 차이'에 대해 매우 우려하고 있는 것으로 나타나 있다.

성별로 보면, 남학생은 '가치관이나 생활방식의 차이'와 '빈부격차의 심화'에 대한 응답비율(39.8% : 19.6%)이 높은 반면, '경제적 부담'과 '정치적 혼란'은 여학생의 응답비율(33.3% : 18.5%)이 다소 높게 나타나고 있다.

지역 변수를 보면, '가치관과 생활방식의 차이'에는 서울·경기지역 학생들(39.1%)이, '경제적 부담'은 대구·경북지역 학생들(37.4%)이, '빈부격차의 심화'는 광주·전남지역 학생들의 응답비율(18.2%)이 상대적으로 높게 나타나 있다.

2.2 대북정책에 관한 인식

가. 대북 지원에 대한 평가

설문 6 정부가 북한에 대하여 식량이나 비료 등을 지원하는 문제에 대하여 어떻게 생각합니까?

〈표 5-6〉 대북 지원에 대한 평가

응답 항목	대북지원문제에 대한 평가	
	빈도수(명)	비율(%)
인도적 차원에서 무조건 지원	309	19.6
조건부 지원	1,163	73.6
어떤 이유든 지원 안 됨	54	3.4
잘 모르겠다	53	3.4
무 응 답	1	0.1
합계	1,580	100.0

대북정책 중 대북 지원문제에 관하여 질문한 결과, 대학생들은 '조건부 지원'(73.6%)을 가장 선호하고 있는 것으로 조사되었다. '인도적 차원에서 무조건 지원'은 응답자의 19.6%에 그치고 있다. 이는 대학생의 여론이 대북정책에 있어서 조건부 상호주의 원칙을 지지하는 경향이라고 볼 수 있다.

응답자의 특성별 교차분석에서는 전공영역 변수를 제외한 모든 변수들에 통계적으로 유의미한 관계가 나타나고 있다. '무조건 지원'에 대한 의견은 광주·전남지역, 고학년 및 남학생층에서 높은 지지를 나타나고 있다. 보다 구체적으로 보면 광주·전남지역 대학생들이 '무조건 지원'(25.7%)에 대한 응답 비율이 상대적으로 높았으며 그 다음이 서울·경기지역(19.6%), 대구·경북지역(13.4%) 순으로 나타났다. 반면 '조건부 지원'(76.9%)은 대구·경북지역 학생들의 응답비율이 타 지역에 비해 다소 높게 나타나고 있다.

성 변수의 경우, '무조건 지원'에 대해 남학생(23.8%)이 여학생(16.0%)보다 더 높은 지지를 보이고 있다. 반면, '조건부 지원'은 여학생이 남학생보다 응답비율이 더 높게 나타나고 있다.

나. 북한의 핵 문제

이 설문은 한국 대학생에 한정한 위의 설문조사와는 달리 한·중·일 대학생의 정치의식에 관하여 다른 기관에서 설문조사한 결과이다.[17] 북한의 핵 보유에 대해 한·중·일 전체 학생의 60.8%(884명)가 '심각한 문제'로 받아들인다고 답했으며, '그렇지 않다'라고 답한 사람의 비율은 17.5%(255명)에 그쳤다.

북한의 핵 보유를 가장 우려한 응답자는 일본 대학생들(392명, 80.2%)이었으며, 중국 대학생들(218명, 43.6%)은 상대적으로 덜 우려하고 있는 것으로 나타났다. 한편 한국 대학생들(274명, 58.8%)은 양 국가의 중간 정도의 우려를 표명했다.

전체 대학생들은 북한의 핵문제에 대한 해법으로 '대화를 통한 해결(894명, 61.5%)' 방식을 가장 많이 선택했다. 다음으로 '대화와 무력을 혼합한 해결(403명, 27.7%)'을 선택하였으며 '무력을 통한 해결(84명, 5.8%)'은 소수에 그쳤다. 중국 대학생들이 '대화를 통한 해결(352명, 70.4%)'을 선택한 비율이 상대적으로 높았던 반면 일본 대학생들은 '대화와 무력을 혼합한 해결(170명, 34.8%)' 방식을 지지하는 경향이 상대적으로 높았다.

2.3. 안보 의식

가. 주한미군 철수

설문 7 주한미군 철수문제에 대해서는 어떻게 생각합니까?

〈표 5-7〉 주한미군 철수

응답 항목	주한미군 철수문제	
	빈도수(명)	비율(%)
즉시 철수해야	223	14.1
단계적으로 철수해야	1,163	73.6
현재 규모대로 주둔시켜야	175	11.1
현재보다 강화하여 주둔시켜야	15	0.9
무 응 답	4	0.3
합계	1,580	100.0

17) 배한동, 『민주시민교육론』, 경북대학교출판부, 2006, p. 175. 한국대학신문이 2003년 9월 1일 한·중·일 대학생(1,469명)을 대상으로 실시한 조사 결과이다.

주한미군의 철수문제에 대해 대학생들의 반응은 원칙적으로 '철수해야 한다'는 의견(87.7%)이 많았다. 다만 '즉시 철수해야 한다'(14.1%)는 의견보다는 '단계적 철수'의 의견(73.6%)이 더 많았다.

한편 응답자의 특성별 교차분석에서는 모든 변수들이 통계적으로 유의미한 관계를 보여주고 있다. 지역 변수를 보면 '즉시 철수해야 한다'는 의견은 광주·전남지역 대학생들이 타 지역에 비해 높게(21.6%) 나타나고 있으며, '현재대로 주둔해야 한다'는 의견은 서울·경기지역 대학생들이 타 지역에 비해 높게(14.8%) 나타나고 있다.

성 변수를 보면 예상과는 달리 여학생(92.4%)이 남학생(82.7%)보다 '철수해야 한다'는 주장이 더 강한 것으로 나타나고 있다. 또 전공영역 변수를 보면 자연과학계열과 공학계열 전공 대학생들이 주한미군의 철수를 원하는 반면, 예체능계열 전공 대학생들은 '현재 규모대로 주둔해야 한다'는 응답비율(19.3%)이 더 높게 나타나고 있다.

나. 주한미군 철수와 안보

설문 8 만약 주한미군이 철수한다고 가정해 볼 때, 남한 안보에 미치는 영향에 대해 어떻게 생각합니까?

〈표 5-8〉 주한미군 철수가 남한 안보에 미치는 영향

응답 항목	남한 안보에 미치는 영향	
	빈도수(명)	비율(%)
큰 위협이 될 것	330	20.9
약간 위협이 될 것	820	51.9
별로 위협이 되지 않을 것	358	22.7
전혀 위협이 되지 않을 것	59	3.7
무응답	13	0.8
합계	1,580	100.0

주한미군의 철수가 남한 안보에 미치는 영향에 대해 다수의 학생들이 남한 안보에 '위협이 될 것'(72.8%)이라고 응답하고 있다. 응답자의 특성별 교차분석에서도 모든 변수들이 통계적으로 유의미한 관계를 나타내고 있다. 주한미군의 철수가 남한 안보에 미치는 영향이 크다고 생각하는

집단은 대구·경북지역, 남학생, 고학년, 공학계열의 대학생들 사이에서 높게 나타나고 있다.

지역 변수를 보면 '큰 위협이 될 것이다'는 응답은 대구·경북지역에서 상대적으로 높게 (27.5%) 나타나고 있으며, '약간 위협이 될 것이다'는 의견은 광주·전남지역에서 다소 높게 나타나고 있다.

성 변수의 경우 '큰 위협이 될 것이다'는 평가에 있어서 남학생(29.1%)이 여학생(14.3%)보다 응답비율이 더 높게 나타났다. 전공영역 변수를 보면 '큰 위협이 될 것이다'는 반응은 공학계열 전공 학생들(31.4%)에서 '별로 위협이 되지 않을 것이다'는 반응은 자연과학계열 전공 학생들에서 다소 높게 나타나고 있다.

다. 국가보안법 문제

설문 9 국가보안법은 앞으로 어떻게 되어야 한다고 생각합니까?

〈표 5-9〉 국가보안법 문제

응답 항목	국가보안법 처리문제	
	빈도수(명)	비율(%)
폐지되어야	588	37.2
부분적으로 수정되어야	947	59.9
현행대로 유지되어야	23	1.5
오히려 강화되어야	13	0.8
무응답	9	0.6
합계	1,580	100.0

국가보안법 처리문제와 관련하여 대학생들은 '폐지'되거나 '수정'되어야 한다는 반응(97.1%)이 대체로 많았다. '부분적으로 수정되어야 한다'는 의견(59.9%)이 현행 국가보안법을 '폐지되어야 한다'는 주장(37.2%)보다 높았다.

지역 변수에서는 '부분적으로 수정해야 한다'는 반응은 특히 대구·경북지역의 대학생들 사이에서 높게(70.1%) 나타나고 있으며, '폐지되어야 한다'는 의견은 광주·전남지역 학생들에게서 다소 높은 반응(44.1%)으로 나타나고 있다. 이러한 응답 경향은 대구·경북지역 학생들이 광주·전남지역 학생들에 비해 보수적인 성향을 갖고 있기 때문으로 풀이된다. 뿐만 아니라 통일 문제에 전반에 대해 대구·경북지역 학생들이 더 비관적인 인식구조를 갖고 있기 때문이다.

응답자의 특성별 교차분석에서는 성 변수를 제외한 모든 변수에서 유의미한 관계가 발견되고 있다. 전공영역 변수에서는 '폐지되어야 한다'는 의견은 인문사회계열 전공 학생들(44.7%)이 다른 계열 전공 학생들에 비하여 압도적으로 많았으며, '부분적으로 수정되어야 한다'는 의견은 자연과학계열 학생들(69.2%)에서 상대적으로 높은 응답비율로 나타나고 있다.

2.4 통일·대북 및 안보의식 변수 간의 상관관계

통일, 대북 및 안보의식 변수들 간의 상관관계는 아래의 〈표 5-10〉에서 분석한 것과 같다.[18] 남북한 주민 간 가치관의 이질성 정도 평가와 생활방식의 이질성 정도 간에는 강한 양(+)의 선형관계가 나타나고 있으며, 언어생활의 이질성 정도와는 약한 양(+)의 선형관계가 발견되고 있다. 그리고 남북한 주민 간 생활방식과 언어생활 간의 이질성 정도는 강한 양(+)의 선형관계가 나타나고 있다. 따라서 전체적으로 보면, 대학생들은 남북한 간에 상당한 이질성이 있다고 인식하고 있다. 이는 통일이나 대북 및 안보문제에도 영향을 미치고 있어서 향후 통일교육은 남북한 간 이질성 극복을 위한 과제들을 시급히 추진하여야 할 것이다.

한편, 생활방식의 이질성 정도와 통일 후 혼란상, 주한미군 철수가 남한안보에 미치는 영향 간에는 약한 양(+)의 선형관계가 나타나고 있다. 언어생활의 이질성 정도와 대북지원 문제, 주한미군 철수문제 및 국가보안법 처리문제와는 약한 음(-)의 선형관계가 나타나고 있다. 그리고 이들 남북한 간 이질성 정도에 대한 평가와 통일 후의 혼란상과는 강한 양(+)의 선형관계가 나타나고 있다. 그러므로 남북한 간 이질성이 심각하다고 생각하는 대학생일수록 통일 후 당면하게 될 사회 혼란상도 같은 맥락에서 우려하는 것으로 나타났다.

통일의 의지와 통일 가능 시기, 주한미군 철수문제 및 국가보안법 처리문제 간에는 약한 양(+)의 선형관계가 발견되고 있으며, 주한미군 철수가 남한안보에 미치는 영향과는 약한 음(-)의 선형관계가 나타나고 있다. 그리고 통일 가능 시기와 주한미군 철수문제 간에는 약한 양(+)의 선형관계가 나타나고 있다. 이러한 결과는 대학생들만을 대상으로 조사하였기 때문이다.

---

18) 배한동, 『민주시민교육론』, 경북대학교출판부, 2006, pp. 175-180.

〈표 5-10〉 통일, 대북 및 안보의식 변수들 간의 상관관계 표

	이질성 (가치관)	이질성 (생활 방식)	이질성 (언어 생활)	대북지원 문제	통일 이익	통일 의지	통일 가능 시기	통일 후 혼란상	주한미군 철수문제	주한미군 -남한안보	국가 보안법 처리문제	대북 정책 지지도	정치적 성향	정치적 관심도
이질성 (가치관)	1.000													
	.													
	1573													
이질성 (생활방식)	.378**	1.000												
	.000	.												
	1571	1571												
이질성 (언어생활)	.214**	.358**	1.000											
	.000	.000	.											
	1570	1570	1570											
대북지원문제	-.056*	-.083**	-.067**	1.000										
	.027	.001	.008	.										
	1573	1571	1570	1579										
통일이익	.028	.037	.013	-.076**	1.000									
	.267	.144	.596	.003	.									
	1553	1551	1550	1558	1558									
통일 의지	-.056*	-.046	-.033	.269**	-.068**	1.000								
	.026	.071	.185	.000	.007	.								
	1572	1570	1569	1578	1557	1578								
통일 가능 시기	-.077**	-.064*	-.033	.155**	-.001	.273**	1.000							
	.002	.012	.151	.000	.960	.000	.							
	1570	1568	1567	1576	1556	1575	1576							
통일 후 혼란상	.150**	.114**	.107**	-.008	.079**	.054*	.012	1.000						
	.000	.000	.000	.757	.002	.032	.632	.						
	1572	1570	1569	1577	1557	1576	1574	1577						
주한미군 철수문제	-.150**	-.126**	-.069**	.156*	-.010	.222**	.166**	-.041	1.000					
	.000	.000	.006	.000	.689	.000	.000	.108	.					
	1571	1569	1568	1576	1555	1575	1573	1575	1576					
주한미군-남한 안보영향	.141**	.135**	.079**	-.160**	.064*	-.147**	-.134**	.058*	-.494**	1.000				
	.000	.000	.002	.000	.012	.000	.000	.022	.000	.				
	1562	1560	1559	1567	1547	1566	1565	1566	1566	1567				
국가보안법 처리문제	-.057*	-.057*	-.068**	.219**	-.061*	.136**	.060*	.025	.308**	-.259**	1.000			
	.024	.024	.007	.000	.016	.000	.018	.329	.000	.000	.			
	1566	1561	1563	1571	1550	1570	1568	1570	1570	1564	1571			
대북정책 지지도	.019	.048	.011	-.192**	-.006	-.155**	-.015	-.081**	.053*	-.065*	-.089**	1.000		
	.456	.056	.677	.000	.802	.000	.559	.001	.038	.010	.000			
	1562	1561	1561	1567	1547	1564	1565	1564	1555	1559	1567	1568		
정치적 성향	-.015	-.012	-.065**	.118**	-.085**	.080**	.052*	-.006	.120**	-.170**	.185**	-.106**	1.000	
	.555	.631	.010	.000	.001	.002	.040	.818	.000	.000	.000	.000	.	
	1571	1569	1568	1577	1556	1576	1574	1575	1574	1565	1569	1566	1578	
정치적 관심도	-.045	-.033	-.016	.112**	-.045	.130**	.106**	-.007	.063*	-.087**	.170**	-.089**	.180**	1.000
	.073	.189	.514	.000	.076	.000	.000	.768	.012	.001	.000	.000	.000	.
	1572	1570	1569	1578	1557	1577	1575	1576	1575	1566	1570	1567	1578	1579

*는 0.05 수준(양방향 검증)에서 유의적임. **는 0.01 수준(양방향 검증)에서 유의적임.

주한미군 철수가 남한안보에 미치는 영향 간에는 약한 음(-)의 선형관계가 나타나고 있다. 통일의 의지와 통일 후 혼란상에는 약한 양(+)의 선형관계가 발견된다. 그리고 통일 후 혼란상과 주한미군 철수가 남한안보에 미치는 영향 간에는 약한 양(+)의 선형관계가 발견되고 있다. 따라서 통일에 관한 제 기본의식들이 대북 및 안보정책에 영향을 미치고 있음을 알 수 있다.

한편, 주한미군 철수문제가 남한안보에 미치는 영향 간에는 강한 음(-)의 선형관계가, 그리고 국가보안법 처리문제와는 강한 양(+)의 선형관계가 발견되고 있다. 주한미군 철수 문제가 남한안보에 미치는 영향과 국가보안법 처리 문제 간에는 약한 음(-)의 선형관계가 발견되고 있다.

대북정책 지지도와 통일의 의지, 통일 가능 시기 그리고 대북지원 문제 등은 약한 음(-)의 선형관계가 나타나고 있다. 한편, 대북지원 문제와 통일의 의지, 통일 가능 시기, 주한미군 철수문제, 국가보안법 처리문제와는 약한 양(+)의 선형관계가 나타나고 있으며, 대북지원 문제와 주한미군 철수 문제 간에는 약한 음(-)의 선형관계가 나타나고 있다.

다음으로 대학생들의 통일 문제와 대북 및 안보의식 변수들과 정치적 관심도 및 정치적 성향 간 상관관계 분석을 하였다. 정치적 관심도가 높고 진보적인 정치적 성향을 소유한 대학생들이 통일 문제나 대북 및 안보문제에 관한 의식에 있어서도 다소 적극적인 의식을 갖고 있을 것이라는 가정을 해 볼 수 있다.

먼저, 통일, 대북 및 안보의식을 구성하는 각 변수들과 정치관심도 간의 상관관계를 분석해 보면, 주한미군 철수가 남한안보에 미치는 영향과는 약한 음(-)의 선형관계가 나타나 있다. 대북지원 문제, 통일의 당위성, 통일 가능 시기, 국가보안법 처리문제 등과는 약한 양(+)의 선형관계가 나타나고 있다. 따라서 정치에 대한 관심도가 높을수록 대북지원 문제, 통일의 의지 및 통일 가능 시기 등에 대해 긍정적이거나 적극적인 인식구조를 갖고 있는 것으로 보인다.

그리고 통일, 대북 및 안보의식을 구성하는 각 변수들과 정치적 성향 간의 상관관계를 분석해 보면, 대북지원 문제, 주한미군 철수문제, 국가보안법 처리문제와는 약한 양(+)의 선형관계가 나타나고 있으며, 주한미군 철수가 남한안보에 미치는 영향 간에는 약한 음(-)의 선형관계가 발견되고 있다. 따라서 진보적인 정치적 성향을 가진 대학생들일수록 대북 및 안보문제에 대해

보다 적극적인 의식을 갖고 있는 것으로 나타난다.

한편, 통일에 대한 의지를 종속변수로 하고 통일, 북한 및 안보정책을 구성하는 각 변수들을 독립변수로 하는 회귀분석을 실시하였다. 통일에 대한 의지가 강할수록 통일, 대 북한 및 안보문제에 대해 보다 긍정적이거나 적극적인 의식구조를 갖고 있을 것이라는 추정해 볼 수 있다.

회귀분석 결과에 의하면, F-검정결과 회귀모형 유의수준 α = 0.000으로 유의미한 것으로 나타났으며, 독립변수들이 종속변수인 통일에 대한 의지를 약 16.3% 설명해 주고 있다. 회귀계수가 유의미한 것으로 판정된 변수들은 대북정책 지지도, 대북지원 문제, 통일이익, 통일 가능 시기, 통일 후 혼란상 및 주한미군 철수문제들로서 통일이익과 대북정책 지지도 변수만이 음(-)의 방향으로 나타났으며 나머지 모든 변수들은 정(+)의 방향으로 나타났다. T값에 기초하여 판단할 때, 변수들 가운데 통일 가능 시기(8.866)가 가장 많은 영향을 미치는 것으로 나타났으며, 대북지원 문제(8.406), 대북정책 지지도(-6.142), 주한미군 철수문제(5.682), 통일 후 혼란상(3.012), 통일이익(-2.499) 순으로 영향을 미치는 것으로 나타났다.

이상에서 통일, 대북 및 안보정책 변수들 간의 상관관계 분석 결과를 종합하여 평가해 보면, 정치적 관심도가 높고, 정치적 성향이 진보적이라고 평가하는 응답자일수록 통일의 의지가 강하게 나타나고 있다. 또한 통일의 의지가 강할수록 통일 가능 시기, 대북정책이나 대북 지원문제 및 각종 안보정책들에 있어서 상대적으로 긍정적이고 적극적인 인식구조를 갖고 있는 것으로 볼 수 있다.

따라서 대학생들에게 일차적으로 정치적 관심도나 통일 의지를 제고시킬 수 있는 방안이 적극적으로 검토되어야 하고, 이를 위해서는 그간의 비효율적인 통일교육의 방향, 내용, 방법 등이 재고되어 새로운 통일 환경에 조응하는 교육으로 대체되어야 할 것이다. 뿐만 아니라 정권담당자들이 통일정책이나 대북정책에 관한 밑으로부터의 광범위한 동의나 지지를 확보해 내지 못한다면 이들로부터 통일기피증이 확산될 수 있는 심각한 상황임을 유념해야 할 것이다. 따라서 대학생들의 통일 문제에 대한 관심과 의지를 강화할 수 있는 방안이 우선적으로 마련되어야 할 것이다.

3. 통일 환경의 변화 이해

한반도의 통일의 환경은 내부적 환경, 외부적 환경, 남북관계라는 3개의 변수가 맞물려 있다. 외부적 환경은 통일을 위한 국제 정세와 한반도 주변의 이해 당사국의 역학 구조의 변화를 말하고, 내부적 환경은 통일을 위한 남북한의 정치·경제·사회적 환경 변화를 말하고, 남북 관계의 변수는 남북한 간의 대화와 협력 정도를 의미한다. 이 3자가 잘 조화되어 나아갈 때 바람직한 통일 환경은 조성되는 것이다.

3.1 외부적인 환경 변화

한반도의 분단이 한반도 주변의 정치적 열강의 전후 처리 과정의 소산이었다면, 한반도의 통일도 외부의 정치 환경이나 국제적 역학 관계의 영향을 받지 않을 수 없다. 근년의 탈냉전이라는 세계사적 조류는 한반도의 통일에 긍정적인 영향을 미치고 있다. 이를 구체화하면 다음과 같다.

가. 세계화 시대 국제질서의 변화

오늘의 국제정세는 국지적인 분쟁과 갈등은 계속되지만 화해와 협력을 통한 개방화가 촉발되는 시대이다. 이데올로기 중심의 군사 안보적 냉전체제가 종식되면서 탈냉전시대에는 개방화로 인하여 국가별로 자국의 이익을 중시하는 경제 경쟁 시대가 도래하였다. 무한경쟁시대에 살아남기 위해 지구상에는 개별국가들이 일정한 지역적 범위를 뛰어넘어 상호협력 관계를 강화하는 움직임이 나타나고 있다. 이러한 국제 질서의 변화는 다음과 같은 특징을 지닌다.[19]

첫째, 냉전시대의 양극구조였던 국제질서는 한 축이 무너져 군사적 측면은 미국이 주도하고, 정치·경제적 측면은 국가 간 사안별로 협력하는 관계로 변화하고 있다. 미국은 군사적으로 여전히 초강대국의 지위를 유지하지만, 경제적인 측면에서는 금융위기, 자유무역시대에 따른 무역역조 등으로 심각한 어려움을 겪고 있다. 남북한도 생존과 발전을 위해서 남북 간의 적대적 관계를 청산하고 화해와 협력의 토대 위에 경제적 협력을 모색하지 않을 수 없다.

19) 통일교육원, 『통일교육 지침서』, 2004, p. 62.

둘째, 소련, 동구 등 사회주의권의 붕괴는 북한에 대하여 냉전시대에는 상상할 수 없었던 시련을 안겨 주었다. 그동안 북한은 냉전시대에 사회주의 국가들로부터 상당한 경제적 지원을 받았으며, 수십 년간 지속되어 온 중·소 대립 속에서도 정치·군사·경제적 실리를 취해 왔다. 이러한 안정적인 후원 세력을 잃은 북한은 개방화 조류에 부응하여 대서방, 대남 협력 정책을 적극적으로 추진하지 않을 수 없다.

셋째, 강대국 간의 분쟁의 가능성이 줄어드는 반면, 국가 간의 무역 경쟁은 치열하며 지역별 인종별 테러·게릴라전·정보전과 같은 국지전의 위협은 증대되었다. 2001년 9월 11일 미국에서 발생한 테러사건, 이라크 전쟁, 아프가니스탄의 내전 등이 이러한 경향을 입증한다. 국제사회는 이제 자유무역협정(FTA)을 통한 경제적 국가이익과 실용주의를 추구하게 되었으며, 북한도 이러한 조류를 거역할 수는 없을 것이다.

나. 화해·협력 시대의 동북아 정세 변화

한반도를 중심으로 동북아시아의 냉전 구도도 꾸준히 해체되었으며, 강대국인 미국, 중국, 러시아, 일본은 이미 자국의 이익에 부합하는 지역평화 정착 문제에 대체로 합의하고 있다. 그로 인해 과거에 비해 한반도에서 군사적 불안정성이 어느 정도 감소된 것은 사실이다.

동북아 지역 한반도의 주변 4강은 자국의 이익을 확보하기 위하여 유기적으로 대응하는 국제질서를 형성하려고 한다. 동북아 지역에서 미국과 중국은 상호 협력을 하는 한편, 동북아 지역의 미래에 상대방이 미칠 영향에 대해 신중하게 분석하고 있다. 또한 미·일 간의 안보협력에 대하여 중·러는 전략적 유대관계를 강화하는 방향으로 대응하고 있다.

다른 한편, 한반도를 중심으로 한 동북아 지역에서 국가 간의 적대적 경쟁관계는 협력적 경쟁관계로 전환되고 있다. 이러한 경향 속에서 이미 남한은 중국·러시아와 오랜 적대관계를 청산하고 정상적인 외교관계를 수립하였다. 뿐만 아니라 북한과 미국·일본 사이에도 새로운 외교관계 수립을 위한 노력이 이루어지고 있다. 그러나 한반도 주변 강대국들은 한반도문제에 대한 영향력의 확대를 위해 서로 경쟁하고 있어 한반도 문제의 '국제화'는 지속되고 있다. 그렇지만 이러한 주변국의 갈등요인과 경쟁적 구도는 과거 냉전시대의 이념과 군사적 대결에 기초했던 대립관계와는 질적으로 다른 것이다. 즉, 상호 협력과 경쟁이 전제된 상태에서 국가이익의 극대화를 위해서 전개되는 갈등인 것이다. 다만 이와 같은 이익 갈등 구조는 한반도 평화정착에 부정적인 영향을 미쳐 한반도의 통일보다는 분단이라는 현상유지에 집착할 가능성이 높다.

다. 북한의 핵개발과 6자 회담

북한은 여전히 이 지역의 가장 큰 안보 위협요소로 남아 있다. 북한은 막강한 재래식 군사력을 보유하고 있는 한편, 군비경쟁에서의 열세를 보완하기 위하여 핵·생물·화학무기 등 대량살상무기와 미사일 개발에 주력해 왔다. 나아가 북한은 핵 협정을 위반하고 핵무기를 개발하였으며, 미국은 이 문제를 두고 베이징의 6자 회담을 통해 북한과 협상을 시도하였다. 그러나 근년 북한의 핵개발 재개 선언, 핵시설의 검증 불응, 두 차례의 핵실험 등은 북미간의 외교적 협상을 더욱 어렵게 하고 있다. 지난번 미 정부 외교관의 평양 방문과 평양에서의 미국 뉴욕 필하모니 연주는 북미 관계 개선의 새로운 계기를 마련할 조짐을 보였으나, 남북 간의 대화 단절과 핵개발로 인한 북미 간의 새로운 갈등은 양국 관계개선에 어두운 그림자를 드리우고 있다.

3.2 내부적인 환경 변화

통일을 위한 내부 환경이란 남북한의 통일을 위한 내부적 조건이나 여건의 변화를 말한다. 여기에는 남북의 정치적·경제적 환경 변화뿐 아니라, 구성원들의 통일의 열망을 유도하는 시민 단체의 역할 등 통일에 영향을 미치는 남북한의 환경 변화가 모두 포함되어야 할 것이다.

가. 북한의 경제 위기

북한의 경제위기는 체제위기로 나아갈 가능성이 있다. 1990년대 이후 북한은 식량 문제뿐 아니라 에너지 위기 등 총체적 경제 위기로 체제의 존립 자체가 심각하게 위협받고 있다. 북한은 사회주의 소유 제도의 문제, 경제발전 전략의 실패, 사회주의 시장의 상실, 자연재해 등으로부터 비롯된 만성적인 식량난뿐만 아니라, 에너지·비료 등 기초자원의 부족으로 경제적 공황 상태에 빠져 있다. 그들이 1995년 전후로 '고난의 행군'이라는 슬로건 하에 위기 탈출을 시도하였으나 아직도 뚜렷한 해결책은 없어 보인다. 한마디로 북한 경제체제는 심각한 위기의 상황에서 벗어나지 못하고 있어 '고장 난 비행기'에 비유되기도 한다. 이러한 북한의 경제

위기가 내부의 통제 등 통일 환경에 부정적인 영향도 미치지만, 북한의 불가피한 개혁·개방 등 긍정적으로 영향을 미치고 있는 것도 사실이다.

나. 남한의 정권 교체와 민주화

남한에서의 민주주의의 진전에 따른 정치발전은 통일 환경을 변화시키고 있다. 남과 북은 분단 이후 오랫동안 상호 긴장과 대결관계를 유지하였으며, 이러한 상황을 정권의 안보에 이용해 온 이른바 '적대적 의존관계'를 형성해 왔다. 그러나 1990년대 들어 남한 사회에서는 빠른 속도로 민주화가 진전되었으며, 정당 간의 정권의 교체로 정권의 안정성과 정통성을 제고시키는 계기가 되었다. 이러한 정치 환경의 변화는 통일 문제에 관한 시민 사회의 관심과 역할을 증대시켜 통일 관련 수많은 시민 단체의 등장을 초래하였다. 남한의 통일 관련 시민단체들은 시민들의 통일의지와 열망을 증대시키고, 정부의 대북정책이나 통일정책을 지지·비판·견제하는 역할을 함으로써 한반도의 통일에 긍정적으로 기여할 수 있다.

다. 남북한 국력 격차의 심화

남북한 사이의 경제력의 격차는 이제는 비교가 무의미할 만큼 현격해졌다.[20] 1980년대 말 탈냉전시대에 들어서서 남한의 지속적인 고도성장과 북한의 연속적인 마이너스 성장이 교차하면서 그 격차가 더욱 크게 벌어지기 시작하였다. 2000년도를 기준으로 북한의 경제규모(명목 GNI)는 남한의 약 1/27에 불과하다. 그러나 이것은 통계상의 수치일 뿐 실제로 그 차이는 더욱 심화되었다.

현재 우리의 대북 억제력은 국방 분야에서 경제력을 토대로 지속적인 안보태세의 강화로 인하여 상당한 수준에 올라와 있다. 1999년 6월의 연평 해전에서 본 것처럼 우리의 자체국방력은 북한의 남침을 저지할 만한 능력을 갖추고 있다. 더욱이 우리의 대북 억제력은 현재 자체국방력 외에도 주한미군을 포함한 연합전력으로 구성되어 상당한 수준에 도달해 있다.

외교 면에서도 남한은 냉전시대 북한의 동맹국이었던 러시아(구소련), 중국과 외교관계를 수립한 반면에 북한은 우리의 우방인 미국, 일본과 아직 외교 관계를 수립하지 못하고 있다.

---

20) 북한은 남한에서 산업화 경제발전전략이 추진되기 시작한 1960년대에 공업화에 따른 경제력이 남한을 크게 앞질렀다. 그러나 1970년대에 들어서면서 남북한 간의 경제력은 역전되기 시작하였다.

사회주의권의 붕괴는 북한의 정치·외교적 역량을 일거에 무력화시키고 군사적 후원국의 상실을 초래하였다.[21] 이러한 국력과 외교력의 격차가 통일에 긍정적으로 기여할지 또는 부정적인 영향을 미칠지는 속단할 수 없다.

3.3 남북 관계의 변화

분단 반세기 만에 이루어진 2000년 6월 남북 정상회담과 6·15 공동선언에 이은 2007년 10월의 제2차 남북 정상 회담을 계기로 성립된 여러 갈래의 남북 회담은 실질적인 남북 화해 시대의 전망을 밝게 하였다. 그러나 이명박 정부의 등장 이후 남북관계는 급속하게 경색되었고, 북한의 핵실험과 미사일 발사는 남북관계를 더욱 어렵게 하고 있다.

가. 교류·협력의 활성화

남북 정상의 합의 정신에 따라 이루어진 적십자 회담과 이산가족 상봉, 남북 장관급(고위급) 회담에서 얻어낸 경의선과 동해선의 철도 연결, 시드니 올림픽과 부산 아시아 게임에서의 단일기를 앞세운 남북한 선수들의 공동 입장, 여러 차례의 경제 실무 회담을 통한 투자 보장 협정과 개성 공단 건설 합의, 분단 이후 최초로 열린 남북한 국방 장관의 회담 등은 남북한의 교류·협력 시대가 실질적으로 도래하였음을 암시하였다. 2007년 10월 제2차 남북 정상회담과 10·4선언은 남북 상호 간의 방문과 교류, 투자와 경제 협력에 관한 구체적인 합의를 이끌어 냄으로서 한반도의 통일 환경에 긍정적으로 영향을 미쳤다.

나. 개성 공단의 협력 모델

경제 분야에 있어서도 2008년 5월 말 개성 공단 등에서 현재 70개 기업이 가동되고, 46개 기업의 공장이 건축 중에 있으며, 2008년 1/4분기 생산액은 6,077만 달러에 달해 전년 동기 대비 71% 증가하고 있다. 또한 2008년 6월 말 개성 공단에는 북한 근로자 29,489명이 근무하고 있으며 앞으로 100여 개 기업과 5만 명 이상의 근로자들의 근무가 예상되고 있다.[22] 남한의

---

21) 사회주의 국제시장의 소멸은 북한으로 하여금 자원을 얻기 위해 국제사회뿐만 아니라 적대적 관계에 있던 미·일 등의 자본주의국가들에게까지 원조의 손을 내밀게 하고 있다.

자본과 기술, 북한의 노동력과 토지의 합작에 의하여 성립된 개성 공단은 남북 경제 협력의 발전적인 모델이 될 것이다.

다. 남북관계의 긴장과 경색

이명박 정부 등장 이후 남북 관계는 남한의 '비핵·개방·3000'에 대하여 북한의 '6·15와 10·4 선언의 이행준수' 문제로 맞부딪쳐 대화가 단절되어 있다. 남북 관계 개선의 상징이었던 금강산 관광은 전면 중지되고, 지원 인력은 완전히 철수하였으며, 남북 경제 협력의 상징이었던 개성공단의 남측 인력도 감축되었다. 그러나 이러한 남북관계의 경색 국면은 통일에 부정적인 영향을 미치지만 일정한 조정기간이 지나면 다시 대화와 협력 관계로 복원되어야 할 것이다.

3.4 통일 환경의 변화가 주는 함의

통일 환경의 바람직한 변화는 남북한의 교류·협력의 증대뿐 아니라 궁극적으로 한반도의 통일에도 긍정적으로 작용할 것이다. 예컨대 북한의 경제위기와 남북한 간의 국력 격차와 같은 통일 환경의 변화는 남북한의 화해·협력을 촉진시켰다. 여기에서 통일 환경의 변화가 초래하고 있는 함의를 정리하면 다음과 같다.

첫째, 북한의 현실적 경제 위기는 그들의 우월성에 기초해서 만든 '남조선 혁명' 노선을 일시적으로 포기하고, 남한과의 대화와 협상을 통한 '위기 타개 전술'을 구사하는 배경이 되었다. 북한이 '우리 민족끼리'를 유난히 강조하고, '유무상통'의 원칙을 주장하면서 식량뿐 아니라 생필품까지 남측에 의존하려는 경향은 그들의 현실적 어려움을 반영한 그들 나름의 위기 타개책이라 볼 수 있다.

둘째, 소련, 동구 등 사회주의권의 몰락과 탈냉전은 북한으로 하여금 대서방 외교를 적극화하는 계기가 되었다. 북한은 전통적인 군사동맹국들과의 관계를 재조정하고, 대서방 외교나 대미 협상을 적극화하기 시작하였다.

셋째, 남북한의 총체적인 국가 역량 격차는 북한 당국이 평화공존의 필요성을 인식케 하고 남북 교류 및 협력을 활성화하는 계기를 마련하였다. 북한의 경제 위기와 심각한 식량 문제는

22) 통일부, 「남북관계현황과 대북 정책 추진과제」, 정책 홍보 자료, 2008. 5.

북한이 남쪽의 지원을 간절히 바라게 되었고 이것이 지난 10년간 남북의 대화와 교류를 가능케 하였다.

넷째, 현실적으로 볼 때 통일 환경의 변화는 북한이 생존하기 위하여 그들이 원하든 원하지 않든 궁극적으로 시장경제를 도입하지 않을 수 없다는 전망을 낳게 한다. 소련, 동구 등 사회주의권의 몰락과 북한의 내부 경제자원 고갈이라는 요소가 결합되어, 북한은 결국 개혁·개방을 시도하여 사회주의적 시장경제로 나아갈 수밖에 없다는 사실을 인식할 것이다.

그러나 변화된 통일 환경은 이러한 긍정적인 기회요인 못지않게 우리가 극복해야 할 어려운 과제를 안겨 주었다. 우리는 세계적 수준의 냉전체제 해체에 역행하는 북핵 문제로 인하여 더욱 한반도의 긴장상태는 완화되지 않고 있다. 또한 우리는 주변국의 협력을 적극적으로 얻어 한반도의 정전체제를 평화 정착체제로 전환하여야 한다. 또한 체제위기에 몰린 북한이 충동적으로 군사적 행동을 하지 않도록 안보를 튼튼히 하면서 남북관계를 발전시켜 나가도록 노력하여야 할 것이다.

결국 변화된 통일 환경이 우리에게 주는 함의는 우리가 민족공동의 손실을 가져오는 적대적 대결상태를 극복하고, 남북이 공동이익을 창출하려는 노력을 게을리 해서는 안 된다는 점이다. 이는 험난하고, 인내가 필요하며, 시간이 걸리는 길이다. 그러나 우리는 통일 그 자체의 실현에 급급하기보다 분단 상황을 안정적으로 관리하면서, 그 바탕 위에서 평화통일을 추구하여야 할 것이다.

4. 남북한의 통일 방안 비교

남북한 간에는 긴장이 완화되고 남북 정상회담을 전후하여 교류와 협력이 활발히 진행되었으나 통일 방안에 관한 한 아직도 이념과 방법에 있어 여전히 차이가 많다. 물론 남북의 통일 방안도 시대와 통일 환경에 따라 변화될 수 있지만, 양측이 공식적으로 제시된 통일 방안에는 아직도 합의하기 힘든 내용이 많다. 양측은 한민족으로서 민족의 재통일을 이룩해야 한다는 원칙에 있어서는 동의하지만 그 방법과 과정에 있어서는 아직도 많은 부문에서 차이가 있다. 우선 남북한 간에 제시된 그동안의 통일을 위한 제안을 살펴보고, 나아가 남과 북의 공식적인 통일 방안을 비교하기로 한다.

4.1 통일을 위한 남북의 제안

해방 직후 우리 민족의 지도자들은 한반도의 통일된 국가 건설을 위해 많은 노력을 기울였다. 민족의 분단을 막기 위해서 김구, 김규식 등의 지도자들이 방북했던 1948년 봄의 **남북 4자 회담**은[23] 이러한 노력의 대표적인 예이다. 그러나 남과 북은 각기 다른 체제의 정부를 수립하고 한국전쟁의 발발로까지 이어지는 반목을 거듭하였으며, 이후에도 반세기 동안이나 적대적 대결 상태를 지속해 왔다.

분단 초기의 갈등 상황에서부터 오늘의 남북한의 대화에 이르기까지 남과 북이 제시한 통일을 위한 노력은 다음과 같다.[24]

1950년대 전쟁 직후의 불안한 상황에서 자유당 정부의 통일정책은 명분상의 **북진 통일론**으로 제시되었다. 이와 같은 방안은 당시 전쟁을 경험한 국민 정서상 그 실현가능성과는 관계없이 대국민 호소력이 높았다고 할 수 있다.

1960년에 발생한 4·19 혁명을 계기로 남한사회에서는 청년·학생들을 중심으로 통일열기가 고조되었다. 자유당 정부의 몰락과 함께 북진통일론의 목소리가 자취를 감추고, 우리 사회의 진보적 세력들에 의해 다양한 통일논의들이 개진되었다. 그러나 당시 집권 민주당 정부는 **유엔 감시 하의 남북한 총선거**에 의한 통일방안만을 고수하였다.

반면에 북한에서는 당시 조선노동당 중앙위원회 위원장 겸 내각수상이었던 김일성이 1960년의 8·15 경축연설을 통해 '**남북 연방제**'라는 통일방안을 남측에 제의하였다. 이 연설에서 김일성은 과도기적으로 남북한이 현재의 정치제도를 그대로 두고 점차 남북한의 경제, 문화, 제도를 통일적으로 조절하여 완전한 통일로 나아가는 연방제 통일방안을 내놓았던 것이다.

한편 1961년 5·16 군사쿠데타로 집권한 박정희 정부는 뒤떨어진 경제를 시급히 발전시키기 위해서는 통일논의를 뒤로 미루어야 한다는 이른바 '**선 건설 후 통일론**'을 내세웠다. 북한은

23) 북한에서는 김일성과 김두봉이 남한에서는 김구와 김규식이 참여한 4김 회담인데, 서로의 입장 차이를 극복하지 못하고 결렬되었다.

24) 통일교육원, 『2002 통일교육기본지침서』, 2001, pp. 64-67.

이 시기에도 계속 연방제 통일방안을 주장하면서 실제로는 남한에서의 지하당 건설에 몰두하였다. 따라서 1960년대에는 남북 당국 간의 직접적인 대화는 진행될 수 없었다.

1970년대에 들어서면서 국제적으로 조성된 동서 양진영 간의 화해무드가 남북관계에도 영향을 미쳤다. 1971년 8월 분단 이후 남북의 공식적인 최초의 만남인 남북적십자회담이 판문점에서 개최되었다. 이를 계기로 남북한 양측의 고위 당국자들도 비밀리에 접촉을 시작하였으며, 그 결과 1972년 7월 4일 남북한 당국은 서울과 평양에서 각각 역사적인 '**7·4 남북공동성명**'을 발표하였다. 동 성명에서 남북은 '자주', '평화', '민족대단결'이라는 통일 3대 원칙에 합의하였다.

그러나 그 이후 남북대화는 다시 평행선을 달리게 되었다. 그런데 1973년 6월 23일 박정희 대통령은 '**평화통일 외교정책에 관한 특별성명**'**(6·23 선언)**을 발표하면서 "통일에 장애가 되지 않는다는 전제 하에 북한과 함께 유엔에 가입하는 것을 반대하지 않는다."는 입장을 천명하였고, 같은 날 오후 북한은 유엔에 동시 가입하는 것은 '두 개 조선 책동'이라고 비난하고 '고려연방공화국'이라는 단일국호에 의한 유엔 가입을 주장하였다.

북한은 1980년 10월에 열린 조선노동당 제6차 대회에서 '**고려 민주연방공화국 통일방안**'이라는 기존의 연방제 안을 일부 수정한 통일방안을 제시하였다. 이 방안은 연방제가 통일로 가는 과도기적 행태였던 기존의 안과는 달리 연방제를 완성된 통일국가 형태로 제시하였다. 즉 고려민주연방공화국이라는 하나의 통일국가를 구성하되, 남북한에는 두 개의 지역 자치정부를 두자는 것이었다.

한편 1982년 1월 제5공화국 정부는 '**민족 화합 민주통일방안**'이라는 통일방안을 내놓았다. 이 방안은 남한당국에 의해서 제시된 최초의 체계적인 통일방안이라고 할 수 있다. 이 방안의 핵심은 남북한 당국의 최고 책임자 회담을 실현시켜 남북한 간에 '기본관계 협정'을 체결한 후 남북대표로 '민족 통일협의회'를 구성하고, 여기서 통일 민주공화국을 실현하기 위한 통일헌법을 기초하여 자유 총선거로 통일을 이룩하자는 것이었다.

1988년 2월 통일에 대한 국민적 열망이 표출되는 가운데 출범한 노태우 정부는 새로운 통일정책을 내놓게 되었다. 노태우 대통령은 1988년 7월 '**7·7선언**'을 발표하여 적극적인 남북대화추진의 의사를 천명하였다. 이와 함께 1989년 9월에는 국회 공청회와 폭넓은 국민의견 수렴과정을 거쳐 '남북연합'이라는 중간단계를 설정한 '**한민족 공동체 통일방안**'을 발표하였다. 이

방안은 통일의 원칙으로서 자주, 평화, 민주의 3원칙을 제시하였으며, 남북한 간의 사상·제도·문화 등에서의 이질성을 고려하여 평화정착과 교류·협력을 제도적으로 실현하기 위해 통일 이전의 과도기적 단계로서 '남북연합'의 구성을 제안하였다.

1980년대 후반 우리 사회 내에 통일열기가 고조되고 소련, 동구 등 사회주의권의 붕괴를 계기로 탈냉전이 가속화되자 남북한 당국은 여기에 영향을 받으면서 적극적인 대화를 모색하였다. 그 결과 1990년 9월 분단 역사상 최초로 남북한의 총리를 수석대표로 하는 남북 고위급 회담이 열렸으며, 그 후 여러 차례 회의를 거듭하여 1991년 12월에 남북 총리 간의 역사적인 **'남북 사이의 화해와 불가침 및 교류·협력에 관한 합의서'(남북기본합의서)**를 발표하였다. 그러나 남북한 간에 급속히 진행되던 대화 국면은 북한의 핵사찰 문제를 놓고 남북한이 팽팽히 맞섬으로써 다시 냉각 국면으로 복귀하였다.

그 뒤 남북이 다시 진지하게 협상 테이블에 앉기 시작한 것은 김대중 대통령의 '국민의 정부'가 출범한 뒤부터였다. 정부는 당시 남북한 간의 시급한 과제는 통일이 아니라 전쟁을 방지하고 공동 번영하는 평화공존의 길을 모색하는 것이라는 입장을 일관되게 북측에 제안하였다. 남한의 지속적인 포용정책인 대북 화해·협력 정책은 북한의 대남접근의 필요성을 인식케 하여 남북한은 2000년 6월 분단 이후 최초의 역사적인 **남북정상회담**을 개최하고 **6·15 공동선언**을 채택하게 되었다. 1차 정상회담 이후 6여 년 동안 여러 차례의 장관급 회담과 경제 실무회담, 적십자 회담 등이 이루어져 남북한 간의 교류와 협력은 증진되었다. 노무현 정부의 2007년 10월 **2차 남북 정상회담**은 반세기 동안의 적대와 반목의 시대를 종식하고 평화와 화해·협력의 시대를 열기 위한 새로운 **'남북관계 발전과 평화 번영을 위한 선언'(10·4 선언)**에 합의하기에 이르렀던 것이다.

2008년 2월 이명박 정부 출범이후 남측의 **'비핵·개방·3000'을 통한 상생·번영 정책**에 대하여 북측의 **'6·15와 10·4 선언의 이행 준수'**를 전제로 한 협상·대화의 거부는 남북 관계를 다시 경색되게 하였다. 이명박 정부는 실용과 생산성에 기초한 상생·공영의 남북 관계발전을 추구하며 한반도 평화 통일의 실질적인 토대를 확충하려고 노력하고 있지만[25] 북한은 이러한 노력을 인정하지 않고 당국 간의 대화를 일체 거부하면서 남한 정부를 비난하고 있다. 그러나 이러한 경색 국면은 정권 초기의 과도기적 조정기간에 나타나는 현상으로도 볼 수 있으며,

25) 통일부 통일교육원, 『2008 통일교육 지침서』, 2008·학교용, pp. 54-56.

남북 당국 간의 지속적인 대화 노력에 의해 기존의 교류·협력의 분위기는 다시 복원될 수 있을 것이다.

4.2 한국의 민족공동체 통일 방안

1988년 2월 25일 출범한 제6공화국은 새로운 남북관계의 정립과 통일을 위한 노력을 전개하였으나 별다른 성과는 없었다. 1989년 9월 11일 노태우 대통령은 국회에서의 특별 선언을 통해 '한민족공동체 통일 방안'을 발표하였다. 그 후 이를 보완하기 위하여 1994년 8월 15일 김영삼 정부는 광복절 경축사를 통해 한민족공동체 건설을 위한 3단계 통일 방안인 '민족공동체 통일 방안'을 선포하였다.[26)]

가. 통일의 이념과 원칙

통일의 철학과 이념은 인간 중심의 '자유민주주의'의 구현이며, 그 원칙으로 '자주·평화·민주통일'의 3대 원칙을 제시하였다. 자주통일은 민족의 뜻에 따른 우리 민족의 자주 역량에 의한 통일을 말하며, 평화 통일은 전쟁이나 전복을 통한 통일이 아닌 대화와 타협에 의한 통일, 민주 통일은 민족 구성원의 자유와 권리를 바탕으로 한 민주적 방식에 의한 통일을 의미한다.

나. 통일의 절차

'민족공동체 통일 방안'이라고 공식적으로 명명된 이 통일 방안은 통일의 주체가 특정 계급이 아닌 민족 구성원 전원이 되어야 함을 밝히고, 민족의 통일은 오랜 분단으로 인해 단번에 실현되기 어렵다고 보고 '남북 연합(The Korean Commonwealth)'이라는 과도 체제를 두자는 것이다. 통일 국가의 성립 절차는 통일 헌법에 의한 민주적인 남북한 총선거를 거쳐 1민족 1국가 1체제 1정부의 통일 국가를 단계적으로 이룩하는 것이며, 통일 국가의 미래상은 자유·복지·인간 존엄성이 보장되는 선진 민주국가 건설에 두고 있다.

26) 통일부 통일교육원, 『통일문제의 이해』, 2006, pp. 59-61.

다. 통일의 과정으로서 3단계 통일 방안

한민족공동체 건설을 위한 단계적 점진적 3단계 통일 방안은 다음과 같다. 제1단계는 화해·협력 단계인데, 남북 간의 적대·대립 관계를 화해·협력관계로 개선하기 위하여 남북의 분야별 교류·협력을 활성화하는 단계이다. 제2단계는 남북 연합 단계로 공존·공영·평화 정착을 위한 교류와 협력을 제도화하여 남북 연합을 통한 민족공동체를 형성하는 단계이다. 마지막 3단계는 1민족 1국가 1체제 1정부라는 통일 국가의 완성 단계이다. 이 3단계에서는 남북 연합 단계에서 제정한 통일 헌법에 따라 남북은 자유 총선거를 실시하여 통일 국회를 구성하고 통일 국가를 완성한다는 것이다.[27)]

라. 통일방안의 주요 특징

한민족 통일 방안의 특징은 다음과 같다.

첫째, 한민족 통일의 철학, 통일원칙, 통일의 과정, 통일의 미래상을 분명히 제시하였다는 점이다.

둘째, 통일의 주체가 특정 계급이 아닌 민족공동체 구성원 전체를 포괄적으로 포함하고 있다는 점이다.

셋째, 통일의 과정이 화해·협력 단계에서 남북 연합 단계, 그리고 완전한 통일 국가의 형성으로 나아가는 단계적 접근이다.[28)]

넷째, 통일에 관한 논의가 환상적인 통일 논의가 아닌 분단 상황에 기초한 현실적 접근을 시도하고 있다.

4.3 북한의 '고려 민주 연방공화국' 통일 방안

가. 통일의 이념과 원칙

북한은 1980년 10월 10일 노동당 제6차 대회에서 김일성의 사업총화 보고를 통해 기존의

27) 위의 책, p. 62.

28) 정부는 단계적 점진적 통일이 기본 입장이지만, 예기치 않은 통일 상황에도 대처할 수 있는 대비책을 마련해야 할 것이다.

통일방안과 제안들을 다시 정리한 '고려민주연방공화국 창립방안'을 제시하였다. 이 방안은 남북한에는 서로 다른 제도가 존재해 왔기 때문에 "어느 한쪽의 사상과 제도를 절대화해서는 안 된다"고 보고, "한 나라 안에서도 서로 다른 사상을 가진 사람들이 같이 살 수 있으며, 또 하나의 통일된 국가 안에서도 서로 다른 제도가 함께 존재할 수 있다"는 것이다.[29)]

통일국가의 구성 방식은 ① 자주적 평화통일을 위한 선결조건, ② 연방제의 구성 원칙과 운영원칙, ③ 조국 통일 10대 강령 등에 잘 나타나 있다. 이 방안은 상대방의 사상과 체제를 그대로 인정하면서 남북한이 동등하게 참여하는 연방 형태[30)]의 통일 정부를 세우고, 그 밑에서 남북한이 같은 의무와 권한을 지니는 지역 자치제를 실시할 것을 제안하고 있다.

북한의 통일의 이념은 노동당 6차 대회에서 채택한 노동당 규약[31)]이나 북한 헌법에 명시된 것처럼 북한의 주체사상과 공산주의를 내세우고 있다. 통일의 원칙으로서는 자주, 평화, 민족 대단결이라는 7·4 공동성명의 통일 3원칙을 제시하고 있다. 그러나 이러한 3원칙도 그 개념을 해석하는 데 있어서 남북 간에는 상당한 차이가 있다.

나. 통일 전략의 기조

북한은 3대 혁명 역량의 강화론을 통일 전략의 기초로 삼고 있다. 그들은 공화국 북반부를 정치, 경제, 군사적으로 혁명 기지화하고, 남조선의 혁명 역량을 강화하고 '조선인민과 국제 혁명 역량'을 강화하여 민족 해방과 인민민주주의 혁명과업을 완수하여 온 사회의 주체사상화와 공산주의 사회를 건설하자는 남조선 혁명통일론을 제시하고 있다.[32)]

이 남조선 혁명론은 '하나의 조선론'으로서 남과 북이 각기 하나가 아니라 통일된 하나가 되기 위하여 주한 미군의 철수로 남한을 '미 제국주의'로부터 해방시켜야 한다는 '민족 해방론'을 근거로 하고 있다. 그들은 남한의 자유 민주 정권을 봉건적, 반동적 정권으로 규정하고 용공 또는 연공정권 수립을 위한 '인민민주주의 혁명론'에 입각한 남조선 혁명론을 주창하고 있다.

---

29) 박명서, 『통일시대의 북한학 강의』, 돌베개, 1999, p. 281.

30) 연방(聯邦, federation) 국가는 2개 이상의 주권국이 결합하여 하나의 국가를 구성한 다음, 연방 국가에 주권을 양도하고 각각의 주권국은 지역정부로 남는 형태의 국가이다.

31) 조선 노동당 규약에는 "조선로동당의 당면목적은 공화국 북반부에서 사회주의의 완전한 승리를 이룩하여 전국적 범위에서 민족해방과 인민민주주의 혁명과업을 완수하는 데 있으며 최종목적은 온 사회의 주체사상화와 공산주의사회를 건설하는 데 있다"고 밝히고 있다.

32) 3대 혁명 강화론은 1964년 2월 27일 조선 노동당 중앙 위원회 제4기 8차 전원 회의에서 결정하였는데 노동당 규약 전문에 잘 나타나 있다.

다. 통일의 전제와 선결 조건

북한은 통일의 전제조건으로써 '자주적 평화 통일을 위한 선결 조건'을 내세워 국가보안법 폐지, 공산주의 활동의 합법화, 주한 미군 철수를 제시하고 있다.[33] 이러한 주장은 상황에 따라 연방제 실현의 선결조건으로 바뀌지만 남한에서의 모든 정당 사회단체들의 합법화 및 자유로운 정치 활동 보장, 민주 애국 인사들의 석방, '군사 파쇼 정권'의 '민주 정권'에로의 교체 등을 주장하였다. 나아가 긴장 상태의 완화와 전쟁위험의 제거 명분으로 정전 협정을 평화협정으로 바꾸기 위한 미국과의 직접 협상, 주한 미군의 조속한 철수, 조선의 내정에 관한 미국의 불간섭 및 '두 개의 조선' 조작 책동의 중지를 요구하기도 하였다. 북한 당국은 1993년 '조국의 자주적 평화 통일을 위한 전 민족 대단결 10대 강령'[34]을 발표하여 연방제 통일의 기본 지침으로 제시하였다.

라. 연방국가의 성격과 운영

북한은 연방제 통일론에서 통일국가의 최고 기구인 '최고 민족 연방회의'와 '연방 상설위원회'의 설치를 위해 '민족 통일 정치협상회의'를 개최하며, 연방 회의에서 통일 방안을 협의하여 결정하되, 국호를 '고려 민주 연방공화국'으로 선포할 것을 제안하고 있다.

연방 국가의 형태는 1991년 김일성이 신년사에서 밝힌 것처럼 1민족, 1국가, 2제도, 2정부이며, 제도 통일은 후대에 일임한다는 입장을 취하고 있다. 북한이 제도통일의 위험성을 강조하면서 제도통일을 흡수통일로 보고 '제도통일 후대론', '지역 자치정부 권한강화론'(외교권, 군사권, 내치권)을 위해 '느슨한 연방제'를 들고 나온 것은 독일의 흡수통일 방식에 충격을 받았기 때문이다. 북한은 통일 국가의 성격을 그들 헌법에 명시된 것처럼 자주·평화·비동맹의 독립

---

33) 통일부 통일교육원, 『통일문제 이해』, 2006, p. 77.

34) 1993년 4월 6일 김일성은 '조국의 자주적 평화통일을 위한 전민족 대단결 10대 강령'을 발표하여 1991년의 '1민족 1국가 2제도 2정부'에 기초한 연방제 통일방안이 유효함을 재확인하였다. 그 내용은 다음과 같다. ① 전 민족의 대단결로 자주적이고 평화적이며 중립적인 통일국가를 창립하여야 한다. ② 민족애와 민족자주정신에 기초하여 단결하여야 한다. ③ 공존, 공영, 공리를 도모하고 조국통일 위업에 모든 것을 복종시키는 원칙에서 단결하여야 한다. ④ 동족 사이의 분렬과 대결을 조장하는 일체정쟁을 중지하고 단결하여야 한다. ⑤ 북침과 남침, 승공과 적화의 위구를 다 같이 가시고 서로 신뢰하고 단합하여야 한다. ⑥ 민주주의를 귀중히 여기며 주의주장이 다르다고 하여 배척하지 말고 조국통일의 길에서 함께 손잡고 나가야 한다. ⑦ 개인과 단체가 소유한 물질적·정신적 재부를 보호하여야 하며 그것을 민족대단결을 도모하는 데 리롭게 리용하는 것을 장려하여야 한다. ⑧ 접촉, 래왕, 대화를 통하여 전민족이 서로 리해하고 신뢰하며 단합하여야 한다. ⑨ 조국통일을 위한 길에서 북과 남, 해외의 전 민족이 서로 련대성을 강화하여야 한다. ⑩ 민족대단결과 조국통일 위업에 공헌한 사람들을 높이 평가하여야 한다.

국가를 지향한다고 규정한다.[35)]

연방국가의 운영 원칙은 "련방 국가의 통일 정부인 최고 민족 련방 회의와 련방 상설위원회의 공동 의장과 공동 위원장은 북남이 륜번제로 한다"고 규정하고, 대외 정책 노선은 "어떠한 정치, 군사적 동맹이나 뿔럭에도 가담하지 않는 중립국가로 한다"고 선언하고 있다. 또한 그들은 민족의 통일적 발전을 위한 사업 추진 계획인 10대 시정 방침을 제시하였다.

마. 북한의 고려 연방제의 특징[36)]

첫째, 북한의 연방제 통일 방안은 국호부터 일방적으로 제정하여 고려에다 '민주'를 첨가함으로써 민주국가라는 선전효과를 극대화하려고 하였다.

둘째, 1국가 2제도인 연방 국가는 '과도적 대책' 또는 '당분간'이라는 용어를 쓰지 않고 있어 완성된 형태의 통일국가라고 볼 수 있지만, 그 실현 가능성은 부족하다. 그들이 주장하는 제도 통일 '후대론' 역시 임시방편적인 성격이 강하다.

셋째, 북한의 통일 관련 주장은 대남 혁명 전략적 목적이 강하다. 최고 연방 회의 설치 주장은 연방제 통일방안의 정당화를 목적으로 하며, 민족의 자주적 평화통일을 위한 선결 조건 제시는 그들이 상투적으로 주장하는 '남조선 혁명론'의 일환이라고 볼 수 있다.[37)]

바. 고려 연방제의 문제점

첫째, 비현실적 접근방식이다. 자유 민주국가와 공산 국가는 연방을 구성한 선례가 없고, '남북이 서로 상대방에 존재하는 사상과 제도를 인정하는 연방제'는 현실적으로 불가능하기 때문이다.

둘째, 불안정한 접근방식이다. 연방의 결합 형태가 모호하며(Federation or Confideration) 연방헌법 등 연방형성에 따르는 구체적인 절차의 부재는 이념이 다르고 기득권을 포기하지 않는 상태에서의 내분만 야기할 가능성이 크기 때문이다.

셋째, 배타적 접근방식이다. 그들은 민족 구성원이 전체가 아닌 프롤레타리아 계급이 지배하

35) 북한 사회주의 헌법 17조 '국가의 성격' 조항 참조.

36) 통일부 통일교육원, 『통일문제 이해』, 2006, pp. 79-80.

37) 북한이 선결 조건으로 북미 평화협정 체결을 지속적으로 주장하는 데에는 한국의 국가 정통성 말살 의도가 강하며, 주한 미군 철수 주장에는 한반도의 군사적 불균형을 위한 전술이 내포되어 있다.

는 통일국가 건설을 지향하여, 민족 해방론에 기초한 통일 혁명을 주장하기 때문이다.

4.4 남북한 통일 방안의 유사성

현실적으로 남북한의 통일 방안이 완전한 합의에 이르기는 거의 불가능하다. 지금까지 남북간에는 통일 방안으로서 남의 '남북연합' 안과 북의 '연방제'라는 두 가지 방안이 주로 논의되어 왔다. 이론적인 측면에서 볼 때 연합과 연방은 명백히 성격이 다르며 정치적으로도 대립하는 쟁점이 많다.

그러나 2000년 6월 남북정상회담에서 남측의 과도기적 '남북 연합제안'과 북측의 새로 설정한 '낮은 단계의 연방제안'의 공통성을 인정하였다. 남북정상회담에서 남과 북의 통일관의 차이에도 불구하고 통일방안으로써 남의 기능주의와 북의 연방주의의 접합을 모색한 것은 중요한 의미를 지닌다.[38)]

그동안 북한이 주장해 온 연방제는 군대와 외교 등을 통합하여 연방국가의 중앙정부를 구성하되, 지역정부는 각기 자치를 하자는 것이다. 즉, 1민족 1국가 2제도 2정부의 완성된 형태의 통일국가를 구성하기 위하여 남북이 정치적 협상에 임하자는 것이다. 이에 대해 남한은 완전한 통일이 당장 이루기 어려운 과제인 만큼, 과도기적 중간단계로서 남북연합을 구성할 것을 제안해 왔다. 이는 현재의 적대적인 대결상태를 고려하여 상호 주권을 인정하고, 국방권과 외교권을 따로 보유하는 '사실상 두 개의 주권국가를 인정하는 연합체'를 구성한 후 완전한 통일로 나아가자는 방안이다.

6월 정상회담에서 북한이 새로 내놓은 '낮은 단계의 연방제'란 무엇인가? 그것은 과연 기존의 연방제와 어떻게 다르며 남북연합과 어떤 공통성이 있는가?

김대중 대통령은 김정일 국방위원장에게 "현재와 같은 적대적 대결상태에서 연방제에서 말하는 중앙정부를 구성해서 어떻게 군대를 통합할 것이며, 무슨 도리로 외교권을 하나로 합치겠는가"라고 물었으며, 이에 대해 김정일 위원장은 통일은 점진적·단계적으로 추진할 수밖에 없다는 현실성을 인정하고 그와 같은 취지의 **'낮은 단계의 연방제'**라는 통일방안을 제시하였다. 이는 북한이 기존에 주장했던 연방제의 실현가능성이 희박함을 인정하고, 즉

38) 통일부 통일교육원, 『통일·남북관계 사전』, 2004, p. 12.

국방권과 외교권을 따로 보유하는 과도기적 단계의 필요성을 인식한 제안이라고 볼 수 있다. 북한은 '낮은 단계의 연방제'는 '북과 남에 존재하는 두 개 정부가 정치, 군사, 외교권 등 현재의 기능과 권한을 그대로 갖게 하고 그 위에 민족통일 기구를 내오는 방법'이라며 남과 북이 내정권과 국방권, 외교권을 따로 보유한다는 점을 분명히 하였다. 2000년 10월 6일 안경호 북한 조국평화통일위원회 서기국장도 '낮은 단계의 연방제'의 정확한 의미에 대해 "1민족, 1국가, 2제도, 2정부의 원칙에 기초하되 남북의 현 정부가 정치, 군사, 외교권을 비롯한 현재의 기능과 권한을 그대로 보유한 채 그 위에 민족 통일기구를 구성하는 것"이라고 설명하였다.

그러므로 2000년 6·15 남북공동선언서에서 남과 북은 우선 한반도의 평화를 정착한 후 완전한 통일로 나아가는 길은 상대적으로 통합력이 낮은 단계로부터 시작해야 한다는 데 공통 인식을 하게 된 것이다. '남북연합'과 '낮은 단계의 연방제' 통일방안의 공통점을 구체화하면 다음과 같다.

첫째, '평화적 통일'과 '자주적 통일'을 전제로 하고 있다는 점이다.

둘째, 통일의 완성 형태가 아니라 통일을 위한 '과도기적 성격'임을 상호 인정하고 있다.

셋째, 과도기적으로 독립국가연합과 같은 '국가연합'의 형태를 상정하고 있다.

넷째, 남북 각 지역정부가 정치, 외교, 군사권을 보유하고 동등한 자격으로 중앙정부에 참여한다는 점이다.

그러나 통일 방안의 공통점 인식은 선언에 불과하며 현재의 남북관계를 고려해 볼 때 미래의 일이며, 당면한 과제는 그것을 가능케 하는 신뢰구축과 평화정착이라고 할 수 있다. 사실 서로 적대적인 정치·군사·문화적 상황을 그대로 둔 채 남북이 어떠한 결합을 약속한다 해도 그 실현가능성은 의문시될 수밖에 없으며, 설령 성사된다 하더라도 오히려 대결과 반목을 재생산하는 장(場)이 될 가능성이 높다. 따라서 현재 필요한 것은 국가연합으로의 진입이 아니라 그 준비 작업이라 할 수 있다. 남북한 관계에서 기존의 적대적 성격을 해소시키고 신뢰를 구축할 수 있는 새로운 질서를 수립하는 것이 무엇보다도 긴요한 과제이다.

4.5 통일국가의 미래상

통일국가는 어떤 나라여야 하는가? 민족 구성원들이 이러한 물음에 제대로 대답을 할 수

있어야 통일을 위한 국민적 합의 형성에 도움을 줄 수 있다.[39)]

통일 한국의 바람직한 모습이란 우리가 이상적으로 추구하는 통일 국가의 형태를 말한다. 우리가 통일 한국의 미래상을 그려 봄은 남북한이 당면한 현실을 재조명하여 민족공동체의 건설에 부정적인 면을 제거하고 긍정적인 면을 고취하기 위함이다. 바람직한 통일 국가의 형태는 다양하게 제기될 수 있지만 어떤 것이든 민족공동체의 발전을 위하여 공동체 구성원들이 합의하고 동참할 수 있는 것이어야 한다.

또한 통일 직후 남북한 주민들 사이에는 정치적 이념의 차이, 경제력의 격차, 사회·문화적 가치 및 관습의 차이로 인한 다양한 갈등이 존재할 것이다. 통일국가는 이러한 격차와 이질감을 해소하기 위한 통합정책을 적극적으로 추진함으로써 하나의 조화로운 민족공동체를 만들어 나가야 할 것이다. 통일 국가의 미래상은 대체로 다음과 같이 그려볼 수 있다.[40)]

첫째, 통일 국가는 정치적으로 '자유로운 민주 국가'가 되어야 한다.

자유민주주의는 지난 반세기 이상의 분단 상황에서 초래된 남북한 간의 달라진 이념과 생활양식을 합리적으로 조절할 수 있는 장치이기 때문이다. '자유'란 분단으로 인한 민족구성원 모두의 고통과 불편이 사라지고 자율과 창의가 존중되며 정치적·경제적 자유를 확보하는 상태를 말한다. 공산주의자들의 프롤레타리아 민주주의가 이념의 경직성으로 인해 몰락해 버린 현실에서 자유민주주의는 현재로서는 인류의 가장 보편적인 희망이며 바람직한 국가 이념이다. 우리가 추구하는 통일 국가의 모습이 국민이 나라의 참된 주인이 되고, 국민에 의하여 국민을 위하는 자유로운 민주 국가가 되어야 함은 당연한 이치이다. 민주주의는 인간의 존엄성 보장을 위하여 인류가 만든 최상의 이념이며 또한 그 생활 방식이다. 통일 국가의 운명은 특정한 계급이나 정파에 의하여 결정될 수 없는 것이다. 새로운 통일 국가에서는 각자의 잠재 능력을 개발하여 분단 구조에서 억압되었던 민족의 정기를 마음껏 발휘할 수 있는 자유로운 민주 국가를 이루어가야 할 것이다.

둘째, 통일 국가는 경제적으로 '풍요로운 복지 국가'의 모습이 되어야 한다. '복지'는 민족의 총체적 역량이 크게 신장되어 풍요로운 경제를 이루고 그 혜택이 민족구성원 모두에게 골고루 돌아가는 것을 의미한다. 통일 국가에서도 단기적으로는 남북한의 생활 격차를 해소하기 위한

39) 통일부 통일교육원, 『통일문제 이해』, 2004, p. 175.
40) 통일교육원, 『통일교육지침서』, 2007·학교용, p. 31.

막대한 통일 비용이 예상되며, 그로 인해 경제적인 혼란과 갈등이 국민 생활을 압박하게 될지도 모른다. 그러나 장기적으로 전망할 때 민족의 통일이 민족 구성원의 보다 나은 삶을 보장해 주는 풍요로운 복지 국가가 될 것이다. 통일 국가가 경제적 빈곤과 고통을 수반한다면 민족공동체 내부에는 새로운 갈등이 초래될 것이며, 그로 인해 통일 국가의 정체성은 또다시 흔들릴 것이다. 통일 국가는 시장경제를 통한 왕성한 경제력을 토대로 민족공동체의 이익과 복지를 증진시켜야 한다. 그리하여 통일 국가는 모든 국민의 삶의 질을 골고루 향상시키고 공정한 기회와 형평성을 진작시킴으로써 국민 모두가 건강과 만족한 생활을 보장할 수 있는 참된 복지 국가가 되어야 한다. 이를 위해 우리는 지금부터라도 막대한 통일 비용을 충당할 수 있는 경제력을 성장시켜야 한다.

셋째, 통일 국가의 모습은 문화적으로 '자랑스러운 문화 대국'이어야 한다. 21세기 국가의 정체성이나 경쟁력은 경제 대국에 못지않게 문화적 대국에서 찾아야 한다. 현대 산업 문명의 위기인 인간성 상실과 소외 문제, 가치관의 혼란과 도덕성의 위기, 환경오염과 생태계의 파괴, 집단 간의 갈등 문제는 세계적인 과제이면서도 통일 국가가 극복해야 할 과제이다. 이를 위해서는 물질보다는 정신적 측면에서 경제적 논리보다는 문화적 도덕적 방식으로 접근하여야 한다. 세계의 역사는 문화적 정체성이 확립되지 못했거나 약한 나라는 그 흡인력이 강한 나라에 예속되거나 문화적 식민지로 전락된다는 사실을 일깨워 주고 있다. 그러므로 통일 국가는 일제의 압제와 분단 반세기 동안 왜곡된 문화적 이질성을 극복하기 위하여 자랑스러운 통일 문화 국가로 다시 태어나야 한다. 통일 국가는 21세기 사회 발전과 국가 경쟁력의 원동력인 문화적 자원을 발굴 육성하고 문화 국민으로서의 면모를 갖추기 위하여, 성숙한 문화적 역량을 키워가야 할 것이다.

넷째, 통일 국가는 대외적으로 동북아의 중추 국가(hub state)가 되어야 한다.[41] 동북아의 중추 국가 개념은 주변 강대국의 역학 관계와 한반도의 지정학적 위치를 이용하여 민족 도약의 기회로 활용하여야 한다는 뜻이다. 통일 국가는 해양 세력과 대륙 세력을 연결하는 중추가 될 수 있고 주변 강대국과 관계 속에서 조화를 추구함으로써 동북아 평화를 창출하는 중재국가가 될 수 있다. 분단된 상황에서 '중추국가로서 한국(hub Korea)'의 실현 가능성은 사실상 불가능하다. 남북 관계 개선과 평화 체제 국축을 통한 한반도 통일은 외교적으로 우리민족의 위상을 한층

41) 통일부 통일교육원, 『통일문제의 이해』, 2006, p. 15.

높일 것이다.

결국 우리가 원하는 통일국가의 미래상은 민족구성원 모두에게 자유·복지·인간존엄성을 보장하는 선진민주국가를 이룩하는 것이다. 통일국가는 정치적으로 자유민주주의 체제, 경제적으로는 시장경제 체제를 바탕으로 한 '인간다운 삶을 실현할 수 있는 선진복지사회' 건설에 있다. 통일된 민족공동체는 통일국가 구성원들의 삶을 질적으로 드높일 뿐만 아니라, 대외적으로는 아시아 태평양 시대를 선도하고 세계평화와 인류공영에 기여하는 중추국가로 발돋움하여야 한다. 통일국가는 동북아 지역평화는 물론 세계평화를 위한 활동에 적극 참여하여 국제사회에서 인정받는 평화의 중심 국가로 부상하여야 할 것이다.

이러한 통일국가의 실현을 이루고 앞당기기 위해 우리는 지금부터 자유민주주의와 시장경제의 내실화하는 데 힘을 쏟아야 하며, 세계 시민과 함께 할 수 있는 '열린 사회'를 가꾸어 주변국가와 국민들로부터 지지를 받을 수 있도록 하여야 한다. 그리고 이러한 노력의 과정에 북한도 동참하도록 부단히 기회를 제공하여야 할 것이다.[42]

5. 분단국의 통일 모델과 그 교훈

한반도의 통일은 우리 세대가 이루어야 할 민족적 과제이며 책무이다. 그러나 통일은 하루아침에 쉽게 이루어질 수 없으며, 이에 대비한 철저한 준비와 부단한 노력이 있어야 한다. 통일의 방법 역시 지금까지의 분단국 통일의 역사적이고 경험적인 사례들을 분석하여, 우리에게 가장 적합한 통일의 모델을 설정하여야 할 것이다.

따라서 여기에서는 역사적, 경험적 측면에서 분단국 통일의 모델인 무력 통일, 흡수 통일, 합의 통일, 중립화 통일에 가장 근접한 분단국들의 통일 사례를 조명하고자 한다. 이를 통해 우리는 통일을 위하여 준비해야 할 과제에 관한 귀중한 교훈을 얻을 수 있을 것이다.

두 개의 서로 다른 이질적이거나 적대적인 나라가 하나의 나라로 통합하는 방법에는 어떠한 정해진 양식이 있는 것은 아니다. 통일은 두 개의 서로 다른 체제가 통일을 위해 상호작용하는 과정에서 자체의 내부적인 요소와 더불어 이를 둘러싼 환경적 요소의 영향에 따라 다양한

42) 통일교육원, 『2002 통일교육 지침서』, 통일부, 2001, p. 87.

방식으로 이루어지기 때문이다. 지금까지의 분단된 나라의 통일 과정을 역사적인 사례를 통해 분류하면 다음과 같다.[43)]

5.1 무력 통일 모델 : 베트남의 통일

무력에 의한 통일은 역사적으로 보면 가장 흔하게 나타나는 통일의 방식이며, 내전으로 인해 국민들에게 가장 많은 희생을 가져온 통일의 방식이라고 할 수 있다. 무력통일론은 기본적으로 군사력이라는 힘을 사용하여 통일을 이루는 방법이지만, 직접적인 군사력을 사용하지 않더라도 군사력이 통일의 주된 요인이 된다면 무력통일의 형태로 볼 수 있다.

현대에 들어와서 가장 대표적인 무력통일의 사례로 베트남의 통일을 들 수 있다. 베트남의 통일과정은 다음과 같이 전개되었다. 오랫동안 프랑스의 식민 통치(1885-1945)와 일본군의 침략에 대항하여 싸운 베트남 독립 동맹[44)]은 제2차 세계 대전이 끝난 직후인 1945년 9월에 '베트남 민주공화국'의 건국을 선포하였다. 그러나 일본군의 무장해제의 명목으로 남쪽은 영국군이, 북쪽은 중국군이 주둔하게 되었고, 이에 프랑스가 인도차이나 반도에 복귀하기 위해 다시 점령함으로써 베트남은 프랑스군과 8년간에 걸친 제1차 베트남 전쟁(1946~1954)을 치렀다. 제네바 협정에 의하여 외세는 베트남에서 완전하게 물러났지만, 베트남은 결국 남과 북으로 나누어지게 되었다.[45)]

북쪽은 1945년 이미 베트남 독립동맹의 주도로 마르크스 레닌주의에 입각한 공산정권인 '베트남민주공화국(북베트남, 월맹)'이 수립되었고, 남쪽은 미국의 지원을 받아 1954년 7월 자유민주주의 국가인 '베트남공화국(남베트남, 월남)'이 수립되었다. 그러나 월남 정부는 후진국의 취약점인 독재와 정치부패가 만연하여 국민들은 이에 대한 저항이 심했으며, 남베트남 정부를 무너뜨리기 위한 베트남 내 친공산 세력인 베트콩의 활동도 1960년부터 점차 활기를 띠기 시작하였다. 미국은 도미노식 공산주의화를 우려하여 월남 전쟁에 개입하고, 제2차 베트남 전쟁(1964~1973)까지 치르게 되었다.

미국은 1973년 남북 베트남 정부와 베트콩의 대표를 상대로 파리 협정을 체결하였는데,

---

43) 권기수, 「독일 통일과 한반도의 정치적 통합구상」, 『대한정치학회보』 제7집 2호, 1999년 겨울, pp. 66-70.
44) '베트남 독립 동맹'은 호치민이 중심이 된 공산당 중심의 반외세 독립 운동 단체이다.
45) 통일부 통일교육원, 『통일문제의 이해』, 2004, pp. 155-157.

이 협정에 의해 미군은 철수하였고 그 후 남베트남 지역에서 베트콩의 활동은 합법성을 보장받았다. 그 결과 1975년 4월 30일 베트남의 수도 사이공은 함락되고, 부패한 베트남 정권은 결국 북부 공산정권에 의해 무력으로 합병되어, 1976년 2월 '베트남 사회주의공화국'이 출범하게 되었다. 이 과정에서 많은 베트남의 국민들이 전쟁의 공포에 시달리면서 죽어갔고 자유가 억압되었다.

그러나 통일 이후 베트남의 공산정권은 월남 시절 때보다 더 무서운 독재체제를 구축하였으며, 외교적으로 미국 대신 소련에 의존하기 시작하였다. 베트남 공산당 지도부는 통일을 달성한 이후 공산화 과정에서 예상외의 어려움에 직면하게 된다. 그들은 베트남 지역의 생산 수단을 국유화하고 집단화하는 한편 주민들의 경제 활동을 강력히 통제하였다. 사상교육과 체제 개편, 지식인과 군경 숙청, 국민의 사유재산 몰수 등의 정책은 인간의 기본권 말살과 경제의 황폐화를 초래하였고, 결국 100만 명이 넘는 베트남인들이 조국을 등지고 탈출하였다.

위기를 느낀 베트남 공산 정권은 국민들에 대한 강력한 사회통제와 사상 교육을 중단하였다. 또한 1986년 이후 경제의 비효율성을 극복하기 위하여 **'도이모이'(개혁, 쇄신) 정책**을 통해 베트남 경제를 살리려고 노력하였는데, 이는 현재 상당한 성과를 거둔 것으로 평가 받고 있다. 이러한 과정을 겪은 베트남 통일의 특징을 살펴보면 다음과 같다.

첫째, 베트남의 통일은 자유진영인 월남과 공산진영인 월맹의 20년에 걸친 내전을 통하여 무력으로 이루어진 통일이다. 이 과정에서 수많은 국민들이 죽고, 국토는 황폐화되었으며 대다수의 국민들이 군부 독재와 공산정권의 탄압을 동시에 경험하였다.

둘째, 베트남의 통일은 북베트남 정권이 남베트남에서 베트콩을 통한 통일전선 구축에 성공하였기 때문이다. 북베트남측이 베트콩을 이용한 게릴라전의 적절한 배합, 일관된 협상 전략과 목표 추구, 민족주의 위장 세력 등 전략 전술에 성공했기 때문이다.

셋째, 통일 이후에도 베트남 사회주의 정권은 군사독재로 부패하였고 인권 탄압이 심하여 많은 주민이 조국을 떠났다는 점이다. 통일 이후에도 베트남 정권은 통일 이전처럼 수많은 지식인들을 탄압하였고 국민들은 여전히 자유로운 삶을 영위하지 못하였다. 이에 주민들은 조국을 탈출하려는 시도를 계속하였다.

넷째, 통일 베트남 정권은 도이모이 정책을 통해 시장경제 체제로 편입하여 경제 성장을

이룩하고 있다. 그들은 국가의 거시적 경제 조정을 전제로 시장경제의 원리를 도입하고, 지방 분권화를 추진하며, 민간 부문과 국영 부문이 공존하는 혼합 경제 등을 통해 1994년 이후 9% 내외의 경제 성장을 이룩하고 있다.[46)]

5.2 합의 통일 모델 : 예멘의 통일

합의 통일은 이질적이거나 적대적인 두 개의 정치체제가 협상에 의해 정치적 통합에 합의함으로써 통일에 이르는 모델이다. 역사적으로도 사례가 많지 않지만 예멘의 통일이 그 대표적인 경우이다. 두 나라가 서로의 합의에 의하여 통일이 되었다 하더라도, 신뢰가 무너지거나 합의가 깨어지면 다시 분리될 수도 있다. 예멘의 경우도 평화적인 방법으로 남과 북이 합의 하에 통일을 이루었으나, 통일 이후 상호 간의 신뢰가 무너지고 정치, 경제, 문화적 갈등으로 인해 다시 분열되었다가 무력에 의하여 통일되었다.[47)]

예멘의 통일과정을 구체적으로 살펴보면 다음과 같다. 예멘은 19세기 중엽 홍해의 교두보를 확보하기 위해 영국이 남예멘을 점령하고, 북예멘은 오스만 터키 제국의 영토가 되었다. 북예멘은 제1차 세계대전 이후 오스만 터키가 철수하면서 독립하여 북예멘 왕국을 수립하였다가 1962년 쿠데타로 북예멘 공화국이 되었으며, 이슬람을 중심으로 하는 자본주의 정부가 수립되었다. 이에 반해 남예멘은 1967년 영국으로부터 독립한 후 소련의 지원을 받아 중동 유일의 사회주의 국가가 되었다. 이후 남북 예멘은 서로의 정통성을 주장하면서 예멘을 통합하려는 내전이 빈번하게 일어났다.[48)]

이후 범 아랍권의 지속적인 중재와 소련 고르바초프의 개혁·개방화 정책의 영향에 따라 남북 예멘은 평화 협정을 체결한 후 통일 원칙에 합의하였다. 남북 지도자들의 끈질긴 협상의 결과 1989년 남북 예멘의 정상은 통일헌법안을 합의·승인하고, 1990년 5월 통일 국가를 탄생시켰다. 남북 예멘은 국경지대의 유전 개발이라는 경제적인 공통 요인이 작용하여 평화적인 합의에 의한 통일을 이루었으며 그 결과 내전으로 인한 국민들의 고통을 덜어주었다.

---

46) 베트남은 1988년 45만 톤의 쌀을 수입하였으나, 1989년에는 15만 톤, 1997년에는 300만 톤의 쌀을 수출하는 세계 2위의 쌀 수출국이 되었다.
47) 김국신, 「통일협상과정에서 남북예멘 내부의 권력투쟁」, 『통일정책연구』 제10권 2호, 통일연구원, 2001.
48) 통일부 통일교육원, 『통일문제 이해』, 2004, p. 160.

그러나 합의 통일 후 예멘은 정치적·경제적으로 여러 가지 후유증에 시달리게 되었고, 이는 다시 남북 예멘을 분리하는 요인으로 작용하였다. 먼저 정치적 통합의 문제로 권력기구가 비대해지자 권력의 배분이 불평등하게 이루어졌다 하여 북예멘의 국민 의회파와 남예멘의 사회당의 분열이 가속화되었다. 또한 정치적 통합만을 추구하고 경제적 통합이 이루어지지 않아 국민들 간의 경제적 이익 갈등이 노출되기 시작했으며, 국경지대의 유전개발이 실패로 돌아서자 갈등은 더욱 심화되었다. 사회·문화적 측면에서도 이슬람 교리에 대한 남북 예멘의 시각 차이가 커서 북예멘의 보수주의자들은 이슬람 교리를 '모든 법의 유일한 근원'으로 주장한 반면, 남예멘 사람들은 이슬람의 불합리성을 주장하였다. 이와 같은 입장 차이는 일부다처제, 여성의 사회 활동 문제, 음주 허용 여부 등으로 사사건건 대립하였다. 이러한 요인들로 인하여 남북의 예멘은 다시 내전이 일어나고 7,000명의 사상자를 낸 후, 1994년 북예멘이 우세한 군사력을 통하여 승리함으로써 남북 예멘의 재통일을 이룩하였다.

예멘 통일은 다음과 같은 몇 가지 특징을 지니고 있다.

첫째, 예멘의 통일은 국민들의 자발적인 동의에 의해 이루어진 통일이 아니라 정부 당국자들 간의 이해관계를 반영한 정치적 합의의 산물이다. 남북예멘은 국경 주위의 유전 개발이라는 경제적 이득이 통일의 주요 요인으로 작용하였기 때문 국민들의 의사가 반영되지 않았다. 따라서 예멘의 통일은 국민들의 합의에 의하지 않고, 정치지도자 간의 합의에 의한 통일로 남북 주민들 간의 사회·문화적 통합을 이루지 못했다. 이같이 남북 주민 간의 합의나 통합이 이루어지지 않은 통일은 또 다른 분열을 초래한다는 사실을 되새기게 한다.

둘째, 두 개의 정부가 서로의 국력에 비례하여 통합정부의 권력을 배분하는 정치적 합의에 의한 통일이다. 인구와 경제수준에서 우위를 점하고 있던 북예멘은 상당 부분의 권력을 남예멘에도 양보하는 데 합의하였다. 예를 들어 대통령은 북예멘에서 부통령은 남예멘에서 선출하고, 내각도 20명은 북예멘 출신, 19명은 남예멘 출신으로 구성하는 데 합의하였다. 즉 북예멘이 통일 정부를 주도하되 남예멘은 무시하지 못할 견제세력의 지위를 보장받았다.

셋째, 예멘의 통일을 위하여 주변국들의 끊임없는 중재와 노력이 있었다는 점이다. 예멘의 통일은 범 아랍권에서 중재를 위해 노력했을 뿐만 아니라, 세계적인 강대국의 이해관계가 충돌되지 않아 통일을 이루는 데 많은 도움이 되었다.

5.3 흡수 통일(자유선택 통일) 모델 : 독일의 통일

흡수통일론은 통일을 이루고자 하는 두 개의 국가 중 어느 한 국가가 와해되거나 붕괴되어 국가의 운영능력이 상실되었을 때 통일을 원하는 상대방 국가에 흡수·합병됨으로써 통일이 달성되는 방법이다. 흡수통일의 가장 전형적인 예로는 동서독의 통일을 들 수 있다. 흡수통일의 과정에서는 부분적인 무력충돌이 발생할 가능성도 배제할 수는 없다. 흡수통일 과정에서 양국 간의 합의로 통일되는 경우를 생각할 수도 있으나, 이런 경우는 흡수통일의 한 과정으로서 조약체결이나 협정이 맺어지는 경우이기 때문에 합의통일이라 보기는 어렵다.[49)]

독일 통일의 과정을 살펴보면 독일은 제2차 세계대전의 패전국으로 미국, 소련, 영국, 프랑스 4국에 의해 군사적으로 분할 점령되었다. 이후 미국은 영국과 프랑스의 점령지역과 함께 자유민주주의 국가를 수립한다는 조건으로 서독의 독립을 인정하여 1949년 9월 독일연방공화국, 즉 서독이 탄생하게 되었다. 서독은 공산주의 세력에 대한 서방세계의 방어막 역할로 미국의 마샬 플랜(Marshall Plan)에 의한 서방 선진국들의 경제적 원조도 함께 받았다. 이에 반해 동독 지역에는 소련의 점령 지역이자 사회주의의 전초기지로서 1949년 10월에 공산정권인 독일민주공화국이 들어서게 되었다.

독일 통일의 초석을 닦은 사람은 **서방 통합정책**을 추진한 서독의 초대 총리 콘라드 아데나워이다. 아데나워는 서유럽 국가들과의 관계를 개선하고, 경제적 교류를 통해 나치 독일의 이미지를 쇄신하고, 경제적으로 번영시켜 궁극적으로는 독일 통일을 이루려는 기초를 놓았다. 그는 '힘의 우위에 의한 통일 정책'에 입각하여 국력 증강과 국제적 위상 강화에 주력하였다. 이러한 아데나워의 노력으로 서독은 유럽공동체의 중심 국가로 활약할 수 있었고, 동독과의 경제수준도 큰 격차를 벌이게 되었다.

아데나워의 서방통합 정책을 통한 앞선 경제력을 바탕으로 1969년 10월에 집권한 사민당 빌리 브란트(Willy Brandt)는 **동방정책(Ost Politik)**을 추진하였다. 브란트는 독일의 통일을 위해서는 동서독 주민들 간의 대화와 교류가 필요하다고 보고, '접촉을 통한 변화', '작은 걸음 정책'을 추진하며 동서독 간 교류의 범위를 넓히고 화해·협력을 추진하여 독일 통일의 원동력 역할을 하였다. 그는 또 공산권 국가들과의 대화와 교류를 통해 양국 및 전 세계의 긴장을 완화하면서

49) 위의 책, p. 151.

성숙된 자유민주주의도 건설할 수 있다고 확신하였다. 브란트는 경제적 우위를 바탕으로 동독에 경제적 지원을 꾸준히 해 주면서 동서독 주민들의 왕래를 적극 추진하였다. 이러한 동서독 간의 꾸준한 교류는 국민들 간의 상호 이해의 폭을 넓히는 계기가 되었으며, 민족의 동질성을 회복하는 토대를 마련하였다.

독일 기민당의 콜 총리 시절에도 이러한 교류의 폭과 속도는 증대되었다. 1989년 10월 동독 제2의 도시 라이프찌히에서는 민주화를 위한 촛불 시위가 있었고, 1990년 3월에는 동독에서 자유 총선거가 실시되어 로타르 드 메지에르(Lothar de Maiziere) 총리의 연립 내각이 구성되어, 서독의 콜 총리와 통일 조약을 체결하였다.[50] 결국 **1990년 10월 3일 동서독**은 반세기 가까운 분단을 극복하고 통일독일로 재탄생되었다.

독일의 통일은 아래와 같은 몇 가지 특징을 지닌다.

첫째, 서독은 지속적인 경제발전으로 동독에 우위를 점할 수 있었고, 동독에 대한 경제적 원조를 통해 교류·협력을 이끌어 내어 통일의 기반을 닦았다는 점이다. 또한 서독은 국민생활 수준의 향상과 더불어 빈부격차의 해소를 통해 서독 내의 사회적 갈등을 완화시키고, 국민들의 양독 통합에 관한 여론을 하나로 결집시켰다.

둘째, 독일 통일은 서독이 통일을 위해 주변국들과의 관계를 개선하고, 주변국들의 동의를 얻음으로써 가능하였다. 서독은 소련의 개혁·개방 정책으로 냉전체제가 해체되는 분위기에 편승하여 주변국들의 독일 통일에 관한 이해와 동의를 얻어 보다 쉽게 통일을 이룩할 수 있었다.

셋째, 동서독은 정권 교체와 관계없이 양독 간의 대화와 교류를 지속함으로써 동서독 간의 이질화를 최소화하고자 노력하여 통일을 이룩하였다. 일례로 1960년대부터 매년 100만이 넘는 동서독 주민들이 왕래하였으며, 통일되기 직전인 1989년 11월 9일을 전후하여 800~900만 명이 넘는 동서독 인들의 왕래가 이뤄지기도 하였다.[51] 1989년까지 동서독의 62개 도시가 서로 자매결연을 맺었으며, 특히 동독 지역에서 주민 85% 이상이 서독의 TV를 시청하였다.

넷째, 독일의 통일은 소수의 지도자들에 의한 통일이 아니라 동독 주민들 스스로 선택한

---

50) 이 통일 조약과 서독 기본법 제23조에 의해 동독의 15개 지구가 분단 전 5개 주로 개편되어, 서독 연방에 편입됨으로써 동서독의 통일이 이루어졌다.

51) 통일부 통일교육원, 『통일문제 이해』, 2004, p. 153.

통일이라는 점이다. 비록 동독 의회가 결정하여 동독이 서독 연방에 편입되는 형식이었지만, 이는 서독이 강요한 것이 아니라 동독 주민들과 그 대표들이 스스로 선택한 것이라 볼 수 있다.

5.4 중립화 통일 모델 – 오스트리아의 통일

역사적으로 국가의 분열과 분쟁은 국제정치적인 이해관계의 충돌에서 비롯된 경우가 많다. 강대국들의 세력 충돌이 주변국의 고통으로 작용하는 일은 비일비재하다. 이와 관련하여 중립화 통일론은 강대국들의 이해관계가 첨예하게 대립된 상황에서 나라를 지키기 위한 수단으로 영세중립국을 표방하여 통일을 이루는 방법이다. 미국 상원의원 맨스필드는 미, 일, 중, 소의 4강국에 둘러싸인 한국을 영세중립국으로 만들자는 의견을 피력한 적도 있다.[52] 중립화 통일론의 가장 대표적인 사례는 오스트리아의 통일을 들 수 있다.

오스트리아의 통일과정을 살펴보면 다음과 같다. 오스트리아는 제1차 세계대전에서 독일과 터키와 함께 패망하여 이전 영토보다 7분의 1로 줄어든 약소 공화국이 되었다. 그러나 1938년 3월 히틀러에 의해 독일 제3제국의 1개 주로 합병되었다. 따라서 다음 해에 벌어진 세계 제2차 대전에 오스트리아는 제3제국의 일원으로 끌려가 패전국의 오명을 쓰고 미국, 영국, 소련, 프랑스의 4강국에 의해 점령당하였다.

오스트리아의 통일기반은 4강국에 의해 분할 점령되기 이전부터 닦여지기 시작하였다. 분할 점령되기 3개월 전 온건 사회주의자인 칼 레너의 주도 하에 오스트리아 임시정부가 구성되었고, 임시정부를 축으로 단일 행정구역을 구축하여 민족 내부의 이데올로기를 하나로 결집시킬 수 있었다. 오스트리아 임시정부는 민족지도자들의 결집과 국민들의 통일에 대한 염원을 바탕으로 민족 내부의 갈등을 최소화할 수 있었다. 이를 바탕으로 오스트리아는 점령 강대국들과의 협상에만 전력을 다할 수 있었고, 10년간의 끈질긴 협상 끝에 1955년 6월 통일된 오스트리아를 이룰 수 있었다.

오스트리아의 통일은 중립화 통일이라는 데 의의가 있다. 오스트리아의 중립화 통일은 주변 4강국의 역학 관계를 조율하여 성립된 것이다. 오스트리아는 동서방 어느 쪽에도 가담하지

52) 김동규, 『남북한 학교 교육체제의 이질화 과정과 통일 후의 동질화 방안』, 소화출판사, 1998, pp. 346-348.

않고 중립화를 유지할 것을 천명하여 4강국을 안심시켰다. 이어 그들은 국제적 협력도 적극 유도하고 오스트리아 문제를 1952년 UN에 상정하여 조속한 점령 종결과 주권회복을 위한 조약체결을 이끌어 냈다. 그 후 300회에 걸친 4강국과의 외교협상을 통해, 1955년 6월 영세중립국을 인정받아 독립국가인 통일 오스트리아가 탄생하게 된 것이다.[53)]

오스트리아의 통일의 특징을 살펴보면 다음과 같다.

첫째, 오스트리아의 통일은 민족 내부의 갈등이나 대결 없이 평화적인 협상을 통해 이룬 중립화 통일모델이다. 민족지도자들이 통일을 위해 힘을 결집하고, 통일을 위해 끊임없이 강대국들과 협상을 계속하였기 때문이다.

둘째, 오스트리아의 통일은 미국·영국·프랑스 자유 진영과 소련 공산진영의 합의에 의한 통일이다. 미국, 영국, 프랑스는 오스트리아가 통일이 되면 공산화될 것을 염려하였고, 소련 역시 서방 쪽에 흡수될 것을 염려하였기 때문이다.

셋째, 오스트리아의 통일은 4강국의 역학관계를 반영한 중립화 통일이다. 오스트리아는 지정학적 위치로 인하여 통일을 이끌어 내기 위해 중립화 통일을 선택하였다는 점이다. 공산진영과 자유진영의 경계선에 위치한 오스트리아가 통일과 민족의 존립을 위해 이끌어낸 최선의 선택이 바로 중립화인 것이다.

5.5 분단국 통일의 교훈과 과제

분단국이 통일국가를 이룩하는 과정이나 방법은 나라에 따라 각기 상이하다. 우리는 베트남, 예멘, 독일, 오스트리아 등 분단국가들이 통일을 이룩한 과정이나 경험으로부터 많은 교훈을 얻을 수 있다. 여러 분단국의 통일 경험을 보면, 통일 과정의 여러 문제들을 원만히 해결하는 것은 결코 쉬운 일이 아니라는 점을 알 수 있다. 분단국의 통일을 위한 과정에는 끊임없는 어려움과 갈등 상황이 발생하였기 때문이다.

우리가 지향하는 통일은 평화적 방식의 통일이며, 통일 이후에는 안정되고 번영하는 통일국가를 수립하는 일이다. 우리는 통일의 성취도 중요하지만 통일 이후를 대비하는 노력 역시 중요하다는 것을 명심하여야 한다.

---

53) 코리아 스코프 홈페이지(www.koreascope.org) - 분단국의 통일유형 참조, 2008. 12. 28.

가. 분단국 통일 과정과 그 교훈

위와 같은 분단국의 여러 가지 통일 모델에서 우리가 배울 수 있는 교훈은 다음과 같다.

첫째, 통일 과정에서 갈등 상황을 슬기롭게 해결하지 못할 경우 평화적으로 통일을 성취하는 것이 거의 불가능하다는 점이다. 분단 기간 중에 분단국 내의 대립과 갈등 요소가 완전히 소멸된다는 것은 사실상 불가능하다. 그러나 당사자들의 교류와 협상의 방식에 따라 그러한 대결과 갈등은 격화될 수도 있고, 완화될 수 있다. 그러므로 분단 시기에 미리 갈등을 줄이고 화해·협력 관계를 공고히 할수록 평화통일의 가능성은 더욱 커진다. 우리가 남북 간에 화해와 협력, 나아가 현재의 정전 체제를 평화 협정체제로 교체하려고 노력하면서 정상회담과 분야별 교류와 협력을 가속화하는 이유도 여기에 있다.[54)]

둘째, 두 분단 정치체제 간에 통일은 어떤 방식의 통일이든 많은 후유증을 남기기 때문에 사전 준비가 필요하다. 예멘 역시 국토와 정치적 통합을 우선시하다 보니 결국 다시 분열되어 무력으로 통일되었고, 베트남 역시 통일 이후 독재정치로 귀결되어 국민들에게 더욱 많은 고통을 안겨 주었다. 독일도 통일을 이루는 과정에서 화해와 협력, 민족의 동질성 회복을 위해 많은 노력을 하였으나, 통일 이후 아직까지 많은 후유증을 남기고 있다. 이것은 우리가 통일을 위하여 어떠한 준비를 하여야 할 것인가를 일깨워주고 있으며 우리에게 보다 세심한 노력이 필요하다는 점을 인식케 한다.

셋째, 양 체제가 분단되었다고 하더라도 두 지역 주민 간의 교류와 접촉을 통한 민족적 동질성은 유지되어야 통일에 유리하다. 분단 기간이 길어질수록, 분단관계가 적대적일수록 두 지역 주민들 간의 이질성은 증대된다. 화해와 협력 관계에 기초하여 꾸준한 접촉과 협력, 상호 방문이 이루어질 때 민족의 동질성이 보존될 수 있다. 또한 통일에의 강한 열망과 의지가 존속될 때 통일은 앞당겨질 수 있다.

넷째, 분단국가의 통일은 기본적으로 민족 내부의 자결권의 문제이지만, 주변 이해 당사국의 이해와 협조의 토대 위에서 이루어졌다는 점이다. 독일이나 오스트리아의 통일이 가장 대표적인 경우이다. 주변국의 입장에서 보면 분단국이 통일을 이루어 보다 강력한 하나의 국가로 탄생하는 것이 반갑지 않을 수도 있다. 따라서 우리는 새로운 통일 국가의 탄생이 지역의 안정과 번영에 도움이 된다는 점을 주변국들에게 설득시키는 지혜가 필요하다. 두 국가의

54) 통일부 통일교육원, 『통일문제 이해』, 2004, p. 168.

통일이 평화적일수록, 양측 주민의 확고한 동의에 기반할수록 주변국가의 이해와 설득은 용이해질 것이다.

나. 통일 이후 대비 과제

분단국들은 통일 이후에도 완전한 통일을 이룩하기 위하여 해결해야 할 과제들이 산적해 있다. 이러한 과제를 민주적인 절차와 상호협력의 원칙에 입각하여 양측 주민의 협의와 타협을 통하여 성공적으로 해결할 때 보다 완전한 의미의 통일이 실현될 수 있다. 여러 분단국들의 통일 경험은 이러한 작업이 어렵지만, 결코 불가능한 과업은 아니라는 점을 우리들에게 가르쳐 준다. 통일 국가는 법적·제도적 통일을 이룬 후, 문화적·심리적 통일을 앞당기도록 노력하여야 할 것이다. 통일 정부는 생활조건의 균형적 발전과 내적 통합이라는 과제를 효과적으로 수행해 나가기 위해 우선 다음과 같은 노력을 기울여야 한다.[55]

첫째, 통일 직후에는 양측 주민이 서로 화합하고 협력해 갈 수 있는 분위기를 정책적으로 조성하여야 한다. 통일 직후에는 각기 상이한 제도와 문화라는 유산들이 존속하기 때문에 여러 가지 갈등이 발생할 소지가 있다. 현실적으로 우세한 쪽이 다른 쪽을 상당 기간에 걸쳐 모든 면에서 도울 수 있는 마음의 자세를 갖추도록 노력하여야 할 것이다.

둘째, 양측 지역의 경제적, 생활수준상의 격차를 해소하기 위한 중장기적인 균형적인 경제 발전 계획을 수립하여 실천하여야 한다. 통일 직후에는 통합에 관한 시급한 문제부터 처리하는 것이 급선무이지만, 양측의 균형적인 발전을 위한 장단기적인 투자 계획과 적극적인 비용 분담 노력이 절실히 필요할 것이다.

셋째, 완전한 사회통합을 이루려면 주민들의 심리적·정서적 통일이 중요하므로 이에 대비한 적절한 프로그램이 요구된다. 특히, 분단이 장기간 지속될 경우 통합된 지역 양측 주민 간의 가치관, 생활 습관, 생활수준에서 격차가 심하다. 이러한 문제를 원만히 해결하기 위해서는 서로 상대방의 처지를 이해하고, 도울 수 있는 마음의 자세가 필요하다. 비록 사회통합이 어렵더라도 서로에 대한 배려와 서로를 이해하려는 마음을 항상 견지하여야 할 것이다.[56] 이를 위해서는 상당히 오랜 시간이 필요하고, 많은 시행착오도 겪을 것이다. 분단이 장기간 지속되었던 경우,

---

55) 위의 책, pp. 80-81.
56) 통일부 통일교육원, 『2005 통일교육기본지침서』, 2004, pp. 48-49.

양측 주민을 보다 완전한 의미에서 한 나라의 동등한 권리를 향유하는 국민으로 육성하기 위한 기간이 그만큼 오래 걸린다는 점을 이해하여야 할 것이다.

넷째, 통일 이후에도 통일 정부는 새로운 국가의 탄생이 지역의 안정과 번영에 도움이 될 수 있다는 점을 설득할 수 있는 외교적 슬기와 능력을 발휘하여야 한다.

우리는 지금까지 분단국의 통일 사례를 통하여 많은 교훈을 얻을 수 있음을 알았다. 한반도의 통일의 길이 비록 쉽지는 않겠지만, 다른 분단국들의 통일의 교훈을 온고지신으로 삼아 차곡차곡 준비해 나아간다면 언젠가는 반드시 이룰 수 있는 과업이다. 통일의 그 날을 위해 정부뿐만 아니라 우리 국민 모두의 노력과 준비가 절실히 필요한 시점이다.

6. 독일의 통일 과정과 교훈

세계 제2차 대전의 패전국인 독일은 전후 처리 과정에서 연합국의 분할 점령에 의하여 약 반세기의 분단의 역사를 걷게 된다. 그러나 1990년 10월 3일 독일은 역사적인 동서독의 재통일을 이룩하였으며 이것은 아직도 통일을 이루지 못하고 있는 우리에게 시사하는 바가 크다. 자본주의적 발전 모델로 성장한 서독과 사회주의 모델로 앞서가던 동독이 붕괴되어 서독에 흡수되는 독일의 통일과정과 경험을 우리는 소중한 타산지석으로 삼아야 할 것이다.[57)]

6.1 독일의 통일 과정

세계 2차 대전에서 연합국에 패배한 독일은 1945년 미·영·불·소에 의하여 분할 점령되었다. 1949년 동서독은 각기 자본주의와 공산주의 체제로 각기 다른 정권을 수립하였으나 양독간의 꾸준한 대화와 교류·협력으로 1990년 역사적인 통일을 이룩하였다. 서독의 기민당 콘라드 아데나워 정권은 라인 강의 기적을 통해 경제 성장을 이룩하였고, 사회당 빌리 브란트 정권의 동방정책을 통해 동독과의 교류·협력의 토대를 놓았으며, 기민당의 콜 정권은 1990년 역사적인 독일의 통일을 이룩하였다. 콜의 뒤를 이은 사회당의 슈뢰더 정권은 통독 후의 독일의 안정과

57) 통일부 통일교육원, 『통일문제 이해』, 2004, pp. 151-155; 통일부 통일교육원, 『2006 독일통일백서』, 2008 참조

번영 정책을 추진하고, 현재 앙겔라 마르켈 정권은 독일 통일의 후유증을 치료하면서 새로운 통일 독일 건설의 견인차 역할을 하고 있다.

한편 호네커 공산당 정권에 의해 철저히 통제되고 관리되던 동독에도 1980년대 후반 자유의 바람은 거세게 일기 시작하였다. 민주화와 개방화의 함성이 고르바초프 소련 공산당 서기장의 개혁 열풍을 타고 폴란드, 헝가리, 체코슬로바키아를 거쳐 이웃 동독으로 옮겨 붙었던 것이다. 독일 통일의 계기는 1989년 가을 동독인들의 서독으로의 집단적인 탈출로부터 시작되었다. 그해 9월부터 10월 초 사이 10만 명에 달하는 동독인들이 헝가리·폴란드·체코 주재 서독 대사관 또는 동서독 국경선을 넘어 서독으로 도망쳐 나왔다. 1961년 베를린 장벽 이후 1989년까지 서독으로 이주한 동독인은 63만 7천 명이나 되었다.[58]

또한 서독으로 탈출하지 못하고 1989년 베를린 장벽이 붕괴할 때까지 동독에 남아 있던 일부 사람들은 격렬하게 반체제 민주화 시위를 벌였다. 이들은 고르바초프(Mikhail Sergeyevich Gorbachyov)의 애칭인 '고르비'를 연호하며 자유선거, 언론자유, 해외여행 자유화를 요구하고 나섰다. 동독 전역으로 확산되어 가는 민주화 시위와 소련 고르바초프의 압력 등으로 동독의 호네커 서기장은 18년 동안 누리던 권좌에서 물러났다. 그러나 호네커의 퇴임에도 불구하고 반체제 시위는 날로 격렬해졌고 1989년 11월 4일 1백 만 명의 시위군중이 동베를린에 모여들었다. 이미 10월 16일 라이프치히에서는 12만 명이 운집하여, 집단화하기 시작한 민주화 시위는 2주일 만에 1백만 명으로 증폭되었던 것이다. 시위 군중들은 공산정권의 퇴진과 자유총선거를 요구하며 절규하였다.

위기적 상황에 몰린 에곤 크렌츠(Egon Krenz) 동독 공산당 서기장은 1989년 11월 9일 하오 7시를 기해 베를린 장벽을 전면 개방한다고 선언, 동서 냉전의 산물이던 베를린 장벽은 사실상 붕괴되었으며[59] 이 순간부터 동서독은 사실상 통일된 거나 다름이 없었다. 남은 것은 통일의 절차뿐이었다. 베를린 장벽이 무너지고 자유왕래가 실현되자 동독인들은 노골적으로 서독에로의 편입을 요구하고 나섰다. 그들은 "우리의 목표는 하나의 독일이다"라고 외쳐댔으며 "빨갱이

58) 1961년 베를린 장벽이 세워지던 해 20만 7천 명의 동독인들이 빈곤과 독재의 경계선을 넘어 자유와 풍요의 서독으로 빠져나왔다. 베를린 장벽 이후 1989년 봄까지 서독으로 이주한 동독인 63만 7천 명 중 24만 1천8백 명이 불법으로 도망쳐 나온 사람들이다. 이 불법 탈출자 중 2백여 명은 탈출에 성공하지 못한 채 동독 경비병에 의해 현장에서 사살될 만큼 필사적이었다.

59) 베를린 장벽이 무너지던 날 감격에 찬 '쥐드 도이체 차이퉁' 지는 밀물처럼 국경선을 넘어 들어오는 동독 시민들을 가리켜 "사슬이 풀린 사람들이 파도처럼 몰려오고 있다"고 적었다.

는 동독에서 물러가라"는 구호를 연호하였다. 서독과의 국가연합을 주장하는 플래카드도 나타났고 통일 독일 대통령에는 서독 대통령 리히야르트 폰 바이츠제거, 유럽 대통령에는 고르바초프를 추대하자는 글귀도 보였다.

결국 동독 정부는 열화와 같은 시민들의 자유총선 절규에 굴복하여 1990년 3월 18일 자유총선을 실시하였다. 여기서 서독으로의 조기편입을 정강으로 내세운 보수정당인 독일연합이 4백 개 의석 중 1백 92석을 차지하였고, 민주사회당으로 개명한 공산당은 겨우 66석을 차지하는데 그쳤다. 양독 통일에 관해 신중론을 펴던 사회민주당도 88석을 얻는 데 불과했다. 동독의 3·18 총선은 동독인들의 대부분이 서독으로의 흡수통합을 희구하고 있었음을 반영하였다. 이 선거에서 선출된 동독의 드 메지에르 총리는 서독의 콜 총리와 통합에 관한 통일 조약을 체결하였다. 동독 정부는 5월 18일 서독과의 통화·경제·사회동맹의 창설에 관한 국가 조약을 조인, 그해 7월 1일부로 서독과 경제 통합을 결행키로 하였다. 동서독의 경제통합은 동독이 공산주의 경제를 포기하고, 서독의 자본주의 시장경제체제로 흡수됨을 의미하였다.

이어 동독 인민회의는 8월 23일 서독기본법 23조에 의거한 동독의 서독 편입일자를 1990년 10월 3일로 결정한다는 결의안을 채택하였다. 찬성 294표, 반대 62표, 기권 7표라는 압도적 차이로 동독 의회는 서독으로의 흡수통일을 스스로 결정하고 나선 것이다. 동독의 서독 편입일자는 서독 기본법상 서독 측의 비준 없이 동독의 결정에 의해 확정되었다. 동독의 자발적인 서독 편입 결의안 채택으로 동독은 1990년 10월 3일 0시를 기해 서독연방에 가입되었다. 이 날은 동서독 통일이 완성된 역사적 순간이었다.

6.2 독일 통일의 배경

독일은 1949년 전후 처리 과정에서 자본주의 체제인 서독과 사회주의 체제인 동독으로 분단되었고, 그 후 40년 만인 1989년 베를린 장벽의 붕괴 이후 1990년 10월 3일 동독의 서독 연방에의 편입에 의해 통일이 이루어졌다. 독일의 통일은 형식적인 측면에서는 1989년 양독 간의 통일 조약이라는 합의에 의한 통일이지만, 실질적으로는 동독의 자유선택에 의한 서독으로의 흡수 통일이라고 할 수 있다. 독일 통일이 가능했던 요인과 배경은 다음과 같다.

가. 독일 통일을 위한 이해 당사국의 합의

독일의 분단은 처음부터 강대국의 분할 점령에 연유하고, 유럽이라는 큰 틀 속에 뿌리를 두고 있었기 때문에, 유럽 각국이 독일 통일에 우호적이지 않고서는 통일을 기대할 수 없었다.

또한 국제적 환경 요인 중 가장 중요한 것은 역시 고르바초프의 브레즈네프 독트린 폐기와 개혁 · 개방정책을 들 수 있다. 고르바초프에 의해 추진된 소련의 개방(Glasnost)과 개혁정책(Perestroika)의 영향으로 동구권 국가들이 소련의 압력에서 벗어나 민주화를 추진하게 되었고, 동독도 같은 행보를 걷게 되어 동독 내부의 민주화와 개혁 요구가 1989년 급기야 베를린 장벽을 무너지게 하였다.[60]

한편 서독은 막강한 경제력을 내세워 소련에 경제협력을 약속하고, 독일의 주변 국가에도 통일을 위한 외교 공세를 펼쳤다. 1990년 초부터 독일 통일의 외부 환경 문제를 정리하기 위한 동서독 양 당사국과 미국, 영국, 프랑스, 소련의 이른바 2+4 회담이 열렸다. 8월 23일 동독의회가 서독에로의 편입에 관한 결의안을 채택하였으며, 9월에는 2+4 회담의 승인을 얻어 10월 3일 마침내 민족통일을 이끌어 내었다.

또한 동구 공산권 국가, 특히 헝가리의 국경 개방은 동독의 민주혁명에 크게 기여하였다. 이 과정에서 결코 무시할 수 없는 것은 미국의 역할이다. 미국은 시종일관 독일 통일을 지지함으로써 유럽 및 인접국들의 동의를 얻어내는 데 결정적인 역할을 하였다.

나. 양독 간의 지속적인 인적·물적 교류 확대

분단 40년 간 동서독은 정치적으로는 분단되어 있었지만 경제 · 사회적으로는 한 번도 교류가 끊어진 일이 없었다. 동서독은 동족 간에 전쟁을 치른 경험도 없고, 상대방을 중상 모략한 적도 없다. 동서독은 1972년 기본조약을 통해 서로 정치적 실체를 인정하고 주변 상황이 어렵거나 기회가 있을 때마다 정상들이 만나 진지하게 대화하며 모든 분야에 걸쳐 교류와 협력을 증진시켜 왔다. 이 같은 접근 과정이 있었기 때문에 동서독인은 서로를 잘 이해하고 또한 어느 정도 동질성을 유지할 수 있었다. 동독인들이 큰 두려움이 없이 서독에로의 편입을 결정할 수 있었던 것도 이 같은 상호 신뢰가 있었기 때문이다.

독일 통일 전 동서독의 분야별 교류 상황은 다음과 같다.

60) 통일부 통일교육원, 『통일문제 이해』, 2004, p. 152.

먼저 경제적인 물적 교류이다. 동서독은 프랑크푸르트 협정을 필두로 통일이 될 때까지 수많은 협정들을 체결해 가면서 경제교류를 활성화시켜 나갔다. 양독의 교역은 앞서가는 서독이 뒤처진 동독을 도와주는 불균형 관계였다. 우선 서독은 동독과의 화폐 환율에서 손해를 보면서도 계속 거래를 하였는데 서독 마르크와 동독 마르크의 실제 구매력은 4:1로 서독 마르크가 높지만 서독은 동독과의 교역 거래에 있어 1 : 1의 비율을 적용해 주었다. 서독이 4배나 손해를 본 셈이다. 무역거래에 있어서도 1988년의 경우 서독은 45억 달러 수출에 47억 달러 수입으로 2억 달러의 적자를 보았다. 뿐만 아니라 서독은 수억 달러씩 동독에 저리로 차관을 해주었는데 무이자 아니면 기껏해야 연리 4% 정도로 서독 마르크를 빌려준 것이다. 양 독 간의 교역은 '단일 경제 단위의 원칙' 하에 '민족 내부거래'로 간주 무관세와 부가 가치세 면제 등의 특혜를 부여받았다. 이는 우리나라의 햇볕정책과 유사하다. 이로써 서독인들이 경제적으로 많이 손해를 보고 동독이 이익을 보았지만, 그로 인한 동독의 서독 경제 의존도는 더욱 높아 갔다.

둘째, 인적교류도 활발하였다. 동서독 간의 인적왕래는 분단 이후 처음부터 가능하였다. 서독 주민들은 부모형제와의 만남에 한하여 연간 1회 4주 동독여행을 허가받았고, 일반 주민들에게는 1일간 동베를린 체류를 허용받았다. 뿐만 아니라 동독은 서독인들에 대해 동독 내 박람회 참가나 상용 여권에 의한 여행 또는 동독 공공기관으로부터의 초청장을 소지한 사람들에게는 제한 없이 입국을 허용하였다. 이에 대한 반응으로 동독인이 통행조약에 의해 서독인을 만나러 갈 경우엔 연금생활 대상자에 한해 언제나 가능하였는데 이러한 나이 제한은 80년대 이후 많이 완화된다. 또 동독인이 서독으로 올 경우엔 환영금을 지급해 주기도 하였다. 서독에서 동독 지역으로의 전화 통화는 1988년 이미 4천만 회에 달했으며, 2억 통의 편지와 3천6백만 개의 소포가 상호 교환되었다.[61]

동서독의 인적교류에 제한적인 규제가 없었던 것은 아니지만 분단 초기부터 연간 100만 명 이상의 교류가 가능하였다. 1960년 110만 명이던 교류인원이 70년엔 125만 명으로 늘어났고, 1972년에는 154만 명으로 불었다. 그러다가 서독인 독일연방공화국과 동독인 독일민주공화국 관계의 기본원칙에 관한 조약이 발효된 1973년에는 동서독 여행자가 227만 명으로 늘어났으며 그 후 동서독 간의 인적 왕래는 연간 500만 명에 달하였다.[62] 1980년대에는 방문 및 여행자

---

61) 안미현 외 역, Alexander Thumfart 저, 『동서독의 정치 통합』, 통일부 통일교육원, 2008 참조

62) 동서독은 1972년 기본조약 체결 이전에도 이미 통행협정을 만들어 양측 간의 여행절차를 보다 쉽게 간소화하였

수가 매년 8~9백만 명에 도달하였다.

셋째, 동서독 교류 과정에서 언론매체의 교환은 통일을 촉진시켰다. 동독은 분단 초기에는 언론을 통한 서독의 자유사상 유입을 두려워하였다. 그래서 동서독의 공식적인 라디오, TV 교류는 기본조약이 발효된 1973년 이후부터 가능해졌다. 그러나 동독주민들은 1972년의 기본조약 발효 이전부터 서독의 TV와 라디오를 시청하고 있었다. 동독 당국은 서독의 TV, 라디오 전파를 막으려 했으나 1,400km에 달하는 국경선을 모두 봉쇄할 수는 없었다. 그래서 동독인들은 분단 초기부터 서독의 전파에 노출될 수밖에 없었다. 통일 전인 1988년 서독의 수도 본에는 6명의 동독 특파원이 주재하고 있었으며, 동독의 동베를린에는 19명의 서독 상주 특파원이 취재하고 있었다. 뿐만 아니라 서독의 3개 TV 방송국이 동베를린에 지사를 설치, 현지 방송을 함으로써 동독 지역 85%가 서독 TV 시청권으로 들어갔다. 라디오의 경우는 100% 서독 가청권으로 확대되었다. 이러한 방송매체의 교류는 사람들의 특히 동독인들의 인식을 바꾸어 놓는 계기가 되었다. 특히 RIAS 방송국은 두드러지게 동독 교화방송을 실시하였는데 여기에는 서독 정부의 전폭적인 지원이 있었다.

넷째, 양독 간에는 정치인들의 상호 교류와 방문이 있었으며, 서독이 비밀리에 정치범을 대가를 지불하고 사는 등 정치 협상이 있었다. 서독은 동독 내의 정치범을 빼내기 위해 엄청난 몸값을 지불했다. 1인당 3만 5천 달러 내지 7만 달러가 소요된 것으로 알려졌다. 서독은 1962년~82년 사이에 1만 9천 명의 정치범들을 동독으로부터 사들였는데, 이를 위해 10억 달러의 몸값을 건넸다고 한다.

다. 서독의 민주주의와 경제적 우월성

서독은 정치적으로는 자유민주주의·법치주의 국가로서 확실하게 자리 잡았으며, 경제적으로는 시장경제와 사회복지를 적절히 결합하여 세계 최고 수준의 복지국가가 되었다. 서독은 분단 이후 콘라드 아데나워의 '라인 강의 기적'을 통하여 경제적 부강을 이룩하고 나치 체제의 청산을 통해 자유민주주의를 정착시킴으로서 민주 복지국가로 발전하였다. 서독은 분단 시부터 영토 면에서는 4 : 1, 인구 면에서 3 : 1로 동독을 압도하였으며 서독의 경제 발전은 더욱 그

다. 1971년 12월 체결된 동서독 통행협정은 여행자 보호, 인적 왕래 절차의 간소화, 화물 수송절차의 완화, 교통편의 개선, 교통위원회 설치 등의 내용을 담고 있었다.

격차를 크게 하였다.

이를 토대로 사회당 빌리 브란트 수상의 동방정책은 양독 간의 교류와 협력의 계기를 마련하고, 콜의 지속적인 경제 발전과 대독 인적·물적 교류는 동독 주민을 서독으로 끌어들이는 강한 흡인력으로 작용하였다. 이처럼 서독의 튼튼한 경제적·물질적 토대가 동독을 같은 경제권으로 흡수하는 계기를 마련하였다.

라. 동독 주민들의 탈출과 민주혁명

동독 주민들은 서독에로의 탈출과 반정부 시위를 통해 동독 정부를 압박했으며, 자유로운 선거를 통해 신속한 통일의 길을 선택했다. 독일 통일의 실질적인 원동력은 동독 주민들에게서 나왔다. 그들의 목숨을 걸고 독재에 항거하고 자유를 쟁취하려는 노력이 독일 통일로 연결되었다.

공산정권의 이중성과 서독에 비해 참담한 생활상을 체험해 온 동독 주민들은 소련과 주변 사회주의 국가의 변화를 보며 탈출을 감행하기 시작하였다. 동베를린 서독 대표부에 진입해 서독행을 요구하는가 하면, 체코나 폴란드 주재 서독 대사관으로 탈출해 인산인해를 이룬 동독인들은 공산정권의 억압을 폭로하며 자유를 외치게 되었다.

헝가리 정부는 1989년 9월 11일 오스트리아로 탈출하려는 동독인을 위해 국경을 개방한다는 결정을 내렸고, 서독 정부는 탈출자 전원을 안전하게 서독으로 이주시켰다. 동독인들은 헝가리 정부의 국경 개방 이후 10월 말까지 두 달이 채 안 되는 짧은 기간 동안 2만 4천여 명이 서독에 안착함으로써 서독으로 탈출한 동독인의 수는 10만 명을 넘어섰다. 그리고 이 사건은 베를린 장벽 붕괴의 가장 직접적인 원인이 되었다.

마. 독일의 연방국가적 전통

독일은 역사적으로 지방분권 국가였기 때문에 전통적으로 지방정부가 연방정부에 가입하거나 탈퇴하는 경험을 가지고 있었다. 이 때문에 서독 기본법 23조에는 동독 지역의 연방 가입이 언제라도 가능하도록 그 길을 열어 두었다. 동독 주민들이 자유로운 결정에 따라 연방에 가입하기로 결정한 것은 독일 역사에서 볼 때 전혀 이상한 것도 아니고 자존심이 상하는 일도 아니었다. 이러한 전통이 양독의 교류 협정을 가능하게 하였고, 궁극적으로 통일 조약도 양측이 쉽게 수용할 수 있게 하였다. 이와 함께 분단 이후 양독 사이에는 무력 충돌이 한 번도 없어 적대적 감정이 없었으며, 동독에도 종교의 자유가 보장되어 있었던 것이 통일의 저력으로 작용하였다.

6.3 독일 통일의 의의

독일 통일의 의의는 여러 측면에서 검토할 수 있을 것이다. 그 과정이나 절차뿐 아니라 외교적 노력이라는 측면에서 보면 독일 통일의 의의는 다음과 같이 규정될 수 있다.

가. 게르만 민족 자결권의 완성에 의한 통일

분단국의 통일에 민족 내부의 역량과 합의가 중요함은 재론을 요하지 않는다. 게르만 민족의 자결권이라는 시각에서 보면 독일의 통일은 민족자결권의 완성을 뜻한다. 동서독인들이 오데르-나이세 국경선을 인정한 것도, 동독인들이 독일연방공화국에 가입하기로 결정한 것도 모두 스스로 결정한 것이다. 서독은 정부 수립 당시 전체 독일인들이 자신의 진로를 스스로 결정한 날이 올 것을 기대하고, 통일을 기본법 전문에 명시함과 아울러, 그 구체적인 방법으로 동독의 연방 가입에 관한 규정을 헌법에 명기해 두었다.

과거 소련은 전체 독일인들의 자결권 행사가 유럽의 평화와 안정을 위협한다는 이유로 이를 허용하지 않았으며, 동독 당국 역시 동독은 사회주의적 민족으로서 서독과 전혀 다르기 때문에 자결권을 거론할 필요조차 없다고 하였다. 또한 그들은 이를 관철하기 위해 각종 억압 장치를 통해 주민들을 통제해 왔다. 그러나 1989~90년의 혁명적 변화 속에서 통제와 감시기구들이 하나둘 와해되고, 동독인들은 자신의 운명을 스스로 결정할 기회를 갖게 되자 독일연방공화국에 편입하는 길을 선택한 것이다.

그러나 동독인의 입장에서 보면 독일 통일은 미완성 혁명이라고 볼 수 있다. 동독인들이 서독으로 탈출하고 반정부 시위를 일으켰을 때에는 통일이 아니라, 체제개혁을 요구했기 때문이다.[63] 그러나 이러한 동독의 평화혁명은 동독 체제의 개혁을 넘어 통일, 그것도 서독의 체제에 편입되는 통일로 귀결되었기 때문에 동독인들은 서독의 기존 제도 안에서 혁명의 과실을 맛보아야 했던 것이다.

---

63) 그리하여 동독 주민들의 의사가 통일정부에 반영되는 데에는 처음부터 한계가 있었다. 통일 후 동독인들이 새로운 제도에 적응하느라고 고통을 당하고, 심리적인 갈등을 겪는 것도 모두 이와 관련된 문제라고 볼 수 있다.

나. 대화와 타협에 의한 평화적 · 법제도적 통일

독일 통일은 통일이 이루어진 과정을 보면 대화와 타협에 의한 평화적 · 법제도적 통일이라고 할 수 있다. 콜 수상이 독일 통일을 위한 10개항을 발표할 때까지만 해도 많은 사람들이 통일은 5년 내지 10년 정도 걸릴 것으로 내다보았다. 베를린 장벽이 무너지고 동서독 국경이 개방되었음에도 불구하고 독일 통일에는 수많은 장애물이 놓여 있었다. 서독이 여러 가지 난관을 극복하고 신속한 통일을 이룩한 데는 콜 수상의 기회포착과 과감한 추진력이 큰 역할을 했다고 볼 수 있다. 1990년 2월 많은 사람들이 아직도 점진적이고 단계적인 독일 통일을 주장하면서 의견이 분분할 때, 그는 즉각적인 화폐통합 등 신속한 통일방안을 발표하고 이를 적극적으로 추진하였다.

독일 통일은 또한 시종일관 서독의 연방정부와 주 정부 및 여야 대표, 동독정부, 전승 4개국, 유럽공동체 집행위원회, 폴란드 등 이해관계 당사자들이 모두 참여한 가운데 대화와 타협을 통하여 어려운 문제들을 하나하나 해결해 나간 협상의 결과라고 할 수 있다. 독일 문제를 둘러싸고 40년간 산적해 있던 국내적 · 국제적 문제를 수많은 협상 당사자들이 짧은 시간 내에 큰 마찰 없이 타협을 보고, 이를 조약법으로 명문화하여 모든 당사자들이 실천하도록 한 것은 대화와 합의에 의한 독일 통일의 성격을 잘 입증해 준다.

다. 동독의 자주적인 결정에 의한 통일

독일 통일이 이렇게 신속하게 이루어질 수 있었던 것은 동독인들의 주체적인 통일의지가 작용하였기 때문이다. 동독인들 사이에서는 동독 상황의 변화에 대한 강한 갈망이 있었다. 동독에는 민주화와 개방화의 물결이 일고 있었지만 두 분단 당사자 간에 교류와 협력의 길은 더뎠고 불신과 긴장의 벽이 짓누르고 있었다. 동독은 오랫동안 에리히 호네커 공산당 서기장의 철저한 독재하에 갇혀 자유와 개방을 기대할 수 없었다. 그들은 호네커 서기장의 강요에 따라 동독이란 '노동자의 낙원'이요 분단국이 아닌 '주권 독립국'이므로 더 이상 통일 문제는 존재치 않는 것을 믿어야 했다. 동독 주민들이 자유를 향유하지 못하는 상태 하에서 독일의 평화통일은 기대할 수 없었다.

그러나 1980년대 후반에 이르러서는 동서독 사이에 국경선만 존재했을 뿐 실질적인 교류와 협력이 이루어져 '사실상 통일의 삶'을 영위하기 시작하였다. 이러한 분위기에 편승하여 독일의 통일은 동독인들의 자주적이고 민주적인 방식에 의한 동독 6개 주의 서독 편입결정으로 성립되었다. 동독 인민회의는 서독 기본법 23조에 의거한 동독의 서독 편입일자를 1990년 10월 3일로 결정한다는 결의안을 8월 23일 채택하였다. 동독의 자발적인 서독 편입 결의안 채택으로 동독은 1990년 10월 3일 0시를 기해 서독연방에 편입되었는데 그것이 동서독 통일이 완성되는 역사적 순간이었다.

라. 동서 유럽의 통일

국제적 측면에서 볼 때 독일 통일은 유럽 분단의 극복을 의미하며, 2차 대전 후 가장 난해한 과제였던 독일 문제의 최종적 해결책을 뜻한다. 전승 4개국은 2차 대전 이후 나치 청산을 위해 독일을 분할 통치했지만, 이는 곧 독일의 분단으로 고착되고 유럽 분단으로 이어졌다. 그러나 1980년대 말 소련 및 동구 공산권에서 일어난 일련의 민주혁명은 동·서 유럽의 화해와 협력을 요구하였다. 독일 문제가 어떤 형태로든 해결되지 않고는 동·서 유럽이 진정으로 하나가 될 수 없다는 사실을 스스로 인정한 것이다.

전승 4개국은 물론 인접국들이 독일 통일을 하나의 해결방안으로 생각한 것도 이 때문이다. 여기에는 물론 전후 독일, 특히 서독이 40년간 나치스 체제의 청산 등 과거의 죄과를 깊이 반성하는 가운데, 자유민주주의를 정착시키고 유럽의 평화를 위해 노력한 점이 큰 역할을 한 것이다. 유럽 국가들은 독일의 참회를 진실로 받아들이고 앞으로 독일이 유럽 평화의 동반자로 다시 태어나길 바라는 마음으로 독일 통일을 허용하였다고 볼 수 있다.

6.4 통일 후의 해결 과제

독일 통일은 양독 주민들의 통일에 관한 열망과 의지의 결과로 평가받을 수 있다. 독일 통일은 독일 내부의 환영뿐 아니라 국제적 지지도 받았지만, 아직도 통일의 후유증은 곳곳에 남아 있다. 통일 후 해결 과제를 정리하면 다음과 같다.

첫째, 과거 동독 공산 정권에 의해 저질러진 정치적 과거의 청산 문제이다. 통일 정부는 피해자 10여 만 명의 복권과 보상 신청을 접수하여 조사 · 처리하고 있으며, 공산당과 정권기관 등의 권력 남용자로 분류된 가해자 6천여 명에 대해서는 사법 처리를 원칙으로 규정하고 있다. 즉 통일 전 동독의 가해자와 피해자에 대한 불법 행위 청산 작업 및 희생자 보상 문제가 아직도 남아 있는 숙제이다.

둘째, 동독 지역에서의 새로운 행정 · 사법 체제를 구축하는 문제이다. 먼저, 행정 분야에 있어서 정부는 지방 행정 인력의 부족 문제를 해결하기 위하여 구동독 공무원을 대상으로 자격 심사와 재교육을 거쳐 이들을 재임용하거나, 일부 서독 공무원들을 파견 · 전보하여 해결하고 있다. 사법 분야에 있어서는 동독 지역 주민들의 법률적 보호와 사법적 공백 현상을 방지하고 새로운 사법 체계를 구축하기 위하여 구동독의 사법 요원들을 재교육시켜 자격 심사를 거쳐 선별 · 재임용하는 조치를 취하였다. 그러나 동독 지역에는 교육제도 개선 등의 문제가 여전히 해결 과제로 남아 있다.

셋째, 동독 지역의 경제 회생을 위한 경제 재건 문제이다. 통일 정부는 붕괴 상태에 있는 동독의 경제를 회생시키기 위해 신 연방 주 경제 재건 정책을 적극 추진하고 있다.[64] 통일 후 동독의 경제 건설과 복지비용은 증대되었으며 환경 개선 문제는 그대로 남아 있어 서독인들의 세금은 더욱 증가되었다. 이로 인해 동독 경제는 1990년대 초부터 연평균 6%의 경제 성장률을 기록하여 서독 경제의 절반 수준을 달성하였으나, 시간이 갈수록 통일 독일의 경제 성장률과 노동 생산성은 낮아지고 있는 것이 문제이다.[65]

넷째, 동독 지역의 소유권 등 재산권의 처리 문제이다. 동독 지역은 소련군 점령 시 점령군에 의한 토지 개혁으로 몰수된 재산권에 대해서는 보상을 하기로 결정함으로써 비교적 수월하게 해결해 가고 있으나, 동독 정부에 의해 몰수당한 재산권에 대해서는 원래의 소유자에게 돌려주는 것을 원칙으로 함에 따라 200여 만 건의 반환 청구 소송이 제기되어 있다.

다섯째, 가장 심각한 문제는 동독인들의 정신적 · 심리적 갈등 문제이다. 동독 정권하에서 교조적이고 타율적인 생활 방식에 길들여진 동독 주민들이 새로운 민주주의 제도와 시장경제 질서에 쉽게 적응하지 못함으로써 겪는 심리적 갈등은 심각한 문제이다. 재산권의 불확실성으로 인한 위기감, 실직, 서독 국민들에 비하여 2등 국민이라는 열등감, 사고방식의 괴리 등은 사회 병리적 현상으로 나타나고 있다. 동독인들의 피해의식과 심리적 갈등 즉 '마음의 벽'으로 인한

---

64) 통일정부는 동서독 주민 간의 생활 격차를 해소하기 위한 보조금뿐만 아니라, 동독 재건을 위한 시설 현대화와 신규 투자 등 통일 후 10년간 1조 5천억 마르크라는 막대한 비용을 투입하고 있다.

65) 독일 제품의 세계 시장 점유율은 1990년대 초 11.5%에 비해 2002년에는 9.2%로 하락하였고, 첨단 산업 분야의 수출 경쟁력은 더욱 열세인 것으로 나타났다.

1국 2사회의 문제는 정신적 문화적 통일의 어려움을 그대로 반영하고 있다.

6.5 독일 통일이 주는 교훈

독일의 통일 과정과 방법은 한반도의 통일 문제 해법에 많은 시사점을 주고 있다. 독일의 통일 경험은 남북한의 통일을 위하여 국내환경, 남북관계, 국제환경이라는 세 가지 축의 동조화가 필수적이라는 사실을 가르쳐 주고 있다. 나아가 독일 통일은 우리들에게 통일을 위하여 어떠한 전략적인 틀을 모색되어야 하는 지를 가르쳐 주고 있다. 독일 통일이 우리에게 주는 교훈을 정리하면 다음과 같다.

첫째, 정부의 대북 통일 전략 수립 및 추진 과정에서 장·단기적으로 합리적인 대북 정책의 선택이 요구된다. 서독의 동방정책을 통한 동독과의 지속적 교류·협력과정은 우리의 대북 정책에서도 원용해야 할 정책이다. 우리의 대북 포용 정책이 북한의 개혁과 개방에 영향을 미치고 있는 것은 부정할 수 없다. 포용 정책이 북한의 실질적인 변화가 수반되지 않는 방편적 전술적 변화라고 비판하지만, 그러한 변화가 실질적인 변화의 계기를 마련해 줄 가능성은 항상 있기 때문이다.[66)]

이러한 점을 충분히 고려한다면, 우리의 대북 정책은 보다 장기적 관점에서 신중하게 접근해야 할 것이다. 그러나 신중함을 최악의 상황을 대비하는 것과 동일시하고 군사적 안보에만 관심을 집중하는 보수적이고 경직된 시각은 결코 바람직하지 않다. 왜냐하면 군사적 위험 이외에도 정치적, 경제적, 사회적인 측면에서 분단에 의해 야기되는 서로 다른 위협들이 존재하기 때문이다. 예컨대 안보적 긴장이 국가 리스크를 증대시킴으로써 국민경제에 매우 큰 부담을 준다는 사실도 간과될 수 없는 위협이다. 그러므로 최악의 상황에만 집착하기보다 여러 가지를 동시에 고려하여 다양한 가능성을 계산하는 대북정책을 수립하고 추진하는 자세가 필요하다.

둘째, 대북 협상과 교류에 있어서 상호주의 원칙을 신축적으로 적용하여야 한다.

---

66) 만약 북한의 실질적 변화가 불가피한 것으로 전제하고 정책을 추진한다면, 이러한 태도는 자칫하면 '자기충족적 예언'에 머물며, 정책의 실효성을 현저히 저하시킬 수 있다. 실제로 동독이나 구공산권의 경험을 되돌아볼 때, 사회주의 체제의 변화는 본질적으로 체제 내부의 역동성에 의해 시작되며 서방의 영향은 변화과정에서 단기적인 결정요인으로 작용하기보다 장기적·간접적인 효력을 발휘한다. 즉 단기적으로 남한의 대북정책이 북한 변화의 결정적 요인으로 작용할 가능성은 그리 높지 않다. 그러나 동독의 예로 보듯이 외부의 영향력도 중·장기적으로 공산권 내부의 변화를 촉진하는 데 결코 무시할 수 없는 변수로 작용한다는 사실을 간과할 수 없다.

독일의 경우에는 동서독 간의 협상이 지속되는 가운데 '줄 것과 받을 것'에 대한 상호 기대수준이 자연스럽게 정립됨으로써 내독관계가 발전될 수 있었음을 상기할 필요가 있다. 북한은 남북협력에 관한 주요 합의들을 실천하지 않은 채, 매번 비슷한 내용의 새로운 합의를 해주는 대가로 경제지원을 요구하고 있다. 이에 대한 대응방식을 두고 우리 사회에는 두 가지 상반된 견해가 경쟁하고 있다. 하나는 '특화된 상호성(specified reciprocity)'과 동일한 의미에서 '엄격한 상호주의'를 적용해야 한다는 입장이고, 다른 하나는 신축적 상호주의의 적용을 강조하는 입장이다. 후자의 입장은 대체로 두 가지 논거를 갖는다. 즉 북한 변화의 촉진과 평화구축을 위한 대가의 선지불이란 것과, 남북한은 궁극적으로 통일되어야 할 하나의 민족이기 때문에 통일대비 차원에서 여유가 있는 우리의 희생이 어느 정도 필요하다는 입장이다.

신축적 상호주의는 상황에 따라 유용한 전략으로 간주될 수 있다. 예컨대 남북대화의 촉진을 위해서라든지, 또는 우리의 도움으로 북한의 변화가 확실한 경우에 신축적 상호주의의 필요성은 더욱 요구된다. 그러나 교류·협력이 확대되는 상황에서도 약속 위반을 계속하며, 교류·협력 자체를 이익 극대화를 위한 일종의 지렛대로 간주하는 북한의 전략적 태도와 이에 대해 언제까지나 인내하기 힘든 우리 사회적 분위기를 감안하면, 신축적 상호주의의 지속적 적용은 중·장기적으로 오히려 역효과를 낼 가능성이 높다. 따라서 향후 남북관계에서 보다 엄격한 상호주의에 대한 비중을 점증시키는 가운데 남북한 간에도 국제적 수준에 근접하는 협력규범을 만들어 적용하는 전략이 필요하다. 다만 북한이 우리 사회 내부의 상호주의 논쟁에 민감한 반응을 보이는 만큼, 엄격한 상호주의 적용을 목소리 높여 공언하기보다 남북협상이나 협력과정에서 조용하게 실천하는 것이 바람직하다.

셋째, 남북한 교류·협력에 있어서 민간 기업 위주의 실용주의적 접근이 필요하다. 동서독의 40년간의 교류와 협력 과정에서 동독이 서독의 발전 모델을 수용하듯이 우리도 대북 정책에 있어서도 통일을 위한 '실용주의적 접근'이 필요하다. 지난 30여 년 동안 남북한은 대화를 통해 상호이익이 무엇인지를 확인하고, 이를 문서화하여 선언하는 작업을 반복해 왔다. 상호 합의한 내용들이 부분적으로 또는 단발적으로 실천되기도 하였으나, 핵심적인 내용은 실천되지 못하고 있다. 북한은 경제위기를 극복하기 위해 남한의 경제지원 및 협력이 절대적으로 필요하지만, 그것을 서두르지 않는 것은 정치적·사회문화적 파급효과를 우려하고 있기 때문이다. 이러한 점을 감안하여 긴 호흡을 가지고 실용주의적으로 접근할 필요가 있다. 실용주의적이라 함은 경제교류 · 협력을 증진시키는 한편, 북한의 소극적 태도를 감안하여 정치적 관계개선에 대해서는 여유를 가지고 접근하는 일종의 정경분리의 성격을 띠는 대안을 의미한다. 물론 실제적으로 남북한 간에 엄격한 정경분리는 불가능하다.[67)]

남북 경제 교류 · 협력을 위한 실용주의적 접근은 가능한 시장논리에 따르는 방안, 즉 민간기업들의 자율적 판단에 일임하는 것이 더욱 효율적일 것이다. 남한기업들이 과다경쟁을 할 가능성, 또는 북한에 일방적으로 이용만 당할 가능성을 방지하는 대책이 필요하기 때문이다. 이를 위해 민간 기업들의 대북사업 협의체를 구성하였지만 아직도 활발한 역할을 하지 못하고 있다. 이 기구에 대해 정부는 협력하고 지원하는 방안을 강구하여야 할 것이다. 이는 1970년대 초반까지 서독이 동서독 교역을 위해 상공회의소를 활용했던 사례에서 구체적인 시사점을 얻을 수 있을 것이다. 이러한 방법은 정치적 관계가 정체될 경우에도 남북경제교류 · 협력의 제도적 발전을 가능케 함으로써 상호이익의 보장과 궁극적으로 상호의존을 강화할 수 있기 때문이다.

넷째, 정부는 대북 관계 개선을 위하여 남북한의 공동이익을 확보하기 위한 프로젝트를 만들어 가야 한다. 서독 정부가 앞장서서 독일의 통일을 위하여 노력하였듯이 정부도 남북한의 공동이익 확보를 위한 대북 정책과 프로젝트를 마련하여야 할 것이다. 개성 공단은 남북의 공동 이익을 보장해 주는 현실적인 프로젝트이다. 그러나 아직 개방이 준비되지 못한 북한으로 하여금 정치적 관계개선에 대해 적극적 태도로 나오도록 만들기 위한 대가 지불은 신중하게 하여야 한다. 인도적 차원의 지원은 필요하지만, 북한의 인프라 구축과 같은 대규모 경제협력은 경제적으로는 물론이고 정치적으로도 실효성을 거두기 힘들다. 북한의 변화를 촉진하려는 대북 경제지원이 소기의 목적 대신 오히려 북한의 전략적 입지만을 강화시키거나, 북한이 실제 이상으로 기대를 갖도록 하여 또 그만큼 실망하게 만들 수 있기 때문이다.

만약 대화의 유지 및 확대를 위해 대북 지원이 불가피할 경우에는 현실성 있게 이루어져야 한다. 이 과정에서 가장 역점을 두어야 할 것은 남북 공동이익이 무엇인지를 북한 측이 스스로 깨닫도록 하는 것이다. 이러한 정책은 북한이 우리의 경제적 도움을 필요로 하며 민간차원의 경제협력을 거부하지 않는 한, 중장기적으로는 오히려 북한의 인식변화와 상호이해를 촉진하는

67) 경제 교류에 있어 전략물자의 반출 문제와 같이 정부의 직접적 개입이 불가피한 사안들이 있고, 대북 경제 협력과 투자도 정부의 지도 · 협력하에 이루어지기 때문이다.

데 더 효과적일 수 있다.

다섯째, 남북관계가 활성화되기 위해서는 모든 분야에서 법적·제도적 장치가 확립되어야 한다. 동서독 간에는 1972년 양독 기본협정에 이은 여러 가지 법적·제도적 협정과 그 실질적인 이행이 1990년 통일로 연결되었다. 우리도 남북 기본 합의서에서부터 남북 정상회담의 합의문에 이르기까지 남북관계의 개선을 위한 합의서는 마련되었으나 실질적인 법적 효력을 갖는 협정들은 체결되지 못하고 있다. 일반적으로 국가 간에 협정이 체결되었음에도 불구하고 실천되지 못하거나, 실천되는 것처럼 보일지라도 속임수라면, 결국 양국의 협력관계는 지속·발전되기 어렵다. 국제 관계에서는 일반적으로 협정 위반이나 상대방을 속일 경우를 대비하여 상대방의 행위를 모니터링하는 장치와 이를 응징할 수 있는 수단이 강구되고 있다. 성숙한 국제관계 내지 다자적 협력관계에서는 다양한 차원에서 투명한 정보 공개를 요구하고 협력규범에 기초한 신축적인 상호주의가 적용됨으로써 협력위반이나 속임수가 응징될 수도 있다. 남북관계에 있어서도 독일 통일 과정에서 보는 것처럼 남북 교류·협력을 위한 실질적인 법적·제도적 장치가 마련되어야 하며, 이를 이행·감시하기 위한 장치가 마련되어야 할 것이다.

여섯째, 남북관계의 개선 및 발전을 위하여 국제정세 변화에 잘 대응하는 외교적 노력이 필요하다. 독일의 경우, 주변 국가들은 물론이고 독일인 스스로도 독일 분단 및 통일이 국제정치적 문제라는 것을 분명히 깨닫고 있었다. 이는 독일인들이 통일이라는 단어의 사용을 자제했다는 데서도 입증된다. 또한 따지고 보면, 새로운 독일 및 동방정책은 1960년대 유럽의 긴장 완화라는 국제정치적 분위기 속에서 서독이 피하기 힘든 대안이었다. 브란트는 동독을 사실상 인정하지 않을 경우, 서독이 동유럽으로부터는 물론이고 동맹국들로부터도 외교적으로 고립될 위험성을 깨닫고 있었기 때문이다.

독일과 달리, 우리의 경우에는 남북한 모두가 항상 한반도 문제의 당사자 해결 원칙을 강조해 왔다. '남북기본합의서' 체결로 이 원칙은 더욱 큰 힘을 얻게 되었다. 그러나 한반도의 문제는 분단 이래 항상 단순히 민족문제일 뿐만 아니라 국제정치적 문제이다. 냉전 시기 동안에는 동북아의 국제질서가 매우 안정적이었기 때문에 우리는 국제정세를 마치 상수인 양 생각하는 데 익숙하였다. 세계적 탈냉전 시기가 도래하면서 국제정세가 변수라는 사실이 재인식되기 시작했다. 특히 1990년대 초반부터 남북관계의 개선과 한반도 평화정착 문제는 사실상 북한의 대량살상무기와 핵개발에 대한 미국의 강력한 대응관계에 의해 좌우되어 왔다.[68] 이러한 상황이 조만간 변화할 가능성은 매우 낮아 보인다. 물론 역대 정부는 미국 및 일본과 대북정책에 관한 협력을 강화하는 한편, 중국과 러시아와의 관계증진을 통해 우리의 대북 · 통일정책에 대한 지지를 확대하는 데 노력해 왔다. 또한 정부 및 민간의 대미 외교는 북핵 문제로 인한 정치적 · 군사적 안보 차원을 넘어 경제안보 차원에서도 그 중요성이 부각되기 때문 지혜롭게 대처하여야 할 것이다.[69]

서독의 경우, 동방정책은 동맹 및 서방정책의 굳건한 기반 위에서 실천력을 확보할 수 있었다. 콜 총리는 동맹정책에 비중을 높이고 외교적 실용주의적 입장을 택했으며, 그 결과 소련의 개혁정책을 계기로 미국의 적극적 협조 하에서 통일을 성취할 수 있었다.[70]

동북아에서 상대적으로 약소국인 우리의 경우에는, 국제적 역학관계를 충분히 고려하는 대북정책이 요구된다. 좋든 싫든 간에 현재로서는 미국과의 동맹관계가 전략적으로 매우 중요하다. 특히 민족공조와 한·미 공조가 길항적인 관계를 유지하는 동안에는 한 · 미 공조에 비중을 상대적으로 크게 두는 것이 바람직하다. 북한이 대량살상무기 개발을 포기하지 않은 상황에서는 더욱 그러하다. 다만 향후 중·장기적으로 한반도 문제가 다자적 차원에서 해결책을 모색하는 상황이 전개된다면, 열강의 세력이 교차하는 가운데 우리도 균형외교를 추구할 수 있는 기회가 주어질 것이고, 이 가운데 민족공조와 국제공조를 자연스럽게 조화시키는 방법이 강구되어야 할 것이다.

일곱째, 대북정책에 대한 국민적 합의 도출과 통일교육이 병행되어야 한다.

모든 정책이 그러하듯이 대북 통일정책이 추진력을 가지기 위해서는 국내적인 정치적 정당성

---

68) 부시 미행정부는 출범 이후 북한 핵문제에 대한 명백한 정책대안을 마련하지 못하였다. 미국의 한 정책전문가에 따르면, 부시의 공화당 행정부는 출범 이후 대북정책을 재검토했으며, 그 결과 클린턴 행정부의 대북정책과 다른 어떠한 정책을 추진하기 어렵다는 사실을 알게 되었다. 그러나 과거 야당 시절 클린턴 행정부의 대북정책을 너무 과도하게 비판했기 때문에 클린턴 행정부와 유사한 정책을 제시하는 것이 정치적 부담으로 다가왔으며, 이에 따라 부시 행정부의 대북정책은 구체적 대안을 제시하지 못하고 혼선을 거듭했다는 것이다. 실제로 북한 핵위기가 점증되는 과정에서 보여준 미국의 대응에는 일관성이 없었다. 그런 만큼 향후 북한 핵문제에 대한 미국 오바마 행정부의 본격적인 대응책 마련 과정에는 미국 내 여론뿐 아니라 다양한 변수가 고려되어야 할 것이다.

69) 북한 핵문제가 해결되지 않으면 한국의 국가 위험도는 높아질 것이고, 이에 따라 세계시장에 깊숙이 발을 들여놓은 우리의 경제에 큰 타격이 예상된다. 이 경우 우리 정부의 대북정책은 두말 할 것도 없고, 모든 국내정치적 프로그램의 실천을 위한 국내적 정당성 기반이 약화될 수 있다. 따라서 우리의 국력에 대한 정확한 평가를 바탕으로, 대북정책을 포함한 외교정책과 국내정치의 연관성을 감안하여 '여우와 같은 지혜'를 가지고 대미 외교를 추진해야 할 것이다.

70) 1970년대 후반 슈미트 총리가 이를 간과된 적이 있다. 당시 슈미트는 미 · 소간에 신 냉전적 관계가 형성되자 중재자적 역할을 자임했으나 그의 외교는 미 · 소 양측으로부터 외면당해 결국 실패했다.

확보가 일차적으로 필요하다. 독일과 달리 전쟁을 경험했던 우리 사회는 냉전문화의 극복이 쉽지 않기 때문에 적극적인 포용 정책이 온 국민으로부터 전폭적인 지지를 얻기 힘들다. 따라서 정부는 민주적 절차를 더 잘 지키고, 나아가 국민의 정확한 현실인식 능력을 고양시킴으로써 문제해결의 기반을 마련하여야 한다. 이를 위해 대북 정책은 일차적으로 대의 민주주의의 공간인 국회의 동의는 두말 할 것도 없고, 참여민주주의의 맥락에서 시민단체들의 다양한 견해를 적극적으로 수렴하여야 한다. 또한 일방적인 대국민 정책홍보보다는 체계적인 통일교육의 틀을 마련하는데 주력해야 한다. 문화 및 의식의 변화는 하루아침에 이루어지는 것이 아니라는 점을 감안하면, 단기적 성과에 급급한 정책홍보는 기대효과를 거두기 어렵다.

서독은 분단 직후부터 국가적 차원에서 정치교육을 체계적으로 추진함으로써 민주주의의 정착은 물론이고 분단에 대한 국민적 인식을 현실적으로 정립시켰다. 이는 1970년대 초반 서독정부가 변화된 국제환경을 적극 수용한 새로운 독일 및 동방정책이 추진력을 가질 수 있는 기반이었다. 이러한 사례에서 보듯이 우리의 경우에도 통일교육이 체계적으로 실시될 경우, 국민들은 단순히 이념논쟁이나 정치 갈등의 소용돌이에 휘말지 않고 각자 객관적인 시각을 가지고 한반도 문제를 판단할 수 있는 능력을 가질 수 있을 것이고, 이는 장차 통일 문제와 관련된 각종의 어려움을 극복하는 기반으로 작용할 것이다. 무엇보다 현재의 이념적 갈등을 고려할 때, 통일교육의 틀을 만드는 것은 쉬운 일이 아니다. 더욱이 5년 단임제 대통령제에서 통일교육이 임기 내 효과를 얻기 힘들기 때문에 어떠한 정부도 그러한 장기적 정책 프로그램에 그리 매력을 느끼지 못하고 있다. 따라서 국회 차원에 더 이니셔티브를 가지고 이 분야 전문가들의 참여로 장기적인 교육 대안을 마련하는 것이 필요하다.

7. 중국과 대만의 통일 정책

중국은 반식민지 상태 하에서 국민당과 공산당의 오랜 내전을 통해 1949년 중국 대륙에서는 마오쩌둥이 승리함으로써 '중화인민공화국'의 수립되었으며, 내전에서 패한 장제스 국민당 정부는 대만으로 도피해 '중화민국'을 수립하였다.

이후 중국의 대만에 대한 통일원칙은 덩샤오핑의 '일국양제(一國兩制)', 즉 하나의 중국에 두 개의 제도라는 원칙이다. 한편 대만은 국민당 시절 소위 '대륙수복'을 통한 중국의 통일을 주장하였으나 국민당의 장기 집권이 끝나고, 천수이볜(陳水扁) 총통이 집권하면서 2002년 '일변일국론(一邊一國論)'을 공식적인 통일정책으로 선포하였다. 여기에서는 중국과 대만의 분단 과정과 양안 간의 통일을 위한 노력을 구체적으로 살펴보기로 한다.

7.1 중국과 대만의 분단사

중국과 대만의 분단 과정과 양안 관계 개선 등 통일을 위한 노력을 정리하면 다음과 같다.

1644년 멸망한 명나라 관리들이 대만에 대거 유입

1683년 청나라의 지배민족인 만주족이 타이완에 대한 통치권 장악

1886년 타이완이 중국의 1개 성이 됨

1895년 청일전쟁으로 대만을 일본에 할양하는 시모노세키 조약(馬關條約)에 서명

1911년 신해혁명에 따른 청조 붕괴로 중화민국 건국, 8년간의 중일 전쟁과 국공 내전으로 세력 급속히 약화

1937년 항일 전쟁 시 중국 정부는 ≪대일 선전 포고문≫을 통해 세계만방에 중일 관계와 관련 있는 조약과 협정·계약의 일률적 폐지 선포

1945년 일본 식민통치 종식, 통치권 중국에 반환

1947년 2·28사건, 국민당 부패에 항거한 주민봉기 무력진압

1949년 공산당의 국공 내전 승리, 마오쩌둥의 중화인민공화국 수립

1949년 장제스 국민당정부 타이완 이주[71], 삼민주의를 건국이념으로 망명정부 수립

1950년 미국 트루먼 대통령이 대만에 대해 불간섭선언(국제문제로 인정)

1950년 한국전쟁에 중국 참전, 미국이 타이완의 중화민국정부를 승인·지원

1954년 미국-대만 방위조약 체결, 대만은 미국으로부터 군사·경제원조를 받아 경제발전에 주력하여 고도성장을 이룩함

1958년 저우언라이(周恩來)의 타이완 해협의 '타이완 해방' 선언

71) 대만 주민은 청나라 때 건너온 한족인 본성인(本省人), 중국 공산당과의 싸움에서 패배하여 본토에서 탈출해 온 한족인 외성인(外省人)으로 구성되었고, 소수에 불과한 외성인의 대만 지배로 본성인과 외성인 간의 갈등이 야기되었다.

1960년　중·소 냉전 상태 표면화

1971년　미국 탁구선수 팀이 중국을 방문하는 '핑퐁외교' 시작, 6월 10일 닉슨대통령이 대중국 금수 조치 해제

1971년　UN총회는 중국에 UN 대표권을 인정하는 알바니아 결의안을 가결, 유엔 안전보장이사회 상임이사국 지위가 중국으로 넘어가고, 대만은 유엔에서 축출

1972년　미국 닉슨 대통령 중국 방문, 미국은 타이완이 중국의 일부이므로 타이완에서 군사력을 철수할 것 등을 약속

1972년　중국-일본 국교정상화, 대만-일본 단교

1979년　미-중 국교수립, 미-대만 국교단절, 중국은 대만에 평화통일 호소

1982년　덩샤오핑, '하나의 중국 원칙'에 입각한 '일국양제(一國兩制)' 제안

1987년　대만, 대륙 내 친지 방문 허용

1990년　대만, 중국 공산당원의 대만 방문 허용

1991년　대만 국가통일강령 '일국양구(一國兩區)론' 제시

1992년　한국 중국과 수교, 대만과의 국교 단절, 주타이페이 한국 대표부 개설

1992년　장쩌민(江澤民), 제14기 전국인민대표대회에서 '평화통일과 일국양제' 방침 밝힘

1993년　중국은 유일한 합법 정부이며, 대만은 지방 정부에 불과하다는 통일 백서 발표

1993년　대만 해협교류 기금회와 중국 해협 양안관계협회가 처음으로 양안관계 협상

1995년　장쩌민의 통일의 원칙인 강팔점(江八點) 제시[72)]

1999년　대만 리덩후이 총통, '양국(兩國)론' 제시

2001년　중국과 대만의 직항 바닷길 열림

---

72) 장쩌민(江澤民) 국가주석이 95년 1월 30일 인민대회당에서 8개 항의 견해와 주장이 담긴 '조국의 통일 대업의 완성을 촉진하기 위해 계속해서 분투하자'라는 제목의 담화를 발표하였는데 그 내용은 다음과 같다.

(1) '하나의 중국'이라는 원칙을 고수한다.

(2) 대만이 외국과 민간 차원의 경제 및 문화 관계를 발전시키는 것에 대하여 이의를 갖지 아니한다.

(3) 중국과 대만 양안(兩岸)의 평화 통일을 위한 협상을 진행하여야 한다.

(4) 중국인은 평화 통일의 실현을 위해 노력하고 중국인과 전쟁을 하지 않아야 한다.

(5) 양안의 경제 교류와 협력에 힘써 노력함으로써 양안 경제의 공동 발전과 모든 중화 민족의 번영에 이바지하여야 한다.

(6) 중화 문화는 전 중국민을 연결해 주는 정신적 고리이며 평화 통일을 실현하기 위한 중요한 기초 요소이다.

(7) 대만 동포의 생활 방식을 존중하고 대만 동포의 모든 정당한 권익을 보호한다.

(8) 대만 당국의 지도자가 적당한 신분으로 중국을 방문하는 것을 환영하며, 우리들도 대만의 초청을 받아 대만을 방문하여 국가의 일을 함께 상의하고자 하며, 또한 이에 앞서 어떠한 문제에 관해서도 의견을 교환할 수 있다.

2002년	대만 천수이볜(陳水扁) 총통, '일변일국(一邊一國)론' 제시
2003년	대만 전세기의 중국 첫 취항
2007년	중국 공산당은 북경에서 대대만 공작회의(對臺灣工作會議)를 개최하여 '평화 통일과 일국양제(一國兩制)'와 장쩌민(江澤民)의 8가지 주장을 재천명

7.2 중국의 통일 정책

1971년 이후 중국의 통일원칙은 하나의 중국 원칙, 일국양제(一國兩制), 대만 독립(臺獨) 반대, 외세 간섭 배제를 기본으로 하면서 양안 간의 교류확대와 대만의 국제적 고립유도라고 할 수 있다. 이를 구체화하면 다음과 같다.

가. '하나의 중국'론

중국은 1997년 홍콩의 반환을 통해 자신감을 회복하고 대만을 '하나의 중국'에 끌어들이려고 노력하고 있다. 중국 중앙 정부는 이 세계에는 '하나의 중국'만이 있고 대만은 분할될 수 없는 중국 영토의 일부분이며, 중앙 정부는 북경에 있다고 선언하였다. 이는 전 세계가 공인하는 사실이며 대만 문제를 평화적으로 해결하는 전제 조건이라는 것이다. 중국 정부는 중국의 주권과 영토를 분열시키는 어떠한 언행도 결단코 반대하며, '두 개의 중국'과 '하나의 중국과 하나의 대만' 또는 '하나의 국가에 두 개의 정부'라는 주장에 대해 반대한다는 입장이다. 그러므로 중국 당국은 '대만 독립'이 가능하게 하거나 이를 유도하는 모든 기도와 행동에 대해서는 철저히 반대한다. 그들은 하나의 중국론에 의해 대만은 분할될 수 없는 중국 영토의 일부분이라는 점은 변화될 수 없는 원칙이며, 중국의 통일을 지지하여 이를 제외한 어떠한 대만의 '자결'이나 '분리' 주장도 반대한다고 분명히 하였다.

나. 일국양제(一國兩制)

'일국양제'는 중국이라는 하나의 국가 안에 자본주의와 사회주의라는 두 개의 체제가 공존하는 제도를 말한다. 즉 일국양제는 중국은 하나의 사회주의 국가 체제라는 원칙을 유지하되, 홍콩과 같이 특별 행정 구역에 한하여 자본주의 체제를 일정 기간 인정한다는 것이다. 중국은 대만에 대해서는 자치권과 함께 군사력의 유지까지 허용한다고 밝혔다. 이것은 대만에 대해

‘하나의 중국’ 원칙을 고수하면서도 대만이 일국양제를 불가피하게 선택하도록 외교적으로 고립시키려는 의도가 내포되어 있다.

일국양제는 ‘하나의 중국’이라는 전제 조건 하에 대륙의 사회주의와 대만의 자본주의가 장기적으로 공존하고 발전하여 어느 한 쪽도 사라지지 않는 방식을 채택한다는 것이다. 그러므로 양안(兩岸)이 통일을 실현한 후에도 대만의 현행 사회 · 경제 제도나 생활 방식, 외국과의 경제·문화 관계 등은 그대로 유지된다. 또한 대만의 개인 재산과 건물 · 토지 · 기업의 소유권의 합법적 계승권을 보장하고, 화교와 외국인의 투자 등도 일률적으로 법적 보호를 받는다.

그러므로 통일 후 대만은 특별 행정구가 되어 중국 내 일반 지역과는 다르게 고도의 자치권을 향유한다. 즉 특별 행정구인 대만은 행정권, 입법권, 독립적인 사법권을 가지며, 당 · 정치 · 군대 · 경제 · 재정 등도 모두 스스로 관리하는 제도라는 것이다. 그러므로 대만은 외국과 상무(商務) 및 문화 등의 분야에서 협정을 체결할 수 있어 일정한 범위 내에서 외교권도 갖게 되며, 대만의 군대를 스스로 보유하도록 대륙이 군대뿐만 아니라 행정 관리도 대만에 파견 · 주둔시키지 않는다. 특별 행정구 정부에서 대만 각계 대표 인사들은 국가 권력기구의 지도자 직을 맡아 국가 사무의 결정과 관리에 참여할 수 있다. 2008년 12월 후진타오는 이러한 토대 위에 양안 간의 군사적 교류를 제의한 바 있다. 중국은 일국양제를 대만의 현실과 대만 동포의 실질적 이익을 고려하는 원칙에 근거한 것이라고 선전하고 있다.

다. 자주적·평화적 협상

중국 정부는 평화 통일은 중국 정부의 기정(旣定) 방침이라고 천명하였다. 모든 주권 국가가 자국의 주권과 영토를 보호·유지하기 위하여 군사적 수단을 포함해 자신들이 필요하다고 생각하는 모든 수단을 선택할 권리를 갖고 있듯이, 중국 정부는 자국의 내부 문제를 처리하는 데 있어서 외국이나 중국을 분열하려고 기도하는 자들에게 승인을 받아야 할 의무는 결코 없으며, 중국인 스스로 선택권을 갖는다는 것이다.[73]

중국 정부는 대만 문제는 순수하게 중국의 내정에 속하며 제2차 세계대전 후 전후 처리

73) 중국은 2000년 2월 21일 「하나의 중국 원칙과 대만 문제」라는 백서에서 통일 전략은 평화통일이지만 통일 실현을 위해서라면 무력 사용도 불사한다는 대만 독립기도에 대한 중국 정부의 공식적 입장을 표명한 바 있다.

과정상 국제 협의에 의해 발생한 독일이나 한반도 문제와는 그 성격이 다르기 때문, 대만 문제는 독일과 한반도 문제와 같이 국제적 협의가 필요 없다고 주장한다. 그러므로 대만 문제는 반드시 그리고 완전하게 양안(兩岸)의 협상을 통해 해결해야 하며, '하나의 중국'이라는 원칙 내에서 합리적인 해결법을 찾아야 한다는 것이다.

중국 정부는 평화적 협상은 양안 간의 상호 접촉과 협상을 통해 자주적으로 통일하려는 방안이라고 주장한다. 중국은 '하나의 중국'이라는 전제조건 하에 대화 방식을 포함해 참가하는 당파와 단체 그리고 인적 구성, 기타 대만 측이 관심을 갖는 모든 문제를 논의할 수 있다는 것이다. 그들은 양안이 모두 중국인인데, 만약 중국의 주권과 영토가 분열되어 군사적 대치로 골육상잔하는 것은 양안 동포 모두에게 극히 불행한 일이라고 주장한다. 또 평화적 협상과 통일이 전 민족을 대단결시켜 줄 뿐만 아니라, 대만의 사회와 경제 안정과 발전에도 도움이 되며 나아가 전중국의 부흥과 부강에도 도움이 된다고 주장한다.

중국 정부는 국제 업무에 있어서도 자주 · 독립적인 평화 외교정책을 추진하며 '상호 주권 존중과 영토 보전 · 상호 불가침 · 상호 내정 불간섭 · 평등 호혜 · 평화 공존'의 5개 원칙을 지지한다고 선언하고 있다. 이를 토대로 중국 정부는 각국 정부에 중국의 자주적인 이익을 침해하지 말 것과 중국 내정에 대해 간섭하지 말 것, 그리고 대만과의 관계 문제를 정확하게 할 것을 요구하고 있다.

라. 양안의 교류 정책 : 3통4류(三通四流)

중국 정부는 양안의 현실을 고려하여 통일을 실현하기 전에 쌍방이 상호 존중과 상호 보완 및 호혜의 원칙에 따라 양안의 경제협력과 각종 교류를 적극 추진하자고 제안하였다. 나아가 중국은 1981년 직접적인 3통(通)인 통신(通信) · 통상(通商) · 통항(通航)과 쌍방 교류를 실행하여, 국가의 평화 통일(平和 統一)을 위한 여건을 조성할 것을 주장하였다. 중국은 정경분리 원칙에 따라 대만과 가까운 푸젠성에 대만의 경제 특구를 설치하는 등 경제적 교류를 확대하고 있으며, 대만의 자본을 적극적으로 받아들이는 정책을 실시하고 있다. 그로 인해 양안 간에는 인적 왕래를 비롯해 과학 기술, 문화 등 각개 영역에서의 교류도 활발해지고 있다. 중국은 소위 경제, 문화, 과학기술, 체육 교류로 대표되는 '4류(四流)'를 통한 양안(兩岸)의 교류 확대 정책을 꾸준히 추진하고 있다.[74)]

7.4 대만의 대 중국 통일 정책

대만은 거대 중국의 일국양제 등 적극적인 통일 정책에 대하여 소극적이고 수세적인 반응을 보였다. 대만은 중국에 대한 뿌리 깊은 불신감 때문에 중국의 각종 제의에 대하여 처음에는 거부감을 보였으나 점차 비정치·민간 차원에서의 양안 간 교류·협력 방안은 긍정적으로 수용하기 시작하였다.

대만은 분단 이후 처음에는 불접촉 · 불담판 · 불간섭의 '3불 정책'을 고수하면서 본토와의 대화에 응하지 않다가, 1987년 38년 만에 처음으로 본토에 대한 친족방문을 허용하였으며 이를 계기로 경제적 실리와 외교적 고립을 피하기 위해 대륙과의 교류를 확대하고 있다. 대만은 중국의 대만 정책에 대항하여 무력 사용 포기를 요구하는 한편 1988년 중국의 '일국양제'에 대하여 일국 양부제론(兩部制論)을 제안하였다. 그것은 '하나의 중국' 원칙하에 중국의 공산당 정권과 대만의 국민당 정권이 모두 지역 정부로서 대등하다는 것이며, 이는 대만 정부의 실체를 인정할 것을 요구한 것이다.[75] 대만은 구동존이(求同存異) 정신에 따라 이질성을 인정하면서도 동질성을 확대해 나가는 정책을 추구한다. 즉 적대적 관계의 청산과 체제 이념의 상호 인정, 교류·협력의 현실적 제약을 우회하기 위한 정치, 정치와 비정치 차원의 분리, 상대방 정권의 권력 주체와 일반주민의 분리 정책을 추구하고 있다.[76]

또한 대만은 1991년 3월 일국양구론(一國兩區論)의 원칙하에 '민주·자유·균부'의 통일 중국 건설을 목표로 '국가 통일 강령'을 제정하였다. 이 강령에서 대만은 이성·평화·대등·호혜의 전제 하에 교류·협력·협상을 통해 하나의 통일된 중국을 수립해야 한다고 강조하고 있다. 대만은 통일을 위한 전제로 정치의 민주화, 경제의 자유화, 사회의 다원화를 이룩하고, 이를 토대로 교류·호혜 단계, 상호 신뢰 협력 단계, 통일 협상 단계라는 3단계의 점진적 통일 방안을 제시하고 있다. 대만의 입장은 중국의 흡수통일 전략이 대만을 직접적으로 위협하지 않는 선에서 중국과의 민간교류를 확대하는 정책을 추진하겠다는 것이다. 대만정부는 대륙과의 전면적인 직접 교역, 수송, 서신왕래에 앞서 전방 3개 도서에 한해 소규모 직항 등을 허용하는 이른바 '소3통(小三通)' 정책을 내놓았다.

---

74) 통일부 통일교육원, 『통일문제 이해』, 2003, p. 170.
75) 위의 책 p. 171.
76) 김근식 외, 『통일·남북관계 사전』(통일교육 총서 09), 통일부 통일교육원, 2004, pp. 129-130.

대만은 2000년 국민당의 장기집권이 끝나고 대만 출신의 민진당의 천수이볜(陳水扁) 총통이 집권하면서 대만의 독립을 당 강령에 명시하고 대만의 독립을 주장하여 중국의 반발을 사기도 했다. 이후에도 천수이볜 총통은 줄곧 대만은 별개의 독립 주권국가[一邊一國]이며 대만의 장래를 국민투표로 결정해야 한다고 주장하였다. 그러나 2004년 5월 천 총통은 11대 총통 취임사에서 임기 내 독립을 선포하지 않고 국호를 변경하지 않고, 양국론을 헌법에 삽입하지 않으며, 현상 변경을 위하여 국민 투표를 실시하지 않고, 국가 통일 강령과 국가 통일 위원회를 폐지하지 않겠다는 입장을 선포하였다.

2008년 5월 20일 국민당 마잉주(馬英九) 12대 총통은 취임사에서 불통, 불독, 불무(不統, 不獨, 不武)의 원칙하에 양안 간의 화해 협력과 평화 공존을 통한 장기적인 윈윈(win-win) 전략을 선포하였다.

7.5 중국과 대만의 교류 현황

가. 물적 교류 현황

1978년까지 중국의 양안 관계는 군사적 대결 구도로 인해 거의 교류가 단절되었으나, 1979년 이후에는 양안 간의 경제적 교류·협력이 확대되었다. 1979년부터 1997년까지 20년간 양안 간 총 교역액은 1,163억 달러인데 대만의 대 중국 수출은 982억, 중국의 대만 수출액은 181억 달러로 대만이 약 800억 달러의 흑자를 보았다. 중국은 이제 대만의 제2위 수출 대상국이자 최대 무역 흑자국이 되었다. 중국은 1988년 대만 동포 투자 장려 규정을 공포하여 대만 기업의 중국 내 투자의 합법적 권익을 보장하고, 푸젠성 지역에 대만 투자 지역을 설정하여 대만의 많은 투자자를 적극 유치하였다.

2001년 대만의 중국 수출은 273억 달러, 수입은 50억 달러로 223억 달러 이상의 무역 흑자를 기록했다. 2001년 중국에 투자한 대만의 자본은 69억 달러이며, 4만 개 이상의 대만 기업이 중국에 진출하였다. 40~50만 대만 경제인이 장기간 중국 대륙에서 경제 활동을 하고 있으며, 그 결과 천만 명 이상의 중국인들에게 일자리를 창출해 주고 있다. 이로 인해 대만 기업의 대 중국 의존도는 점차 높아지고 있으며, 대만 기업은 핵심 사업을 제외하고는 대부분 중국에 생산기지를 두고 있는 실정이다.

나. 인적 교류 현황

1987년 11월 대만 정부가 중국 본토 내 친지 방문을 처음으로 허용한 이래 인적 교류는 계속 증대되고 있다. 1988년 이후 2002년 말까지 중국을 방문한 대만인은 연 인원 2,000만 명에 달하며, 대만을 방문한 본토 중국인도 53만 명에 이르고 있다. 양안의 인적 교류에 대해 중국 측은 군인, 경찰, 정보 관계 인사를 제외한 모든 대만 주민이 중국을 자유롭게 왕래하도록 허용하고 있으며, 2년 동안 중국 내 체류를 허가하고 있다. 그러나 대만은 중국인들의 대만 방문을 제한하고 있어 대조적인 면을 보이고 있다.

이밖에도 양안 간에는 신문기자의 상호 교환 방문, 언론 관련 토론회 개최, 취재 협력과 원고의 상호 교환, 체육·종교 분야의 교류가 이루어지고 있다. 특히 우편물 교류와 전화통화가 활발하여 1997년 현재 양안 간 통화량은 6,000만 회에 달하였으며, 5000만 건의 우편물 교류가 이루어졌다. 2001년 이후에는 양안 간에 선박과 항공도 개통되어 인적 교류와 협력의 폭을 넓히고 있다.

7.6 대만 관련 문제에 대한 중국의 입장

중화인민공화국 정부는 전중국민을 대표하는 유일한 합법 정부임을 유엔과 세계 각국으로부터 사실상 인정받았다. 중국 정부는 국가의 통일을 실현하기 위하여 국제 사회에서 대만 관련 문제를 처리할 때는 시종일관 '하나의 중국'이라는 원칙을 고수하며 일관되게 행동하려고 노력하였다. 중국 정부는 이러한 노력이 각국 정부와 국민들로부터 인정받을 수 있다고 확신하고 있다. 여기에서 중국 정부가 국제 사회에서 주장해 온 대만 문제에 관한 입장을 몇 가지 살펴보기로 한다.

가. 중국과 수교한 국가의 대만 관계 문제

중국과 수교하려는 국가는 중국 정부와의 협의 과정에서 '하나의 중국'이라는 원칙에 따라 대만과는 어떠한 공식적인 관계도 수립하지 않겠다는 의사를 밝혀야 한다. 국제법에 따르면, 한 주권 국가는 오직 한 개의 중앙 정부만이 그 국가를 대표할 수 있기 때문이다. 따라서 중국 정부 당국은 중국의 일부분인 대만이 국제 사회에서 중국을 대표할 수 없으며, 외국과 국교를 수립하는 등 공식적 성격의 외교 관계를 수립할 수 없다고 주장한다. 그러나 대만의 경제 발전과 대만 동포의 실질적 이익을 고려하여 경제와 문화적 측면에서 대만이 외국의 민간이나 단체와 교류하는 것은 이의를 제기하지 않겠다는 것이다.[77]

나. 국제기구의 대만 가입 문제

중화인민공화국 정부는 중국의 유일한 합법 정부로서 국제기구에서 국가의 주권을 대표하는 권리와 의무를 지닌다고 강조한다. 중국 정부는 대만 당국이 오직 주권국가만이 참가할 수 있는 어떤 국제기구에서 이른바 '한 나라가 두 자리를 차지하려는 정책'의 실현을 꾀하려는 노력을 바로 '두 개의 중국'을 획책하려는 정책으로 간주하여 결단코 반대한다. 또한 중국 정부는 '하나의 중국'이라는 원칙이 고수된다는 전제조건하에서, 국제기구의 성격과 헌장의 규정·운영 상황 등을 고려하여 중국 정부가 동의하고 접수하는 등의 방식으로 대만 당국이 일부 국제기구에 참가하여 활동하는 것을 허용하고 있다.

유엔의 모든 기구는 주권 국가만이 대표로 참가하는 정부 간의 국제적 조직이다. 그로 인해 중화인민공화국이 유엔에서 합법적 권리를 획득한 후 유엔의 모든 기구는 대만 당국의 '대표'를 축출하였으며, 대만은 현재 정부 간의 어떤 국제 조직에도 원칙적으로는 참여할 권리가 없다. 대만이 아시아 개발은행(ADB)과 아시아 태평양 경제협력 기구(APEC)등의 지역 경제 기구에 가입한 것도 중국 정부와의 협의와 양해를 구해 이루어진 것이며, 중화인민공화국만이 주권 국가로서 참가하고, 대만은 단지 중국의 일개(一個) 지역인 "중국 대북(中國臺北)"의 명칭으로 참여하여야 한다.[78]

다. 중국과 수교한 국가의 대만 통항(通航) 문제

국가의 영공은 그 나라 영토로부터 분할될 수 없는 국토의 중요한 구성 요소이다. 1919년의 파리 항공조약과 1944년의 시카고 조약에서 확인된 바와 같이 모든 국가는 그 나라 영공에

77) 중국 정부는 대만 당국이 국제사회에서 이른바 무실외교(務實外交)를 통해, 중국과 수교한 국가와 공식적인 관계 발전을 도모하여 '공동 승인'과 '두 개의 중국' 또는 '하나의 중국과 또 하나의 대만'을 획책한 것을 결단코 반대하고 인정치 않고 있다.

78) 대만의 국제 민간기구 활동 참여는 중화인민공화국의 관련 기구와 협의하거나 양해해야 가능하며, 만약 중국을 대표하는 조직이 중국이라는 이름으로 해당 민간기구에 참가하고 있다면 대만의 조직은 '中國臺北' 또는 '中國臺灣'이란 명칭으로 참가할 수 있다. 영문으로는 아시아개발은행에서는 'TAIPEI CHINA', 아시아태평양경제협력기구에서는 'CHINESE TAIPEI'라고 표기한다.

대해 완전하고도 배타적인 주권을 갖는 것이 원칙이다. 따라서 중국 당국은 중국과 수교한 국가의 항공사가 대만과 통항(通航)하는 것은 그 주체가 비록 민간 항공사라 할지라도 모두 중국의 주권 문제에 해당되는 것이며 일반적인 민간 관계가 아니라고 단정한다. 중국과 수교한 국가의 정부 소유의 항공사는 마땅히 대만과의 통항이 불가능하며, 민간항공사가 대만과 통항하고자 한다면 반드시 그 나라 정부가 중국 정부와 협상하여야 한다는 것이다. 이 원칙에 따라 중국 정부가 이미 동의한 영국과 독일, 캐나다 소속 민간 항공사는 대만의 민영 항공사와 협력하여 통항을 하고 있다.

라. 중국과 수교한 국가의 대(對) 대만 무기 판매 문제

중국 정부는 어떠한 국가라도 대만에 무기와 장비를 판매하거나, 또는 무기를 제조할 수 있는 기술을 제공하는 것을 반대한다. 중국과 수교한 모든 국가는 상호 주권 존중과 영토보전 · 상호 내정 불간섭의 원칙을 준수하여 어떠한 형식이나 구실로도 대만에 무기를 제공하지 않아야 한다는 뜻이다. 만약 그렇지 않다면 이는 국제 관계에서 지켜야 할 원칙을 위반한 것으로서 중국의 내정에 간섭하는 것으로 간주한다.

중국은 대만 해협 양안 관계가 날로 완화되어 가지만 일부 국가가 국제 협약에서 승인한 바를 위반하면서 대만에 무기를 판매하여 양안 간에 긴장 국면을 조성하는 것을 비판한다. 중국은 이것이 중국의 안전에 심각한 위협을 줄 뿐만 아니라 중국의 평화통일(平和統一) 사업의 발전을 가로막고, 아시아와 세계의 평화와 안정에 유익하지 못하다고 간주하기 때문이다.

8. 통일을 위한 준비과제

한반도 통일을 위하여 우리는 무엇을 어떻게 준비해야 할 것인가? 분단의 세월이 길어질수록 통일의 길은 멀고, 우리가 통일을 위하여 준비해야 할 과제도 많아질 것이다. 우리는 내부적인 통일의 준비뿐 아니라, 외부적인 통일 환경 조성, 남북관계의 개선을 위한 정책적 노력도 게을리 하지 않아야 할 것이다.

8.1 레이 클라인의 국력 가설과 통일 과제

레이 클라인(Ray Cline)의 국력(national power) 개념에는 인구와 영토, 경제력과 군사력이라는 하드웨어뿐 아니라 국가의 전략적 목표와 국민들의 정신력이라는 소프트웨어도 포함된다. 이는 통일에 대비하여 국력을 비축하는 우리에게 통일에 관한 준비 과제에 관한 설명도식으로서 매우 중요한 의미를 지닌다. 레이 클라인은 국력을 **P = (C+E+M)×(S+W)**로 설명하고 있다. 즉 강한 국력은 적정 규모의 영토와 인구(Critical Mass), 경제력과 군사력(Economic Capability +Military Capability)이라는 토대 위에 국가의 전략적 목표 설정과 국민들의 그 목표의 추구의지(Strategic Pupose+Will to Pursue Nation Strategy)에 의해 상승된다는 것이다.[79] 이제 우리는 통일의 당위성을 논의할 때 같은 민족으로서의 인도적 차원보다는 '보다 힘 있는 통일 국가 건설'이라는 당위성을 논의하는 것이 더욱 설득력을 지닐 것이다. 레이 클라인의 가설에 따라 국력 개념을 보다 구체화해 보면 다음과 같다.

가. 영토 · 인구(C)

국가의 영토와 적정 규모의 인구는 국가 구성의 필수적인 요소일 뿐 아니라 국력이나 국가 발전의 기본요건이다. 대체로 서구의 선진국인 영국, 이탈리아, 통일 독일의 인구가 7,000만에서 8,000만 정도에 이르고 있다. 우리도 통일을 이루면 영토의 2배 확장뿐만 아니라, 남북한 7,500만 명의 인구로 인하여 유럽식 중형 선진강국의 토대를 구축할 수 있을 것이다. 또한 여기에 더하여 전 세계 180여 개국에 분산 거주하고 있는 재외 동포 750여 만 명은 세계화 정보화 시대의 첨병으로서 통일 조국의 선진화에 긍정적으로 기여할 것이다. 특히 중국의 해외 거주 화상이나 유태인 들이 모국 발전에 크게 기여하였듯이 해외에 있는 우리의 재외 동포[80]들은 통일 조국의 발전에 외교적으로나 경제적으로 크게 기여할 것이다.

---

79) M.R. Amstutz, *An Introducuction To Political Science : The management of conflict*(Glenview,Illinois, SCOTT FORESMAN AND COMPANY), 1982, pp. 385-386.

80) 한국 재외 동포들의 근면성, 교육열, 강한 성취 욕구 등은 현지화의 성공 요인이 되고, 재외 동포들은 황인종으로서 다인종 접근 가능성과 함께 현재도 모국 발전에 크게 기여하고 있다.

나. 경제력(E)과 군사력(M)

오늘날 경제력은 국력 측정의 핵심지표이다. 현재 우리나라는 국민총생산(GDP) 규모면에서 세계 12위이며, 1인당 국민 소득 수준도 2만 불에 이르고 있다. 그러나 남한만의 독자적인 경제 발전과 성장에는 한계가 있다. 남북의 통일을 전제로 한 한반도의 종합적 · 균형적인 국토 개발계획은 경제의 발전과 더불어 우리의 국가 위상을 한 단계 높일 것이 확실시된다. 통일의 전 단계라도 남북의 교류·협력, 투자의 활성화는 남북 공히 경제적 이익을 도모할 것이다. 남한의 자본과 기술, 북한의 노동력과 토지를 제공하여 이루고 있는 개성 공단은 남북한 경제 협력의 이상적인 합작 모델이 되고 있다. 북한에 대한 물질적 지원과 경제의 협력은 북한 동포들의 어려운 생활환경 개선뿐 아니라 장기적으로 보면 북한의 경제를 남한 의존적 구조로 변형시키는 계기가 될 것이다. 북한의 나진·선봉 경제 특구에 이은 금강산 관광 특구, 신의주 행정 특구, 개성 공업지구 개방이라는 북한의 4각 벨트와 그 규모의 확대는 장기적으로 보면 '서독 의존적인 동독 구상'처럼 통일의 초석이 될 것이며, 이를 통해 우리는 한반도에 새로운 '통일 경제 강국'을 건설할 수 있을 것이다.

이러한 경제력의 증대는 현대적 군사력의 증강과 직결한다. 이를 위해 남북 화해·협력의 시대에도 우리는 안보를 위하여 군사적 토대를 튼튼히 하면서 지속적인 경제 성장과 발전을 위하여 노력하여야 할 것이다.

다. 국가 전략(S)과 국민의 발전의지(W)

레이 클라인은 국력의 중요한 요소로서 경제적 물질적 토대뿐 아니라, 국가의 전략적 목표설정과 이를 추진하기 위한 국민들의 자발적인 발전 의지 등 구성원들의 정신전력을 대단히 중요시하였다. 우리의 국가 전략의 목표는 정치, 경제, 사회, 문화 등 내부적인 발전 목표뿐만 아니라 대북 정책 등 외교적 발전 목표도 포함된다. 국가 발전에는 발전에 대한 거시적 구상 및 전략이라는 정책 목표뿐 아니라 국민들의 발전의지 등 정신적 토대 형성이 우선되어야 한다. 이를 우리의 통일 문제에 접목해 보면 대북 통일 정책뿐 아니라 국민들의 통일에 대한 열망과 의지의 중요성을 일깨워주고 있으며 이에 관한 국민적 합의 기반이 중요함을 암시하고 있다.

8.2 통일의 기반 조성과제

가. 경제적 역량 강화

통일은 국민의 염원이나 의지만으로 이룩되는 것이 아니다. 통일의 주인공인 우리가 통일을 위한 충분한 경제적 역량을 갖추지 못한 상태에서는 아무리 좋은 기회가 찾아온다 해도 통일과정을 순조롭게 진행시켜 나갈 수 없다. 특히 통일의 물질적 기반인 경제력을 키우는 것이 가장 기본적인 과제라고 할 수 있다.

우리 사회의 경제력은 북한의 개혁 · 개방의 여건을 마련하기 위해 필요한 물질적인 토대이며 통일 이후 혼란이나 부작용을 극소화하면서 북한 지역을 신속히 재건할 수 있는 원동력이다.[81] 하지만 우리나라의 경제력은 아직도 통일에 따르는 막중한 비용을 감당해 낼 수 있는 수준에 도달하지 못하고 있다. 1997년 대우 경제연구소는 통일 비용이 10년 동안 325조 원이 들 것이라고 예측하기도 했다.[82] 이 같은 막대한 부담을 감당할 수 있는 우리의 경제력을 키워 나가는 일이 무엇보다 시급한 과제라 하겠다. 우리는 자본주의의 구조적 취약점인 성장과 분배의 조화를 이룩하면서 통일의 물질적 토대부터 튼튼히 마련하여야 할 것이다. 우리는 경제력을 바탕으로 통일에 대비한 사회 간접 자본 시설을 확충하면서, 나아가 남북 경제통합에 대비한 산업구조의 조정 계획도 치밀하게 수립하여야 할 것이다.

나. 민주복지공동체 건설 과제

통일의 목표는 궁극적으로 한반도 전역에 하나의 '민주 복지 공동체'를 건설하는 것이다. 남과 북이 힘을 합쳐 자유민주주의를 바탕으로 새로운 복지 공동체를 이루는 것이 곧 통일이라는 뜻이다. 그러나 하나의 민족공동체를 만들려는 우리의 노력에 북한이 호응해 오지 않는 현실을 감안할 때, 우선 우리부터 모범적인 민주공동체를 가꾸어 나가야 한다. 이는 곧 통일 조국의 미래상을 우리 내부에서 먼저 구현하자는 것으로서, 언젠가 다가올 통일에 대비하는 가장 확실한 준비 작업이자 북한의 변화를 유도할 수 있는 첩경이며, 북한 동포들에게 희망의 메시지를 주는 방법이기도 하다.

---

81) 통일부 통일교육원, 『통일문제 이해』, 2000, p. 282.
82) 매일경제, 1997. 10. 23.

우리 사회를 민주 복지 공동체로 만든다 함은 자유, 평등, 복지가 확립된 사회로 만든다는 것이다. 이를 위해서 우리는 먼저 변화와 개혁을 통해 민주주의를 보다 높은 수준으로 성숙시키는 한편, 풍요와 정의가 함께 구현되는 복지사회를 지향함으로써 모든 구성원이 향상된 삶의 질을 누리는 '참된 복지공동체'로 키워 나가야 한다. 이렇게 함으로써 굳이 우리 사회의 우월함을 선전하지 않고도 북한보다 훨씬 살기 좋은 곳이라는 점을 자연스럽게 북한에 알려 북한 주민들의 대남의식과 태도를 바꿀 수 있을 것이다.

독일의 통일을 가져온 요인은 서독의 발달된 선진 민주주의와 사회복지 정책을 통해 서독 주민이 대내적으로 통합되어 있었고 이를 선망하는 동독 주민이 자발적으로 서독의 체제를 선택한 결과였다는 사실을 우리는 교훈으로 삼아야 한다.[83]

결론적으로 민주 복지 공동체를 건설한다는 것은 통일에 대비하여 우리가 먼저 경제적 일류 국가를 건설하고, 도덕과 윤리가 사회 곳곳에 충만하여, 정의가 강물처럼 흐르는 건강한 복지 공동체를 만들어가는 것을 의미한다.

8.3 통일비용 준비 과제

가. 통일비용의 의미

통일비용이란 통일정부가 약 5~10년간에 걸쳐 북한 지역의 1인당 소득수준을 남한의 수준으로 향상시키기 위해 투자되어야 할 비용을 말한다. 이러한 통일비용의 구성내역을 살펴보면 크게 사회보장비, 경제재건비(사회 간접자본, 기업 근대화 비용 등), 제도통합비, 통일 직후 남북 군사의 재배치에 따른 비용, 사회·경제 통합비용, 북한의 대외채무 변제비용 등이 총망라된다.

1990년 통일 당시 동독의 1인당 총생산은 서독의 3분의 1 수준이었다. 이에 따라 독일은 통일비용으로 15년간 1,600조 원을 투입하고도, 극심한 생산성 저하와 실업난으로 고통을 겪었다. 독일의 통일비용 부담은 연간 예산의 약 10.5%~31.4%에 이른다. 현재 남북한의 소득 격차는 약 26 : 1이다. 현 상태에서 갑자기 통일이 된다면 천문학적인 통일 비용이 소요될 것은 명약관화한 일이다.

---

83) 박성조·양성조 공저, 『독일통일과 분단한국』, 경남대 극동문제연구소, 1991, p. 195.

나. 통일비용의 추계

독일의 통일 이후 통일비용에 대한 연구가 활발히 진행되면서 국내외 여러 기관과 학자들이 남북한 통일비용에 대한 연구보고서가 잇달아 발표되고 있다. 최근에 발표된 주요 기관의 통일비용 추계치를 살펴보면 아래의 표와 같다.[84)]

〈표 5-11〉 주요 기관의 통일 비용 추계

기관	예상 통일 비용
골드먼 삭스(2000년)	2005년 통일 후 2015년까지 남북 1인당 GDP를 같게 만들려면 총 3조 5,000억 달러(정부와 민간의 투자 및 경상지출 전액 포함)
바클레이즈(2000년)	통일 20년 후 북한 1인당 GDP를 남한의 50% 수준으로 높이려면 총 4,200억 달러(75% 수준일 경우 6,000억 달러)
무디스(2003년)	통일 후 5년간 매년 최대 1,000억 달러
피치(2003년)	통일 후 10~15년간 매년 150억~200억 달러
홍콩(HSBC)(2003년)	통일 초기 매년 남한 GDP의 4.4%(약 236억 달러)
S&P(2005년)	GDP의 2~3배인 총 1,400~2,100조 원
미국 랜드연구소(2005년)	북한 GDP를 4년 후 2배로 높이려면 500억~670억 달러(개혁·개방, 흡수통일, 무력충돌 등 시나리오에 따라 차이)

다. 통일비용의 조달방안

이와 같은 막대한 통일비용을 어떻게 조달할 것인가? 통일비용 조달방안은 아래와 같이 크게 다섯 가지 방법으로 나누어 볼 수 있다.

첫째, 증세(增稅)를 통해 재정기반을 확충하는 방안이다. 이는 조세부담 증가로 국민들의 불만을 초래할 수 있지만, 북한 붕괴에 따른 위기의식, 민족적인 과업에 대한 이해와 열망을 최대한 활용하여 국민들의 지지를 구해야 할 것이다. 이를 위해 경제적인 합리성이 부족한 각종 세금 혜택은 종합적인 검토를 통해 과감하게 폐지해야 할 것이다.

둘째, 행정-재정개혁을 통해 재정 기반을 확충하는 방안이다. 이는 북한경제 재건 등에 사용할 수 있는 예산 확보 차원만이 아니라 국민들에게 고통 분담을 요구하는 정부의 올바른 자세를 보이겠다는 차원에서도 행 · 재정 개혁을 단행하여야 할 것이다. 재정기반을 강화하기

84) 세계일보 2007. 1. 23.

위해서는 정부 행정기관의 효율을 높이는 한편 시대의 변화에 따라서 업무와 조직을 과감하게 폐지하거나 청산하는 개혁이 수반되어야 할 것이다.

셋째, 민간 자본을 동원하는 방안이다. 민간자본을 동원할 시는 대북 투자의 인센티브를 제공함으로써 통일비용의 필요자금을 조달해야 할 것이다. 기업에 대한 인센티브에는 세제와 금융상의 혜택 등 기존의 방법과 함께 북한 내 사업권 부여 등이 가능할 수 있다.

넷째, 국유재산 불하(拂下) 방법이다. 국유재산 불하는 일반인이나 기업인들에게 북한의 토지와 공공재산을 매각하여 통일 비용을 조달하는 방법이다.

다섯째, 군비 감축 방법이다. 남북한은 장기간의 대치상황에서 엄청난 군사비 부담[85]에 시달려왔기 때문에 통일 이후 군비 감축분은 당연히 통일비용에 사용되어야 할 것이다. 뿐만 아니라 북한이 보유하고 있는 군사무기의 판매 등을 통해서도 통일비용의 일부를 충당할 수 있을 것으로 보인다.[86]

8.4 대북 정책의 추진 과제

국민의 정부에서부터 참여정부에 이르기까지 여러 가지 우여곡절을 겪으면서도 일관되게 추진해온 포용정책에 대해 이를 적극 지지하는 측에서는 남북관계를 크게 개선시켰다고 높이 평가하지만, 이 정책에 대하여 불만을 가진 측에서는 여전히 이 정책에 대하여 부정적인 평가를 하고 있다.

이 정책을 지지하는 입장에서는 남북정상회담과 분야별 남북 회담이 큰 성과를 거두었다고 평가한다. 즉 그들은 여러 분야에서 추진된 대북사업이 민간차원의 인적·물적 교류의 증대, 이산가족 상봉의 활성화, 남북경제공동체 건설 기반 마련, 군사적 긴장완화 및 신뢰구축 등을 들어 남북관계의 의미 있는 진전을 이루었다고 높이 평가한다.

그러나 포용정책에 반대하는 사람들은 입장이 조금씩 다르지만 전반적으로 이 정책의 효과에 대하여 부정적이고 비판적이다. 포용정책에 대한 비판 가운데는 대북포용정책을 원론적으로는 지지하면서도, 그 동안의 실적에 대해서는 비판적 견해를 가진 온건론자로부터 햇볕정책 자체가

---

85) 남북한의 GNP 대비 군사비 비율면에서 남한은 3~4%, 북한이 20~25% 선을 유지하고 있다.
86) 장원태, 「통일비용 조달방안 및 통일정책에 관한 연구」, 『경복논총』, 경복대학, 1998, p. 248.

잘못되었다는 강경론자까지 다양하다. 포용 정책에 대한 비판의 핵심은 북한에 대한 불신에서 대북지원이 맹목적인 일방적인 '퍼주기식 정책'으로 끝났다는 것이다. 이들은 북한에 대한 지원은 북한 당국의 핵개발 등 군사비 증강과 체제 유지에 도움만 주었다는 것이다. 또한 대북 포용정책은 상호주의 원칙을 무시하고 아무런 원칙도 없이 북한이 하자는 대로 일방적으로 끌려다니기만 하였다고 비판하고 있다.

따라서 대북 정책의 가장 중요한 과제는 기존의 대북정책의 장점을 유지하면서도, 이 정책으로 제기된 문제점을 해소하는 일이다. 이러한 점을 감안하여 우리의 대북 정책이 추구해야 할 정책적 과제를 제시하면 다음과 같다.

가. 대북정책의 기조와 원칙의 유지

노무현 정부는 김대중 정부의 대북 포용정책의 기조와 원칙을 계속 유지하였다.[87] 노무현 정부는 대북 정책에 대한 여론상의 비판에도 불구하고 분야별 교류·협력을 더욱 강화하였으며, 정권 말기인 2007년 10월에는 남북 정상 간의 '평화와 번영에 관한 공동 합의문'인 10·4 선언도 이끌어 내었다.

그러나 2008년 2월 새로 출범한 이명박 정부는 대북 포용 정책의 기조를 비판하면서 상호주의에 입각한 원칙 있는 대북 정책을 추진할 것을 천명하였다. 정부는 김대중, 노무현 대통령의 대북 포용 정책을 '잃어버린 10년'의 범주에서 비판하면서, 6·15 공동선언과 10·4 선언에 대해서도 그 이행 문제에 대해 경제적 비용 문제를 들어 부정적인 평가를 하였다. 다만 1991년 체결한 '남북 기본 합의서'는 존중하여야 하며, 대북 경협 4원칙과 상호주의 원칙에 입각하여 새로운 대북 관계를 정립할 것을 표방하였다. 그러나 정부는 북한이 요구할 시 대북 식량 지원은 재개할 것이며 남북 간 대화는 언제라도 할 수 있다고 약속하고 있다. 그러나 이에 대해 북한은 당국 간의 대화에는 일체 응하지 않고, 오히려 이명박 정부에 대하여 상투적인 비난을 계속하고 있다. 그러나 김대중 대통령의 서거 후 북한의 조문사절단 파견으로 남북한의 대화는 재개되는 등 경색국면은 해소되고 있다.

---

87) 노무현 정부는 한반도 평화증진과 공동번영을 목표로 ① 모든 현안의 대화를 통한 해결, ② 상호신뢰와 호혜주의 실천, ③ 남북 당사자원칙에 기초한 원활한 국제협력 추구, ④ 대내외적 투명성 제고, 국민 참여 확대, 그리고 초당적 협력을 통한 '평화번영정책'을 추진하겠다고 천명하였다.

우리는 이러한 경색된 남북관계를 타파하여 기존의 '대화와 협력'이라는 협조적인 분위기를 복원하여야 할 것이다. 현 정부의 대북 정책의 기본 과제는 독일의 지속적인 동방 정책이 통일로 나아간 것처럼 기존의 대북 포용정책을 원칙적으로는 계승하면서도 부분적인 문제점은 개선하도록 노력하여야 할 것이다.

나. 대북 포용정책의 계승

포용 정책의 화해 · 협력의 정신은 현 정부의 '상생 · 공영' 정신과 다를 바 없다. 10여 년 동안 지속된 대북 포용 정책은 여론의 상당한 비판이 있음에도 불구하고 문제점을 보완 · 개선하여 지속적으로 추진되어야 할 것이다. 그 이유를 구체화하면 다음과 같다.

첫째, 대북 화해 · 협력이라는 포용 정책의 정신과 원칙이 유지되어야 함은 국민적인 합의 기반이기 때문이다. 각종 대북 정책에 관한 여론 조사는 대북 포용 정책의 원칙에 대해서는 대체로 찬성하면서도, 상호주의 원칙 적용 문제나 대북 지원의 투명성 보장 등의 문제점 시정을 요구하고 있다.

둘째, 독일의 경우 동독과의 화해를 통한 지속적인 동방 정책이 독일 통일을 앞당겼기 때문이다. 독일은 기민당(CD)과 사회당(SPD) 간의 정권 교체와는 상관없이 지속적으로 양독 간의 교류 · 협력 정책이 추진되어 1990년 통일 과업을 성취하였다.

셋째, 포용정책을 포기하고 북한과 대결노선으로 회귀할 경우 냉전시기와 마찬가지로 소모적 대결비용이 크게 증가하기 때문이다. 포용정책을 포기하게 되면 남북 간에 국지전이나 테러행위 등 다양한 형태의 분쟁이 발생할 가능성이 높아진다. 우리 민족이 불신과 대결의 냉전적 질곡에서 구원될 수 있는 길은 튼튼한 안보의 바탕 위에서 미래지향적인 화해 · 협력 정책노선을 일관되게 추구하는 것이다.[88)]

넷째, 대북 화해 · 협력 정책이라는 '공든 탑'이 완전히 무너질 경우 이의 복원에는 새로운 경제적 · 외교적 노력이 요구되기 때문이다. 남북 대화의 재개와 교류 · 협력을 추진하기 위해서는 남북 간의 신뢰 분위기가 조성되고 주변 4강의 이해관계도 조율되어야 한다. 이에 대한 기회비용은 상당히 증가할 것이다.

---

88) 채경석, 「대북포용정책의 평가와 과제」, 『통일연구』, 민족통일학회, 2005, pp. 12-13.

다. 입체적인 대북정책의 추진

남북관계의 개선을 위한 대북 정책은 우리 국민의 희망, 남과 북의 현실, 한반도를 중심으로 한 국제질서를 종합적으로 포괄하는 입체적 접근이 이루어질 때 실질적인 성과를 거둘 수 있다. 먼저 대북정책의 중심에는 국민의 희망이 반영되어야 한다. 국민의 뜻과 의지가 남북관계 개선의 가장 큰 추동력이며, 정부도 국민의 합의가 뒷받침되지 않는 정책은 추진할 수 없다. 우리 국민이 주인이 되어 슬기롭게 남북관계를 개선하고자 할 때 북한과 주변국들도 이를 존중하게 될 것이기 때문이다.

대북정책 추진에 있어서 또 하나의 중요한 변수는 북한의 호응이 전제되어야 한다는 것이다. 우리는 먼저 남북관계 개선의 직접 상대인 북한을 피동적 객체가 아닌 민족의 미래를 창조하는 동반자로 인식할 필요가 있다. 북한의 경제회생과 한반도 평화정착은 남과 북이 우선적으로 협의될 수 있는 분야가 될 수 있다. 남북은 상호 간에 실질적으로 필요로 하는 부분을 중심으로 구체적이고 실천적인 협력방안을 마련해 나가야 한다.

또한 대북정책은 한반도의 평화와 안정을 바라는 주변국의 지지와 협력이 전제되어야 실질적인 결실을 거둘 수 있다. 미국·일본·중국·러시아 등 주변 강대국의 협력과 도움은 남북관계를 개선해 나가는 데 절대적 변수이다. 따라서 우리는 주변국의 개별 이익을 균형 있게 고려하는 주도적 외교 자세를 가져야 한다. 이를 위해 부단한 설득과 대화를 통해 우리 민족의 이익과 주변국의 이익이 합치되는 영역을 넓혀나가야 한다. 결론적으로 대북 정책에 있어서는 남과 북 주변 4강이 상호 추구하는 이익을 제시하여, 실천 가능한 방안을 모색해 나가는 구체적이면서도 입체적인 접근 방식이 요구된다.

8.5 통일 외교 환경 조성 과제

통일을 위하여 우리 정부의 통일정책에 대한 국제적 이해와 지지를 확충해 나가는 것도 또 하나의 중요한 과제이다. 통일 문제는 우리 민족 내부의 문제이지만 동시에 국제 환경에 민감하게 영향을 받는 이중적 성격을 지니고 있기 때문이다.

주변 4강인 미·일·중·러의 대(對) 한반도 정책을 살펴보기로 한다. 우선 정치·군사적으로 커다란 영향력을 미쳐 왔던 미국은 북한의 핵개발에 대하여 UN을 통하여 대북 제재를 가하고,

특히 북한의 군사적 위협을 억제하여 미국 주도 하에 현상유지 정책을 펼치고 있다. 중국과 일본 또한 북한의 급격한 붕괴나 한반도 통일이 자국의 경제적 이익과 안보에 도움이 되지 않는다는 판단 하에 한반도 문제에 대한 자국의 정치·경제적 영향력을 증대시키려고 노력하고 있다. 과거 정치·군사적으로 한반도 통일 문제에 커다란 영향을 미쳤던 러시아는 자국의 경제적 어려움 때문에 한반도 문제에 대한 적극적인 입장을 취하지 못하고 있으나, 지속적인 관심과 개입 의사를 표명하고 있다.[89)]

이러한 상황에서 현실적으로 우리가 주변국의 협조 없이 통일을 달성하는 것은 매우 어려운 일이다. 만일 우리의 통일이 주변 4강의 국가 이익과 조화하지 않는다면 그 전개 과정이 순조롭지 않을 것이라는 점은 쉽게 예측할 수 있다. 따라서 우리의 통일은 주변 4강이라는 국제사회와의 이해 관계가 상충되지 않고 협조적인 분위기가 조성될 때 가능할 것이다.

그러나 국제환경은 영구불변하는 것이 아니라 시대적 상황에 따라 계속 변화하게 마련이며 우리의 외교적인 노력 여하에 따라 변화를 유도할 수도 있다. 우리는 주변 4강의 대한반도 정책이 우리의 통일정책을 지지하고 협력하는 방향으로 갈 수 있도록 그들과 선린 우호관계를 증진시켜야 한다. 주변국들을 설득하여 한반도 통일을 지지하게 하려면 무엇보다 국제사회에서 우리의 영향력 증대와 통일한국이 동북아는 물론 세계의 평화와 공동 번영에 크게 기여할 것이라는 확신을 심어 주어야 한다.

독일이 '라인강의 기적'을 바탕으로 독일 정책(Deutschlandpolitik)을 구상하고, 동방정책(Ost Politik)을 통해 동독과의 화해를 모색하고, 이를 토대로 통일을 이룬 것은 서독이 독일 통일과 유럽통합 정책을 병행 구상하고 실천하였기 때문이다. 서독 빌리 브란트(Willy Brandt) 정부가 초기 동서독 관계 중심의 '독일정책'에서 동서구 '유럽전체로 통합하는 정책'으로 확대하기 위해 주변국과의 관계개선이라는 정책을 추진한 것을 우리는 깊이 새겨 보아야 할 것이다.

---

89) 이동윤, 「국제환경변화와 한반도 통일」, '21세기 지식기반사회대비 고등인력양성사업'의 핵심 분야 학술대회, 교육부, 2002, p. 10.

8.6 통일 문제에 관한 합의기반 강화 과제

정부의 대북 정책의 괄목할 만한 성과에도 불구하고 6·15 공동선언 이후 전개된 포용정책에 대한 평가는 양극단으로 갈라져 있다. 북한에 대한 시각차이, 남한 내 경제침체, 정부의 대국민 홍보 부족 등이 그 원인이다. 대북 포용 정책에 대하여 "일방적으로 끌려 다닌다", "북한에 퍼 주기만 한다" 등 비판적 시각이 부정적 평가자들 사이에 상당한 정도로 확산되어 있다. 이에 대하여 포용정책 지지자들은 남북정상회담 이후 전개된 남북관계는 남측이 북한에 끌려다니는 것이 아니라 남북한의 각종 현안 문제의 해결을 위하여 오히려 주도한 것이라고 주장한다. 예컨대 경의선 철도 연결, 이산가족 방문단 교환, 경제협력 관련 합의서 마련 등 정상회담 이후 남북이 합의하여 실천하고 있는 31개 사업 중 25개가 우리 측이 제의하고 북측이 응함으로써 이루어졌다는 것이다.

그러나 이명박 정부는 대북 포용 정책의 문제점을 직시하고 원칙 있는 대북 협상에 임할 것임을 천명하고 있다. 이처럼 정권 교체에 따른 대북 정책에 대한 입장 차이는 국민들의 합의 기반을 저해하고 있는 것이 사실이다. 그러므로 통일 문제나 대북 정책이 안정적으로 추진되기 위해서는 남북관계 개선의 원동력인 국민의 지지와 합의가 지속적으로 전제되어야 한다. 이를 위해 정부는 국회 및 여야 각 정당과의 사전·사후 협조를 강화하고, 국민 각계각층의 다양한 의견과 비판을 폭넓게 수렴하여야 한다. 그동안 대북정책은 정책의 추진 과정에서 국민적 합의가 이루어지지 않아 이른바 '남남갈등'이 발생하고, 이를 정치적으로 이용하는 경우도 빈번하여 많은 논란을 일으켰다. 뿐만 아니라 사회구조적으로 남한 사회는 분배보다 성장에 초점을 두고 경제정책을 운용한 결과 소득 분배의 불균형으로 인한 계층 간의 갈등도 초래한 것이 사실이다. 일반적으로 대북 포용정책에 반대하는 논리로 자주 대두되는 것은 남한 사회의 극빈층도 매우 많은데 북한을 먼저 도와주어야 하는가 하는 문제이다. 따라서 남한 사회의 양극화 문제를 어느 정도 해소하는 것 역시 포용정책을 추진하기 위한 중요한 토대라고 할 수 있다. 결국 통일문제나 대북 정책에 관한 국민적인 합의 기반 강화는 정책 추진의 원동력이 될 뿐 아니라 통일을 앞당기는 토대가 될 것이다.

참고 문헌

국회통일외교통상위원회, 『남북교류·협력 체계의 정비와 민주적 통제 강화방안』 보고서, 2006.

권근술, 『독일통일백서』, 한겨레신문사, 1998. 8.

권기수, 「독일 통일과 한반도의 정치적 통합구상」, 『대한정치학회보』 제7집 2호, 1999년 겨울.

김국신, 「통일협상과정에서 남북예멘 내부의 권력투쟁」, 『통일정책연구』 제10권 2호, 통일연구원, 2001.

김동규, 『남북한 학교 교육체제의 이질화 과정과 통일 후의 동질화 방안』, 소화출판사, 1998.

박명서, 『통일시대의 북한학 강의』, 서울, 돌베개, 1999.

박성조 · 양성조 공저, 『독일통일과 분단한국』, 경남대 극동문제연구소, 1991.

박이도, 『독일통일과 통일독일의 이해』, 신지서원, 2000. 9.

배한동, 『한국 대학생의 정치의식』, 아산재단 연구 총서 제85집, 집문당, 2001.

백영철 외 공저, 『21세기 남북관계론』, 법문사, 2000.

안미현 외 역, 『동서독의 정치 통합』, 통일연구원, 2007.

오기성, 『통일교육론 - 사회문화적 접근』, 파주, 양서원, 2005.

이동윤, 「국제환경변화와 한반도 통일」, 교육부, '21세기 지식기반사회대비 고등인력양성사업'의 핵심 분야 학술대회, 2002.

이태욱 외 3명, 『독일통일 : 경제·군사·교육통합』, 통일연구원, 2000. 5.

임종헌 외 4명, 『동서독 교류·협력사례집』, 1993. 12.

장원태, 「통일비용 조달방안 및 통일정책에 관한 연구」, 『경북논총』, 경북대학, 1998.

채경석, 「대북포용정책의 평가와 과제」, 『통일연구』, 민족통일학회, 2005.

최현호, 『남북한 민족통합론』, 형설출판사, 2003.

한운석, 『하나의 민족, 두 개의 과거』, 신서원, 2003. 5.

허태회, 「향후 대북정책의 과제와 보완방안」, 「KRF연구결과논문」, 통일정책연구소, 2002.

통일부, 통일교육원, 『통일 문제 이해』, 2006, 2007.

통일부 통일교육원, 『통일교육 기본 지침서』, 2008 학교용.

통일부 통일교육원, 『2006 독일통일백서』, 2008.

M. R. Amstutz, *An Introducuction To Political Science : The management of conflict*, Glenview,Illinois, SCOTT FORESMAN AND COMPANY, 1982.

Thumfart, Alexander, *Die politische Integration Ostdeutschlands*, edition Suhrkamp, 2006.

[인터넷 자료]

Korea.com 박상봉의 '민족 공조론의 허구: 독일 통일에서 배우는 교훈', 2008. 12.

http://rose0.kyungpook.ac.kr/~z971554/archiv/modern/note/ge-uni.htm - '독일의 통일', 2008. 12.
http://altair.chonnam.ac.kr/%7Egerman/unification/6.htm - '독일통일의 성격과 통일요인', 2008. 12.
www.koreascope.org(코리아 스코프 홈페이지) - 분단국의 통일유형, 2008. 12. 28.

제6장
통일교육의 새로운 방법

1. 통일교육의 지도 원리

통일교육의 궁극적 목적은 통일에 대비하는 국민들의 바람직한 의식과 태도를 함양하는 데 있다. 오늘날 새로운 통일교육은 종전의 반공교육이나 안보교육의 문제점을 극복하면서도, 동시에 친북적·용공적인 시각도 배제하여 통일에 실질적인 도움이 되는 교육이 되어야 한다. 그러므로 새로운 통일교육은 지금까지의 통일교육의 한계를 극복하면서도 통일을 준비하고 통일 이후를 대비하는 적극적인 교육이 되어야 할 것이다.

통일교육은 어떠한 지도원칙이나 원리에 따라 교육하여야 효과를 거둘 수 있을까? 통일교육이 성공적으로 이루어지기 위해서는 그 내용과 방법에 있어 어떠한 원리에 따라야 할 것이다. 통일교육은 그 내용과 방법을 유기적으로 결합하여 체계적인 교수·학습과정으로 구현될 때 실질적 효과를 거둘 수 있다. 여기에서는 먼저 교재의 구성 원리부터 살펴보기로 한다.

1.1 통일교육의 교재 구성 원리

통일교육의 교재의 내용과 서술 방식, 서술 절차 등은 통일교육의 성공에 있어서 중요한 요소이다. 교재 구성 시 특별히 유의해야 할 점은 다음과 같다.[1)]

1) 통일부 통일정책실, 『2003 통일교육 기본지침서』, 2002, pp. 101-123.

가. 통일 문제에 관한 객관적 사실과 정보의 제공

통일교육의 내용은 시시각각으로 변화하는 통일 환경에 대한 정확한 정보를 제공하여야 한다. 또한 우리 사회와 북한 사회에 관한 객관적 사실에 따른 자료가 제공되어야 한다. 남북 화해·협력 시대의 통일교육에서는 학습자들이 있는 그대로의 사실과 정보를 바탕으로 통일 문제를 정확히 판단할 수 있는 자료가 필요하기 때문이다. 지나치게 안보 중심으로 치우치는 통일교육은 교육자와 학습자들의 통일 문제에 대한 자율적 논의를 제한하고, 한편으로 통일관련 자료 공개의 제한과 통제를 가져오게 한다. 나아가 그것은 정부에서 제공하는 통일교육 자료에 대한 불신을 가져오기 쉬우며, 통일교육 자체에 대한 무관심과 편견까지도 초래할 수 있다.

통일교육의 내용은 분단의 현실, 북한의 실상, 급변하는 통일 환경 및 남북관계, 통일의 준비 과제 등에 대한 신뢰성 있는 객관적 사실과 정보를 제공하여, 학습자들이 통일문제를 합리적으로 판단하고 인식할 수 있는 능력을 키워주어야 한다.[2] 객관적으로 파악된 정보들은 학습자들이 통일 문제에 대한 공정하고도 합리적인 판단을 내리는 데 도움을 주게 될 것이며, 이러한 이해와 판단의 경험은 그들로 하여금 통일 문제 해결에 적극적·능동적으로 참여하게 할 것이다.

나. 북한의 실상에 대해 사실에 입각한 객관적 서술

우리나라에서 통일의 대상이자 파트너인 북한에 대한 기술은 과거에는 반공적이고 반북적인 입장에서 지극히 이데올로기적 판단기준에서 서술되고 전개되어 왔다. 북한을 '있는 그대로', 즉 객관적으로 서술하기보다는 남북한 체제비교의 차원에서 부정적·비판적으로 기술되어 왔던 것이 사실이다. 그리하여 우리의 통일교육은 남북 화해·협력 시대의 민족공동체 형성을 위한 패러다임을 따르지 못하고, 반공적인 이데올로기적 패러다임에 의존하여 객관적이지 못했다는 비판을 면치 못한다.

통일교육의 내용이 객관적이지 못하다는 비판은 특히 '북한의 실상'에 관한 내용요소에서 부정적인 측면만을 크게 부각시킴으로써, 학습자들이 북한 사회체제를 공정하게 이해하는 데에 도움을 주지 못하였기 때문이다.[3] 사실 북한을 이해하는 데 있어서는 반공적 시각도, 친북적

2) 통일부 통일교육원, 『통일교육 지침서』, 2005, 통일교육의 지도원칙 참조.

시각도 공히 교육상의 문제가 있다. 북한의 현실을 다룸에 있어 부정적인 측면이나 단점만을 들추어내다 보면 북한에 대한 객관적 이해를 저해함은 물론 상당한 이질감을 조장하는 결과를 낳을 수도 있다. 한편 용공적이거나 친북적 시각의 통일교육은 북한을 현실보다 미화하거나 찬양하는 결과를 초래한다. 한 예로 우리 사회의 인권 문제를 비판하면서 북한의 인권 문제는 간과하려 한다면 이는 문제가 아닐 수 없다.

따라서 남북 화해·협력 시대의 통일교육은 학습자들이 사실과 정보를 바탕으로 남북의 현실을 정확히 객관적으로 판단할 수 있도록 서술하여야 할 것이다.

다. 통일 문제의 해법을 위한 신뢰성 있는 충분한 자료 제공

통일은 우리만이 아니라 북한과의 상호 협력에 의해서 이루어질 수 있는 중대한 민족사적 과업이다. 이러한 상호적인 노력은 서로에 대한 올바른 이해와 긍정적 수용으로부터 시작될 수 있는 것이다. 특히 남북한의 통일은 수많은 문제들을 하나씩 하나씩 지속적으로 해결해 나가야 할 장기적인 과정이다. 그 과정에 있어서 자신과 상대방에 대한 정확한 이해와 인정은 상호 교류와 협력을 위한 초석이 될 것이다.

따라서 통일교육에서는 분단의 과정과 분단 체제의 문제점, 남북한 주민들의 동질성 및 이질화 실상, 북한의 현실, 분단국의 통일 사례, 통일 이후에 예상되는 갈등에 대한 예상적 정보 등 통일문제의 해법을 위한 자료를 충분히 제공하여야 한다.

남북한의 통일 환경은 급속한 변화를 겪고 있다. 그러므로 우리가 통일교육을 위해서는 변화하는 통일 환경에 대해서 신뢰성 있는 자료를 충분히 제공하여야 한다. 우리가 국내외적으로 급변하는 통일 환경을 정확하게 이해하고 이에 능동적으로 대처하지 못한다면, 우리의 통일 과제는 제대로 해결되기 어려운 과제이기 때문이다.

---

3) 예를 들어, 북한의 현실을 다룸에 있어 김일성·김정일 개인숭배나 우상화와 같이 정치체제 및 이념의 모순점만을 부각하는 경우이다.

1.2 통일교육의 방법상의 원리

통일교육은 내용에 못지않게 방법상의 원리도 중시되어야 한다. 통일교육의 방법도 시대의 흐름에 따라 피교육자의 요구나 취향에 맞게 변화되어야 한다. 통일교육의 방법에는 어떠한 지도원리나 지침이 적용되어야 하는가? 여기에서는 통일교육에서 요구되는 교육 방법상의 원리나 지침을 구체화하고자 한다.[4)]

가. 교육 주체의 자율성과 능동적인 학습자관에 입각한 통일교육

통일교육은 먼저 교육담당자의 자율성이 보장되어야 한다. 헌법에 보장된 교육의 정치적 중립은 통일교육에도 적용되어야 하며, 교육자의 양심에 따른 자율적인 통일교육이 되었을 때 교육의 성과를 기대할 수 있다. 정부는 통일교육과 관련하여 교육주체의 자율성을 보장해주고, 그들의 자유로운 통일 논의와 합리적이고 객관적인 통일 논의를 보장해주어야 한다. 이를 위해 그 전제인 통일 관련 객관적인 정보 및 자료를 충분히 지원하여야 할 것이다. 이를 토대로 교육자는 학생들과 의사소통이 가능한 개방적·탐색적·민주적인 학습 풍토를 조성해야 한다.[5)]

통일교육에서는 능동적이며 현실적인 학습자관(學習者觀)이 요구된다. 지금까지의 통일교육에 있어 우리는 학생들을 통일에 대한 지식과 신념을 수동적으로 받아들이는 '빈 그릇'으로 상정하여 왔다. 그러나 이제는 구성주의적 입장에서 학습자들이 이미 습득한 사실과 정보를 바탕으로 그들 나름의 통일에 대한 새로운 지식과 신념을 구성해 갈 수 있는 능력을 갖추도록 교육하여야 한다.[6)]

그러므로 우리는 그러한 능력을 갖고 있는 학습자들이 분단 현실을 올바르게 이해하고, 통일의 파트너인 북한 당국 및 북한 주민을 적대적으로 바라보기보다는 합리적으로 바라볼 수 있도록 교육하여야 한다. 그러할 때 학습자들은 통일 문제뿐만 아니라 북한체제의 장점과 단점을 객관적으로 그리고 총체적으로 파악할 수 있을 것이다.

---

4) 통일교육원, 『2003 통일교육 기본지침서』, 2002, pp. 103-123.
5) 추병완, 『통일교육』, 하우, 2002, p. 55.
6) 통일교육원, 『통일교육기본지침서』, 통일부, 2004, p. 109.

나. 수요자 중심의 눈높이 통일교육

기존의 통일교육 방법은 주로 교육자 중심의 주입식이나 정보전달 방식으로 이루어져 교육 수요자의 관심이나 발달 수준을 적절히 고려하지 못하였다. 수요자 중심의 통일교육이란 학습자의 학습 능력에 맞는 통일교육을 실시함을 의미한다. 오늘의 통일교육에는 학습자가 자신이 지닌 현재 수준을 출발점으로 하여 각자의 학습 수준에 맞게 성장·발전해 갈 수 있는 학습 방법이 필요하다. 통일교육의 교과별 그리고 학년별 내용이나 수준이 달라야 하는 이유도 여기에 있다. 학습 내용의 차별화는 여러 다양한 학습 내용 중 수요자의 선택 학습이 가능할 때 이루어질 수 있다. 학습자가 흥미나 관심, 진로 등에 따라 배우고 싶은 내용을 선택할 수 있을 때 수요자 중심의 통일교육은 성공할 수 있다.

그러므로 통일교육은 피교육자의 발달 단계와 준비도 및 개인차를 고려한 '눈높이 통일교육'이[7] 되어야 한다. 일반적으로 피교육자들은 자신들이 배우고 싶어 하는 것을 더 잘 배우는 경향이 있다. 학습 동기는 학습자들의 학습효과를 결정하는 가장 중요한 요인 중 하나이다. 그러나 누구에게나 효과적인 단 하나의 교육 방법은 있을 수 없다. 피교육자의 교육효과를 극대화하는 효율적인 학습은 개별 피교육자의 요구와 필요에 적응하는 수업을 할 때만 가능하다. 통일교육도 예외는 아니다.

다. 대상에 따른 다양한 방법의 통일교육

기존의 통일교육 방법은 주로 교육자 중심으로 이루어져 왔으며, 피교육자의 관심이나 흥미, 발달 수준에 대한 고려는 거의 이루어지지 못하였다. 게다가 통일교육은 방향과 목표 설정에만 지나치게 치중해 온 결과 통일교육의 교수·학습 방법과 기법 등에 대해서는 큰 관심을 기울이지 못한 것이 사실이다.

이러한 통일교육은 피교육자로 하여금 통일 문제에 대한 무관심을 초래하고, 통일교육을 우리 사회의 불가결한 교육이 아닌 정책적 차원의 홍보 교육으로만 인식하게 하였다. 통일은 주어지는 것이 아니라 만들어가는 과정이라 할 때, 통일교육은 이제 피교육자들을 통일교육의 객체로 머무르게 해서는 안 될 것이며, 주체로서 활동하도록 유도하는 다양한 교수·학습 방법론과 기법의 개발이 필요하다.

---

7) 교육 수요자의 흥미와 관심, 성장 배경과 환경, 발달 수준, 인지 양식, 다양한 지능 등을 고려하는 교육을 말한다.

통일교육의 학습 내용의 다양화와 차별화는 통일교육 관련 학습 수준을 높이거나 낮추는 문제가 아니라, 학습 내용의 제시 방식(presentation modes)을 학생들의 학습 양식에 부합되게 제공함을 의미한다. 브루너(Bruner)는 학생들의 발달 수준에 맞는 표상 형식인 작동적·영상적·상징적 양식을 사용하면 어떤 교과도 그 교과의 성격에 충실하게 학습할 수 있다는 입장을 밝힌 바 있다.[8)]

차별화 교육의 관점에서 비추어 볼 때, 가장 이상적인 통일교육의 학습 방법은 학습자들의 다양한 개인차를 여러 측면에서 고려하여 그에 적절하게 다차원적으로 차별화하여 제공하는 교육이다. 예컨대 학습자의 능력과 흥미를 고려하여 통일교육 내용의 제시방식을 결정하고, 학습 양식과 학습 능력을 고려하여 학습 방법을 설계하며, 이에 따라 학습 과제를 부과하면 학습의 효과는 더욱 극대화될 것이다.

라. 개방적이고 민주적인 토의식 통일교육

종래의 안보 중심의 수동적·당위론적 차원의 통일교육은 자칫 통일교육 자체에 대한 편견과 부정, 무관심을 초래하게 하는 원인이 될 수 있다. 이러한 문제를 극복하려면 통일교육은 '안보'를 강조하되 미래지향적 시각에서 '화해·협력'도 균형 있게 다루어야 한다. 나아가 통일교육은 교육 주체가 자율성을 보장받은 상태에서 개방적이고 민주적인 토의를 거쳐 스스로 판단할 수 있도록 하여야 한다. 토의 수업은 주어진 안건이나 이슈에 대해 자유로운 분위기 속에서 서로의 의견을 주고받으며 대화하듯이 진행하는 것이지만, 이때 대화는 단순한 대화가 아닌 의도적이고 체계적인 집단의 대화를 의미한다.[9)] 토의 수업은 타인의 의사 존중, 타인의 의사 경청, 타인과의 합의, 선입견과 편견의 수정, 합의 사항을 이행하는 책무성 등과 같은 민주적 기능과 태도를 익히게 한다.

개방적이고 민주적인 토의에 바탕을 둔 통일교육은 통일 문제에 대한 판단 능력의 배양, 상이한 의견에 대해 개방적·민주적 절차를 통한 합의 형성 능력 제고, 민족공동체 속에서의 삶의 준비, 민주 시민으로서의 자질 함양 등에 유익한 역할을 할 것이다.[10)]

---

8) 가드너(Gardener)의 "학습자는 자신의 뛰어난 지능을 사용하여 학습할 때 가장 효과적으로 학습할 수 있다"는 다중지능(multiple intelligence) 이론도 이 원리에 해당된다.

9) 토의 수업은 대화식 수업, 토론식 수업, 논의식 수업 등으로 불리는 일단의 모든 수업 과정을 포괄하는 개념이다.

10) 이러한 토의 수업의 방법으로 최적 방안 찾기, 유비 토의, 전문가 집단 토의, 구조화된 논쟁, 집단 탐구 등이 활

이렇게 대화와 토론을 통한 통일교육을 실시하려고 할 경우, 교육자들은 성향이 다른 견해를 표방하는 정기 간행물, 신문과 방송 자료, 그리고 시민 사회 단체에서 최근 시도하고 있는 통일 관련 언론 모니터링 자료집 등을 활용할 수 있을 것이다. 시민 사회 단체의 언론 모니터링 자료집들은 통일 문제에 관한 다양한 논조를 수집·분석하고 있으므로, 통일과정에서 불가피하게 제기되는 대립되고 다양한 견해를 이해하여 합의에 필요한 접점의 지반도 형성케 해 줄 것이다.

2. 통일교육의 접근 방식

과거 일반인이나 학생들을 대상으로 북한 사람에 대한 인상을 물으면, '북한 사람들은 머리에 뿔 달린 도깨비'라는 반응이 심심찮게 나왔다. 이는 북한에 대한 편견과 오해를 조장하는 과거 학교 통일교육의 그릇된 교수·학습 방법에 기인(起因)한 것이다. 남북 관계를 올바르게 이해하고, 참된 통일 실천 의지와 능력을 갖춘 학생들을 기르기 위해서는 통일교육의 새로운 접근 방식이 요구된다. 이를 간략히 소개하면 다음과 같다.

2.1 전인적 발달을 위한 통합적 접근

학교 통일교육은 지·정·행의 균형적 발달을 도모하는 통합적 교육이 되어야 할 것이다. 기존의 학교 통일교육 방법이 학생들의 머리에 주입하는 교수 방법이나 기법을 주로 활용하였다면, 앞으로는 학생들의 가슴에 호소하고 손발로 실천하는 학습 방법이 되어야 할 것이다. 통일교육은 북한이나 통일 문제에 관하여 아는 것에 머물지 않고, 마음으로 느끼고, 기회 있는 대로 통일 의지를 행동으로 실천하는 교육이 되어야 할 것이다. 예컨대 '북한 동포 돕기'를 위한 통일교육의 인지, 정의, 행동의 통합적 접근 방식을 도식화하면 다음과 같다.

용될 수 있는데 본장의 뒷편에서 상술키로 한다.

〈표 6-1〉 인지, 정의, 행동의 통합적 접근

인지영역		정의영역		행동영역
• 의미 파악하고 이해하기 • 판단연습하기	➡	• 느낌 표현하기 • 자신과 관련지어 반성하고 평가하기	➡	• 실천으로 옮겨보기 • 행동 및 습관화
▸북한 주민들의 어려움을 머리로 이해한다.		▸한민족으로서 북한 주민의 어려움을 가슴으로 느낀다.		▸북한 지원 단체를 통한 성금을 보낸다.

2.2 통일을 준비하는 포괄적 접근

통일교육의 포괄적 접근은 여러 분야의 교육적 성과가 통일교육에 접목되어야 한다는 뜻이다. 학교 통일교육은 민주시민교육, 인성 교육, 공동체 교육, 다문화 교육, 평화 교육 등을 통하여 포괄적으로 접근할 수 있다.

우선 통일교육에는 민주시민교육의 성과가 접목되어야 한다. 독일의 통일 과정에서 일종의 민주시민교육인 '정치 교육(Politische Bildung)'이 크게 기여하였음은 이미 잘 알려진 사실이다. 남북한 간에 교류가 빈번해지면 남북한 간의 경제력 차이, 문화 수준의 차이 등으로 다양한 갈등이 발생할 소지가 있다. 이를 근본적으로 해결하기 위해서는 남북한 주민들의 상호 이해와 존중을 도모할 수 있는 민주시민교육이 필요한 것이다.

통일교육에서는 도덕교육이나 인성 교육도 중시되어야 한다. 학생들에게 인간이 추구해야 할 가치를 스스로 탐색하고 이를 존중하며 내면화할 수 있도록 돕는 것, 나보다 못한 친구들과 사귀면서 다소 불편이 따르더라도 그를 돌봐주고 그와 함께 기쁨을 추구해 나갈 수 있는 능력을 키워주는 도덕교육도 통일교육의 주요 과제이다.

또한 통일교육은 학습자들에게 적극적인 평화 의식을 심어 주는 교육이 될 수 있다. 통일교육은 적극적인 평화를 위한 삶의 조건들에 대한 소양을 높임과 동시에 그러한 삶의 조건들을 만들어내기 위하여 실제적인 노력을 경주할 수 있는 사람을 만드는 일과 연루되어야만 한다. 통일교육은 기성세대의 적색 공포증이나 통일에 대한 막연한 향수를 아무런 여과 장치 없이 후계 세대에게 전수시켜 주는 것이 아니라, 학습자들의 마음속에 적극적인 평화 의식을 개발시켜 주어 그들 스스로가 통일과 안보의 중요성을 체감할 수 있도록 도와주어야 한다.

2.3 갈등 해결을 위한 조화론적 접근

학교 통일교육은 안보와 화해, 그리고 다양성과 통일성을 조화시키는 교육이 되어야 한다. 최근 우리 사회는 안보와 화해의 조화문제와 관련하여 많은 갈등을 겪고 있다. 예를 들면, "우리의 통일 정책이 너무 안보를 무시하고 있는 것 아니냐"는 주장과 "아직도 안보 논리 때문에 남북한 간 교류 및 협력 사업이 많은 장애를 받고 있다"는 주장이 대립되고 있다. 그러나 엄밀하게 말하면, 안보와 화해는 상호 대립된 개념이 아니라 상호 보완적인 개념이다. 안보를 유지하고 증진하기 위해서는 남북한 간의 긴장이 완화되고 화해의 방향으로 가야만 한다. 또한 반대로 우리의 안보가 뒷받침되지 않으면 현실적으로 화해도 상당한 제한을 받을 수밖에 없으며, 전쟁과 폭력의 위험에 노출될 것이다. 따라서 우리의 통일교육의 방향은 안보와 화해를 동시에 이루어 가고 추진해 나가야 하며, 이분법적인 흑백논리식 관점은 지양되어야 한다.

나아가 남북한 간의 체제의 차이로 발생한 '다름'과 '다양성'은 승화된 하나로 통합되어야 할 것이다. 남북한은 반세기 이상을 분단된 상태에서 각기 상이한 이념과 체제를 유지하여 왔다. 그 결과 남북한 간의 민족 이질화가 여러 분야에서 심각한 정도로 나타나고 있는데, 이러한 이질화는 한편으로는 우려되는 측면이 있지만, 또 다른 한편에서는 다양성이라는 긍정적인 측면도 있다. 요컨대 남북한의 문화의 차이나 언어의 차이가 문제가 될 수 있을지언정, 그 자체가 심각한 문제라고는 볼 수 없다.[11] 왜냐하면 '다양성 속의 통일성'이 통일 문화의 속성이 되어야 하기 때문이다. 따라서 남북한이 각각 지니고 있는 장점을 최대화하고 단점을 최소화하여 통합해 나가는 다양성의 조화론적 접근이 이루어진다면, 남북한의 이질성은 문제라기보다는 민족 공동체 발전의 기초가 될 수도 있다.

11) 한 예로, 남북한 언어의 차이는 우리가 그것을 어떻게 받아들이고 활용하느냐에 따라 단점이 될 수도 있고, 장점이 될 수도 있다. 북한의 언어는 남한의 언어보다 우리 민족의 순수성을 지키려고 애쓴 부분이 많고, 외래어에 대한 지나친 사용을 자제하고 있다. 남한의 언어는 지나치게 외래어 사용이 많으며, 상업적으로 오염된 언어도 많다. 반대로 북한의 언어는 지나치게 정치적으로나 군사적으로 오염된 언어와 김일성, 김정일 우상화를 독려하는 언어가 많은 것이 문제이다.

2.4 다양한 매체 활용적 접근

통일교육은 학생들이 흥미와 관심을 유도하도록 다양한 매체를 활용하여 학생들의 다중지능(multiple intelligence)을 자극할 수 있어야 한다. 기존의 통일교육 방법은 주로 문자 매체를 활용한 교사 중심의 강의식 수업에 의존해 왔다. 그러다보니 학생들은 자기 주도적인 학습자라기보다는 피동적인 학습자로 전락하고, 탐구를 통한 학습보다는 암기와 기억을 통한 학습이 중심이 되었다. 이러한 통일교육 방법은 통일에 대한 학생들의 흥미를 유발하지 못했을 뿐만 아니라 국내외적 상황변화에 따른 학생들의 통일 문제 인식 및 해결 능력에 기여하지 못하였다.

최근에는 교육 공학의 눈부신 발전에 따라 멀티미디어를 이용한 다양한 학습 방법들이 소개되고 있다. 이제 우리는 테크놀로지에 대한 무지와 두려움에서 탈피하여 통일교육에도 이러한 첨단 기술을 활용한 학습 방법들을 과감하게 도입하여야 한다. 컴퓨터 시뮬레이션을 통하여 북한 생활을 체험해 본 학습자와 교과서에 나타난 문자 정보로 북한을 이해한 학습자 사이에는 엄청난 학습 효과의 차이가 있을 것이다. 통일교육에서 테크놀로지의 활용은 학습자들의 흥미와 호기심을 유발시킨다는 점에서도 매우 유용한 수단이다. 통일교육은 학습자들을 학습 과정에 끌 수 있는 유인 체계가 없는 교육을 통하여 그 성과를 크게 기대할 수 없다. 우리는 통일교육에서 학습자의 자발적인 참여와 능동적인 학습 활동의 전개에 도움을 줄 수 있는 다양한 테크놀로지를 활용해야 한다.[12]

또한 통일교육은 다른 다양한 교육 기관과의 연계를 통해 그 효과를 배가시킬 수 있다. 학생들은 학교 이외에 가정, 언론, 사회 기관 등 다양한 교육 매체에 의해 영향을 받는다. 특히 우리나라 아동과 청소년들은 언론 매체에 영향을 받아 그들 나름의 대북관이나 통일관[13]을 형성할 수도 있다. 따라서 통일교육은 다른 교육매체와의 유기적인 협조를 통해 실시될 수 있도록 계획하는 것이 중요하다. 이를 위해서는 원격 영상 연수 시설을 활용하는 방안, 주문형 비디오(VOD) 체제를 구축하는 방안, 교육 방송이나 통일 관련 신문과의 연계를 통한 학교 통일교육의 활성화 방안이 요구되고 있다.

---

12) 통일교육원, 『통일교육기본지침서』, 통일부, 2004, p. 108.

13) 통일교육원, 『통일·남북관계 사전』, 통일부, 2004, p. 10. 통일관은 통일에 대한 철학적 입장 내지 세계관을 의미하는데, 결국 통일을 어떻게 바라보며, 어떻게 추진할 것인지에 대한 기본 인식이라고 할 수 있다.

3. 토의학습을 통한 통일교육

3.1 개념과 원리

토의학습은 교사와 학생, 그리고 학생 상호 간에 정보나 아이디어를 교환하여 관련된 문제들을 민주적으로 해결해 나가는 교수·학습 과정이라고 정의할 수 있다. 그러므로 토의 학습은 교수자와 학습자 간의 참여와 협동, 연대성 함양이 중요한 교육의 목표이다.

이러한 목표와 관련하여 토의학습이 가지는 세 가지 원리는 다음과 같다.

첫째, 상호작용의 원리이다. 토의학습을 통하여 학생들은 교사와 다른 학생들로부터 상호작용을 통해 새로운 정보를 획득하고 배우는 기회를 가질 수 있다.

둘째, 연대성의 원리이다. 학습자들이 집단학습을 하는 가운데 수용감, 소속감 또는 연대의식 등을 통해 자아를 각성하고 자아 분화[14]를 성취하는 등의 긍정적인 효과를 얻을 수 있다.

셋째, 참여 및 협동의 원리로서 토의학습 방법은 참여를 통하여 여러 가지 사회적인 기능과 태도를 배양시킬 수 있다. 집단 속에서 토의과정을 통해 학습자들은 집단적 사고, 타인에 대한 존중, 타인의 의사에 대한 경청, 바람직하고 합리적인 의사소통 기능과 태도, 다양성의 존중과 관용에 근거한 민주적인 토의 운영 자세 등을 배울 수 있다.[15]

3.2 이론적 배경

토의학습이 가지는 이론적 배경으로는 크게 구성주의 이론과 의사소통 이론을 들 수 있다.

구성주의 이론은 학습자가 지식을 능동적으로 구성한다는 관점에서 학습자의 주변 세계와 학습자와의 상호작용을 강조한다. 그러므로 구성주의 학습이론은 학습자가 기존의 지식이나 경험세계를 토대로 지식을 주체적으로 자신에게 맞게 재구성하는 과정이라고 본다. 따라서 토의학습에 있어서 교사는 토론 과정의 지도가 아니라 학생들이 스스로 토론하도록 토론의

---

14) 자아분화 수준이 낮을수록 타인과 자신을 분리하는 데 어려움을 느끼고, 타인의 견해에 의존하는 삶을 살게 되며, 반대로 자아분화 수준이 높으면 높을수록 정서적으로 안정되고 명확하게 사고하며 주체적이고 목표지향적인 삶을 살게 된다.

15) 박상호·임성빈, 『최신교육방법·교육공학』, 집문당, 1996, p. 126.

안내 혹은 조력자로서의 축소된 역할이 요구된다. 그리하여 학습자는 토론을 통하여 지식이나 경험세계를 재구성한다.

다음의 토의학습의 배경 이론으로서 **의사소통 이론**을 들 수 있다. 토의학습은 주로 언어의 상호 교환을 통한 의사소통 과정이므로 이를 성공적으로 이끌기 위해서는 참여자들의 의사소통 능력이 중요하다. 하버마스가 주장하고 있는 담론은 의사소통 능력이며 상호 논증적으로 대화하는 형식을 말한다.[16] 담화에 성공적으로 종사하는 능력이란 담화에서 요구되는 문장의 조건을 완수하는 데 필요한 담화의 규칙들에 능숙하게 되는 능력이다.

이외에도 **소크라테스의 대화법**이나 학생들의 추론단계를 한 단계 높은 수준으로 발달시킬 수 있는 **콜버그의 +1 발문전략(one plus strategy)** 등이 모두 토의법의 이론적 배경이라고 할 수 있다.

3.3 수업절차

일반적으로 토의학습은 크게 토의계획, 토의활동, 발표 및 전체토의, 그리고 평가 및 반성 등 4단계로 이루어진다.

첫째, **토의의 계획단계**로 토의 주제 선정, 토의 유형의 결정, 집단 편성, 토의 절차에 대한 설명이 이 단계에서 이루어진다. 특히 학습자들이 일상생활 속에서 흥미를 가질 수 있는 토의 주제를 그들 스스로가 선택한다면, 그들은 토의 과정에 적극적으로 참여할 것이다.

둘째, **토의 활동 단계**로 실제 토의가 실시되는 단계이다.

셋째, **발표 및 전체 토의 단계**로 토의 내용을 요약·정리·발표하는 단계이다.

넷째, **평가 및 반성의 단계**로서 토론 과정과 그것을 통해 얻어진 결과에 대해 학습자들 스스로가 평가하고 반성해보게 함으로써 보다 발전된 가치·태도 및 기타의 능력을 키워가는 단계이다.

16) 김재현, 「하버마스의 해방론 연구」, 서울대학교 대학원 박사학위논문, 1995, p. 97.

3.4 토의학습의 유형

토의의 유형은 집단에 크기에 따라 대집단토의와 소집단토의로 나눌 수 있다. 토의 학습의 유형으로는 운영방식에 따라 여러 가지가 있다. 여기에서는 통일교육에 적합한 찬반토론, 의사결정하기, 최적 방안 찾기(PMR) 모형을 살펴보고자 한다.[17]

가. 찬반토론(Debate) 모형

이 모형은 찬성과 반대라는 쟁점이 분명한 문제에 대하여 양 측의 입장을 분명히 개진하고 설득력 있게 전달하기 위한 학습 방법이다. 명확히 둘로 나뉘어 토론할 수 있는 주제의 경우 학생들을 그 주제에 찬성하는 학생들과 반대하는 학생들로 구분하여 팀을 나눈 후 서로의 입장을 발표하고 정당화하기 위하여 대립되는 토론을 전개하는 수업방식이다. 이 수업 모형의 절차는 다음과 같다.

〈표 6-2〉 찬반토론의 수업 절차

토론계획
⇩
찬반 양 팀 구성
⇩
팀별 입장 정리(정당화 근거 마련)
⇩
전체 토론(대립된 의견의 교환)
⇩
전체 의견 확인
⇩
요약 정리

① 토론계획

토론계획 단계에서는 찬성과 반대 의견이 균형 있게 이루어질 수 있도록 제3의 안이 나오기

17) 차우규, 『중학교 통일교육 교수·학습 방법에 관한 연구』, 한국교육과정평가원, 2001, p. 28.

힘든 주제를 선정하는 것이 중요하다.

예시 북한의 경제난 해소를 위해 남한의 잉여 전력을 공급해 줄 것인가?

② 찬반 양(兩)팀의 구성

선정된 주제에 대한 찬반양론을 전체 토의를 통해 심의하고, 학생들로 하여금 지지하고 싶은 견해를 선택하게 한 후, 교실을 찬성 팀의 자리와 반대 팀의 자리로 나눈 후, 학생들의 자리를 옮겨 토의를 진행시키는 방식이 바람직하다.

③ 팀별 입장 정리(정당화 근거 마련)

토론 주제에 대해 팀별로 자신의 입장을 정당화할 수 있는 근거들을 찾고 정리하는 단계이다.

예시 〈찬성〉 북한 경제 회생에 도움이 될 것이다.
북한 주민들의 대남의식을 긍정적으로 전환하는 계기가 될 것이다.
〈반대〉 전력공급이 인도적인 차원보다 군수물자를 생산하는데 쓰일 수 있다.
일방적인 지원은 아무런 의미가 없다.

④ 전체 토론(대립된 의견의 교환)

팀별로 정리된 의견을 전체 학생들 앞에서 서로 의사를 교환하며 대립된 주장을 전개하는 단계이다. 찬반 토론 활동은 크게 두 가지로 나누어 볼 수 있다. 첫째는 찬반양론의 대표를 선정하여 대표 중심의 토론을 이끌어 가는 방식이다. 둘째는 자유 토론으로, 대표자 없이 말 그대로 누구나 자신의 견해를 발표하고 타인의 주장에 반박 또는 지지하며 토론하는 방법이다.

⑤ 전체 의견 확인

대립된 주장의 표명과 그 정당화 근거를 충분히 토론한 후 전체 의견을 최종 확인하는 단계이다. 이때 각자의 입장에서 어떤 변화가 있었는지를 확인하도록 하는 것도 중요하다.

⑥ 요약 및 정리

찬반 토론 이후, 교사 혹은 사회자가 중심이 되어 각 팀의 서기로 하여금 각 팀에서 주장된 내용을 요약·발표하도록 하고, 지금까지 제시된 사실에 대한 증거들을 검토하는 단계이다. 이 단계에서 교사 혹은 사회자가 유의해야 할 점은, 찬반 토론은 학생들이 상대방의 주장에 대해 이해하고 자신의 주장을 명료화시키는 데 목적을 두고 있으므로, 무리하게 결론을 내리거나 일반화시켜서는 안 된다는 점이다.

나. 의사결정(Decision-Making) 모형

의사결정 모형은 어떤 문제의 해결방안이 둘 이상이며 이 중 하나의 선택을 내려야 하는 경우 사용되는 모형이다. 이 방식을 흔히들 찬반의 토론식 수업에 비해 토의식 수업이라고 한다. 이 수업방식의 절차는 다음과 같다.

〈표 6-3〉 의사결정 모형의 수업 절차

토의계획
⇩
문제 해결 방안 모색
⇩
해결 방안의 장단점 비교
⇩
전체 의사 결정
⇩
반성 및 평가

① 토의계획

토의 주제를 선택하고 이를 명료화하는 단계이다. 즉, 교사는 학생들로 하여금 의사결정을 내려야 하는 상황을 제시해 주거나, 학생들이 직접 학습목표와 관련된 토의 문제를 선택하고 이를 명료화하는 단계이다.

② 문제해결방안(대안모색) 모색

전체 토의를 통하여 해결 방안을 모색하는 단계이다. 즉, 이 단계에서는 전체 토의를 통하여 복수의 해결안을 학생들로 하여금 제시하게 한다.

③ 해결 방안들의 장·단점 비교

이 단계에서는 전체 토의를 통하여 학습자들로 하여금 일정한 해결 방안을 제시하게 한 후, 각 방안이 가지는 장점과 단점을 그들 스스로 찾도록 한다. 구체적으로 학습지나 칠판, OHP를 이용하여 학생들이 주장하는 대안의 의사결정 지도를 통해 장·단점을 토의하게 할 수 있다.

예를 들어 '북핵 실험 후 금강산 관광 사업의 지속여부'라는 의사결정상황을 교실에서 토론할 경우 〈표 6-4〉와 같이 세 가지 대안에 대한 의사결정 지도를 작성할 수 있다.

〈표 6-4〉 의사결정 수업 예시

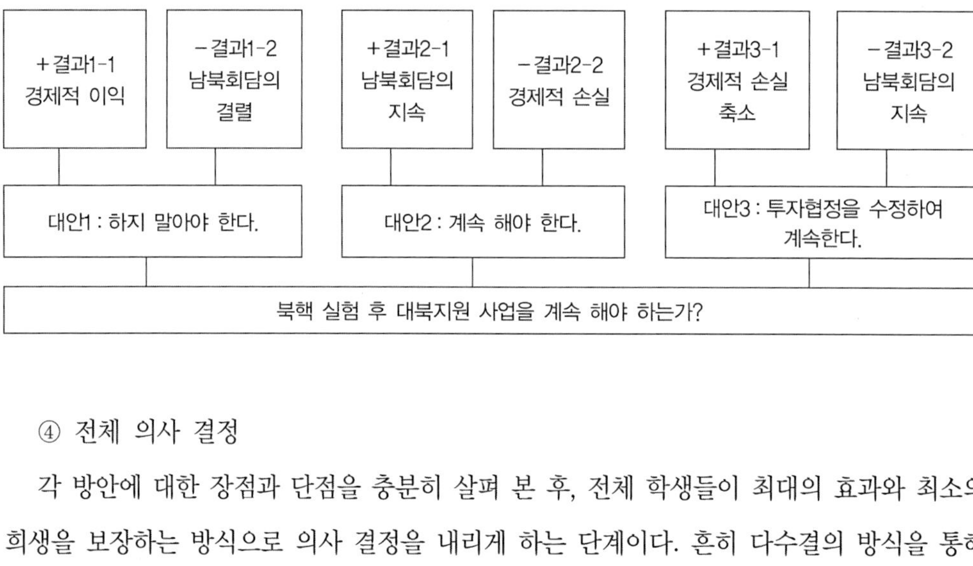

④ 전체 의사 결정

각 방안에 대한 장점과 단점을 충분히 살펴 본 후, 전체 학생들이 최대의 효과와 최소의 희생을 보장하는 방식으로 의사 결정을 내리게 하는 단계이다. 흔히 다수결의 방식을 통해 의사를 결정한다.

⑤ 반성 및 평가

이제까지 진행된 토의 내용과 토의 과정에 대해 학습자들로 하여금 스스로 반성하도록 하며 교사가 토의 내용과 과정을 평가하는 단계이다. 즉 학습자들의 토의 내용과 과정, 그리고 의사 결정에서의 쟁점들이나 개선되어야 할 사항들을 교사가 학생들에게 다시 한 번 제시해 줌과 동시에 더 발전된 토의 수업을 위한 조언을 해 주는 단계이다.

다. 최적 방안 찾기(PMR: Plus Minus Reconstruction) 모형

이 수업 방법은 논쟁거리가 되는 문제와 관련하여 찬성과 반대 입장의 장·단점을 충분히 살펴보게 한 후, 각 입장의 긍정적인 측면을 최대화하고 부정적인 측면을 최소화하기 위한 방안을 다각도로 충분히 찾아보게 하는 기법이다.[18]

한 예로, 대북 쌀 지원 정책에 대한 의견에 있어서 이것의 장·단점을 충분히 알아본 다음 대북 쌀 지원을 했을 때와 하지 않았을 때 무엇이 더 나은 정책인가를 따져보고, 나아가 두 가지 입장의 단점을 극소화하고 장점을 극대화할 수 있는 방안을 충분히 찾아내도록 한다. 이 수업의 절차는 〈표 6-5〉와 같다.

〈표 6-5〉 최적 방안 찾기 수업의 절차

토의계획

⇩

찬반 중 자신의 입장 선택 및 근거 제시

⇩

최적 방안 찾기 활동

⇩

다양한 차원에서의 실천 계획 수립 및 실천

⇩

반성 및 평가

① 토의계획

토의주제를 설정한 후 이를 명료화하는 단계이다. 또한 학습자들이 토의 절차를 숙지하도록 하는 단계이다.

18) 차우규, 『중학교 통일교육 교수·학습 방법에 관한 연구』, 한국교육과정평가원, 2001, p. 33.

② 찬반 중 자신의 입장 선택 및 근거 제시

토의 주제에 대해 자신의 입장을 정당화할 수 있는 근거들을 찾고 정리하는 단계이다. 즉 학생들은 찬반 입장 중 어느 하나를 택하여, 그 입장을 선택한 근거를 자유롭게 창의적으로 제시하는 단계이다.

③ 최적방안 찾기 활동

학습자들이 장점을 최대한 살리면서 단점을 최소화할 수 있는 조건들을 찾는 단계이다. 그러므로 교사는 일방적으로 답을 제시하기보다는 학습자들 스스로가 최적 방안을 찾아볼 수 있도록 기회를 주어야 한다.

④ 다양한 차원에서의 실천 계획 수립 및 실천

최적방안을 찾은 후 학습자가 직접 실천할 수 있는 방법이나 내용에 대해 다양한 형태로 범주화하여 구체적인 실천계획을 수립하고 실천할 수 있도록 한다.

⑤ 평가 및 반성

이제까지 진행된 토의 내용 및 토의 과정에 대해 학습자 스스로가 반성하도록 하고 또한 교사가 수업 전반의 내용과 과정을 평가하는 단계이다.

라. 유비 토의(Analogy Discussion) 모형

통일교육에서 손쉽게 활용할 수 있는 토의 방법으로 비유를 활용한 토의방법을 말한다. 유비를 찾아내기 위한 교사의 질문들은 학생들의 브레인스토밍의 주제로도 활용될 수 있다. 교사는 유비를 만들어내는 과제들을 소집단에게 부여하여 소집단 토의의 형태로 운영할 수도 있다.

예를 들어, 교사는 학생들에게 다음과 같은 유비를 만들어 보라고 요구할 수 있다.

- 북한 정권과 선인장의 공통점은 무엇인가?
- 민족과 발전기의 공통점은 무엇인가?
- 통일과 마라톤의 공통점은 무엇인가?

- 통일을 식물에 비유한다면?
- 북한의 대남 정책을 붉은 장미에 비유한다면?
- 북한의 핵 개발을 두더지에 비유한다면?

이러한 유비 토의 방법의 장점은 학습자의 흥미와 관심을 촉구할 수 있으며, 복잡한 통일 문제의 성격을 브레인스토밍하여 다차원에서 이해할 수 있는 기회를 제공해 준다는 점이다.

4. 사이버 공간을 이용한 통일교육

최근에는 컴퓨터 기술의 발달과 더불어 통일 관련 자료 공급에 있어서 일방통행이 아닌 수요자의 선택을 중시하는 분위기가 확산되어 감에 따라 사이버 통일교육의 필요성이 증대되고 있다. 사이버 통일교육의 개요와 그 활용 방법은 다음과 같다.[19)]

4.1. 사이버 통일교육의 개요

최근에는 컴퓨터 기술과 정보통신기술(ICT)을 활용하여 시간적·공간적 제약을 초월한 원격 교육이 가능해졌다. 사이버 통일교육은 통일에 대해 점차 무관심 내지 냉소적 경향을 보이는 신세대들에게 통일에 대한 관심 및 흥미를 유도함으로써 그들을 통일 논의에 적극적으로 참여시킬 수 있다.

특히 신세대 청소년들은 인터넷(internet)을 이용하여 정보 검색, 전자 우편, 전자 토론 등에 많이 참여하고 있다. 이러한 사이버 통일교육에서 실제로 활용할 수 있는 프로그램으로는 사이버 통일 토론마당, 청소년 사이버 통일백일장 등의 문예활동, 통일교육원의 사이버 통일교육 강좌, 통일 문제 중 특정 현안에 대한 난상토론, 통일 관련 각종 여론조사 등이 있다. 또한 사이버 통일교육은 담당 교수의 강의와 관련 인사들의 인터뷰 내용뿐만 아니라 북한과 관련된 모든 자료(도표, 사진, 녹음, 비디오, 영화 등)를 컴퓨터 저장 매체에 담아 종합적인 교육 기능을 수행할 수도 있다.

19) 통일부 통일교육원, 『통일교육 기본 지침서』, 2004. p. 125.

그리고 통일부 통일교육원 홈페이지를 들어가면 누구든지 상시적으로 사이버 통일교육을 받을 수가 있다.[20] 통일교육원 사이버 통일교육 중 토론방 운영 관련 사이트와 열린 통일강좌를 소개하면 다음과 같다.

〈표 6-6〉 토론방 운영 관련 사이트와 열린 통일강좌

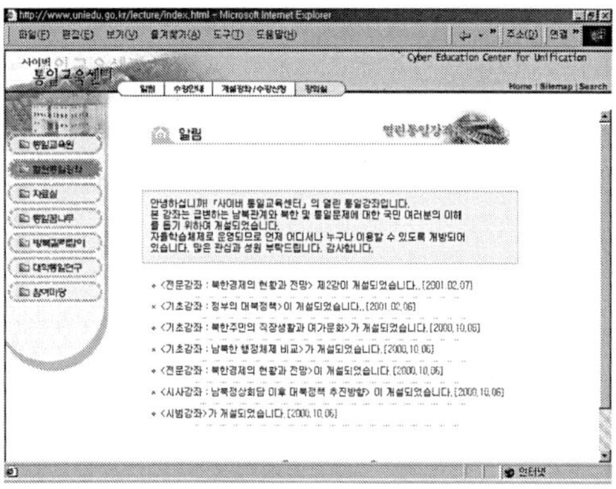

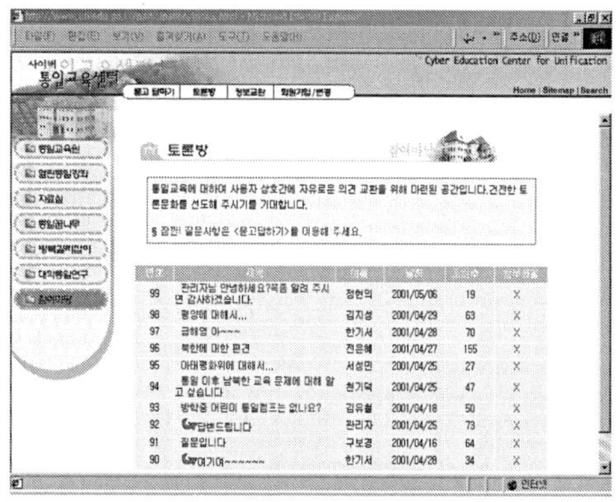

4.2. 인터넷의 활용 방법

사이버 통일교육 방법으로는 인터넷의 정보 검색 이용, 전자 우편 이용, 전자 게시판 이용, 정보 사냥 대회 등을 활용할 수 있다.

가. 정보 검색

인터넷은 소장된 정보의 양이 거대하므로 인터넷에서 한반도 통일과 관련된 정보를 검색하는 활동은 그 자체로 교수자와 학습자에게 커다란 의미를 줄 수 있다. 인터넷 정보 검색을 통하여 교수자는 강의에 필요한 유용한 정보를 수집할 수 있으며, 학습자들은 관련된 정보를 검색하면서 정보의 취급 능력을 향상시킬 수 있다.

통일교육 현장에서 '정보 검색 이용'의 활용 범위는 매우 다양하다. 기존의 강의법이나 토론법

20) 통일교육원의 사이버 통일교육센터(http://www.uniedu.go.kr)는 현재 열린통일강좌, 자료실, 통일꿈나무, 방북길라잡이, 대학통일연구, 참여마당, 여론조사 등 다양한 사이트를 운영하여, 통일에 관심이 있는 모든 사람들이 참여해 통일 및 북한 관련 정보와 의견을 자유롭게 나누고, 전문적인 지식을 습득하는 새로운 가상 학습 공간으로 자리 잡아 가고 있다.

과 병행하여 활용할 수도 있으며, 정보 검색 활동 그 자체를 하나의 학습 활동으로 활용할 수도 있다. 예를 들어, 최근의 북한 동향에 관한 강의를 하는 동안에 인터넷을 통하여 최근의 북한 동향에 관련된 최신 정보를 검색하는 활동을 전개할 수 있다. 또는 북한의 최근 동향이라는 주제로 토론을 하는 과정에 있어서 학습자들로 하여금 인터넷을 통하여 검색된 정보를 바탕으로 하여 토론에 임하게 할 수도 있다.

나. 정보 교환을 위한 전자 메일

전자 우편은 전달하고자 하는 메시지가 도착하는 시간이 매우 빠르고, 추수 학습(follow-up learning)[21]의 기회를 제공한다는 장점이 있기 때문에 통일교육에서 아주 유용하게 사용될 수 있다. 또한, 전자 우편은 학습자들이 교수자와 통일 문제에 대한 사적인 대화를 터놓고 할 수 있으며, 특히 서로 직접 대면하지 않기 때문에 학습자가 교수자의 권위에 주눅이 드는 현상을 방지할 수 있어 자유롭고 개방적인 의사소통을 가능하게 한다.

한편, 전자 우편은 교육 기간 중에도 유용하게 활용될 수 있다. 교수자의 강의를 들은 후에 궁금한 사항들은 전자 우편을 통하여 질문하여 해소될 수 있으므로, 전자 우편은 학습의 개별화 및 상호 작용을 가능하게 해 줄 수 있다. 기존의 교육 과정 속에서 전자 우편이 폭넓게 활용되기 위해서는 강의 교재에서 반드시 교수자의 전자 우편 주소를 밝혀 주어야만 한다. 또한, 교수자는 학습자의 질문에 대하여 성의 있는 답변을 해 주어야 하며, 필요한 경우에는 관련 자료들을 첨부하여 파일로 보내줄 수 있어야 한다.

다. 전자 게시판

통일교육에서 '전자 게시판'은 한 사람 이상의 전문가들이나 동료 학습자와의 상호 작용을 통해 학습할 수 있도록 지원하는 기능을 해 준다. 담당 교수진을 비롯한 학습 내용의 여러 전문가들이 자신들의 강의나 논문 내용을 게시판에 올려놓고 학습자로 하여금 읽고 토론에 참여하도록 요구할 수 있다.

또한 전자 게시판에 북한의 실상에 관한 최근의 사진이나 동영상, 북한을 직접 다녀온 사람들의 기행문이나 소감문 등을 게시해 두는 것도 바람직하다. 전자 게시판의 이용은 전자 우편과

21) 추수 학습(follow-up learning)이란 일회적인 학습이 아닌 그 이후의 지속적인 학습방식을 말한다.

함께 이용할 수도 있다. 한 예로, 전자 게시판에 북한 소설을 게시해 두고 학습자로 하여금 북한 소설을 읽은 후에 그것에 대한 소감을 전자 우편을 통해 서로 교환하게 할 수도 있다.

라. 정보 사냥대회

북한의 실상에 관한 내용들을 학습자 스스로 알아보기 위한 방법으로서 '정보 사냥 대회'를 활용할 수 있다. 교수자는 북한에 관련된 여러 가지 문제들을 제시하고, 학습자들은 인터넷의 통일 관련 사이트를 통해 해답을 찾아 전자 우편으로 교수자에게 보낸다. 또는 교수자가 미리 준비한 문제들을 학습지 형태로 학습자들에게 부과한 후에 인터넷을 통해 정답을 찾아 학습지를 완성하도록 할 수 있다. 이 방법은 학습자들로 하여금 문제 해결 기능을 갖게 하는 데 유익할 뿐만 아니라, 통일교육의 평가 활동에서도 아주 유용하게 활용할 수 있다.

4.3 통일 관련 인터넷 사이트

현재 북한 및 통일에 관련된 인터넷 사이트가 수없이 개설되어 있는데, 학습자들로 하여금 일정 시간 멀티미디어 학습실에서 인터넷 검색을 하도록 하고, 그들이 토론할 만한 이슈라고 판단되면 문제를 제기하여 일정한 형태를 갖추어 토론수업으로 연결할 수도 있다. 통일 관련 인터넷 사이트는 다음과 같다.[22]

〈표 6-7〉 통일 관련 인터넷 사이트

정치 및 경제 관련 Website
http://www.bluehouse.go.kr 청와대 > 자료실
http://www.unikorea.go.kr 통일부 > 통일 대화방
http://zzna.com.ne.kr/index.html 21세기 철마는 달린다.
http://nk.joins.com/ 북한네트
http://www.koreascape.org/sub/7/ks7.htm 한반도 이슈 > 한반도 소식
http://www.acdpu.go.kr 민주평화통일자문회의
http://www.mofat.go.kr/korean/ifans 외교안보연구원
http://www.hani.co.kr/section-003100000/home01.html 한겨레 북한/통일
http://www.dprk.com 조선인터넷

22) 통일부 통일교육원, 『2008 통일교육 지침서』, 2008·학교용, pp. 87-89.

민간단체 통일 운동 관련 Website
http://tongil.moe.go.kr/index.php 인터넷 평화 학교 http://union.woorizip.com 하나가 되는 그날 http://reunion.unikorea.go.kr 이산가족 정보통합 센터 http://blue.nownuri.net/~kbsm 우리민족 서로 돕기 불교운동본부 http://sharing.peacenet.or.kr 북한 나눔 운동 http://www.nkhumanrights.or.kr 북한동포의 생명과 인권을 지키는 시민연합 http://city.paju.kyonggi.kr 파주시 통일여행 http://www.jungto.org/gf 좋은 벗들 http://www.kcrc.or.kr 민족 화해·협력 범국민 협의회 http://www.peacekorea.org 한반도 평화를 위한 시민네트워크 http://sharing.peacenet.or.kr 평화 통일을 위한 남북 나눔 운동
언론 분야 Website http://www.sgt.co.kr/news/topnews 세계일보 http://www.nk.joins.com 중앙일보 북한 네트워크 http://www.yonhapnews.co.kr 연합통신 http://www.unityinfo.co.kr 통일정보신문 http://www.koreascope.org 코리아스코프 http://www.hani.co.kr 인터넷 한겨레
문화 예술 및 영화 분야 Website http://prome.snu.ac.kr 북한 영화 어떻게 볼 것인가? http://www.empas.com 북한 자료 검색 http://unibook.unikroea.go.kr 북한 자료 센터는?
교육 및 학술 분야 Website http://www.tongiledu.net 통일에듀넷 http://www.uniedu.go.kr 통일교육센터 http://www.onekorea.org 통일학 연구소 http://www.sejong.org 세종연구소 http://www.kinu.or.kr 통일연구원 http://suny.yonsei.ac.kr/~ikus 연세대 통일연구원 http://welove.korea.ac.kr/~nokor 고려대 북한학과 http://www.ewha.ac.kr/~nk21 이화여대 북한연구협동 과정 http://www.seoul.co.kr/north 북한인명사전 http://www.kwandong.ac.kr/~unikorea 관동대학교 북한학과

4.4 기대되는 효과

학교에서도 인터넷을 통일교육에 활용하려는 교육적 노력들이 많이 진행되고 있는데, 그 교육적 기대 효과는 다음과 같다.

첫째, 인터넷을 활용한 학습은 학습자의 흥미와 능동적인 자세를 유발시키며 그들이 스스로 최신의 정보를 수집할 수 있도록 한다.

둘째, 인터넷을 활용한 사이버 통일학습은 학생들 스스로가 문제점을 탐색하고, 그 결과에 따라 상호 간의 토론을 거쳐 보고서를 작성해 봄으로써 통일 문제에 대한 폭넓고도 비판적인 안목을 가질 것으로 기대된다.

셋째, 사이버 통일교육은 강의식 수업과는 달리 학습자들이 시간과 장소의 제약을 받지 않고 수업을 진행할 수 있으며, 통일교육의 대상을 각급 학생은 물론 각종 교육기관을 포함한 국내 사회 전반과 해외 교포사회에까지 확대할 수 있다.

넷째, 사이버 통일교육은 교수 1인에 의해 진행되는 강의식 수업보다 각 분야의 전문가들을 사이버상에 참여시키는 협동 강의가 가능하다. 나아가 각 전문가들의 논문이나 저서에 연결하여 그들이 주장하는 내용의 배경을 보다 쉽게 이해하도록 할 수 있다.

5. NIE를 활용한 통일교육

5.1 기본 개요[23)]

오늘날의 고도 지식산업 사회에서 학생들은 학교 밖에서 지식 · 정보를 획득하는 양이 갈수록 많아지고 있다. 학생들의 자아개념이나 가치관 형성에 있어서 오늘날 대중매체의 영향력은 더욱 증대되고 있다. 대중 매체 중 신문은 손쉽게 구할 수 있고, 그것을 학습 동기유발의 촉진도구로 학습의 장으로 끌어들여 현실감 있는 학습활동을 할 수 있다. NIE는 다양한

23) 통일교육원, 분임과제 연구보고서, 『다양한 프로그램을 활용한 학교 통일교육 활성화 방안』, 2006. 7. 25, pp. 2-4.

정보를 통하여 북한 사회와 통일 문제를 바르게 바라보는 길잡이 역할을 할 수 있을 것이다. 특히 NIE 학습을 통하여 학생들은 최신의 북한 동향, 남북관계, 주변 통일 환경의 변화 등을 정확히 이해하고, 통일을 위한 새로운 정보를 획득할 것이다. NIE 수업의 흐름은 다음과 같은 3단계로 진행된다.

〈표 6-8〉 NIE 수업의 흐름 모형

도입 단계	전개 단계	정착 단계
NIE의 소개 ·자료의 수집 ·정보의 정리 ·사고의 확산	정보 공유, 탐구 과제의 해결 ·자료의 제시 및 인지 ·토론 주제 제시 ·탐구 내용 토의 ·탐구 결과 발표 및 정리	정보 획득, 가치 형성 ·사고의 다양성 계발 ·실천 의지의 강화 ·차기 NIE 계획 수립

5.2 NIE 수업의 준비

가. 교사 활동

- 교사는 다양한 형태의 소집단을 운영할 수 있도록 수업 형태를 구상한다.
- 학습 내용과 연계되는 신문을 읽는 법, 스크랩을 하는 법을 안내한다.
- 모둠별 활동은 수행평가에 반영함을 주지시킨다.
  (평가기준 : A-2개 모둠, B-2개 모둠, C-1개 모둠)

나. 학생 활동

- 북한 관련 사태에 관련된 문제와 통일 문제, 남북관계에 관한 각 신문의 관련 기사를 스크랩북으로 만들어 모둠별 주제에 관하여 발표하도록 한다.
- 구체적인 스크랩 방법을 숙지한다.
  (신문 기사, 만화, 광고, 삽화, 독자 투고 등 신문의 모든 기사가 정보의 대상임)
- 신문, 잡지 기사 제목을 쓰고 출처는 신문 이름, 연월일, 신문 면수 순으로 기록한다.
- 소감은 자료를 읽고 간단하게 쓰는 습관을 들인다. (차츰 소감을 자세히 쓰도록 훈련함)

다. 활용방법

해당 학생은 모둠별 발표 또는 토의 시간에 학생들에게 자료를 보여주며 그 내용을 소개한다. 분량이 많을 경우에는 요약하여 말하고, 화제의 대상으로 떠올릴 사안이라고 판단되면 탐구 주제로 설정하여 탐구 모둠의 토론 시간을 갖도록 한다.

5.3 NIE 수업을 위한 학습지의 사례[24]

〈표 6-9〉 NIE 토론 학습지

<table>
<tr><td rowspan="2">제목</td><td rowspan="2">탈북자 실태</td><td>주제</td><td>작성자</td><td>학습 일시</td></tr>
<tr><td>탈북자 실태</td><td>○○○</td><td>년 월 일 교시</td></tr>
<tr><td rowspan="3">과제</td><td rowspan="3" colspan="2">1. 탈북자 실태 파악하기
2. 탈북자에 대해 올바로 인식하기</td><td>자료 번호</td><td>자료 출처</td></tr>
<tr><td rowspan="2">1</td><td>KBS</td></tr>
<tr><td>2006. 01. 27</td></tr>
<tr><td colspan="5">학습 자료

지난주에는 한 탈북자가 생활고를 견디다 못해 불법 휘발유를 팔다가 이틀 사이 두 번이나 적발되는 일이 있었습니다. 네, 행여라도 이 소식 들으시고, 탈북자에 대해서 안 좋은 생각하시는 분들 계실지도 모르겠는데요, 그런 막연한 편견이 이들을 더욱 궁지로 몰아넣고 있다고 합니다.
희망을 찾아 왔지만, 또 다시 절망에 맞닥뜨린 탈북자들의 실태를 최영철 기자가 취재했습니다.
최 기자, 전해주시죠.

리포트 오랜 세월을 사회주의 체제하에서 생활하던 탈북자들에게 우리 사회의 치열한 경쟁은 큰 숙제입니다. 하지만 탈북자들을 가장 힘들게 하는 것은 이들을 바라보는 우리 사회의 차가운 시각인데요. 화면을 통해서 자세한 이야기 전해 드리겠습니다. 지난 1998년 단신으로 두만강을 건너 중국으로 탈출했던 탈북자 김옥희 씨. 4년간의 모진 중국생활 끝에 지난 2002년 우리나라에 정착했습니다.
인터뷰 김옥희(가명, 48/지난 1998년 탈북): “공항에 처음 도착했을 때 정말 꿈에서 바라던 한국에 내가 왔다는 생각에 마음이 부풀고 감정이 이상했었어요.”
하지만 김 씨의 남한 생활은 순조롭지 않았습니다. 지난 해 6월, 정착지원금으로 받은 800여만</td></tr>
</table>

24) 통일교육원 분임과제 연구보고서, 『다양한 프로그램을 활용한 학교 통일교육 활성화 방안』, 2006. 7. 25., pp. 2-8.

원을 다단계 사업에 투자해 사기를 당했는데요. 탈북자들 사이에서는 흔하게 일어나는 일이라고 합니다.

인터뷰　김옥희(가명, 48/지난 1998년 탈북): "한 달에 480만 원을 벌 수 있다는 말에 귀가 솔깃해서 840만 원을 (다단계 회사에) 가지고 갔는데 5일 만에 부도가 난 거예요. 탈북자들 60-70%는 다단계를 해서 피해를 봤을 거예요."

현재 김 씨는 정착지원금으로 마련한 임대아파트에서 별 다른 수입 없이 생활하고 있었는데요. 주위의 다른 탈북자들 역시 김 씨와 비슷한 처지라고 합니다. (후략)

해결 과제

★기초 과제

1. 현재 몇 명의 탈북자(이주민)가 남한에 살고 있는가?
2. 우리 지역에 온 탈북자는 어떻게 생활하고 있는가?
3. 탈북자들이 느끼는 남한생활의 어려운 점은 무엇일까?

★심화 과제

1. 탈북자들에 대한 우리 정부의 지원이 적당하다고 보는가?
2. 탈북학생이 우리 학교에 온다면 어떻게 대해 줄 것인가?
3. 탈북자들과 함께 할 수 있는 일이나 사업은 어떤 것이 있는가?

5.4 지도상의 유의점

NIE 방법을 통한 통일교육은 즉각적인 교육적 성과가 나타나는 것이 아니라는 점을 유념하여 지속적이면서도 일관성 있는 지도가 이루어져야 한다. 또한 신문은 독자가 대부분 일반인이기 때문에 비록 그 기사 내용이 사실이라 할지라도, 비교육적 내용이거나 학습자의 발달 수준에 맞지 않는 기사가 있다는 점을 충분히 고려해야 한다. 특히 성숙된 가치관과 확고한 도덕성이 확립되지 못한 학습자를 대상으로 하여 NIE 방법을 통한 통일교육을 실시하는 교수자는 수업 전에 신문 기사에 대한 신중한 검토가 있어야 한다. 그리고 같은 사안에 대해 신문사 간 상반된 의견이 제기됐을 때, 교수자는 이를 열린 교육 차원에서 토론을 거쳐 최대한 객관적인 의견을 도출하도록 각별한 관심을 가지고 수업에 임해야 한다.

나아가 모둠 평가를 할 때 1차적으로는 학생들이 스스로 하도록 유도하고, 평가 방식이 적절하면 교사가 수용하고 부적절하면 중간에 개입하여 올바른 판단을 하도록 조언한다.

5.5 기대되는 효과

NIE를 통일교육에 적용하였을 때 기대되는 효과는 다음과 같다.

첫째, 신문을 통해 통일 문제에 관한 학생들의 관심을 제고하고, 학생들의 비판적 사고능력 계발을 도울 것이다.

둘째, 학생들은 신문을 자주 접함으로써 비판적으로 읽기 위한 욕구와 능력이 향상되어 지속적으로 신문을 읽을 것이다.

셋째, 학생들이 공공의 문제들, 특히 통일 문제에 대해 흥미와 관심을 가질 것이며 통일의지 형성 등 가치과정에의 참여 동기가 부여될 것이다.

6. 자료 비교 분석을 통한 통일교육

6.1 개념과 원리

북한 사회를 객관적으로 이해하기 위해서는 북한 사회의 다양한 자료들을 남한의 자료와 비교해 보는 것이 중요하다. 예를 들어 북한의 문학작품(소설, 시, 수필 등), TV방송, 영화, 신문, 교과서, 논문 등을 남한의 자료와 비교하여 분석하고 해석하는 것이다. 북한 자료를 올바르게 해석하기 위해서는 자신의 입장에서만 분석해서는 안 되며, 상대방의 입장과 문화라는 측면에서 상대방을 이해하려는 자세를 지녀야 한다.

그러므로 '비교분석'은 학교 현장에서 교사들이 통일교육 시간에 의미 있게 활용할 수 있는 수업방식 중의 하나이다. 특히 자료 비교 분석은 남북한 문화의 이질화 문제에 대한 분석과 함께 그 해결책으로서 동질성을 찾도록 하는 데 많은 시사점을 제공해 줄 것이다.

비교교육학에서는 '비교'에 있어서 보는 것과 관찰하는 것을 다음과 같이 구분하여 설명하고 있다.[25] 비교는 단순히 '보는 것'이 아닌 목적지향적인 '관찰하는 것'의 결과이다.

---

25) 이규환, 『북한의 고등교육 체계 연구』, 한국대학교육협의회, 1990, pp. 19-23.

〈표 6-10〉 '보는 것'과 '관찰하는 것'의 차이

보는 것	관찰하는 것
1. 일반적이다. 2. 우연적이다. 3. 지각을 포함하지 않는다. 4. 비교라는 지적 작용이 없다. 5. 보고(report) 또는 기술(description)이 따르지 않는다.	1. 특수적이다. 2. 목적 지향적이다. 3. 지각을 포함한다. 4. 비교라는 지적 작용이 요구된다. 5. 보고 또는 기술이 따르는 것이 보통이다.

'비교'는 본격적으로 두 개 이상의 비교 대상들에 대해 수집된 자료와 사실을 최종적으로 융합하여 평가하는 활동이다. 비교의 방법에는 균형비교와 예시비교가 있다. 균형비교란 연구 중의 모든 영역을 균형적으로 왕래하면서 비교하는 것을 의미한다. 이 방법에 있어 중요한 것은 비교 대상 간의 자료를 서로 대응하고, 병치할 수 있도록 균형이 잡혀 있어야 한다는 점이다. 예시비교란 균형비교가 불가능하거나 적합하지 않다고 생각되는 경우에 사용하는 것으로, 비교되는 대상들이 불규칙한 자료에 의해서 예시적으로 설명되는 경우에 사용된다. 그러나 예시비교에 있어서는 비교 결과에 대한 일반화를 이끌어내기가 불가능하다.

다음으로 비교분석에 적용되는 원리를 살펴보면 다음의 네 가지를 들 수 있다.

첫째, 복수성(複數性)의 원리이다. 비교 연구는 둘 또는 셋 이상의 대상이 제시되고, 같은 수준의 것이 병치 또는 대치되는 경우에 비로소 성립한다. 즉, 이러한 비교대상의 복수성은 비교의 본질을 규정하는 속성이다.

둘째, 동일수준(同一水準)의 원리이다. 비교 대상들이 상호 포함관계에 있거나 수준이 다를 경우, 균형 있는 비교가 이루어지기 어렵다. 예를 들어, 북한 사회의 예절과 남한의 인사 예절을 비교하는 것은 상호 비교 대상의 수준이 맞지 않으므로 올바른 비교가 이루어지기 어렵다. 북한 사회의 인사예절과 남한 사회의 인사예절을 비교할 경우가 동일한 수준의 비교인 것이다.

셋째, 원자료(raw data) 활용의 원리이다. 2차 자료에만 의존하여 자료를 해석하거나, 비교분석을 할 경우에는 편견이나 선입견이 개입될 여지가 크기 때문에 가능한 1차 자료를 통한 해석 및 비교분석이 요구된다. 그래야만 보다 현장감이 있고 왜곡되지 않은 이해를 도모할 수 있다.

마지막, 다차원성의 원리이다. 비교의 수준이 다양할수록 비교는 용이하고 연구의 의의는 증대된다. 비교 대상을 관찰함에 있어서 한두 가지 수준의 비교를 넘어서서 다양한 관점과 수준으로 비교분석을 할 경우 비교의 결과가 더욱 타당하고 유의미하게 될 것이다.

6.2 수업의 절차

일반적으로 자료해석 및 비교분석 수업의 절차로는 수업의 계획, 자료해석 및 비교분석의 기준 설정, 자료해석 및 비교분석 활동, 결과 도출 및 평가의 4단계로 크게 나눌 수 있다.

〈표 6-11〉 자료해석 및 비교분석 수업의 절차[26]

수업의 계획
⇩
자료해석 및 비교분석의 기준 설정
⇩
자료해석 및 비교분석 활동
⇩
결과 도출 및 평가

가. 수업의 계획 단계

학습주제의 선정 및 비교 대상의 선정 작업을 말한다. 먼저 수업 목표에 알맞은 학습주제를 선정하도록 한다. 그 다음 선정된 주제에 맞춰 비교 대상과 비교 수준을 결정하도록 한다. 비교 대상을 선정할 때에는 물론 학습 주제와 일치해야 되며 관련 없는 여러 변인들을 통제함으로써 제한된 시간 내에 마칠 수 있는 규모가 되어야 한다. 남북한은 체제의 차이로 인한 정치, 경제, 사회, 문화 예술 등 비교할 만한 대상이 많다. 예를 들면, 북한의 예술 활동에 대한 이해를 학습주제로 선정할 경우, 비교 대상은 남북한의 예술이 되며, 세부적으로 남북한의 음악, 미술, 영화 등으로 세분화된다.

26) 차우규, 『중학교 통일교육 교수-학습 방법에 관한 연구』, 한국교육과정평가원, 2001, p. 64.

나. 자료해석 및 비교분석의 기준 설정 단계

비교 대상을 선정하고 비교 수준을 설정한 후에는 비교의 기준 혹은 관점을 설정해야 한다. 비교 기준은 앞으로 행해질 비교분석을 위한 하나의 틀을 제공하는 것으로서 일반적으로 비교분석 활동 전에 이루어지지만, 때에 따라 비교 자료의 수집 이후에 이루어질 수도 있다. 왜냐하면 비교 대상에 따라 수합되는 자료의 수가 한정되었을 경우에는 미리 선정한 비교 기준에 변화가 이루어질 수밖에 없기 때문이다.

이러한 비교분석의 기준 설정을 수업시간에 적용한다면, 남북한의 의복문화를 비교하는 경우 비교분석의 기준으로 장소(평상복, 외출복)와 나이(노인, 중년층, 청년층, 소년층, 어린이)를 설정할 수 있을 것이다.

다. 자료해석 및 비교분석 활동의 단계

비교 대상에 대한 정보 및 참고자료를 찾아 읽는 것부터 시작된다. 이때 자료 안에 포함되어 있는 용어 또는 개념에 대한 이해가 필수적으로 이루어지도록 한다. 이러한 작업은 후속하는 자료에 대한 비교 분석의 전제조건이 된다. 남북한의 비교 대상을 자료의 분석 기준에 따라 객관적으로 비교 분석하여야 한다.

라. 결과 도출 및 평가단계

비교분석을 통하여 얻어진 결과들로부터 시사점을 논의한 후, 비교분석의 각 단계에 대한 검토와 그것을 통해 얻어진 결과에 대해 스스로 평가하고 반성해보게 함으로써 보다 발전된 가치·태도 및 기타의 능력을 키워 갈 수 있도록 한다.

6.3 수업의 예시

1. 소단원 : 민족분단과 남북한 사회·문화의 비교-남북한의 생활문화 비교
2. 수업 절차
   가. 수업의 계획

      남북한 생활문화의 차이점 비교를 수업의 목표로 설정한다.

나. 기준설정

생활문화의 범주와 기준을 설정한다. 각각의 범주를 하위영역으로 나눈다.

·의복 문화 ⇨ 연령에 따른 구분, 때와 장소에 따른 구분

·식생활 문화 ⇨ 평균 식비, 일반적인 반상차림, 식사모습의 형태

·주거 형태 ⇨ 가옥의 구조, 가족구성 형태 등

·명절, 세시풍속 ⇨ 공휴일 지정여부, 명절 놀이문화

·청소년들의 여가활동(취미생활) 등 ⇨ 방과 후 활동, 주말, 방학 활동

다. 비교분석 활동

다양한 자료를 토대로 남북한 생활문화의 차이를 조사한다.

⇨ 인터넷 사이트 〈사이버 통일교육센터〉 〈통일부〉 등 자료 활용(→ ICT 활용 학습)

⇨ 남북한 드라마, 영화, 가요, 문학작품, 새터민과의 인터뷰를 통해 자료 조사 후 포트폴리오 작성 (→ 포트폴리오, 간접 체험학습, 시청각 활용 학습)

⇨ 북한 생활문화에 대한 특성을 정리하여 학습지에 기록

⇨ 조별 조사 발표하기 (→ 협동학습)

라. 결과도출

남북한 생활문화의 공통점과 차이점을 비교한 후, 이질성의 극복 방안을 논의한다.

6.4 지도 시의 유의점

자료해석 및 비교분석은 그 자체가 하나의 교수·학습 모형이라고 하기 보다는 다양한 교수·학습 방법 내에서 활용될 수 있는 하나의 기법이라 할 수 있다.

1시간의 수업이 진행되는 동안 한 가지의 교수·학습 방법만이 동원되는 것이 아니라 다양한 방법과 기법을 이용하여 도달하고자 하는 목표를 이루는 것이 일반적인 수업의 유형이다. 특히 통일교육에서 자료 비교분석을 적용할 때는 기본적으로는 자기 주도적 학습이라는 큰 범위 안에서 수업이 진행될 것이며, 교사는 자료를 수집할 수 있는 소스를 제공해 주고, 수집된 자료를 비교 분석할 기준과 방법에 관해 안내하는 역할을 하여야 한다. 즉 다양하고 유의미한 자료 해석 및 비교 분석 방법을 이용해 남북한 두 체제 간의 이질감과 괴리감을 극복하고

동질감을 회복하여 통일에 대비할 수 있도록 하여야 할 것이다.

7. 놀이학습을 통한 통일교육

7.1 이론적 개요

놀이는 일과 함께 인간의 생활에 있어서 불가분의 관계에 있다. 특히 자라나는 학생들에게 있어서 놀이는 가치를 내면화하고 인격을 형성하는 데 중요한 역할을 한다. 플라톤(Platon) 이래로 많은 교육학자들은 학생들에게 놀이라는 교육 기회를 주어야 한다고 주장해왔다. 프뢰벨(Froebel)은 놀이는 인간의 가장 순수한 정신적 활동이라고 정의를 내리고 있으며, 펠리그리니(Pelligrinni)는 놀이란 묘사할 수 있고 재생할 수 있는 맥락 속에서 일어나는 심리적 성향이라고 보았다. 또한 우드와 애트필드(Wood & Artfield)는 아동이 놀이 개념 자체를 정의한다는 사실을 강조한다. 놀이는 아동 스스로가 창조하는 의미로 가득하다는 것이다.

놀이와 학습이 별개의 것이라 하더라도 이를 접목시키는 것은 매우 중요하다. 놀이를 통한 학습은 즐거움과 호기심을 유발시키며 학생들로 하여금 적극적인 자세를 갖도록 하고, 상상력과 창의성을 발달시켜 준다.

통일교육 방법의 하나로서 놀이 학습은 크게 두 가지 측면에서 의미를 지닌다. 하나는 놀이가 협동심, 공감, 갈등 해결, 정서 순화, 상상력 등과 같은 특성들을 제공해 주어 북한에 대한 호기심과 친화적 감정들을 불러일으키게 해준다는 것이다. 다른 하나는 놀이가 가지고 있는 자발적이고 적극적인 요소가 언어적 경향성에서 탈피하여 활동적인 교육 경험의 기회를 제공해 줌으로써 실천력과 문제 해결력을 키워준다는 점이다.[27]

27) 박찬석 외, 『통일교육론』, 백의, 2000, pp. 287-289.

7.2 놀이 학습의 방법

가. 인터넷과 프로젝션 TV를 이용한 통일 게임

① 필요성

자칫 딱딱해질 수 있는 학습주제에 게임의 방법을 도입함으로써 많은 학습자들을 학습에 참여시킬 수 있고, 통일에 무관심하거나 막연한 생각을 가지고 있던 학생들에게 통일이 반드시 이루어야 할 민족적 과제임을 인식시킬 수 있다. 팀원 간의 의견 통일을 거치면서 '다름'이 아닌 '하나'가 되는 현상을 직접 체험할 수 있으며, 평소 학생들이 통일교육에 대해 가졌던 생소한 생각이나 거부감을 줄이면서 자연스럽게 통일의식을 제고할 수 있을 것이다.

또한 통일게임 수업은 인터넷 동영상을 이용한 게임이기 때문에 재미도 있고 비교적 단순한 문제들로 구성되어 있다. 학생들은 즐거운 놀이를 하면서 북한의 생활 모습과 각 지역의 모습을 익힐 수 있다. 또한 학생들이 모둠별로 직접 인터넷 게임에 참여하여 재미있고 적극적인 통일 학습을 할 수 있다.

② 지도 방식

• 1단계 - 수업 준비

· 학급 모둠별로 책상 배치

· 사전에 북한 사회에 대한 지식을 갖추도록 한다.

· 교사는 '통일교육센터' → '재미있고 신나는 통일 게임'을 미리 열어둔다.
(http://www.uniedu.go.kr/school/index.jsp?send=main-08.html)

· 교실에 있는 프로젝션 TV를 통해 모든 학생이 게임의 과정과 결과를 함께 볼 수 있도록 한다.

• 2단계 : 게임 실시

· O·X 퀴즈 : 모둠별 1명씩 나와서 시합, 모둠원이 6명이므로 6회 실시, 점수 기록

· 그림 맞추기 게임 : 각 모둠별로 1명씩 나와서 6회 대항하여 점수 기록

· 지리 익히기 게임 : 각 모둠별로 1명씩 나와서 6회 대항하여 점수 기록

·1회마다 대항하여 나온 결과를 조별로 누가 점수를 계산한다.

·1등한 모둠에게는 상을 미리 준비하여 주고, 꼴찌한 모둠에게는 교실 뒷정리를 시킨다.

• 3단계 : 정리

·교사는 OX 퀴즈 문제를 학생들과 다시 풀어 정답을 확인시켜 준다.

·지리 익히기 게임도 교사와 함께 다시 풀어 옳은 지식을 갖게 한다.

③ 지도상의 유의점

이미 교실에 있는 TV와 인터넷 사이트 상에 제공되어 있는 게임을 이용하는 것이기 때문에 적은 수고를 들이고도 학생들이 매우 적극적으로 참여하며 흥미를 갖는 수업방식이다. 하지만 지나치게 단편적이고 즉흥적인 지식 습득으로 그칠 우려가 있으므로 교사가 보충적인 추가 설명을 하여야 한다.

나. 도전 통일벨 퀴즈 대회

① 필요성

도전 통일벨은 학급 단위 또는 학교 단위로 계획하여 실시할 수 있다. 도전 통일벨은 학생들이 개성 있고 창의적인 표현능력을 발휘하게 함으로써 개인의 자아실현을 달성하고, 단체 활동의 조화를 통하여 공동체 의식을 함양하며, 올바른 청소년 문화와 전인교육을 구현하는 데 목적이 있다. 아울러 도전 통일벨은 통일 문제에 대한 학생들의 흥미와 관심을 증진시키고 개성 있고 창의적인 표현능력을 발휘하게 하며 북한 실상을 객관적으로 이해하도록 하는 데 도움을 줄 것이다.

② 지도 방법

• 내용 : 통일 관련 부문

• 대상 : 전교생 중 원하는 학생을 대상으로 실시한다.

• 시상 : 대상, 우수상, 장려상으로 나누어 시상한다.

〈표 6-12〉 도전 통일벨 대회 문항 예시

<table>
<tr><td>

퀴즈로 풀어보는 북한 주민의 생활

1. 북한의 언어는 문화어라 하며 우리의 언어와 많이 달라져 있습니다.[28]
   ① 남한의 야채를 북한에서는 무엇이라고 할까요?
   ② 남한의 화장실을 북한에서는 무엇이라고 할까요?
   ③ 북한에서 해수욕을 무엇이라고 할까요?

[답] ① 남새, ② 위생실, ③ 물미역

2. 북한 사회를 이해하는 여러 가지 방법 중에서 가장 구체적이고 현장감 있는 것은 그들의 생활 풍습을 이해하는 것입니다.
   ① 남한에서의 의식주를 북한에서는 무엇이라고 할까요?
   ② 북한에서 빨간 스카프를 매는 학생들의 단체를 무엇이라 할까요?
   ③ 북한의 국보 1호와 보물 1호는 각각 무엇일까요?

[답] ① 식의주, ② 소년단, ③ 국보 1호는 대동문이고 보물 1호는 평양종

</td></tr>
</table>

다. 십자말풀이 게임

① 필요성

학생들이 비형식적인 상황에서 게임을 하면서 흥미롭고 재미있게 학습할 수 있는 방법이다. 이것은 학생들의 호기심뿐만 아니라 논리적인 사고력 신장에도 매우 유용한 기법이라고 할 수 있다. 특히 이 게임은 수업의 마지막 부분에서 학습한 내용을 정리할 때 재미있게 활용할 수 있는 기법이다.[29]

② 지도 방법

학습해야 할 지식과 정보는 판 위에 그려진 각 정방형 위에 기록하거나 종이로 만든 카드에 기록하여 게임에 의해 정해진 학습자가 해당 과제를 해결하도록 하는 수업 방법이다.

---

28) 그래서 서로 말을 못 알아듣고 엉뚱한 오해를 하는 경우가 있다. 10여 년 전 남북 고위급 회담 때, 북한을 방문한 남한 기자가 북한 학생에게 해수욕장에 다녀왔느냐고 물었더니, 말뜻을 잘못 알아들은 북한 학생이 '묘향산에 다녀왔다'고 대답한 적이 있다. 이때 우리 언론이 이것이 북한은 휴가도 없는 사회임을 말해 주는 것이라고 보도하여 남한 언론에 대한 북한 측의 불신을 자아냈다.

29) 통일교육원, 『통일교육 기본 지침서』, 2004, pp. 120-124.

십자말풀이(puzzle game)는 바둑판과 같은 사각형 면에 북한 이해 및 통일 관련 개념이나 지식을 세로축, 가로축 등으로 연결시켜 빈칸으로 남아 있는 부분의 옳은 답을 누가 얼마나 정확하게 그리고 신속하게 맞추느냐를 결정하는 게임이다. 다음은 십자말풀이 게임의 예시이다.

〈표 6-13〉 십자말풀이 판

<table>
<tr><td rowspan="4">게
임
판</td><td>1</td><td></td><td></td><td></td><td>2</td><td></td><td></td></tr>
<tr><td></td><td></td><td></td><td></td><td>3</td><td></td><td>4</td></tr>
<tr><td>5</td><td></td><td></td><td></td><td></td><td></td><td></td></tr>
<tr><td></td><td></td><td></td><td></td><td></td><td></td><td></td></tr>
<tr><td colspan="8">[가로 문제와 해답]
1. 굴착기를 북에서 이르는 말 (정답 : 기계삽)
3. 귀순자를 북에서 이르는 말 (정답 : 의거자)
5. 팔방미인을 북에서는 이렇게 부릅니다. ○○미인 (정답 : 사방)

[세로 문제와 해답]
1. 엿, 설탕, 우유, 식용유 같은 것을 섞어 졸여서 단단하게 굳힌 사탕의 한가지인 캐러멜을 북에서는 이렇게 부르죠. (정답 : 기름 사탕)
2. 도메인(domain)을 북에서는 어떻게 부를까요? (정답 : 정의역)
4. 개성시 소재, 시내 동남쪽에 있는 낮은 언덕(104m)이다. 이 산의 서편에 영웅호걸을 키운다는 상징적인 유석이 있고, 이 바위가 인물을 배출시킨다고 하여 남산 또는 ○○○이라고 부른다. (정답 : 자남산)</td></tr>
</table>

라. 북한 탐구반 운영

① 필요성

학교 계발활동 중 통일반 운영은 학생들의 자발적인 선택에 따라 구성된 것이므로 통일에 관한 높은 흥미와 관심을 유지할 수 있으며 교육적 효과도 높일 수 있을 것이다. 학년 초 북한 사회에 대한 인지도 및 관심도를 높일 수 있는 다양한 프로그램을 체계적으로 계획하여 실행하면 많은 교육적 효과를 얻을 수 있을 것이다. 또한 탐구반 활동은 학생들의 자발적인 참여를 전제로 한다는 점에서 다른 활동보다 높은 관심과 흥미를 유지하면서 꾸준히 활동을 계속해 나갈 수 있다.

② 지도방법

학년 初 북한 및 통일 문제와 관련된 주제를 선정하여 매주 계발활동 시간을 활용하여 탐구하도록 하되, 학생들의 흥미나 수요에 맞는 활동주제를 선정하여 학생들이 직접 체험해보고 탐구하는 활동을 중심으로 편성하도록 한다. 학생들은 1년 동안의 계획을 통하여 북한과 통일 문제에 대한 체계적인 시각과 비판적인 안목을 기르게 될 것이다. 다음은 1년간 통일 탐구반의 활동주제를 예시한 것이다.

〈표 6-14〉 북한 탐구반 연간 계획서

월	주	활동주제	활동내용
3	2	부서조직 및 활동안내	계발활동 부서를 조직하고 활동을 안내
	4	통일만화 그리기	통일만화 그리기 및 전시회(우수작은 공모전 출품)
4	4	통일신문 만들기	현재 북한의 상황과 통일 후 모습을 담은 통일신문 제작
5	4	북한 사이버 여행	북한의 자연환경을 담은 비디오 시청 후 북한여행
6	4	북한의 인문환경 조사	북한의 인문환경을 알아 보고, 남한과 비교표 작성
7	4	현장 견학	현장 견학 전 자료조사를 하고, 견학 후 소감문 작성
9	4	북한영화 감상하기	북한영화 감상 후 퀴즈문제 풀이, 감상문 쓰기
10	4	북한의 언어생활 조사	북한의 언어생활을 알아보고 역할극 실시
11	4	평가	모둠별 포트폴리오 자료 평가

7.3 놀이 학습의 기대 효과

통일교육은 학생들이 북한을 객관적으로 이해하고, 남북한 주민의 화해 의식을 키우며, 통일에 대한 낙관적 전망을 갖도록 하는 데 목적이 있다. 놀이를 통한 통일교육으로 기대할 수 있는 교육적 효과는 대체로 다음과 같이 정리할 수 있다.

첫째, 놀이 학습을 통하여 학생들은 통일교육에 대해 가졌던 생소한 생각이나 거부감을 현저하게 줄이고, 자연스럽게 통일교육에 임할 것이다.

둘째, 놀이를 통해 통일이라는 주제에 접근함으로써 학생의 관심과 흥미를 더욱 높일 수 있다.

셋째, 놀이를 통해 팀원 간의 의견 교환을 거치면서 '다름'이 '하나'가 되는 현상을 직접 체험할 수 있을 것이다.

넷째, 게임을 통해 집중력, 인내력은 물론 협동성과 무한한 창의력을 기를 수 있다.

결국 '놀이를 통한 통일수업'은 학생들의 통일에 대한 관심을 제고하고 분단과 통일 문제에 대한 긍정적인 생각을 가지게 하는 계기가 될 것이다. 학생들은 재미있는 놀이를 통해 통일 문제와 북한에 대해 지녔던 평소의 무관심, 부정적인 선입견, 고정관념을 어느 정도 극복하고, 통일이 민족공동체의 절실한 문제임을 자연스럽게 알게 될 것이다.

7.4 놀이 학습의 유의 사항

놀이 학습 과정에서 교사가 특별히 유의해야 할 사항은 다음과 같다.

첫째, 놀이 학습을 통한 통일교육이 학생들의 단순한 흥미 위주의 수업으로 전락하지 않도록 한다. 만약 이 학습이 재미 위주의 수업으로 끝나버린다면, 그것은 컴퓨터 게임과 같은 오락거리에 지나지 않을 것이다. 따라서 교육기법은 흥미롭게 되지만, 그 교육 활동의 목표는 우리들의 건강한 통일 의식 형성이라는 기초에서 벗어나는 결과가 초래될 것이다.

둘째, 학교 현장에서 놀이 학습을 통한 통일교육은 형식적이거나 전시성 교육으로 흐르지 않도록 해야 한다. 따라서 놀이 학습은 교사 자신이 학생들에게 어떻게 접근하고, 흥미를 유발시키며, 학생들의 관심을 불러일으킬 것인가를 진지하게 고민하고 철저한 준비를 통하여 수업을 전개하여야 할 것이다.

셋째, 놀이 학습은 될 수 있는 한 많은 사람이 참여하는 수업이 되도록 하여야 한다. 우리 속담에 "백짓장도 맞들면 낫다."라는 것처럼, 상호이해와 존중을 바탕으로 한 협동적인 놀이 학습이 되도록 하여야 할 것이다.

8. 체험을 통한 통일교육

체험 학습은 이론이나 가치규범 중심의 교육에서 벗어나 그 이론을 기초로 피교육자들이 실제 참여하고 활동하면서 터득하는 교육이다[30]. 이것은 이론이나 지식에 머무르지 않고 정의적인 영역의 변화와 함께 행동(실천)적 영역의 변화를 유도할 수 있는 교육 방법이다. 학생들은 실천을 통해서 학습하게 될 때 피상적인 이론에서 벗어나 그 이론을 자기의 것으로 소화하고 이를 실제 세계에 접목시킬 수 있는 능력을 갖게 된다.

그러므로 통일교육은 통일과 관련된 내용을 학생들이 일상생활 속에서 다양하게 체험할 수 있는 기회를 제공하여야 한다. 이를 통해 학생들은 북한 주민들의 생활과 문화를 이해하고, 그들의 삶을 자신의 입장에서 이해하고 존중하며, 서로 공존할 수 있는 방법을 터득할 수 있을 것이다. 특히 남북통일이 정치적 통일만이 아니라 진정한 하나가 되는 민족적 통합으로 나아가야 한다는 점을 감안한다면, 전쟁의 공포, 평화의 소중함, 다른 사고방식과 생활양식을 가진 사람과 함께 어떻게 어울려 살아야 하는지, 남북한 간의 이질화된 문화를 어떻게 극복할 것인지 등과 같은 주제들은 이 체험 학습을 통하여 그 교육적 효과를 거둘 수 있을 것이다.

8.1 체험 학습의 중요성

체험 학습은 학습자가 귀로만 듣는 교육이 아니라 실제로 현장에 참여하여 눈으로 보고 실천해 보는 교육이다. "백문 불여일견, 백견 불여일행(百聞 不如一見, 百見 不如一行)"이라는 말이 있듯이, 피교육자가 현장에 직접 참여하여 관찰하고 행동할 때 통일교육의 효과는 커진다. 그러므로 학교 및 사회 통일교육은 이론 중심의 교육과 병행하여 반드시 현장 체험학습도 함께 제공하는 것이 필요하다.

샘패스(Sampath)에 의하면, 학습자들은 귀로만 들은 정보의 20%, 눈으로 본 정보의 30%, 눈으로 보고 귀로 들은 정보의 50%, 말한 정보의 80%, 말하고 직접 체험해 본 정보의 90%를

30) 통일교육원, 『통일교육 기본 지침서』(2004)에서 이 저서의 취지에 맞게 발췌 요약한 내용임.
박찬석 외, 『통일교육론』, 백의, 2000, pp. 235-251, 제12장 '체험학습' 참조.

오래 기억한다고 한다. 따라서 체험 학습을 통한 통일교육은 학습 과정상 오래 기억하는 측면에 있어서는 가장 효과적인 학습 방법이라고 할 수 있다.

또한 현장 체험 학습은 학생들의 '머리(사고)'만 아니라 '마음(민감성)'을 움직여 '행동'으로 실천할 수 있는 효과적인 교육 방법이다. 이러한 의미에서 체험 활동을 통한 통일교육의 강화는 신세대인 학생들에게 산 교육적 의미를 부여할 것이다.

8.2 체험 학습의 방법

체험 교육의 학습방법은 집단적으로나 개별적으로도 이루어질 수 있다. 예를 들면, 집단적으로 통일캠프 참여, 통일 순례, 하나원 방문, 개성이나 금강산 관광, 북한 이주민과의 대화를 통하여 통일 문제에 접근할 수 있는 기회를 제공할 수 있다. 한편 개별적으로는 사이버 e통일 백일장이나 기아 체험 등을 통해 학생 스스로가 통일문제에 접근할 수 있을 것이다. 또한 체험학습에는 직접 체험과 간접 체험 방법이 있을 것이다. 몇 가지 체험 학습을 소개하면 다음과 같다.

가. 북한 주민 생활 체험하기

통일교육에 있어서는 북한과 관련된 생생한 1차 자료를 접할 필요가 있으며 이를 교육적으로 재구성하는 교육적 노력이 요구된다. 최근 통일 관련 교육 기관을 중심으로 통일 캠프, 통일 학교, 통일 자료실 운영 등을 통해 학습자들에게 다양한 통일 체험을 할 수 있도록 도와주고 있다.

남북 관계의 개선에 따라 우리 주변에는 다양한 형태로 북한 주민 생활을 체험 할 수 있다. 북한 이탈 주민들의 남한사회 적응 교육기관인 '하나원' 방문, 북한 이탈 주민 자녀들과 함께하는 생활 등은 모두 훌륭한 체험학습 기회이다.

이 외에도 최근 민간단체의 통일교육 프로그램인 간접적인 체험 방식도 매우 중요하다. 예컨대, '평화 통일극'(남북나눔운동), '북한가정의 가계부 쓰기'(중앙대 민족통합교실), '탈북자 가정의 경제생활 체험하기'(중앙대 민족통합교실), '통일 열차'(걸판 마당극) 등이 있다.

나. 현장견학을 통한 체험 학습

통일교육과 관련하여 학습자들로 하여금 현장견학을 하게 하는 방법도 있다. 즉, 학습자가 견학할 수 있는 활동거리를 개발하고, 답사할 수 있는 장소를 물색하는 등의 노력을 통해 통일교육을 내실 있게 운용할 수 있다.

예컨대, 북한의 금강산이나 백두산의 여행, 개성 공단의 북한 노동자들의 일하는 모습 견학, 오두산 통일전망대, 전쟁기념관, 임진각, 땅굴, 철의 삼각전적지, 군부대 등에 대한 현장 견학을 확대함으로써 학생들은 분단의 고통을 경험하고, 나아가 통일 의지를 함양할 수 있을 것이다. 이를 위해 청소년 단체나 민간 사회단체에 위탁교육을 실시하는 방안과 관광 코스의 하나로 개발하여 활성화시키는 방안도 있다.

현장 견학을 위해서는 사전에 견학할 장소와 시간, 견학 내용 등을 미리 계획하는 것이 필요하다. 그리고 현장에서 체험할 수 있는 내용이 무엇인지 사전에 조사하여 알아두어야 하며, 견학 후에는 반드시 소감이나 반성을 해볼 수 있는 기회를 주어야 한다.

다. 컴퓨터 시뮬레이션(Computer simulation)을 통한 가상 체험

현재의 통일교육에서 북한 방문 등 북한의 실상을 직접 체험해 보는 것은 대단히 어렵다. 그러나 이러한 문제점은 컴퓨터 시뮬레이션을 통한 가상 체험 활동에 의해 어느 정도 해결될 수 있다.[31] 가상현실 속에서 이루어지는 컴퓨터 시뮬레이션은 인터넷 사이트 형태를 통해서 이루어질 수도 있고, 별도의 CD-ROM을 통하여 이루어질 수도 있다. 별도의 CD-ROM을 만들어 북한의 현실을 가상적으로 체험해 볼 수 있는 다양한 활동들을 한곳에 모아둘 수도 있다.

8.3 컴퓨터 시뮬레이션의 학습 사례 : 통일에 이르는 길

컴퓨터를 통한 북한의 가정생활 체험을 소개하면 다음과 같다. 북한의 시골 마을 사진을 소재로 하여 가상으로 북한 마을을 만든다. 그리고 그 속에 북한의 한 가족을 설정한다. 행위자(player)는 그 중 아버지, 어머니, 아이의 역할을 선택할 수 있도록 하고, 그중 북한의 가장이

31) 통일교육원, 『통일교육기본지침서』, 통일부, 2004, p. 130.

되기를 선택하면 그 사람의 신상명세서가 모두 소개되도록 만든다. 행위자는 자기가 선택한 인물의 역할을 실행하게 된다. 즉, 아버지의 역할을 선택했을 경우 아침에 일어나서 식사하고 직장에 출근하게 된다. 직장에서는 여러 가지 활동 기회가 주어지게 된다. 독보회, 사상 학습, 집단 노동, 충성의 서약 등의 여러 가지 기회가 주어진다. 컴퓨터 시뮬레이션을 통해서 행위자가 여러 역할 중 하나의 역할을 선택하게 되면 그 역할에 대한 본격적인 가상 체험이 시작되게 되는 것이다.

이 같은 행위자의 상황 선택에 의한 시뮬레이션은 교육적 흥미를 높이고 교육적 효과를 거둘 수 있다. 이러한 컴퓨터 시뮬레이션에서는 행위자의 선택에 따라서 그 결과가 다양해지도록 구성함으로써 참가자들의 관심을 높일 수 있다. 예를 들어 행위자의 선택에 따라서 탈북 시도자, 지배층으로 계층이 상승된 자, 지하 운동원으로 변신한 자, 정치범 수용소 투옥자 등의 다양한 역할을 제시할 수 있다.

또 하나의 예로, 통일에 이르는 길을 컴퓨터 시뮬레이션 자료로 만든 것을 소개하면 다음과 같다. 우리는 통일 사회에 대한 적응력을 기르기 위해 통일에 대비한 여러 가지 모의 상황을 설정하여 수업을 진행할 필요가 있다. 이것은 통일이 단순히 감상적인 차원의 문제가 아님을 인식시켜 주기 위한 시뮬레이션 게임으로서 단계별로 되어 있는 것이 특징이다.

1단계에서 학습자가 남북한의 언어 이질화 문제를 극복해 내야만 한다. 알아듣지 못할 수준의 북한 언어를 구사하는 상대방과 같이 북한말로 대화를 나누게 된다.

2단계에서 학습자는 주변 4국의 책임자들을 만나게 되고, 주변 4국의 대한반도 정책을 가상적으로 체험해 보게 된다. 학습자는 주변 4국의 책임자들에게 한반도 통일의 당위성을 설명하여 만장일치의 합의를 이끌어 내야만 3단계로 진입할 수 있다.

3단계에서 학습자는 낙후된 북한의 경제를 되살려 내어야 한다. 북한의 경제 지표들을 바탕으로 하여 군사비 축소, 문호개방 등의 정책을 실시해 나가야만 한다.

4단계에서 학습자는 북한의 최고 책임자를 설득하여 동의를 구해야 한다.

교수자는 학습자들이 개별적 혹은 집단적으로 정해진 시간 동안 시뮬레이션 게임을 한 후에 전체 학습자들을 한 곳에 모아 놓고 가상체험학습에 대한 결과토의를 실시하도록 한다.

9. 통일교육의 다양한 응용 기법

통일교육에서 우선되어야 할 요소 중 하나는 교사와 학생들의 통일에 관한 가장 기본적이고 정확한 객관적인 지식이다. 그러므로 북한과 통일에 관한 단편적이며 지엽적인 지식들을 정확히 객관적으로 정리해 줄 필요가 있으며, 나아가 교육의 방법 면에서 학생들이 쉽게 다가갈 수 있는 다양한 방법이나 기법을 적용해야 할 것이다. 그러나 아직도 통일교육의 내용은 상당 부분 북한에 관한 객관적 입장을 취하지 못하고 있으며, 교수 방법이나 기법상에 있어서도 개방적이고 열린 자세가 요구됨에도 불구하고 교사가 일방적으로 주입하는 진부한 방식이 이용되고 있다. 이러한 문제를 해소하기 위하여 일선 학교에서 그동안 실시하여 성과를 거둔 통일교육의 새로운 응용 기법을 몇 가지 소개하려고 한다.

9.1 문화 이해지

가. 기본 개요

문화 이해지(culture assimilator)는 타문화에 가서 살 예정이거나, 타문화의 사람들을 많이 만날 예정인 사람들을 위해 갑작스러운 만남을 예상하고, 그 때 일어날 수 있는 다양한 가상적 갈등 상황을 자료로 제시한 후 상황마다 판단의 연습을 해보게 하는 방법이다. 이러한 문화 이해지의 적용은 타문화와의 접촉에서 벌어질 수 있는 가치 갈등 사례들을 사전에 연습시킴으로써, 실제로 그러한 상황에 부딪혔을 때 합리적이고 균형을 갖춘 가치판단을 할 수 있도록 돕는 학습방법이다.

이 방법은 귀인 훈련의 대표적인 방법이다. 문화 이해지를 통하여 사람들은 상대방이 나의 행동을 어떻게 이해할지, 그리고 나는 상대방의 행동을 어떻게 이해해야 할지를 학습하게 된다. 즉 타문화의 사람들과의 만남을 통해 상호작용을 할 때, 서로가 행동에 앞서 어떤 판단을 내릴 것인가를 배우는 것이다.[32] 나아가 문화 이해지는 남북한 간의 문화적 차이와 이질성을 인식할 수 있고, 우리가 그들과 다른 점을 상이한 문화에 비추어 그 원인을 이해할 수 있는 효과적인 방법이다. 문화 이해지에 포함될 수 있는 내용 영역은 남북한의 언어의

---

32) 추병완, 『통일 교육』, 하우, 2002, p. 78.

차이, 사고방식의 차이, 생활양식의 차이, 조직 생활의 차이 등과 같이 다양하며 이 모든 것들이 동시에 포함될 수도 있다.

나. 제작 단계

이러한 문화 이해지의 제작은 다음과 같이 몇 개의 단계로 이루어진다.

- 1단계 : 타문화와의 만남을 예상하고 그때 일어날 수 있는 다양한 갈등 상황을 여러개 선정한다.
- 2단계 : 갈등 상황 하나하나를 이야기 형식으로 묘사한다.
- 3단계 : 이해할 수 없는 상대방 행동의 이유가 무엇인가를 맞춰보는 서너 개의 보기를 선택지 형식으로 만든다.
- 4단계 : 각 보기마다 그 답이 왜 맞고 틀리는지를 문화적 배경과 함께 설명해 주는 설명문을 작성한다.
- 5단계 : 작성된 문화 이해지는 타당화 과정을 거쳐 미비한 부분을 수정, 보완하여 완성본을 책자로 제작한다.

다. 제작 시 유의점

문화 이해지를 제작할 때 유의할 점은 다음과 같다.

① 남북한 사람들이 갈등을 일으킬 수 있는 '상황'을 적절하게 제시한다.

② 다양한 선택지 중 상대방 행동의 이유를 묻는 보기를 제시한다.

③ 정답은 보기 중 한 개 이상일 수 있다. 중요한 것은 정답을 단순히 골라내는 데 있는 것이 아니라, 그것이 왜 정답이 될 수 있는지(이유)를 설명하는 데 있다.

④ 마지막에 정답 및 오답에 대한 '해설'을 붙인다. 그렇게 하여 문화적 차이로 인한 오해와 편견을 극복하고 상호 이해와 존중을 통한 동질성을 회복하고 공동체 의식을 함양할 수 있도록 한다.

[사례] 언어 차이로 인한 오해

문화 이해지 활용의 실례를 한 가지 소개하면 다음과 같다.

▸ 상황

북한 신의주에 살던 재영이는 탈북자(이주민)인 아버지를 따라 남한으로 와서 서울의 모중학교에 전학을 왔다. 재영이는 학교에서 친구도 사귀고 적응을 잘해 나갔다. 담임 선생님도 전학 온 재영이에게 각별히 신경을 쓰고 배려를 해주어서 재영이의 학교생활에 큰 도움이 되었다.

어느 날 재영이 부모님은 선생님을 집으로 초대하였고, 선생님과 재영이는 수업이 끝나는 오후 5시에 교문 앞에서 만나 같이 재영이 집으로 가기로 약속하였다.

그러나 재영이가 교문 앞에서 한참을 기다려도 선생님은 나오시지 않았다. 재영이는 혹시 선생님이 잊으셨나 걱정이 되었다. 선생님은 30분이나 지나서 헐레벌떡 뛰어 나오셔서 "재영아, 미안하다. 오래 기다렸지? 회의가 길어지는 바람에 늦었다."하고 사과를 하셨다. 재영이는 "일 없습네다." 라고 말하였다. 이 말을 들은 선생님은 재영이의 말씨가 무례하다는 생각에 어이가 없었다. 재영이도 당황하면서 언짢은 표정을 지으시는 담임 선생님이 이해되지 않았다.

질문 재영이는 왜 그렇게 말했을까?

(1) 부모님을 기다리게 한 선생님에게 화가 나 그랬다.

(2) 북한에서는 자신의 감정을 솔직하게 표현하기 때문이다.

(3) 재영이는 "괜찮습니다."라는 뜻으로 한 말로서 무례한 것이 아니었다.

(4) 사회주의에서는 시간을 철저하게 관리하므로 약속에 늦은 것은 비판받을 행동이기 때문이다.

(5) 평소 선생님의 가르침과 일치하지 않는 행동에 실망했기 때문이다.

정답: (3)

해설

약속을 중요하게 생각하는 것에는 남북한 간에 차이가 없다. 그러나 재영이는 선생님이 약속 시간에 늦은 것이 다소 섭섭했을지라도, 선생님의 해명을 듣고 화를 내지는 않았을 것이다. 그러나 선생님은 재영이가 "일 없습니다"하고 말한 것이 무례하다고 생각했으며, 그러나 재영이는 자신이 잘못한 것이 없는데 그러한 선생님의 표정과 반응을 이해할 수가 없었다. 결국 남북한 언어의 이질화로 인해 선생님과 재영이 사이에 오해가 생겨난 것이다.

북한에서는 "일 없습니다"가 "괜찮습니다"의 뜻으로 쓰인다. 남한에서는 이 표현이 거의 부정적인 뜻으로 들리기 때문에 오해가 생기기 쉽지만, 북한에서는 무례하지 않은 공손한 표현이다. 이처럼, 같은 우리말이라도 수십 년 간의 언어 사용 차이로 인해 오해가 생기는 경우가 일어날 수 있으므로, 북한 이주민 또는 북한 동포와의 대화에서 오해를 불러일으킬 수 있는 용어들을 미리 알아두는 것도 남북통일을 대비하기 위해 좋을 것이다.

9.2 자기 주도적 조사 발표

가. 기본 개요

국민들이 6·15 공동선언 이후 북한 문제와 통일에 대한 관심은 고조되어 있으나, 정작 학생 개개인들에게 북한에 대해 얼마나 알고 있는지 구체적인 질문을 했을 때 그 대답은 수준 이하인 경우가 많다. 학생들의 자기 주도적 조사 발표 수업은 교사가 학생들에게 흥미 있는 주제를 제시하거나 학생 스스로 주제를 선정하여 각종 자료를 활용하여 학습할 내용을 사전에 조사하여 발표하도록 하는 통일교육의 하나의 기법이다.[33] 이러한 교육 방법은 현대의 구성주의적 교육원리에도 부합하고, 교사의 주입이 아닌 학생 스스로 흥미 있는 주제를 조사 탐구한다는 데 그 교육적 의의가 크다.

나. 지도 방법

학생 주도의 발표수업은 수시로 할 수 있으나 시간이 많이 소요되므로, 중간고사나 기말고사가 끝나고 자칫 수업이 소홀해질 수 있는 기간에 실시할 수 있도록 계획하고 준비하는 것이 좋을 것이다. 지도상의 유의점은 다음과 같다.

첫째, 과제 선정에 있어 학생들의 관심 사항이나 흥미 등을 고려하여 과제를 선정해 주어야 한다. 자칫 지나치게 큰 주제나 피상적인 주제를 부여하여 학생들이 준비하는 데 혼선을 빚지 않도록 하여야 한다.

둘째, 발표 자료가 획일적이지 않도록 다양한 소재를 제시하여야 한다. 자칫 자료 조사가 컴퓨터나 인터넷으로 한정될 수 있기 때문에, 각종 참고 문헌이나 통계자료 활용 방식을 사전에 제시해 주는 것도 좋다.

셋째, 개인의 발표 시간은 단일 주제에 관하여 10분을 넘지 않도록 하여야 한다. 또한 학생들

33) 통일교육원 분임과제 연구보고서, 『다양한 프로그램을 활용한 학교 통일교육 활성화 방안』, 2006. 7. 25., pp. 5-8.

이 자신이 조사하지 않은 과제를 다른 학생이 발표할 때 주의해서 듣고 질문이나 토론에 임하도록 한다.

넷째, 한 과제가 끝날 때마다 교사가 주요내용을 정리하여 주거나 보충설명을 해주어야 한다. 모든 과제발표가 끝난 후에는 발표자에 대한 칭찬과 격려 등 종합적인 평가를 통해 적절한 보상을 해주도록 한다.

다음은 북한 사회의 이해를 위한 자기 주도적 조사 발표 수업 과제의 사례이다.

〈표 6-15〉 자기 주도적 조사 발표 수업 과제

북한 바로 알기 발표 과제 예시			
제출자	홍길동	제시일자	2009년 0월 0일
과제 1	북한의 김정일은 어떤 인물인가?		
과제 2	북한 학생들은 여가시간을 어떻게 활용하는가?		
과제 3	북한의 종교 실태는 어떠한가?		
과제 4	북한의 결혼 풍습은 어떠한가?		
과제 5	북한의 언어는 남한과 어떤 차이가 있을까?		
과제 6	북한 젊은이들의 직업관은 어떠한가?		
과제 7	북한의 식량난은 어느 정도인가?		
과제 8	북한의 개성 공단의 현황과 실태는 어떠한가?		
※ 과제 작성 시 유의 사항 - 자신에게 해당하는 과제를 조사하여 00월 00일 오전까지 제출하여야 한다. 과제는 수행평가에 반영하며, 발표 태도 또한 수행평가에 반영한다. - 발표 분량은 A4용지 3매 정도로 하고, 워드로 작성할 때는 여백은 기본이며 글자 크기는 10p로 한다. - 조사 자료는 창의적인 소재를 활용하면 부가점이 있으며, 출처를 반드시 명기하여야 한다.(책자나 사전, 인터넷 사이트 주소 등)			

다. 수업 사례 : 남북한의 언어 비교 조사(과제5)

교사는 학생들에게 남북한 언어상의 차이점을 학생들에게 과제로 제시하여 수업시간에 조사 결과를 발표해 보게 한다. 개인별 과제 제시에 따른 학생이 조사한 과제물 발표는 수행평가에 반영할 수 있을 것이다.[34)]

언어는 사회 구성원들의 일상적인 가치나 사상을 담고 있다. 남북한의 상호 이해와 협력

34) 통일교육원 분임과제 연구보고서, 『다양한 프로그램을 활용한 학교 통일교육 활성화 방안』, 2006. 7. 25., pp. 12-14.

그리고 통일로 나아가는 과정에서 넘어야 할 산이 많겠지만 그 중 남북한 언어의 이질화 현상은 무시할 수 없는 문제이다. 그러므로 학생들이 남북한 언어의 차이점을 바르게 알 수 있도록 조사 발표하는 것도 서로를 이해하기 위한 자기 주도적 조사 방법이다.

남북한 언어 비교 조사는 단순한 지식 습득이나 흥미에 그치는 것이 아니라 남북한 언어의 공통점과 차이점을 진지하게 조사해보는 수업이다. 학생들은 이 수업을 통해서 남북한의 언어의 같음과 다름을 올바르게 이해하고, 남북한의 동질성을 회복하려는 노력을 하게 될 것으로 기대된다.

〈표 6-16〉 남북한 언어 비교 조사 사례

북한 언어의 어휘 차이에 대하여 조사하기

1 방언에 유래되는 차이

북한의 표준어인 '문화어'는 평양 말을 토대로 만들었기 때문에 평안도 방언에 연유된다고 간주되는 어휘가 몇 개 들어가 있다.

▸ 눅다(싸다), 강냉이(옥수수)

2 사회제도에 유래되는 차이

사회제도 차이로 인한 어휘 차이는 사회생활의 여러 곳에서 발견된다. '초등학교'를 '소학교'로 부르는 것은 쉽게 상상이 가지만 '경찰'은 사회주의 제도에 없기 때문에 전혀 쓰지 않는다. '동무'란 말은 원래는 우리나라 어디에서나 썼었지만 북한이 러시아어 'tovarishch'(친구, 동지)의 번역으로서 쓰고 나서는 남한에서 쓰지 않게 되었다. 아래의 차이도 사회제도와 관련된 차이이다.

▸ 평양시 만경대구역(평양특별시 만경대구), 중학교(중·고등학교), 우편국(우체국), 일군[일꾼] (정치 활동가), 교양(정치사상적인 교육), 사업(정치적인 활동)

3 외래어와 관련된 차이

남한에서는 주로 영어를 통해서 외래어가 들어오지만 북한에서는 주로 러시아어를 통해서 들어오기 때문에 같은 단어라 해도 발음 차이가 상당히 난다. 또 영어도 cut의 u 발음은 남한에서 'ㅓ'로 표기하는 데 반해 북한에서는 'ㅏ'로 표기하거나 hot의 o 발음을 'ㅏ'가 아니라 'ㅓ'로 표기하기 때문에 약간의 차이가 날 수 있다.

▸ 뜨락또르(트랙터; 러시아어 traktor), 쩨마(테마; tema)

▸ 스터킹(스타킹), 샤타(셔터), 카브(커브)

나라 이름은 예전에는 러시아어 발음을 채택했었지만 지금은 현지 발음을 채택한다.

▸ 체스꼬슬로벤스꼬(체코슬로바키아), 뽈스까(폴란드)

볼펜을 북한에서는 '원주필'이라고 하는데 이것은 중국어 '圓珠筆'을 그대로 옮긴 것이다. 참고로 남한의 '볼펜'은 일본식 영어 표현에서 유래 되었다.

라. 기대되는 효과

자기 주도적 조사 발표 수업은 교사의 일방적인 주입식 교육이 아니라 학생 자신이 직접 조사하여 발표하는 학습이기 때문에 다음과 같은 효과가 있을 것이다.

첫째, 같은 과제에 대해서 자신이 조사한 것과 친구가 조사한 것을 비교해 볼 수 있어 자신이 미처 찾지 못한 부분을 알 수 있는 이점이 있다.

둘째, 학습자들은 다른 학생의 발표를 경청함으로써 짧은 시간에 북한에 대한 많은 정보를 얻을 수 있으며, 그러한 정보를 통해 북한에 대한 종합적이고 포괄적인 지식과 이해력을 키울 수 있다.

셋째, 북한의 현실에 대한 다양한 분야의 과제를 수행함으로써 통합교과적 효과도 겸할 수 있다.

9.3 브레인스토밍(Brain-Storming)

가. 기본 개요

브레인스토밍은 '두뇌 폭풍'이라는 말뜻 그대로 통일 문제에 관한 특정한 주제 또는 문제에 대해 갑자기 질문을 던져 두뇌에서 폭풍이 휘몰아치듯이 생각나는 아이디어를 밖으로 쏟아 내놓게 하는 방법이다. 브레인스토밍을 통하여 제시된 여러 가지 생각이나 아이디어는 범주화하여야 한다. 범주화란 브레인스토밍을 통해서 나온 다양한 아이디어를 어떤 기준이나 원칙에 의하여 같은 유별로 묶는 기법이다. 즉, '분류와 범주화'는 흩어진 정보들을 핵심 아이디어나 주제를 중심으로 조직화 혹은 체계화하여 좀 더 쉽게 기억하고 자유롭고 창의적으로 생각하거나 논의하도록 하는 기법이다. 즉, 브레인스토밍이 양을 추구하는 접근 방법이라면, 범주화는 질을 추구하는 통일교육의 기법이라 할 수 있다.

나. 지도 방법

통일과 북한 문제에 관한 해결책으로 특정 주제에 대하여 학생들의 다양한 사고를 브레인스토밍할 수 있다. 한 예로 북한과의 화해를 촉진할 수 있는 방안을 찾는다고 가정해 보자. 브레인스토밍 방법으로 북한에 대한 쌀 지원, 비료 지원, 학용품 지원, 분유 지원, 남북 경제 교류,

남북 학생 교류, 이산가족 상봉, 남북 학술 교류, 남북한 상호 체제 인정, 남북한 상호 이념 인정 등 헤아릴 수 없는 많은 아이디어를 낼 수 있다. 그중 북한에 대한 쌀 지원, 비료 지원, 학용품 지원, 분유 지원을 하나로 묶어 '대북 지원 사업을 통한 남북한 화해 촉진 방안'으로 묶을 수 있고, 남북 경제 교류, 남북 학생 교류, 이산가족 상봉, 남북 학술 교류 등은 '다양한 교류를 통한 화해 촉진 방안'으로 제시할 수 있다. 나아가 남북한 상호 체제 인정, 남북한 상호 이념 인정 등은 '남북한 간의 상호 인정을 통한 화해 촉진 방안'으로 범주화할 수 있을 것이다. 이 같은 브레인스토밍과 그 범주화는 통일 문제에 관한 다양한 아이디어의 창출을 통하여 정책이나 해법을 찾을 수 있다는 점에서 매우 유익한 통일교육 방법이다.

9.4 마인드 맵(Mind-map)

이 기법은 브레인스토밍의 연장선상에서 통일 관련 어떤 중요한 낱말이나 개념 혹은 이미지를 연상 작용을 활용하여 나무 가지가 뻗어 나가듯이 도식화하는 통일교육 기법이다. 예컨대, '북한 어린이'라는 중심 단어는 '탁아소', '붉은 머플러', '꽃제비', '과장된 미소', '특이한 손짓과 말투' 등을 연상시키고, 또 '탁아소', '붉은 머플러'는 그것을 중심으로 다른 것을 방사적으로 연상시킬 수 있을 것이다.

이 기법의 장점은 아이디어의 성질이 유사한 것들을 하나로 묶어 줌으로써 보다 더 다양한 아이디어를 산출할 뿐만 아니라, 아이디어간의 관계를 더 쉽게 파악할 수 있도록 해준다. 그리고 교수자가 통일교육 수업 과정에서 이러한 기법을 활용하면 자연스럽게 학생의 심리 상태와 생활 체험의 폭과 깊이를 파악하는 데에 도움을 얻을 수 있을 것이다. 또한 마인드맵을 통하여 학생들은 북한에 관한 지식을 정리하고(수렴적 사고), 창조적인 지식을 확산하여(발산적 사고) 이를 교수·학습의 설계 과정에서 활용할 수 있다.

9.5 감상문 쓰기

교사가 북한 관련 자료실 및 인터넷에서 이용할 수 있는 시청각 매체를 준비하여 학습자들에게 수업 시간 중에 보여주고, 이에 대한 소감이나 감상문을 쓰게 하는 방법이다. 북한의 학생들이 즐겨보는 만화, 애니메이션, 영화 등이 교재로 활용될 수 있다. 특히 북한 영화를 감상한 후, 그 내용과 소감을 정리해 보도록 하는 방법은 강의식 방법보다 학습자들의 관심과 흥미를 더욱 풍부하게 유발할 수 있고 학습자의 북한 사회에 대한 이해를 높일 수 있다. 즉 학습자들은 그 영화의 배경과 내용을 통하여 간접적으로 북한 사회의 여러 측면을 다양하게 접해 볼 수 있을 것이다.

예를 들어, 북한 영화 '도시 처녀 시집와요'라는 영화를 감상한 후, 학생들에게 그 영화 속에서 나타나는 등장인물들의 여성관, 직업관, 직장 내의 상사와 부하직원과의 관계, 이상적인 신랑관과 신부관, 결혼관, 사회관 등을 통하여 북한에 대한 학습자들의 이해의 폭을 깊고 넓게 할 수 있다. 그러나 북한의 인쇄물 및 영상 매체는 주로 주민들에 대한 학습용이 많으며, 특히 특정의 교훈을 주기 위해 제작된 것이므로, 학습자로 하여금 그 교훈이 무엇인지를 탐구하게 할 필요가 있다. 나아가 그 작품을 통하여 북한 사회가 가장 가치 있게 평가하는 덕목과 태도가 무엇인지를 발견해 나갈 수도 있을 것이다.

9.6. 북한 친구에게 편지 쓰기[35)]

N세대, 컴퓨터 세대라 일컬어지는 요즘 학생들에게 편지를 쓴다는 것은 시대에 뒤떨어지는 발상이라고 비판하기 쉽다. 그러나 편지 쓰기 방법은 통일 문제를 자신의 문제와 관련시킨다는 관점에서 초등학교나 중학교에서 시도해 볼 만한 방법이다. 북한 친구에게 편지 쓰기 활동은 통일에 대한 정서적 접근법으로서 통일에 대한 청소년들의 관심을 유도하며, 미지의 친구들에게 편지를 작성케 해봄으로써 언젠가는 만날 수 있는 가까운 친구라는 의식을 심어주어 동족의식을 체험해 볼 수 있는 좋은 기회가 될 수 있다.

편지 쓰기 방법은 TV나 언론 매체를 통해서만 북한 사람들을 볼 수 있고, 더욱이 북한의 학생들을 직접 만날 수 없는 상황에서 편지의 왕래를 통해 서로를 이해하려는 노력이나, 간절한 염원을 편지 형식으로 나눔으로서 정서적으로 북한 친구에게 다가갈 수 있는 방법이다. 그러므로 편지 내용은 서로 배려하는 마음, 만남에 대한 간절함 등이 주된 내용을 이루게 될 것이라 예상해 볼 수 있다. 더불어 학생들 앞에서 편지 내용의 낭독을 권한다면 통일교육의 동기부여와

35) 통일교육원 분임과제 연구보고서, 『다양한 프로그램을 활용한 학교 통일교육 활성화 방안』, 2006. 7. 25., pp. 8-10.

감정이입의 측면에서 상당한 효과와 호응을 기대해 볼 수 있을 것이다. 한편 미지의 친구에게 편지 쓰기는 과제로 제시하여 충분한 시간을 제공하고 난 후 수합하여 수행평가에 반영할 수도 있다.

참고 문헌

김재현, 「하버마스의 해방론 연구」, 서울대학교 박사학위논문, 1995.
박상호 · 임성빈, 『최신교육방법 · 교육공학』, 집문당, 1996.
박찬석,「학교 통일교육의 교육과정 실태와 활성화 방안」, 교육과정평가연구, 2000.
박찬석 외, 『통일교육론』, 백의, 2000.
배한동 외, 『새로운 북한 이해』, 경북대학교출판부, 2003.
양재성, 「다양한 프로그램을 활용한 학교 통일교육 활성화 방안」, 통일교육원, 2004.
오기성, 『통일교육 교수법과 그 실제』, 통일교육원, 2002.
이득기, 이충원, 안세근, 『비교교육학 : 연구방법과 교육개혁』, 문음사, 1996.
조영일, 『교육방법 및 교육공학』, 형설출판사, 2000.
차우규, 『중학교 통일교육 교수-학습 방법에 관한 연구』, 한국교육과정평가원, 2001.
추병완, 『통일교육』, 하우, 2002.
최상희, 『NIE 이해와 활용』, 커뮤니케이션북스, 2004.
통일교육원, 『통일교육 지침서』, 통일부, 2001-2007.
통일교육원, 『사회 통일교육 지침서』, 『학교 통일 교육 지침서』, 통일부, 2008.
통일교육원, 『2006 통일 문제이해』, 통일부, 2006.
통일교육원, 『2006 북한이해』, 통일부, 2006.
한만길, 『통일교육의 이론과 실천』, 교육과학사, 1996.
황인표, 『도덕교육과 통일교육』, 울력, 2006.

[참고 웹사이트]

http://www.uniedu.go.kr/ 사이버 통일교육 센터
http://tongil.moe.go.kr/ 인터넷 평화학교

통일교육지원법

제정 1999. 2. 5. 법률 제5752호

第1條(目的) 이 法은 統一教育을 촉진하고 지원하는데 있어 필요한 사항을 規定함을 目的으로 한다.

第2條(定義) 이 法에서 "統一教育"이라 함은 國民으로 하여금 自由民主主義에 대한 信念과 民族共同體意識 및 건전한 安保觀을 바탕으로 統一을 이룩하는데 필요한 價値觀과 態度의 함양을 目的으로 하는 제반 教育을 말한다.

第3條(統一教育의 基本原則) ① 統一教育은 自由民主的 基本秩序를 수호하고 平和的 統一을 지향하는 方向으로 실시되어야 한다.

② 統一教育은 개인적·파당적 目的으로 이용되어서는 안 된다.

第4條(統一教育基本計劃의 수립) ① 統一部長官은 統一教育을 효율적으로 추진하기 위하여 統一教育基本計劃(이하 "基本計劃"이라 한다)을 수립한다.

② 基本計劃에는 다음 各號의 사항이 포함되어야 한다.

1. 統一教育의 基本方向 및 主要內容
2. 統一教育 실시와 관련하여 각 部處 및 機關·團體의 協助에 관한 사항
3. 統一教育要員 및 統一對備要員의 양성·지원에 관한 사항
4. 統一教育實態의 調査·評價 및 是正에 관한 사항
5. 기타 統一教育에 관한 중요한 사항

③ 統一部長官은 基本計劃을 수립함에 있어서 미리 關係中央行政機關의 長과 協議한 후 第5條의 規定에 의한 統一教育審議委員會의 審議를 거쳐야 한다.

第5條(統一教育審議委員會의 設置) ① 統一教育에 관한 基本政策 기타 중요사항을 審議하기 위하여 統一部에 統一教育審議委員會(이하 "委員會"라 한다)를 둔다.

② 委員會는 委員長 1人 및 副委員長 2人을 포함하여 25人이내의 委員으로 구성한다.

③ 委員會의 委員長은 統一部長官이 되며, 委員은 統一部長官이 任命한다. 다만, 委員중 6人은 國會議長이 추천하는 者로 한다.

④ 委員會의 구성·운영 등에 관하여 필요한 사항은 大統領令으로 정한다.

⑤ 委員會로부터 위임받은 事務를 처리하기 위하여 委員會에 實務委員會를 두며, 實務委員會의 구성·운영 등에 관하여 필요한 사항은 大統領令으로 정한다.

第6條(政府의 임무) ① 政府는 이 法이 정하는 바에 의하여 統一教育의 실시, 統一問題研究의 振興, 統一教育要員의 양성·지원, 教材의 開發·普及 기타의 방법으로 統一教育을 활성화한다.

② 政府는 統一教育을 실시하는 者(法人 또는 團體를 포함한다. 이하 같다)에게 豫算의 범위 안에서 大統領令이 정하는 바에 따라 필요한 經費의 전부 또는 일부를 지원할 수 있다.

第7條(統一教育의 반영) 國家 및 地方自治團體가 設立한 教育訓練機關 및 大統領令이 정하는 社會教育機關을 設置·운영하는 者는 大統領令이 정하는 바에 따라 教育訓練課程에 統一教育을 반영하도록 노력하여야 한다.

第8條(學校에서의 統一教育振興) ① 政府는 初·中等學校에서의 統一教育의 振興을 위하여 노력하여야 한다.

② 政府는 大學 등 高等教育機關을 設立·경영하는 者에게 統一問題와 관련된 學科의 設置, 講座의 開設, 研究所의 設置·운영 등을 勸奬할 수 있다.

第9條(統一教育受講의 요청 등) ① 統一部長官은 統一教育을 실시하는 者, 南北交流·協力事業에 종사하는 者, 統一對備業務에 종사하는 者 기타 統一教育을 받을 필요가 있다고 인정되는 者에게 統一教育을 받을 것을 요청할 수 있다.

② 統一部長官이 第1項의 規定에 의하여 統一教育對象者를 선정하고자 하는 때에는 미리 關係行政機關의 長 또는 그가 소속하여 있는 團體의 長과 協議하여야 한다.

第10條(統一教育協議會) ① 統一教育을 실시하는 者는 統一教育의 효율적인 실시를 위한 協議·調整 기타 상호 간의 協力增進을 위하여 統一部長官의 認可를 받아 統一教育協議會(이하 "協議會"라 한다)를 設立할 수 있다.

② 協議會의 組織과 운영 등에 관하여 필요한 사항은 大統領令으로 정한다.

第11條(告發) 統一部長官은 統一教育을 실시하는 者가 自由民主的 基本秩序를 침해하는 내용으로 統一教育을 실시한 때에는 搜査機關 등에 告發하여야 한다.

附則

이 法은 公布후 6月이 경과한 날부터 施行한다.

통일교육지원법시행령

제정 1999. 8. 6 대통령령 제16501호
개정 2001. 1. 29 대통령령 제17115호
(교육인적자원부와 그 소속기관직제)
2001. 1. 29 대통령령 제17116호(여성부직제)

제1조(목적) 이 영은 통일교육지원법에서 위임된 사항과 그 시행에 관하여 필요한 사항을 규정함을 목적으로 한다.

제2조(통일교육기본계획) ① 통일부장관은 통일교육지원법(이하 "법"이라 한다) 제4조의 규정에 의하여 수립한 통일교육기본계획(이하 "기본계획"이라 한다)을 관계기관 및 단체에 통보하여야 한다.
② 통일부장관은 기본계획의 원활한 시행을 위하여 필요한 경우에는 관계기관 및 단체의 장에게 협조를 요청할 수 있으며, 협조요청을 받은 관계기관 및 단체의 장은 특별한 사유가 없는 한 이에 협조하여야 한다.

제3조(통일교육심의위원회의 구성) ① 법 제5조제1항의 규정에 의한 통일교육심의위원회(이하 "위원회"라 한다)의 위원은 다음 각호의 자가 된다.
1. 교육인적자원부차관·통일부차관·법무부차관·국방부차관·행정자치부차관·문화관광부차관·노동부차관·여성부차관·기획예산처차관과 국무조정실소속 공무원 중 당해 기관의 장이 지명하는 자 각 1인
2. 국회의장이 추천하는 자 6인
3. 통일교육에 관한 학식과 경험이 풍부한 자 중에서 위원장이 임명하는 자
② 위원회의 부위원장은 공무원인 위원과 공무원이 아닌 위원 중에서 각 1인씩 호선한다.

제4조(위원의 임기) 위원회의 위원 중 공무원이 아닌 위원의 임기는 2년으로 한다.

제5조(위원장의 직무) ① 위원장은 위원회를 대표하며, 위원회의 사무를 총괄한다.

② 위원장이 부득이한 사유로 직무를 수행할 수 없는 때에는 위원장이 지명하는 부위원장이 그 직무를 대행한다.

제6조(회의) ①위원장은 위원회의 회의를 소집하며, 그 의장이 된다.

②위원회의 회의는 재적위원 과반수의 출석으로 개의하고, 출석위원 과반수의 찬성으로 의결한다.

제7조(전문위원) ① 통일교육에 관한 전문적인 조사·연구 등을 위하여 위원회에 5인 이내의 비상임 전문위원을 둘 수 있다.

② 전문위원은 통일교육에 관한 학식과 경험이 풍부한 자 중에서 위원장이 위촉한다.

③ 전문위원에게는 예산의 범위 안에서 연구비 및 여비를 지급할 수 있다.

제8조(간사) 위원회의 사무를 처리하기 위하여 위원회에 간사 1인을 두되, 간사는 위원장이 통일부소속 공무원 중에서 임명한다.

제9조(실무위원회) ① 법 제5조제5항의 규정에 의한 통일교육심의위원회 실무위원회(이하 "실무위원회"라 한다)는 위원장 1인을 포함한 15인 이내의 위원으로 구성한다.

② 실무위원회의 위원장은 통일부차관이 되고, 위원은 다음 각호의 자가 된다.

1. 교육인적자원부·통일부·법무부·국방부·행정자치부·문화관광부·노동부·여성부·기획예산처·국무조정실소속 실·국장급 공무원 중 당해 기관의 장이 지명하는 자 각 1인
2. 통일교육에 관한 학식과 경험이 풍부한 자 중에서 통일부장관이 임명하는 자

제10조(협조요청) 위원회 및 실무위원회는 직무수행을 위하여 필요한 때에는 관계전문가를 참석하게 하여 의견을 듣거나 관계기관·단체 등에 대하여 자료 및 의견의 제출 등 필요한 협조를 요청할 수 있다.

제11조(수당) 위원회 및 실무위원회에 출석하는 위원, 관계공무원 및 관계전문가에 대하여는 예산의 범위 안에서 수당과 여비를 지급할 수 있다. 다만, 공무원이 그 소관업무와 직접적으로 관련되어 출석하는 경우에는 그러하지 아니하다.

제12조(운영세칙) 이 영에서 규정한 것 외에 위원회 및 실무위원회의 운영에 관하여 필요한 사항은 위원회의 의결을 거쳐 위원장이 정한다.

제13조(경비의 지원 등) ① 법 제6조제2항의 규정에 의한 통일교육지원 대상경비는 다음 각호와 같다.

1. 통일교육시설·설비의 설치 및 운영에 필요한 비용
2. 통일교육자료의 개발 및 보급에 필요한 비용
3. 통일 문제관련 조사 및 연구에 필요한 비용
4. 통일 관련 강좌의 개설 및 운영에 필요한 비용
5. 기타 통일부장관이 인정하는 통일교육시행에 필요한 비용

② 통일부장관은 통일교육을 실시하는 자의 수행능력, 전년도 실적 및 당해 연도의 사업계획 등을 고려하여 제1항의 규정에 의한 경비지원을 할 것인지의 여부를 결정하여야 한다.

③ 통일부장관은 경비지원의 효과를 지원대상자별로 3년마다 심사하여 계속 지원할 것인지의 여부를 결정하여야 한다.

④ 통일부장관은 허위 기타 부정한 방법으로 경비지원을 받거나 지원받은 경비를 목적 외로 사용하는 자에 대하여는 그 지원을 중지하거나 이미 지급한 경비를 회수할 수 있다.

제14조(통일교육의 반영) ① 법 제7조에서 "대통령령이 정하는 사회교육기관"이라 함은 다음 각호의 기관을 말한다.

1. 정부투자기관관리기본법에 의한 정부투자기관이 설립한 교육훈련기관
2. 교원연수에관한규정 제2조의 교원연수기관
3. 기타 통일부장관이 지정하는 공공연수기관

② 국가 및 지방자치단체가 설립한 교육훈련기관과 제1항의 규정에 의한 사회교육기관은 법 제7조의 규정에 의하여 당해 교육훈련과정에 다음 각호의 통일교육을 반영하도록 노력하여야 한다.

1. 2주 이상 3월 미만인 교육훈련과정 : 1시간 이상
2. 3월 이상 6월 미만인 교육훈련과정 : 2시간 이상
3. 6월 이상인 교육훈련과정 : 3시간 이상

제15조(통일교육협의회) ①법 제10조의 규정에 의한 통일교육협의회(이하 "협의회"라 한다)는 다음

각호의 사업을 행한다.

1. 통일교육에 관한 조사 및 연구

2. 통일교육에 관한 자료수집 및 간행물의 발간

3. 통일에 관한 계몽 및 홍보

4. 통일교육종사자의 자질향상과 복리증진

5. 통일부장관으로부터 위탁받은 업무

6. 기타 통일교육의 진흥을 위하여 필요한 사항

② 협의회는 그 업무를 효율적으로 수행하기 위하여 협의회에 사무국과 지방협의회를 둘 수 있다.

부칙

이 영은 공포한 날부터 시행한다.

개정 「조선민주주의인민공화국 사회주의헌법」(2009년 개정)

서 문

조선민주주의인민공화국은 위대한 수령 김일성동지의 사상과 령도를 구현한 주체의 사회주의조국이다.
위대한 수령 김일성동지는 조선민주주의인민공화국의 창건자이시며 사회주의조선의 시조이시다.
김일성동지께서는 영생불멸의 주체사상을 창시하시고 그 기치밑에 항일혁명투쟁을 조직령도하시여 영광스러운 혁명전통을 마련하시고 조국광복의 력사적위업을 이룩하시였으며 정치, 경제, 문화, 군사분야에서 자주독립국가건설의 튼튼한 토대를 닦은데 기초하여 조선민주주의인민공화국을 창건하시였다.
김일성동지께서는 주체적인 혁명로선을 내놓으시고 여러 단계의 사회혁명과 건설사업을 현명하게 령도하시여 공화국을 인민대중중심의 사회주의나라로, 자주, 자립, 자위의 사회주의국가로 강화발전시키시였다.
김일성동지께서는 국가건설과 국가활동의 근본원칙을 밝히시고 가장 우월한 국가사회제도와 정치방식, 사회관리체계와 관리방법을 확립하시였으며 사회주의조국의 부강번영과 주체혁명위업의 계승완성을 위한 확고한 토대를 마련하시였다.
김일성동지께서는 《이민위천》을 좌우명으로 삼으시여 언제나 인민들과 함께 계시고 인민을 위하여 한평생을 바치시였으며 숭고한 인덕정치로 인민들을 보살피시고 이끄시여 온 사회를 일심단결된 하나의 대가정으로 전변시키시였다.
위대한 수령 김일성동지는 민족의 태양이시며 조국통일의 구성이시다. 김일성동지께서는 나라의 통일을 민족지상의 과업으로 내세우시고 그 실현을 위하여 온갖 로고와 심혈을 다 바치시였다. 김일성동지께서는 공화국을 조국통일의 강유력한 보루로 다지시는 한편 조국통일의 근본원칙과 방도를 제시하시고 조국통일운동을 전민족적인 운동으로 발전시키시여 온 민족의 단합된 힘으로 조국통일위업을 성취하기 위한 길을 열어놓으시였다.
위대한 수령 김일성동지께서는 조선민주주의인민공화국의 대외정책의 기본리념을 밝히시고 그에 기초하여 나라의 대외관계를 확대발전시키시였으며 공화국의 국제적권위를 높이 떨치게 하시였다. 김일성

동지는 세계정치의 원로로서 자주의 새시대를 개척하시고 사회주의운동과 쁠럭불가담운동의 강화발전을 위하여, 세계평화와 인민들사이의 친선을 위하여 정력적으로 활동하시였으며 인류의 자주위업에 불멸의 공헌을 하시였다.

김일성동지는 사상리론과 령도예술의 천재이시고 백전백승의 강철의 령장이시였으며 위대한 혁명가, 정치가이시고 위대한 인간이시였다.

김일성동지의 위대한 사상과 령도업적은 조선혁명의 만년재보이며 조선민주주의인민공화국의 륭성번영을 위한 기본담보이다.

조선민주주의인민공화국과 조선인민은 조선로동당의 령도밑에 위대한 수령 김일성동지를 공화국의 영원한 주석으로 높이 모시며 김일성동지의 사상과 업적을 옹호고수하고 계승발전시켜 주체혁명위업을 끝까지 완성하여나갈것이다.

조선민주주의인민공화국 사회주의헌법은 위대한 수령 김일성동지의 주체적인 국가건설사상과 국가건설업적을 법화한 김일성헌법이다.

제1장 정 치

제1조 : 조선민주주의인민공화국은 전체 조선인민의 리익을 대표하는 자주적인 사회주의국가이다.

제2조 : 조선민주주의인민공화국은 제국주의침략자들을 반대하며 조국의 광복과 인민의 자유와 행복을 실현하기 위한 영광스러운 혁명투쟁에서 이룩한 빛나는 전통을 이어받은 혁명적인 국가이다.

제3조 : 조선민주주의인민공화국은 사람중심의 세계관이며 인민대중의 자주성을 실현하기 위한 혁명사상인 주체사상, 선군사상을 자기 활동의 지도적지침으로 삼는다.

제4조 : 조선민주주의인민공화국의 주권은 로동자, 농민, 군인, 근로인테리를 비롯한 근로인민에게 있다.

근로인민은 자기의 대표기관인 최고인민회의와 지방 각급 인민회의를 통하여 주권을 행사한다.

제5조 : 조선민주주의인민공화국에서 모든 국가기관들은 민주주의중앙집권제원칙에 의하여 조직되고

운영된다.

제6조 : 군인민회의로부터 최고인민회의에 이르기까지의 각급 주권기관은 일반적, 평등적, 직접적원칙에 의하여 비밀투표로 선거한다.

제7조 : 각급 주권기관의 대의원은 선거자들과 밀접한 련계를 가지며 자기 사업에 대하여 선거자들앞에 책임진다.
선거자들은 자기가 선거한 대의원이 신임을 잃은 경우에 언제든지 소환할수 있다.

제8조 : 조선민주주의인민공화국의 사회제도는 근로인민대중이 모든것의 주인으로 되고있으며 사회의 모든것이 근로인민대중을 위하여 복무하는 사람중심의 사회제도이다.
국가는 착취와 압박에서 해방되여 국가와 사회의 주인으로 된 로동자, 농민, 군인, 근로인테리를 비롯한 근로인민의 리익을 옹호하며 인권을 존중하고 보호한다.

제9조 : 조선민주주의인민공화국은 북반부에서 인민정권을 강화하고 사상, 기술, 문화의 3대혁명을 힘있게 벌려 사회주의의 완전한 승리를 이룩하며 자주, 평화통일, 민족대단결의 원칙에서 조국통일을 실현하기 위하여 투쟁한다.

제10조 : 조선민주주의인민공화국은 로동계급이 령도하는 로농동맹에 기초한 전체 인민의 정치사상적 통일에 의거한다.
국가는 사상혁명을 강화하여 사회의 모든 성원들을 혁명화, 로동계급화하며 온 사회를 동지적으로 결합된 하나의 집단으로 만든다.

제11조 : 조선민주주의인민공화국은 조선로동당의 령도밑에 모든 활동을 진행한다.

제12조 : 국가는 계급로선을 견지하며 인민민주주의독재를 강화하여 내외적대분자들의 파괴책동으로부터 인민주권과 사회주의제도를 굳건히 보위한다.

제13조 : 국가는 군중로선을 구현하며 모든 사업에서 우가 아래를 도와주고 대중속에 들어가 문제해결

의 방도를 찾으며 정치사업, 사람과의 사업을 앞세워 대중의 자각적열성을 불러일으키는 청산리정신, 청산리방법을 관철한다.

제14조 : 국가는 3대혁명붉은기쟁취운동을 비롯한 대중운동을 힘있게 벌려 사회주의건설을 최대한으로 다그친다.

제15조 : 조선민주주의인민공화국은 해외에 있는 조선동포들의 민주주의적민족권리와 국제법에서 공인된 합법적권리와 리익을 옹호한다.

제16조 : 조선민주주의인민공화국은 자기 령역안에 있는 다른 나라 사람의 합법적권리와 리익을 보장한다.

제17조 : 자주, 평화, 친선은 조선민주주의인민공화국의 대외정책의 기본리념이며 대외활동원칙이다.
국가는 우리 나라를 우호적으로 대하는 모든 나라들과 완전한 평등과 자주성, 호상존중과 내정불간섭, 호혜의 원칙에서 국가적 또는 정치, 경제, 문화적관계를 맺는다.
국가는 자주성을 옹호하는 세계인민들과 단결하며 온갖 형태의 침략과 내정간섭을 반대하고 나라의 자주권과 민족적, 계급적해방을 실현하기 위한 모든 나라 인민들의 투쟁을 적극 지지성원한다.

제18조 : 조선민주주의인민공화국의 법은 근로인민의 의사와 리익의 반영이며 국가관리의 기본무기이다.
법에 대한 존중과 엄격한 준수집행은 모든 기관, 기업소, 단체와 공민에게 있어서 의무적이다.
국가는 사회주의법률제도를 완비하고 사회주의법무생활을 강화한다.

제2장 경 제

제19조 : 조선민주주의인민공화국은 사회주의적생산관계와 자립적민족경제의 토대에 의거한다.

제20조 : 조선민주주의인민공화국에서 생산수단은 국가와 사회협동단체가 소유한다.

제21조 : 국가소유는 전체 인민의 소유이다.

국가소유권의 대상에는 제한이 없다.

나라의 모든 자연부원, 철도, 항공운수, 체신기관과 중요공장, 기업소, 항만, 은행은 국가만이 소유한다.

국가는 나라의 경제발전에서 주도적역할을 하는 국가소유를 우선적으로 보호하며 장성시킨다.

제22조 : 사회협동단체소유는 해당 단체에 들어있는 근로자들의 집단적소유이다.

토지, 농기계, 배, 중소공장, 기업소 같은것은 사회협동단체가 소유할수 있다.

국가는 사회협동단체소유를 보호한다.

제23조 : 국가는 농민들의 사상의식과 기술문화수준을 높이고 협동적소유에 대한 전인민적소유의 지도적역할을 높이는 방향에서 두 소유를 유기적으로 결합시키며 협동경리에 대한 지도와 관리를 개선하여 사회주의적협동경리제도를 공고발전시키며 협동단체에 들어있는 전체 성원들의 자원적의사에 따라 협동단체소유를 점차 전인민적소유로 전환시킨다.

제24조 : 개인소유는 공민들의 개인적이며 소비적인 목적을 위한 소유이다.

개인소유는 로동에 의한 사회주의분배와 국가와 사회의 추가적혜택으로 이루어진다.

터밭경리를 비롯한 개인부업경리에서 나오는 생산물과 그밖의 합법적인 경리활동을 통하여 얻은 수입도 개인소유에 속한다.

국가는 개인소유를 보호하며 그에 대한 상속권을 법적으로 보장한다.

제25조 : 조선민주주의인민공화국은 인민들의 물질문화생활을 끊임없이 높이는것을 자기 활동의 최고원칙으로 삼는다.

세금이 없어진 우리 나라에서 늘어나는 사회의 물질적부는 전적으로 근로자들의 복리증진에 돌려진다.

국가는 모든 근로자들에게 먹고 입고 쓰고 살수 있는 온갖 조건을 마련하여준다.

제26조 : 조선민주주의인민공화국에 마련된 자립적민족경제는 인민의 행복한 사회주의생활과 조국의 륭성번영을 위한 튼튼한 밑천이다.

국가는 사회주의자립적민족경제건설로선을 틀어쥐고 인민경제의 주체화, 현대화, 과학화를 다그쳐 인민경제를 고도로 발전된 주체적인 경제로 만들며 완전한 사회주의사회에 맞는 물질기술적토대를 쌓기 위하여 투쟁한다.

제27조 : 기술혁명은 사회주의경제를 발전시키기 위한 기본고리이다.
국가는 언제나 기술발전문제를 첫자리에 놓고 모든 경제활동을 진행하며 과학기술발전과 인민경제의 기술개조를 다그치고 대중적기술혁신운동을 힘있게 벌려 근로자들을 어렵고 힘든 로동에서 해방하며 육체로동과 정신로동의 차이를 줄여나간다.

제28조 : 국가는 도시와 농촌의 차이, 로동계급과 농민의 계급적차이를 없애기 위하여 농촌기술혁명을 다그쳐 농업을 공업화, 현대화하며 군의 역할을 높이고 농촌에 대한 지도와 방조를 강화한다.
국가는 협동농장의 생산시설과 농촌문화주택을 국가부담으로 건설하여준다.

제29조 : 사회주의는 근로대중의 창조적로동에 의하여 건설된다.
조선민주주의인민공화국에서 로동은 착취와 압박에서 해방된 근로자들의 자주적이며 창조적인 로동이다.
국가는 실업을 모르는 우리 근로자들의 로동이 보다 즐거운것으로, 사회와 집단과 자신을 위하여 자각적열성과 창발성을 내여 일하는 보람찬것으로 되게 한다.

제30조 : 근로자들의 하루 로동시간은 8시간이다.
국가는 로동의 힘든 정도와 특수한 조건에 따라 하루 로동시간을 이보다 짧게 정한다.
국가는 로동조직을 잘하고 로동규률을 강화하여 로동시간을 완전히 리용하도록 한다.

제31조 : 조선민주주의인민공화국에서 공민이 로동하는 나이는 16살부터이다.
국가는 로동하는 나이에 이르지 못한 소년들의 로동을 금지한다.

제32조 : 국가는 사회주의경제에 대한 지도와 관리에서 정치적지도와 경제기술적지도, 국가의 통일적지도와 매개 단위의 창발성, 유일적지휘와 민주주의, 정치도덕적자극과 물질적자극을 옳게 결합시키는 원칙을 확고히 견지한다.

제33조 : 국가는 생산자대중의 집체적힘에 의거하여 경제를 과학적으로, 합리적으로 관리운영하는 사회주의경제관리형태인 대안의 사업체계와 농촌경리를 기업적방법으로 지도하는 농업지도체계에 의하여 경제를 지도관리한다.

국가는 경제관리에서 대안의 사업체계의 요구에 맞게 독립채산제를 실시하며 원가, 가격, 수익성 같은 경제적공간을 옳게 리용하도록 한다.

第34조 : 조선민주주의인민공화국의 인민경제는 계획경제이다.
국가는 사회주의경제발전법칙에 따라 축적과 소비의 균형을 옳게 잡으며 경제건설을 다그치고 인민생활을 끊임없이 높이며 국방력을 강화할수 있도록 인민경제발전계획을 세우고 실행한다.
국가는 계획의 일원화, 세부화를 실현하여 생산장성의 높은 속도와 인민경제의 균형적발전을 보장한다.

第35조 : 조선민주주의인민공화국은 인민경제발전계획에 따르는 국가예산을 편성하여 집행한다.
국가는 모든 부문에서 증산과 절약투쟁을 강화하고 재정통제를 엄격히 실시하여 국가축적을 체계적으로 늘이며 사회주의적소유를 확대발전시킨다.

第36조 : 조선민주주의인민공화국에서 대외무역은 국가기관, 기업소, 사회협동단체가 한다.
국가는 완전한 평등과 호혜의 원칙에서 대외무역을 발전시킨다.

第37조 : 국가는 우리 나라 기관, 기업소, 단체와 다른 나라 법인 또는 개인들과의 기업합영과 합작, 특수경제지대에서의 여러가지 기업창설운영을 장려한다.

第38조 : 국가는 자립적민족경제를 보호하기 위하여 관세정책을 실시한다.

제3장 문 화

第39조 : 조선민주주의인민공화국에서 개화발전하고있는 사회주의적문화는 근로자들의 창조적능력을 높이며 건전한 문화정서적수요를 충족시키는데 이바지한다.

第40조 : 조선민주주의인민공화국은 문화혁명을 철저히 수행하여 모든 사람들을 자연과 사회에 대한 깊은 지식과 높은 문화기술수준을 가진 사회주의건설자로 만들며 온 사회를 인테리화한다.

제41조 : 조선민주주의인민공화국은 사회주의근로자들을 위하여 복무하는 참다운 인민적이며 혁명적인 문화를 건설한다.
국가는 사회주의적민족문화건설에서 제국주의의 문화적침투와 복고주의적경향을 반대하며 민족문화유산을 보호하고 사회주의현실에 맞게 계승발전시킨다.

제42조 : 국가는 모든 분야에서 낡은 사회의 생활양식을 없애고 새로운 사회주의적생활양식을 전면적으로 확립한다.

제43조 : 국가는 사회주의교육학의 원리를 구현하여 후대들을 사회와 인민을 위하여 투쟁하는 견결한 혁명가로, 지덕체를 갖춘 주체형의 새 인간으로 키운다.

제44조 : 국가는 인민교육사업과 민족간부양성사업을 다른 모든 사업에 앞세우며 일반교육과 기술교육, 교육과 생산로동을 밀접히 결합시킨다.

제45조 : 국가는 1년동안의 학교전의무교육을 포함한 전반적11년제의무교육을 현대과학기술발전추세와 사회주의건설의 현실적요구에 맞게 높은 수준에서 발전시킨다.

제46조 : 국가는 학업을 전문으로 하는 교육체계와 일하면서 공부하는 여러가지 형태의 교육체계를 발전시키며 기술교육과 사회과학, 기초과학교육의 과학리론수준을 높여 유능한 기술자, 전문가들을 키워낸다.

제47조 : 국가는 모든 학생들을 무료로 공부시키며 대학과 전문학교 학생들에게는 장학금을 준다.

제48조 : 국가는 사회교육을 강화하며 모든 근로자들이 학습할수 있는 온갖 조건을 보장한다.

제49조 : 국가는 학령전 어린이들을 탁아소와 유치원에서 국가와 사회의 부담으로 키워준다.

제50조 : 국가는 과학연구사업에서 주체를 세우며 선진과학기술을 적극 받아들이고 새로운 과학기술분야를 개척하여 나라의 과학기술을 세계적수준에 올려세운다.

第51조 : 국가는 과학기술발전계획을 바로세우고 철저히 수행하는 규률을 세우며 과학자, 기술자들과 생산자들의 창조적협조를 강화하도록 한다.

第52조 : 국가는 민족적형식에 사회주의적내용을 담은 주체적이며 혁명적인 문학예술을 발전시킨다. 국가는 창작가, 예술인들이 사상예술성이 높은 작품을 많이 창작하며 광범한 대중이 문예활동에 널리 참가하도록 한다.

第53조 : 국가는 정신적으로, 육체적으로 끊임없이 발전하려는 사람들의 요구에 맞게 현대적인 문화시설들을 충분히 갖추어주어 모든 근로자들이 사회주의적문화정서생활을 마음껏 누리도록 한다.

第54조 : 국가는 우리 말을 온갖 형태의 민족어말살정책으로부터 지켜내며 그것을 현대의 요구에 맞게 발전시킨다.

第55조 : 국가는 체육을 대중화, 생활화하여 전체 인민을 로동과 국방에 튼튼히 준비시키며 우리 나라 실정과 현대체육기술발전추세에 맞게 체육기술을 발전시킨다.

第56조 : 국가는 전반적무상치료제를 공고발전시키며 의사담당구역제와 예방의학제도를 강화하여 사람들의 생명을 보호하며 근로자들의 건강을 증진시킨다.

第57조: 국가는 생산에 앞서 환경보호대책을 세우며 자연환경을 보존, 조성하고 환경오염을 방지하여 인민들에게 문화위생적인 생활환경과 로동조건을 마련하여준다.

제4장 국 방

第58조 : 조선민주주의인민공화국은 전인민적, 전국가적방위체계에 의거한다.

第59조 : 조선민주주의인민공화국 무장력의 사명은 선군혁명로선을 관철하여 혁명의 수뇌부를 보위하고 근로인민의 리익을 옹호하며 외래침략으로부터 사회주의제도와 혁명의 전취물, 조국의 자유와 독립, 평화를 지키는데 있다.

第60조: 국가는 군대와 인민을 정치사상적으로 무장시키는 기초우에서 전군간부화, 전군현대화, 전민무장화, 전국요새화를 기본내용으로 하는 자위적군사로선을 관철한다.

第61조 : 국가는 군대안에서 혁명적령군체계와 군풍을 확립하고 군사규률과 군중규률을 강화하며 관병일치, 군정배합, 군민일치의 고상한 전통적미풍을 높이 발양하도록 한다.

第5장 공민의 기본 권리와 의무

第62조 : 조선민주주의인민공화국 공민이 되는 조건은 국적에 관한 법으로 규정한다.
공민은 거주지에 관계없이 조선민주주의인민공화국의 보호를 받는다.

第63조 : 조선민주주의인민공화국에서 공민의 권리와 의무는 《하나는 전체를 위하여, 전체는 하나를 위하여》라는 집단주의원칙에 기초한다.

第64조 : 국가는 모든 공민에게 참다운 민주주의적권리와 자유, 행복한 물질문화생활을 실질적으로 보장한다.
조선민주주의인민공화국에서 공민의 권리와 자유는 사회주의제도의 공고발전과 함께 더욱 확대된다.

第65조 : 공민은 국가사회생활의 모든 분야에서 누구나 다같은 권리를 가진다.

第66조 : 17살이상의 모든 공민은 성별, 민족별, 직업, 거주기간, 재산과 지식정도, 당별, 정견, 신앙에 관계없이 선거할 권리와 선거받을 권리를 가진다.
군대에 복무하는 공민도 선거할 권리와 선거받을 권리를 가진다.
재판소의 판결에 의하여 선거할 권리를 빼앗긴자, 정신병자는 선거할 권리와 선거받을 권리를 가지지 못한다.

제67조 : 공민은 언론, 출판, 집회, 시위와 결사의 자유를 가진다.
국가는 민주주의적정당, 사회단체의 자유로운 활동조건을 보장한다.

제68조 : 공민은 신앙의 자유를 가진다. 이 권리는 종교건물을 짓거나 종교의식 같은것을 허용하는것으로 보장된다.
종교를 외세를 끌어들이거나 국가사회질서를 해치는데 리용할수 없다.

제69조 : 공민은 신소와 청원을 할수 있다.
국가는 신소와 청원을 법이 정한데 따라 공정하게 심의처리하도록 한다.

제70조 : 공민은 로동에 대한 권리를 가진다.
로동능력있는 모든 공민은 희망과 재능에 따라 직업을 선택하며 안정된 일자리와 로동조건을 보장받는다.
공민은 능력에 따라 일하며 로동의 량과 질에 따라 분배를 받는다.

제71조 : 공민은 휴식에 대한 권리를 가진다. 이 권리는 로동시간제, 공휴일제, 유급휴가제, 국가비용에 의한 정휴양제, 계속 늘어나는 여러가지 문화시설들에 의하여 보장된다.

제72조 : 공민은 무상으로 치료받을 권리를 가지며 나이많거나 병 또는 불구로 로동능력을 잃은 사람, 돌볼 사람이 없는 늙은이와 어린이는 물질적방조를 받을 권리를 가진다. 이 권리는 무상치료제, 계속 늘어나는 병원, 료양소를 비롯한 의료시설, 국가사회보험과 사회보장제에 의하여 보장된다.

제73조 : 공민은 교육을 받을 권리를 가진다. 이 권리는 선진적인 교육제도와 국가의 인민적인 교육시책에 의하여 보장된다.

제74조 : 공민은 과학과 문학예술활동의 자유를 가진다.
국가는 발명가와 창의고안자에게 배려를 돌린다.
저작권과 발명권, 특허권은 법적으로 보호한다.

제75조 : 공민은 거주, 려행의 자유를 가진다.

제76조 : 혁명투사, 혁명렬사가족, 애국렬사가족, 인민군후방가족, 영예군인은 국가와 사회의 특별한 보호를 받는다.

제77조 : 녀자는 남자와 똑같은 사회적지위와 권리를 가진다.
국가는 산전산후휴가의 보장, 여러 어린이를 가진 어머니를 위한 로동시간의 단축, 산원, 탁아소와 유치원망의 확장, 그밖의 시책을 통하여 어머니와 어린이를 특별히 보호한다.
국가는 녀성들이 사회에 진출할 온갖 조건을 지어준다.

제78조 : 결혼과 가정은 국가의 보호를 받는다.
국가는 사회의 기층생활단위인 가정을 공고히 하는데 깊은 관심을 돌린다.

제79조 : 공민은 인신과 주택의 불가침, 서신의 비밀을 보장받는다.
법에 근거하지 않고는 공민을 구속하거나 체포할수 없으며 살림집을 수색할수 없다.

제80조 : 조선민주주의인민공화국은 평화와 민주주의, 민족적독립과 사회주의를 위하여 과학, 문화활동의 자유를 위하여 투쟁하다가 망명하여온 다른 나라 사람을 보호한다.

제81조 : 공민은 인민의 정치사상적통일과 단결을 견결히 수호하여야 한다.
공민은 조직과 집단을 귀중히 여기며 사회와 인민을 위하여 몸바쳐 일하는 기풍을 높이 발휘하여야 한다.

제82조 : 공민은 국가의 법과 사회주의적생활규범을 지키며 조선민주주의인민공화국의 공민된 영예와 존엄을 고수하여야 한다.

제83조 : 로동은 공민의 신성한 의무이며 영예이다.
공민은 로동에 자각적으로 성실히 참가하며 로동규률과 로동시간을 엄격히 지켜야 한다.

제84조 : 공민은 국가재산과 사회협동단체재산을 아끼고 사랑하며 온갖 탐오랑비현상을 반대하여 투쟁하며 나라살림살이를 주인답게 알뜰히 하여야 한다.

국가와 사회협동단체재산은 신성불가침이다.

第85조 : 공민은 언제나 혁명적경각성을 높이며 국가의 안전을 위하여 몸바쳐 투쟁하여야 한다.

第86조 : 조국보위는 공민의 최대의 의무이며 영예이다.
공민은 조국을 보위하여야 하며 법이 정한데 따라 군대에 복무하여야 한다.

제6장 국 가 기 구

제1절 최고인민회의

第87조 : 최고인민회의는 조선민주주의인민공화국의 최고주권기관이다.

第88조 : 최고인민회의는 립법권을 행사한다.
최고인민회의휴회중에는 최고인민회의 상임위원회도 립법권을 행사할수 있다.

第89조 : 최고인민회의는 일반적, 평등적, 직접적선거원칙에 의하여 비밀투표로 선거된 대의원들로 구성한다.

第90조 : 최고인민회의임기는 5년으로 한다.
최고인민회의 새 선거는 최고인민회의임기가 끝나기전에 최고인민회의 상임위원회의 결정에 따라 진행한다.
불가피한 사정으로 선거를 하지 못할 경우에는 선거를 할 때까지 그 임기를 연장한다.

第91조 : 최고인민회의는 다음과 같은 권한을 가진다.
1. 헌법을 수정, 보충한다.
2. 부문법을 제정 또는 수정, 보충한다.
3. 최고인민회의휴회중에 최고인민회의 상임위원회가 채택한 중요부문법을 승인한다.

4. 국가의 대내외정책의 기본원칙을 세운다.

5. 조선민주주의인민공화국 국방위원회 위원장을 선거 또는 소환한다.

6. 최고인민회의 상임위원회 위원장을 선거 또는 소환한다.

7. 조선민주주의인민공화국 국방위원회 위원장의 제의에 의하여 국방위원회 제1부위원장, 부위원장, 위원들을 선거 또는 소환한다.

8. 최고인민회의 상임위원회 부위원장, 명예부위원장, 서기장, 위원들을 선거 또는 소환한다.

9. 내각총리를 선거 또는 소환한다.

10. 내각총리의 제의에 의하여 내각 부총리, 위원장, 상, 그밖의 내각성원들을 임명한다.

11. 중앙검찰소 소장을 임명 또는 해임한다.

12. 중앙재판소 소장을 선거 또는 소환한다.

13. 최고인민회의 부문위원회 위원장, 부위원장, 위원들을 선거 또는 소환한다.

14. 국가의 인민경제발전계획과 그 실행정형에 관한 보고를 심의하고 승인한다.

15. 국가예산과 그 집행정형에 관한 보고를 심의하고 승인한다.

16. 필요에 따라 내각과 중앙기관들의 사업정형을 보고받고 대책을 세운다.

17. 최고인민회의에 제기되는 조약의 비준, 페기를 결정한다.

제92조 : 최고인민회의는 정기회의와 림시회의를 가진다.

정기회의는 1년에 1～2차 최고인민회의 상임위원회가 소집한다.

림시회의는 최고인민회의 상임위원회가 필요하다고 인정할 때 또는 대의원전원의 3분의 1이상의 요청이 있을 때에 소집한다.

제93조 : 최고인민회의는 대의원전원의 3분의 2이상이 참석하여야 성립된다.

제94조 : 최고인민회의는 의장과 부의장을 선거한다.

의장은 회의를 사회한다.

제95조 : 최고인민회의에서 토의할 의안은 조선민주주의인민공화국 국방위원회 위원장, 국방위원회, 최고인민회의 상임위원회, 내각과 최고인민회의 부문위원회가 제출한다.

대의원들도 의안을 제출할수 있다.

第96조 : 최고인민회의 매기 제1차회의는 대의원자격심사위원회를 선거하고 그 위원회가 제출한 보고에 근거하여 대의원자격을 확인하는 결정을 채택한다.

第97조 : 최고인민회의는 법령과 결정을 낸다.
최고인민회의가 내는 법령과 결정은 거수가결의 방법으로 그 회의에 참석한 대의원의 반수이상이 찬성하여야 채택된다.
헌법은 최고인민회의 대의원전원의 3분의 2이상이 찬성하여야 수정, 보충된다.

第98조 : 최고인민회의는 법제위원회, 예산위원회 같은 부문위원회를 둔다.
최고인민회의 부문위원회는 위원장, 부위원장, 위원들로 구성한다.
최고인민회의 부문위원회는 최고인민회의사업을 도와 국가의 정책안과 법안을 작성하거나 심의하며 그 집행을 위한 대책을 세운다.
최고인민회의 부문위원회는 최고인민회의휴회중에 최고인민회의 상임위원회의 지도밑에 사업한다.

第99조 : 최고인민회의 대의원은 불가침권을 보장받는다.
최고인민회의 대의원은 현행범인 경우를 제외하고는 최고인민회의, 그 휴회중에 최고인민회의 상임위원회의 승인없이 체포하거나 형사처벌을 할수 없다.

제2절 조선민주주의인민공화국 국방위원회 위원장

第100조 : 조선민주주의인민공화국 국방위원회 위원장은 조선민주주의인민공화국의 최고령도자이다.

第101조 : 조선민주주의인민공화국 국방위원회 위원장의 임기는 최고인민회의임기와 같다.

第102조 : 조선민주주의인민공화국 국방위원회 위원장은 조선민주주의인민공화국 전반적무력의 최고사령관으로 되며 국가의 일체 무력을 지휘통솔한다.

第103조 : 조선민주주의인민공화국 국방위원회 위원장은 다음과 같은 임무와 권한을 가진다.
1. 국가의 전반사업을 지도한다.

2. 국방위원회사업을 직접 지도한다.
3. 국방부문의 중요간부를 임명 또는 해임한다.
4. 다른 나라와 맺은 중요조약을 비준 또는 페기한다.
5. 특사권을 행사한다.
6. 나라의 비상사태와 전시상태, 동원령을 선포한다.

제104조 : 조선민주주의인민공화국 국방위원회 위원장은 명령을 낸다.

제105조 : 조선민주주의인민공화국 국방위원회 위원장은 자기 사업에 대하여 최고인민회의앞에 책임진다.

제3절 국방위원회

제106조 : 국방위원회는 국가주권의 최고국방지도기관이다.

제107조 : 국방위원회는 위원장, 제1부위원장, 부위원장, 위원들로 구성한다.

제108조 : 국방위원회임기는 최고인민회의임기와 같다.

제109조 : 국방위원회는 다음과 같은 임무와 권한을 가진다.
1. 선군혁명로선을 관철하기 위한 국가의 중요정책을 세운다.
2. 국가의 전반적무력과 국방건설사업을 지도한다.
3. 조선민주주의인민공화국 국방위원회 위원장 명령, 국방위원회 결정, 지시집행정형을 감독하고 대책을 세운다.
4. 조선민주주의인민공화국 국방위원회 위원장 명령, 국방위원회 결정, 지시에 어긋나는 국가기관의 결정, 지시를 페지한다.
5. 국방부문의 중앙기관을 내오거나 없앤다.
6. 군사칭호를 제정하며 장령이상의 군사칭호를 수여한다.

제110조 : 국방위원회는 결정, 지시를 낸다.

제111조 : 국방위원회는 자기 사업에 대하여 최고인민회의앞에 책임진다.

제4절 최고인민회의 상임위원회

제112조 : 최고인민회의 상임위원회는 최고인민회의휴회중의 최고주권기관이다.

제113조 : 최고인민회의 상임위원회는 위원장, 부위원장, 서기장, 위원들로 구성한다.

제114조 : 최고인민회의 상임위원회는 약간명의 명예부위원장을 둘수 있다.
최고인민회의 상임위원회 명예부위원장은 최고인민회의 대의원가운데서 오랜 기간 국가건설사업에 참가하여 특출한 기여를 한 일군이 될수 있다.

제115조 : 최고인민회의 상임위원회임기는 최고인민회의임기와 같다.
최고인민회의 상임위원회는 최고인민회의임기가 끝난 후에도 새 상임위원회가 선거될 때까지 자기 임무를 계속 수행한다.

제116조 : 최고인민회의 상임위원회는 다음과 같은 임무와 권한을 가진다.
1. 최고인민회의를 소집한다.
2. 최고인민회의휴회중에 제기된 새로운 부문법안과 규정안, 현행부문법과 규정의 수정, 보충안을 심의채택하며 채택실시하는 중요부문법을 다음번 최고인민회의의 승인을 받는다.
3. 불가피한 사정으로 최고인민회의휴회기간에 제기되는 국가의 인민경제발전계획, 국가예산과 그 조절안을 심의하고 승인한다.
4. 헌법과 현행부문법, 규정을 해석한다.
5. 국가기관들의 법준수집행을 감독하고 대책을 세운다.
6. 헌법, 최고인민회의 법령, 결정, 조선민주주의인민공화국 국방위원회 위원장 명령, 국방위원회 결정, 지시, 최고인민회의 상임위원회 정령, 결정, 지시에 어긋나는 국가기관의 결정, 지시를 폐지하며 지방인민회의의 그릇된 결정집행을 정지시킨다.

7. 최고인민회의 대의원선거를 위한 사업을 하며 지방인민회의 대의원선거사업을 조직한다.

8. 최고인민회의 대의원들과의 사업을 한다.

9. 최고인민회의 부문위원회와의 사업을 한다.

10. 내각 위원회, 성을 내오거나 없앤다.

11. 최고인민회의휴회중에 내각총리의 제의에 의하여 부총리, 위원장, 상, 그밖의 내각성원들을 임명 또는 해임한다.

12. 최고인민회의 상임위원회 부문위원회 성원들을 임명 또는 해임한다.

13. 중앙재판소 판사, 인민참심원을 선거 또는 소환한다.

14. 다른 나라와 맺은 조약을 비준 또는 폐기한다.

15. 다른 나라에 주재하는 외교대표의 임명 또는 소환을 결정하고 발표한다.

16. 훈장과 메달, 명예칭호, 외교직급을 제정하며 훈장과 메달, 명예칭호를 수여한다.

17. 대사권을 행사한다.

18. 행정단위와 행정구역을 내오거나 고친다.

19. 다른 나라 국회, 국제의회기구들과의 사업을 비롯한 대외사업을 한다.

제117조 : 최고인민회의 상임위원회 위원장은 상임위원회사업을 조직지도한다.

최고인민회의 상임위원회 위원장은 국가를 대표하며 다른 나라 사신의 신임장, 소환장을 접수한다.

제118조 : 최고인민회의 상임위원회는 전원회의와 상무회의를 가진다.

전원회의는 위원전원으로 구성하며 상무회의는 위원장, 부위원장, 서기장들로 구성한다.

제119조 : 최고인민회의 상임위원회 전원회의는 상임위원회의 임무와 권한을 실현하는데서 나서는 중요한 문제들을 토의결정한다.

상무회의는 전원회의에서 위임한 문제들을 토의결정한다.

제120조 : 최고인민회의 상임위원회는 정령과 결정, 지시를 낸다.

제121조 : 최고인민회의 상임위원회는 자기 사업을 돕는 부문위원회를 둘수 있다.

제122조 : 최고인민회의 상임위원회는 자기 사업에 대하여 최고인민회의앞에 책임진다.

제5절 내　각

제123조 : 내각은 최고주권의 행정적집행기관이며 전반적국가관리기관이다.

제124조 : 내각은 총리, 부총리, 위원장, 상과 그밖에 필요한 성원들로 구성한다.
내각의 임기는 최고인민회의임기와 같다.

제125조 : 내각은 다음과 같은 임무와 권한을 가진다.
1. 국가의 정책을 집행하기 위한 대책을 세운다.
2. 헌법과 부문법에 기초하여 국가관리와 관련한 규정을 제정 또는 수정, 보충한다.
3. 내각의 위원회, 성, 내각직속기관, 지방인민위원회의 사업을 지도한다.
4. 내각직속기관, 중요행정경제기관, 기업소를 내오거나 없애며 국가관리기구를 개선하기 위한 대책을 세운다.
5. 국가의 인민경제발전계획을 작성하며 그 실행대책을 세운다.
6. 국가예산을 편성하며 그 집행대책을 세운다.
7. 공업, 농업, 건설, 운수, 체신, 상업, 무역, 국토관리, 도시경영, 교육, 과학, 문화, 보건, 체육, 로동행정, 환경보호, 관광, 그밖의 여러 부문의 사업을 조직집행한다.
8. 화페와 은행제도를 공고히 하기 위한 대책을 세운다.
9. 국가관리질서를 세우기 위한 검열, 통제사업을 한다.
10. 사회질서유지, 국가 및 사회협동단체의 소유와 리익의 보호, 공민의 권리보장을 위한 대책을 세운다.
11. 다른 나라와 조약을 맺으며 대외사업을 한다.
12. 내각 결정, 지시에 어긋나는 행정경제기관의 결정, 지시를 페지한다.

제126조 : 내각총리는 내각사업을 조직지도한다.
내각총리는 조선민주주의인민공화국정부를 대표한다.

제127조 : 내각은 전원회의와 상무회의를 가진다.
내각전원회의는 내각성원전원으로 구성하며 상무회의는 총리, 부총리와 그밖에 총리가 임명하는 내각성원들로 구성한다.

제128조 : 내각전원회의는 행정경제사업에서 나서는 새롭고 중요한 문제들을 토의결정한다.
상무회의는 내각전원회의에서 위임한 문제들을 토의결정한다.

제129조 : 내각은 결정과 지시를 낸다.

제130조 : 내각은 자기 사업을 돕는 비상설부문위원회를 둘수 있다.

제131조 : 내각은 자기 사업에 대하여 최고인민회의와 그 휴회중에 최고인민회의 상임위원회앞에 책임진다.

제132조 : 새로 선거된 내각총리는 내각성원들을 대표하여 최고인민회의에서 선서를 한다.

제133조 : 내각 위원회, 성은 내각의 부문별집행기관이며 중앙의 부문별관리기관이다.

제134조 : 내각 위원회, 성은 내각의 지도밑에 해당 부문의 사업을 통일적으로 장악하고 지도관리한다.

제135조 : 내각 위원회, 성은 위원회회의와 간부회의를 운영한다.
위원회, 성 위원회회의와 간부회의에서는 내각 결정, 지시집행대책과 그밖의 중요한 문제들을 토의결정한다.

제136조 : 내각 위원회, 성은 지시를 낸다.

제6절 지방인민회의

제137조 : 도(직할시), 시(구역), 군인민회의는 지방주권기관이다.

第138조 : 지방인민회의는 일반적, 평등적, 직접적선거원칙에 의하여 비밀투표로 선거된 대의원들로 구성한다.

第139조 : 도(직할시), 시(구역), 군인민회의임기는 4년으로 한다.

지방인민회의 새 선거는 지방인민회의임기가 끝나기전에 해당 지방인민위원회의 결정에 따라 진행한다.

불가피한 사정으로 선거를 하지 못할 경우에는 선거를 할 때까지 그 임기를 연장한다.

第140조 : 지방인민회의는 다음과 같은 임무와 권한을 가진다.

1. 지방의 인민경제발전계획과 그 실행정형에 대한 보고를 심의하고 승인한다.
2. 지방예산과 그 집행에 대한 보고를 심의하고 승인한다.
3. 해당 지역에서 국가의 법을 집행하기 위한 대책을 세운다.
4. 해당 인민위원회 위원장, 부위원장, 사무장, 위원들을 선거 또는 소환한다.
5. 해당 재판소의 판사, 인민참심원을 선거 또는 소환한다.
6. 해당 인민위원회와 하급인민회의, 인민위원회의 그릇된 결정, 지시를 폐지한다.

第141조 : 지방인민회의는 정기회의와 림시회의를 가진다.

정기회의는 1년에 1~2차 해당 인민위원회가 소집한다.

림시회의는 해당 인민위원회가 필요하다고 인정할 때 또는 대의원전원의 3분의 1이상의 요청이 있을 때 소집한다.

第142조 : 지방인민회의는 대의원전원의 3분의 2이상이 참석하여야 성립된다.

第143조 : 지방인민회의는 의장을 선거한다. 의장은 회의를 사회한다.

第144조 : 지방인민회의는 결정을 낸다.

第7절 지방인민위원회

第145조 : 도(직할시), 시(구역), 군인민위원회는 해당 인민회의휴회중의 지방주권기관이며 해당 지방

주권의 행정적집행기관이다.

제146조 : 지방인민위원회는 위원장, 부위원장, 사무장, 위원들로 구성한다.
지방인민위원회임기는 해당 인민회의임기와 같다.

제147조 : 지방인민위원회는 다음과 같은 임무와 권한을 가진다.
1. 인민회의를 소집한다.
2. 인민회의 대의원선거를 위한 사업을 한다.
3. 인민회의 대의원들과의 사업을 한다.
4. 해당 지방인민회의, 상급인민위원회 결정, 지시와 최고인민회의 법령, 결정, 조선민주주의인민공화국 국방위원회 위원장 명령, 국방위원회 결정, 지시, 최고인민회의 상임위원회 정령, 결정, 지시, 내각과 내각 위원회, 성의 결정, 지시를 집행한다.
5. 해당 지방의 모든 행정사업을 조직집행한다.
6. 지방의 인민경제발전계획을 작성하며 그 실행대책을 세운다.
7. 지방예산을 편성하며 그 집행대책을 세운다.
8. 해당 지방의 사회질서유지, 국가 및 사회협동단체의 소유와 리익의 보호, 공민의 권리보장을 위한 대책을 세운다.
9. 해당 지방에서 국가관리질서를 세우기 위한 검열, 통제사업을 한다.
10. 하급인민위원회사업을 지도한다.
11. 하급인민위원회의 그릇된 결정, 지시를 폐지하며 하급인민회의의 그릇된 결정의 집행을 정지시킨다.

제148조 : 지방인민위원회는 전원회의와 상무회의를 가진다.
지방인민위원회 전원회의는 위원전원으로 구성하며 상무회의는 위원장, 부위원장, 사무장들로 구성한다.

제149조 : 지방인민위원회 전원회의는 자기의 임무와 권한을 실현하는데서 나서는 중요한 문제들을 토의결정한다.
상무회의는 전원회의가 위임한 문제들을 토의결정한다.

제150조 : 지방인민위원회는 결정과 지시를 낸다.

제151조 : 지방인민위원회는 자기 사업을 돕는 비상설부문위원회를 둘수 있다.

제152조 : 지방인민위원회는 자기 사업에 대하여 해당 인민회의앞에 책임진다.
지방인민위원회는 상급인민위원회와 내각, 최고인민회의 상임위원회에 복종한다.

제8절 검찰소와 재판소

제153조 : 검찰사업은 중앙검찰소, 도(직할시), 시(구역), 군검찰소와 특별검찰소가 한다.

제154조 : 중앙검찰소 소장의 임기는 최고인민회의임기와 같다.

제155조 : 검사는 중앙검찰소가 임명 또는 해임한다.

제156조 : 검찰소는 다음과 같은 임무를 수행한다.
1. 기관, 기업소, 단체와 공민들이 국가의 법을 정확히 지키는가를 감시한다.
2. 국가기관의 결정, 지시가 헌법, 최고인민회의 법령, 결정, 조선민주주의인민공화국 국방위원회 위원장 명령, 국방위원회 결정, 지시, 최고인민회의 상임위원회 정령, 결정, 지시, 내각 결정, 지시에 어긋나지 않는가를 감시한다.
3. 범죄자를 비롯한 법위반자를 적발하고 법적책임을 추궁하는것을 통하여 조선민주주의인민공화국의 주권과 사회주의제도, 국가와 사회협동단체재산, 인민의 헌법적권리와 생명재산을 보호한다.

제157조 : 검찰사업은 중앙검찰소가 통일적으로 지도하며 모든 검찰소는 상급검찰소와 중앙검찰소에 복종한다.

제158조 : 중앙검찰소는 자기 사업에 대하여 최고인민회의와 그 휴회중에 최고인민회의 상임위원회앞에 책임진다.

제159조 : 재판은 중앙재판소, 도(직할시)재판소, 시(구역), 군인민재판소와 특별재판소가 한다.
판결은 조선민주주의인민공화국의 이름으로 선고한다.

제160조 : 중앙재판소 소장의 임기는 최고인민회의임기와 같다.
중앙재판소, 도(직할시)재판소, 시(구역), 군인민재판소의 판사, 인민참심원의 임기는 해당 인민회의임기와 같다.

제161조 : 특별재판소의 소장과 판사는 중앙재판소가 임명 또는 해임한다.
특별재판소의 인민참심원은 해당 군무자회의 또는 종업원회의에서 선거한다.

제162조 : 재판소는 다음과 같은 임무를 수행한다.
1. 재판활동을 통하여 조선민주주의인민공화국의 주권과 사회주의제도, 국가와 사회협동단체재산, 인민의 헌법적권리와 생명재산을 보호한다.
2. 모든 기관, 기업소, 단체와 공민들이 국가의 법을 정확히 지키고 계급적원쑤들과 온갖 법위반자들을 반대하여 적극 투쟁하도록 한다.
3. 재산에 대한 판결, 판정을 집행하며 공증사업을 한다.

제163조 : 재판은 판사 1명과 인민참심원 2명으로 구성된 재판소가 한다. 특별한 경우에는 판사 3명으로 구성하여 할수 있다.

제164조 : 재판은 공개하며 피소자의 변호권을 보장한다.
법이 정한데 따라 재판을 공개하지 않을수 있다.

제165조 : 재판은 조선말로 한다. 다른 나라 사람들은 재판에서 자기 나라 말을 할수 있다.

제166조 : 재판소는 재판에서 독자적이며 재판활동을 법에 의거하여 수행한다.

제167조 : 중앙재판소는 조선민주주의인민공화국의 최고재판기관이다.
중앙재판소는 모든 재판소의 재판사업을 감독한다.

제168조 : 중앙재판소는 자기 사업에 대하여 최고인민회의와 그 휴회중에 최고인민회의 상임위원회앞에 책임진다.

제7장 국장, 국기, 국가, 수도

제169조 : 조선민주주의인민공화국의 국장은 《조선민주주의인민공화국》 이라고 쓴 붉은 띠로 땋아올려 감은 벼이삭의 타원형테두리안에 웅장한 수력발전소가 있고 그우에 혁명의 성산 백두산과 찬연히 빛나는 붉은 오각별이 있다.

제170조 : 조선민주주의인민공화국의 국기는 기발의 가운데에 넓은 붉은 폭이 있고 그 아래우에 가는 흰폭이 있으며 그 다음에 푸른 폭이 있고 붉은 폭의 기대달린쪽 흰 동그라미안에 붉은 오각별이 있다.

기발의 세로와 가로의 비는 1대 2이다.

제171조 : 조선민주주의인민공화국의 국가는 《애국가》이다.

제172조 : 조선민주주의인민공화국의 수도는 평양이다.

남북공동성명

최근 평양과 서울에서 남북관계를 개선하며 갈라진 조국을 통일하는 문제를 협의하기 위한 회담이 있었다.

서울의 이후락 중앙정보부장이 1972년 5월 2일부터 5월 5일까지 평양을 방문하여 평양의 김영주 조직지도부장과 회담을 진행하였으며, 김영주 부장을 대신한 박성철 제2부수상이 1972년 5월 29일부터 6월 1일까지 서울을 방문하여 이후락 부장과 회담을 진행하였다.

이 회담들에서 쌍방은 조국의 평화적 통일을 하루빨리 가져와야 한다는 공통된 염원을 안고 허심탄회하게 의견을 교환하였으며 서로의 이해를 증진시키는데서 큰 성과를 거두었다.

이 과정에서 쌍방은 오랫동안 서로 만나보지 못한 결과로 생긴 남북 사이의 오해와 불신을 풀고 긴장의 고조를 완화시키며 나아가서 조국통일을 촉진시키기 위하여 다음과 같은 문제들에 완전한 견해의 일치를 보았다.

1. 쌍방은 다음과 같은 조국통일원칙들에 합의를 보았다.
   첫째, 통일은 외세에 의존하거나 외세의 간섭을 받음이 없이 자주적으로 해결하여야 한다.
   둘째, 통일은 서로 상대방을 반대하는 무력행사에 의거하지 않고 평화적 방법으로 실현하여야 한다.
   셋째, 사상과 이념, 제도의 차이를 초월하여 우선 하나의 민족으로서 민족적 대단결을 도모하여야 한다.

2. 쌍방은 남북사이의 긴장상태를 완화하고 신뢰의 분위기를 조성하기 위하여 서로 상대방을 중상 비방하지 않으며 크고 작은 것을 막론하고 무장도발을 하지 않으며 불의의 군사적 충돌사건을 방지하기 위한 적극적인 조치를 취하기로 합의하였다.

3. 쌍방은 끊어졌던 민족적 연계를 회복하며 서로의 이해를 증진시키고 자주적 평화통일을 촉진시키기 위하여 남북 사이에 다방면적인 제반 교류를 실시하기로 합의하였다.

4. 쌍방은 지금 온 민족의 거대한 기대 속에 진행되고 있는 남북적십자회담이 하루빨리 성사되도록

적극 협조하는데 합의하였다.

5. 쌍방은 돌발적 군사사고를 방지하고 남북 사이에 제기되는 문제들을 직접, 신속 정확히 처리하기 위하여 서울과 평양 사이에 상설 직통전화를 놓기로 합의하였다.

6. 쌍방은 이러한 합의사항을 추진시킴과 함께 남북 사이의 제반 문제를 개선 해결하며 또 합의된 조국통일원칙에 기초하여 나라의 통일 문제를 해결할 목적으로 이후락 부장과 김영주 부장을 공동위원장으로 하는 남북조절위원회를 구성·운영하기로 합의하였다.

7. 쌍방은 이상의 합의사항이 조국통일을 일일천추로 갈망하는 온 겨레의 한결같은 염원에 부합된다고 확신하면서 이 합의사항을 성실히 이행할 것을 온 민족 앞에 엄숙히 약속한다.

서로 상부의 뜻을 받들어

이후락 김영주

1972년 7월 4일

남북 사이의 화해와 불가침 및 교류·협력에 관한 합의서

1992년 2월 19일 발효

남과 북은 분단된 조국의 평화적 통일을 염원하는 온 겨레의 뜻에 따라, 7·4 남북공동성명에서 천명된 조국통일 3대 원칙을 재확인하고, 정치군사적 대결상태를 해소하여 민족적 화해를 이룩하고, 무력에 의한 침략과 충돌을 막고 긴장완화와 평화를 보장하며, 다각적인 교류·협력을 실현하여 민족공동의 이익과 번영을 도모하며, 쌍방 사이의 관계가 나라와 나라 사이의 관계가 아닌 통일을 지향하는 과정에서 잠정적으로 형성되는 특수관계라는 것을 인정하고, 평화통일을 성취하기 위한 공동의 노력을 경주할 것을 다짐하면서, 다음과 같이 합의하였다.

제1장 남북화해

제1조 남과 북은 서로 상대방의 체제를 인정하고 존중한다.

제2조 남과 북은 상대방의 내부문제에 간섭하지 아니한다.

제3조 남과 북은 상대방에 대한 비방·중상을 하지 아니한다.

제4조 남과 북은 상대방을 파괴·전복하려는 일체 행위를 하지 아니한다.

제5조 남과 북은 현 정전상태를 남북사이의 공고한 평화 상태로 전환시키기 위하여 공동으로 노력하며 이러한 평화상태가 이룩될 때까지 현 군사정전협정을 준수한다.

제6조 남과 북은 국제무대에서 대결과 경쟁을 중지하고 서로 협력하며 민족의 존엄과 이익을 위하여 공동으로 노력한다.

제7조 남과 북은 서로의 긴밀한 연락과 협의를 위하여 이 합의서 발효 후 3개월 안에 판문점에 남북연락사무소를 설치·운영한다.

제8조 남과 북은 이 합의서 발효 후 1개월 안에 본회담 테두리 안에서 남북정치분과위원회를 구성하여 남북화해에 관한 합의의 이행과 준수를 위한 구체적 대책을 협의한다.

제2장 남북불가침

제9조 남과 북은 상대방에 대하여 무력을 사용하지 않으며 상대방을 무력으로 침략하지 아니한다.

제10조 남과 북은 의견대립과 분쟁문제들을 대화와 협상을 통하여 평화적으로 해결한다.

제11조 남과 북의 불가침 경계선과 구역은 1953년 7월 27일자 군사정전에 관한 협정에 규정된 군사분계선과 지금까지 쌍방이 관할하여 온 구역으로 한다.

제12조 남과 북은 불가침의 이행과 보장을 위하여 이 합의서 발효 후 3개월 안에 남북군사공동위원회를 구성·운영한다. 남북군사공동위원회에서는 대규모 부대이동과 군사연습의 통보 및 통제문제, 비무장지대의 평화적 이용문제, 군인사교류 및 정보교환 문제, 대량살상무기와 공격능력의 제거를 비롯한 단계적 군축실현문제, 검증문제 등 군사적 신뢰조성과 군축을 실현하기 위한 문제를 협의·추진한다.

제13조 남과 북은 우발적인 무력충돌과 그 확대를 방지하기 위하여 쌍방 군사당국자 사이에 직통전화를 설치·운영한다.

제14조 남과 북은 이 합의서 발효 후 1개월 안에 본회담 테두리 안에서 남북군사분과위원회를 구성하여 불가침에 관한 합의의 이행과 준수 및 군사적 대결상태를 해소하기 위한 구체적 대책을 협의한다.

제3장 남북교류·협력

제15조 남과 북은 민족경제의 통일적이며 균형적인 발전과 민족전체의 복리향상을 도모하기 위하여 자원의 공동개발, 민족내부교류로서의 물자교류, 합작투자 등 경제교류와 협력을 실시한다.

제16조 남과 북은 과학·기술, 교육, 문학·예술, 보건, 체육, 환경과 신문, 라디오, 텔레비젼 및 출판물을 비롯한 출판·보도 등 여러 분야에서 교류와 협력을 실시한다.

제17조 남과 북은 민족구성원들의 자유로운 왕래와 접촉을 실현한다.

제18조 남과 북은 흩어진 가족·친척들의 자유로운 서신거래와 왕래와 상봉 및 방문을 실시하고 자유의사에 의한 재결합을 실현하며, 기타 인도적으로 해결할 문제에 대한 대책을 강구한다.

제19조 남과 북은 끊어진 철도와 도로를 연결하고 해로, 항로를 개설한다.

제20조 남과 북은 우편과 전기통신교류에 필요한 시설을 설치·연결하며, 우편·전기통신교류의 비밀을 보장한다.

제21조 남과 북은 국제무대에서 경제와 문화 등 여러 분야에서 서로 협력하며 대외에 공동으로 진출한다.

第22条 남과 북은 경제와 문화 등 각 분야의 교류와 협력을 실현하기 위한 합의의 이행을 위하여 이 합의서 발효 후 3개월 안에 남북경제교류·협력공동위원회를 비롯한 부문별 공동위원회를 구성·운영한다.

第23条 남과 북은 이 합의서 발효 후 1개월 안에 본회담 테두리 안에서 남북교류·협력분과위원회를 구성하여 남북교류·협력에 관한 합의의 이행과 준수를 위한 구체적 대책을 협의한다.

제4장 수정 및 발효

第24条 이 합의서는 쌍방의 합의에 의하여 수정 보충할 수 있다.

第25条 이 합의서는 남과 북이 각기 발효에 필요한 절차를 거쳐 그 문본을 서로 교환한 날로부터 효력을 발생한다.

1991년 12월 13일

남북고위급회담	북남고위급회담
남측대표단 수석대표	북측대표단단장
대한민국	조선민주주의인민공화국
국무총리 정원식	정무원총리 연형묵

남북공동선언

조국의 평화적 통일을 염원하는 온 겨레의 숭고한 뜻에 따라 대한민국 김대중 대통령과 조선민주주의인민공화국 김정일 국방위원장은 2000년 6월 13일부터 6월 15일까지 평양에서 역사적인 상봉을 하였으며 정상회담을 가졌다.

남북정상들은 분단 역사상 처음으로 열린 이번 상봉과 회담이 서로 이해를 증진시키고 남북관계를 발전시키며 평화통일을 실현하는 데 중대한 의의를 가진다고 평가하고 다음과 같이 선언한다.

1. 남과 북은 나라의 통일 문제를 그 주인인 우리 민족끼리 서로 힘을 합쳐 자주적으로 해결해 나가기로 하였다.
2. 남과 북은 나라의 통일을 위한 남측의 연합제 안과 북측의 낮은 단계의 연방제 안이 서로 공통성이 있다고 인정하고 앞으로 이 방향에서 통일을 지향해 나가기로 하였다.
3. 남과 북은 올해 8·15에 즈음하여 흩어진 가족, 친척 방문단을 교환하며, 비전향장기수 문제를 해결하는 등 인도적 문제를 조속히 풀어 나가기로 하였다.
4. 남과 북은 경제협력을 통하여 민족경제를 균형적으로 발전시키고, 사회, 문화, 체육, 보건, 환경 등 제반분야의 협력과 교류를 활성화하여 서로의 신뢰를 다져 나가기로 하였다.
5. 남과 북은 이상과 같은 합의사항을 조속히 실천에 옮기기 위하여 빠른 시일 안에 당국 사이의 대화를 개최하기로 하였다.

김대중 대통령은 김정일 국방위원장이 서울을 방문하도록 정중히 초청하였으며, 김정일 국방위원장은 앞으로 적절한 시기에 서울을 방문하기로 하였다.

2000년 6월 15일

대한민국	조선민주주의인민공화국
대통령	국방위원장
김대중	김정일

남북관계 발전과 평화 번영을 위한 선언(10·4 선언)

1. 남과 북은 6·15 공동선언을 고수하고 적극 구현해 나간다.

남과 북은 우리민족끼리 정신에 따라 통일 문제를 자주적으로 해결해 나가며 민족의 존엄과 이익을 중시하고 모든 것을 이에 지향시켜 나가기로 하였다.

남과 북은 6·15 공동선언을 변함없이 이행해 나가려는 의지를 반영하여 6월 15일을 기념하는 방안을 강구하기로 하였다.

2. 남과 북은 사상과 제도의 차이를 초월하여 남북관계를 상호존중과 신뢰 관계로 확고히 전환시켜 나가기로 하였다.

남과 북은 내부문제에 간섭하지 않으며 남북관계 문제들을 화해와 협력, 통일에 부합되게 해결해 나가기로 하였다.

남과 북은 남북관계를 통일 지향적으로 발전시켜 나가기 위하여 각기 법률적·제도적 장치들을 정비해 나가기로 하였다.

남과 북은 남북관계 확대와 발전을 위한 문제들을 민족의 염원에 맞게 해결하기 위해 양측 의회 등 각 분야의 대화와 접촉을 적극 추진해 나가기로 하였다.

3. 남과 북은 군사적 적대관계를 종식시키고 한반도에서 긴장완화와 평화를 보장하기 위해 긴밀히 협력하기로 하였다.

남과 북은 서로 적대시하지 않고 군사적 긴장을 완화하며 분쟁문제들을 대화와 협상을 통하여 해결하기로 하였다.

남과 북은 한반도에서 어떤 전쟁도 반대하며 불가침의무를 확고히 준수하기로 하였다.

남과 북은 서해에서의 우발적 충돌방지를 위해 공동어로수역을 지정하고 이 수역을 평화수역으로 만들기 위한 방안과 각종 협력사업에 대한 군사적 보장조치 문제 등 군사적 신뢰구축조치를 협의하기 위하여 남측 국방부 장관과 북측 인민무력부 부장간 회담을 금년 11월중에 평양에서 개최하기로 하였다.

4. 남과 북은 현 정전체제를 종식시키고 항구적인 평화체제를 구축해 나가야 한다는데 인식을 같이하고 직접 관련된 3자 또는 4자 정상들이 한반도지역에서 만나 종전을 선언하는 문제를 추진하기 위해 협력해 나가기로 하였다.

남과 북은 한반도 핵문제 해결을 위해 6자 회담 · 9.19 공동성명과 2.13 합의가 순조롭게 이행되도록 공동으로 노력하기로 하였다.

5. 남과 북은 민족경제의 균형적 발전과 공동의 번영을 위해 경제협력사업을 공리공영과 유무상통의 원칙에서 적극 활성화하고 지속적으로 확대 발전시켜 나가기로 하였다.

남과 북은 경제협력을 위한 투자를 장려하고 기반시설 확충과 자원개발을 적극 추진하며 민족내부협력사업의 특수성에 맞게 각종 우대조건과 특혜를 우선적으로 부여하기로 하였다.

남과 북은 해주지역과 주변해역을 포괄하는 '서해평화협력특별지대'를 설치하고 공동어로구역과 평화수역 설정, 경제특구건설과 해주항 활용, 민간선박의 해주직항로 통과, 한강하구 공동이용 등을 적극 추진해 나가기로 하였다.

남과 북은 개성공업지구 1단계 건설을 빠른 시일 안에 완공하고 2단계 개발에 착수하며 문산-봉동간 철도화물수송을 시작하고, 통행, 통신, 통관 문제를 비롯한 제반 제도적 보장조치들을 조속히 완비해 나가기로 하였다.

남과 북은 개성-신의주 철도와 개성-평양 고속도로를 공동으로 이용하기 위해 개보수 문제를 협의·추진해 가기로 하였다.

남과 북은 안변과 남포에 조선협력단지를 건설하며 농업, 보건의료, 환경보호 등 여러 분야에서의 협력사업을 진행해 나가기로 하였다.

남과 북은 남북 경제협력사업의 원활한 추진을 위해 현재의 '남북경제협력추진위원회'를 부총리급 '남북경제협력공동위원회'로 격상하기로 하였다.

6. 남과 북은 민족의 유구한 역사와 우수한 문화를 빛내기 위해 역사, 언어, 교육, 과학기술, 문화예술,

체육 등 사회문화 분야의 교류와 협력을 발전시켜 나가기로 하였다.

남과 북은 백두산관광을 실시하며 이를 위해 백두산-서울 직항로를 개설하기로 하였다.

남과 북은 2008년 북경 올림픽경기대회에 남북응원단이 경의선 열차를 처음으로 이용하여 참가하기로 하였다.

7. 남과 북은 인도주의 협력 사업을 적극 추진해 나가기로 하였다.

남과 북은 흩어진 가족과 친척들의 상봉을 확대하며 영상 편지 교환사업을 추진하기로 하였다.

이를 위해 금강산면회소가 완공되는데 따라 쌍방 대표를 상주시키고 흩어진 가족과 친척의 상봉을 상시적으로 진행하기로 하였다.

남과 북은 자연재해를 비롯하여 재난이 발생하는 경우 동포애와 인도주의, 상부상조의 원칙에 따라 적극 협력해 나가기로 하였다.

8. 남과 북은 국제무대에서 민족의 이익과 해외 동포들의 권리와 이익을 위한 협력을 강화해 나가기로 하였다.

남과 북은 이 선언의 이행을 위하여 남북총리회담을[1] 개최하기로 하고, 제 1차회의를 금년 11월중 서울에서 갖기로 하였다.

남과 북은 남북관계 발전을 위해 정상들이 수시로 만나 현안 문제들을 협의하기로 하였다.

2007년 10월 4일 평양

대 한 민 국	조선민주주의인민공화국
대 통 령	국 방 위 원 장
노 무 현	김 정 일

1) 북측 스스로 현 장관급회담이 정세변화에 민감하다고 지적하면서 총리급회담을 제안함으로써 남북관계의 안정적 추진 의지를 표명한 것은 주목할 대목이다.